SUR LE FIL DU RASOIR

AUX ÉDITIONS ALBIN MICHEL

Instinct mortel
70 histoires vraies

Les Génies de l'arnaque
80 chefs-d'œuvre de l'escroquerie

Instant crucial
Les stupéfiants rendez-vous du hasard

Tragédies à la une
La Belle Époque des assassins, par Alain Monestier

Possession
L'étrange destin des choses

Issue fatale
75 histoires inexorables

Le Carrefour des angoisses
Les Aventuriers du XXe siècle, t. 1
60 récits où la vie ne tient qu'à un fil

Ils ont vu l'au-delà
Les Aventuriers du XXe siècle, t. 2
60 histoires vraies et pourtant incroyables

Journées d'enfer
Les Aventuriers du XXe siècle, t. 3
60 récits des tréfonds de l'horreur
au sommet du sacrifice

L'Enfant criminel

(suite page 425)

PIERRE BELLEMARE
Jérôme Equer

SUR LE FIL DU RASOIR

Quand la science traque le crime

Documentation Jacqueline Hiegel

Albin Michel

Avant-propos

La télévision nous montre chaque jour des policiers de Las Vegas, de Miami ou de New York utilisant des procédés techniques très sophistiqués pour mener à bien leurs enquêtes. À regarder ces images nous pourrions croire que la police scientifique n'est apparue que très récemment… Il n'en est rien.

C'est au XIXe siècle que tout a commencé et plus particulièrement en Europe. La France a mis au point très vite un procédé d'identification des criminels par leurs mensurations, la fameuse fiche anthropométrique d'Alphonse Bertillon, suivi par la découverte d'un procédé pour relever les empreintes digitales.

Avec Jérôme Equer, nous allons retrouver l'origine des découvertes qui permettent aujourd'hui de détecter la présence d'un individu précis sur la scène d'un crime et les astuces utilisées par certains policiers pour trouver une solution à des énigmes qui semblaient insolubles.

Par exemple, on vous a sûrement raconté l'histoire du cadavre d'un baigneur, avec ses palmes aux pieds, retrouvé par les pompiers au milieu d'une forêt incendiée. Il y avait un peu de galéjade dans ce récit mais pour les palmes, c'était vrai, et vous allez voir comment une trouvaille insolite va mener un inspecteur méticuleux à un crime abject.

Pierre Bellemare

La malle

À La Tour-de-Millery, le dimanche 13 août 1889, Denis Goffy, garde champêtre, musarde seul sur un sentier qui longe la Saône. Des flèches de lumière accablent les vignobles. Pas un souffle d'air. Les rails du chemin de fer qui relie Lyon à Saint-Étienne semblent vibrer sous l'intense chaleur. Parvenu à un méandre du fleuve, Goffy porte spontanément une main à son visage et se bouche le nez. « Un train a dû heurter un sanglier, et sa charogne se décompose en contrebas », augure le promeneur, en essayant de localiser la source de l'atroce puanteur.

Au bout de quelques minutes, Goffy aperçoit un gros sac en toile, à demi dissimulé sous d'épaisses broussailles. Quand il dévale la pente et s'en approche, la pestilence devient insupportable. Le garde champêtre tire un canif de sa poche et fend la toile. Il bondit en arrière. Une tête hideuse vient de surgir du sac. Noire, boursouflée, à moitié décomposée, elle pendouille maintenant sur l'herbe desséchée. Une bouillie de cervelle s'échappe du crâne fendu. Comme s'ils cherchaient désespérément à déchiffrer une insondable énigme, les yeux hallucinés du cadavre fixent l'horizon.

Abandonnant sans regret sa découverte macabre, le garde champêtre court avertir les gendarmes, qui, à leur tour, alertent le parquet. À 22 heures, un représentant du procureur de Lyon et Paul Bernard, médecin légiste, se rendent à La Tour-de-Millery. Le cadavre a été déposé à proximité de la gare, sur une botte de paille, dans l'attente d'être transporté à la faculté de médecine.

En l'absence du professeur Lacassagne, pathologiste et médecin légiste en titre de l'université de Lyon, Paul Bernard réalise l'autopsie le lendemain matin.

Il constate tout d'abord que l'homme, totalement dévêtu, a été placé dans le sac la tête la première. Son corps a été enveloppé dans une toile cirée et ficelé au moyen d'une corde longue de sept mètres et demi. Les tours de corde sont si nombreux, si enchevêtrés, qu'il est impossible au médecin de suivre leur parcours avec exactitude. La corde passe sous le bassin, s'enroule autour des cuisses, des jambes et des avant-bras, puis vient enserrer les pieds, formant un étrier. Les nœuds sont droits ou plats, analogues à ceux qui attachaient l'extrémité du sac. Bernard remarque également que le larynx de l'inconnu a subi une double fracture, sectionnant les cornes supérieures du cartilage thyroïde Ce qui laisse penser qu'il a été étranglé.

Comme la nouvelle de l'homicide commence à s'ébruiter dans la région lyonnaise, un jeune reporter de la presse locale interroge le légiste, dès sa sortie de la morgue.

– Docteur, êtes-vous parvenu à identifier la victime ?

– Pas encore, le corps est dans un état de décomposition avancé.

– Pouvez-vous néanmoins nous en faire une description ?

– Il est âgé de trente-cinq à quarante ans, mesure environ 1,70 mètre et pèse soixante-quinze kilos. Ses cheveux sont noirs. Il porte des moustaches et une barbe en collier de couleur châtain clair.

– Êtes-vous parvenu à déterminer les causes de la mort ?

– En dehors des lésions osseuses au niveau du larynx, je n'ai pas constaté de traces de violences, telles qu'égratignures ou ecchymoses. En l'absence d'infiltrations sanguines visibles, ces fractures auraient pu avoir été infligées post mortem, par exemple par les liens qui fixaient la toile cirée au cou de la victime. Je pense néanmoins que l'homme a été étranglé.

– À quand remonte l'homicide ?

– Comme vous le savez, la chaleur accélère la putréfaction. Je dirais donc que l'homme a été assassiné il y a à peu près un mois.

– Selon vous, le meurtrier a-t-il agi seul ou à l'aide d'un ou de plusieurs complices ? insiste le reporter, en trottinant aux côtés du légiste.

– Le corps a été placé dans un sac aussitôt après le crime ou deux ou trois jours plus tard, dès la fin de la rigidité cadavérique. Dans les deux cas, je doute que l'assassin ait pu agir seul.

– Si le meurtre remonte à un mois, combien de temps le cadavre a-t-il séjourné dans le sac ?

– Il s'est décomposé à l'intérieur, car les parois de la toile étaient imprégnées de liquides putrides. Ce qui laisse supposer que la dépouille a été transportée sur un assez long parcours.

– Avez-vous d'autres précisions à ajouter ?

– L'examen du contenu de l'estomac me permet d'affirmer que l'individu a été tué deux heures après son dernier repas.

Pendant une poignée de secondes, le légiste pose complaisamment pour le photographe. Puis il s'engouffre à l'arrière d'un fiacre.

Publiés dans *Le Progrès illustré*, repris par la presse nationale, le récit de la découverte du cadavre et l'interview du docteur Bernard enflamment l'imagination morbide des lecteurs.

Quatre jours plus tard, le 17 août, un fermier ramasse des escargots aux environs de Saint-Genis-Laval, une colline qui surplombe les berges du Rhône. Soudain, une odeur infecte l'incommode et l'homme cesse brusquement de siffloter. Son cœur s'accélère, une sueur glacée lui rince l'échine. Tremblant, la peur au ventre, il s'arme d'un bâton et fouille les buissons alentour. Au bout d'un moment, il doit se rendre à l'évidence : la pestilence ne provient pas d'un second cadavre comme il le redoutait, mais des débris d'une grande malle brisée. Le fermier alerte aussitôt un brigadier de gendarmerie. Ce dernier collecte les morceaux de bois et de cuir épars et les transmet au parquet de Lyon. Les policiers conjecturent que la malle est celle qui a dû transporter le cadavre de l'inconnu. En examinant attentivement les fragments, ils découvrent qu'une étiquette, restée attachée à la poignée, porte une inscription à peine lisible : « Gare d'expédition : Paris 1231- le 27.7.188... – Train rapide n° 3. Gare de destination : Lyon-Perrache. » Si le dernier chiffre de la date, effacé par les intempéries, est un 9 – ce qui est vraisemblable –, cela signifie que l'homicide a été commis dans la capitale trois semaines avant la découverte du corps et de la malle. Le parquet de Lyon transmet aussitôt l'information à Paris. Le juge d'instruction Dopffer confie l'affaire à Goron, le chef de la Sûreté nationale. Le temps presse car, passionnées plus que jamais par ce fait divers sensationnel, les gazettes consacrent maintenant leurs gros titres au « mystère de l'homme de Millery ».

Parmi les noms des personnes signalées disparues à Paris vers la fin du mois de juillet 1889, l'inspecteur Soudais, chargé de l'enquête, en retient deux. Deux hommes dont la description physique correspond à celle de la dépouille de l'inconnu. Le premier, Daudier, architecte, est rapidement écarté des recherches. Au terme d'une escapade amoureuse, il est brusquement réapparu sur la Côte d'Azur. Le second se nomme Toussaint Augustin Gouffé. Il est huissier de justice, veuf, père de trois enfants. Le 30 juillet, un certain Landry a informé le commissaire du quartier Bonne-Nouvelle que son beau-frère avait mystérieusement disparu. Soudais le convoque pour l'interroger.

– M. Gouffé aurait-il pu partir en voyage sans vous en avertir ? demande le policier.

– J'en doute fort, répond Landry. Si tel était le cas, Toussaint m'aurait demandé de veiller sur ses filles. C'est un père très attentionné.

– Quel âge ont-elles ?

– Seize, dix-neuf et vingt ans.

– Gouffé a-t-il une maîtresse depuis la mort de sa femme ?

Landry, soudain embarrassé, se tortille nerveusement sur son siège.

– Parlez sans crainte, rassure l'inspecteur. Cet entretien est strictement confidentiel.

– À vrai dire, mon beau-frère est…

– Est quoi ?

– Est porté sur la chose, si vous voyez ce que je veux dire.

– Soyez plus explicite.

– Il apprécie les femmes publiques. Il en fait d'ailleurs une assez grande consommation.

- Gouffé aurait-il pu tomber amoureux de l'une d'entre elles, et disparaître à l'étranger ou à la campagne ?

Landry se cabre, offusqué.

– En aucun cas. Toussaint a, certes, le sang chaud, mais il reste lucide. Il sait faire la différence entre plaisir, sentiments et responsabilités paternelles.

Soudais soupire bruyamment et écarte les bras avec fatalité.

– La chair est faible, hélas !

Pendant de longues minutes, le policier trie mentalement les informations qu'il vient de recueillir, puis il demande à brûle-pourpoint à son visiteur.

– Gouffé est-il riche ?

– Disons qu'il vit confortablement. Il m'a dit un jour posséder un capital de 700 000 francs, et être ainsi en mesure de doter convenablement ses filles, quand elles se marieront.

– Je vous remercie, monsieur Landry. Pourriez-vous m'accompagner maintenant à l'étude de votre beau-frère, rue Montmartre ? Ne vous formalisez pas, j'ai ici un mandat de perquisition signé du juge Dopffer.

Les deux hommes s'y rendent à pied. La canicule agace les chevaux, attelés aux fiacres et aux charrettes. Les cris des artisans, vitriers et rémouleurs se mêlent aux clameurs du faubourg. Soudais frappe à la porte de la loge de la concierge.

– Dans cet immeuble, rien n'échappe à ma vigilance, se vante d'emblée la bignole. Le 26 juillet, M. Gouffé a quitté son étude à l'heure habituelle. À 21 h 10, quand j'ai vu un individu de même corpulence que lui gravir les étages, j'ai cru qu'il était revenu chercher quelque chose. J'ai attendu qu'il redescende pour lui remettre du courrier. C'est alors que je me suis aperçue de ma méprise.

– Décrivez-moi cet homme, demande l'inspecteur, mis soudain en alerte.

– Entre deux âges. Grand, barbu, chapeau haut de forme posé de guingois sur la tête.

– Que lui avez-vous dit ?

La concierge hausse les épaules avec agacement.

– Ben, je lui ai demandé d'où il venait, pardi ! Je viens de l'étude, il m'a dit, en brandissant un trousseau de clés. Je suis l'un des clercs de maître Gouffé.

– Que s'est-il passé ensuite ?

– Dame, je l'ai laissé filer ! Que pouvais-je faire ? Après tout, je n'avais aucune raison de me méfier, ajoute la pipelette, sur la défensive.

Dans les bureaux de l'huissier, l'inspecteur découvre, dispersées sur le parquet, dix-huit allumettes-bougies à moitié consumées. Le coffre-fort est intact et une grosse enveloppe contenant 14 000 francs est posée sur une étagère, au milieu d'une pile de dossiers bien rangés.

Supputant que le cadavre de la malle de Millery et Toussaint Honoré Gouffé peuvent ne faire qu'une seule et même personne, Soudais obtient du juge d'instruction l'autorisation de se rendre à Lyon en compagnie de Landry, pour tenter d'identifier le cadavre. Durant le voyage qui s'éternise, le policier est pris d'un doute. Dans sa hâte de résoudre l'affaire, n'est-il pas en train de commettre une erreur ? Car la taille et la couleur des cheveux de Gouffé sont différentes de celles de la victime, telles que le docteur Bernard et la presse les ont décrites.

Le juge Bastide accueille fraîchement les voyageurs, la rivalité traditionnelle qui envenime les relations entre la police de Paris et celle de Lyon n'ayant jamais cessé. À la nuit tombée, il consent néanmoins à les conduire à la morgue, aménagée dans une vieille barque arrimée sur les berges du Rhône. Delaignue, le gardien, un personnage crasseux empestant le tabac et l'alcool, s'arme d'une lanterne et guide les deux hommes sur une passerelle branlante. À l'intérieur, l'odeur est abjecte. Landry, défaillant, presse un mouchoir contre son nez. Le cadavre trouvé à Millery gît sur le plancher, au milieu d'autres corps partiellement décomposés.

– Reconnaissez-vous votre beau-frère ? demande Soudais, pris à son tour d'un haut-le-cœur.

Landry hésite. Il demande au gardien d'abaisser son falot vers l'ignoble visage. Puis il se redresse vivement et secoue la tête.

– Ce n'est pas lui, Dieu merci. Toussaint a les cheveux beaucoup plus clairs. Sa barbe, blond ardent, tire sur le roux, et ses moustaches sont plus fournies.

– Tenez compte de l'état du cadavre, insiste le policier. La putréfaction a pu altérer les couleurs des cheveux et de la barbe. Concentrez-vous sur des détails encore visibles.

– Pour ce qu'il en reste ! grogne Landry, écœuré, avant de se ruer dehors pour vomir.

La tentative d'identification ayant échoué, le juge de Lyon signifie au policier que, désormais, toute nouvelle intervention de Paris sera jugée malvenue, voire offensante.

En dépit de cette expérience négative, Soudais reste convaincu que Gouffé est la victime. C'est pourquoi, dès son retour dans la capitale, il contacte ses informateurs pour essayer d'établir son emploi du temps durant les semaines qui ont précédé sa disparition. Il apprend ainsi que Gouffé a fréquenté pas moins d'une vingtaine de prostituées durant le seul mois de juillet. Un indicateur lui apprend par ailleurs qu'il a vu le suspect dans une brasserie des Grands Boulevards, le 25 juillet. Il était en compagnie d'un couple douteux. L'homme, Michel Eyraud, est un commerçant en faillite et l'auteur de nombreuses escroqueries. La femme, Gabrielle Bompard, qui a l'habitude de se présenter comme sa fille ou sa nièce, s'adonne occasionnellement à la prostitution. Fait troublant : le couple a mystérieusement disparu le 27 juillet, le jour où la malle macabre a été expédiée.

Fort de ces arguments, Soudais demande au juge d'instruction qu'une seconde autopsie soit pratiquée sur la dépouille. Arguant de l'inefficacité de la police lyonnaise à résoudre l'affaire, Dopffer accède à la requête. À la condition expresse que ce soit le professeur Lacassagne, une sommité de la science criminalistique, qui exerce ses talents de médecin légiste.

Alors que la décision est prise, un événement consternant stupéfie médecins et policiers : le cadavre de l'homme de Millery a disparu. Ici et là on s'interroge, on s'agite, on vitupère. On découvre pour finir que la dépouille a été jetée à la fosse commune dans le cimetière de la Guillotière, puisque, naturellement, elle n'a pas été réclamée. On creuse sans attendre le carré des indigents. Mais comment reconnaître le bon cadavre ? Par chance extraordinaire, supputant une suite probable à l'affaire, un garçon de la morgue a pris l'initiative de marquer le cercueil d'une croix, et a placé un vieux chapeau sur la tête du mort.

Le 12 novembre 1889, dans l'amphithéâtre de la faculté de médecine de Lyon, quatre hommes font cercle autour du professeur Lacassagne. Quatre hommes aux visages blêmes et aux mains tremblantes. Il y a là Goron, le chef de la Sûreté nationale, Landry, le beau-frère de Gouffé, Berard, le procureur de la République, et le docteur Bernard, qui a pratiqué la première autopsie. L'inspecteur Jaume, venu de Paris, a préféré prendre place dans la rangée la plus élevée des gradins. Là où l'atroce puanteur est la moins asphyxiante.

Âgé de quarante-cinq ans, vif, passionné par son art, doué d'une prodigieuse mémoire, capable, par exemple, de réciter Dante et Musset par cœur, Alexandre Lacassagne est un pionnier de la médecine légale. Auteur d'un *Précis de médecine judiciaire*, il a été le premier à étudier scientifiquement les étapes du refroidissement des corps et de la rigidité cadavérique. Des méthodes toujours utilisées aujourd'hui pour la datation de la mort. En fonction des emplacements des taches sombres sur la peau, provoquées par l'arrêt de la circulation sanguine, il a également été capable de déterminer avant les autres si un cadavre a été ou non déplacé.

En constatant que de l'homme de Millery il ne reste plus qu'une carcasse d'os disloqués et puants, Lacassagne se tourne vers Bernard et l'apostrophe avec colère :

– Beau travail ! Quand vous étiez mon élève, ne vous ai-je pas appris qu'une autopsie mal faite ne se recommence pas ? Votre saccage imbécile a causé des dégâts irréparables.

Bernard baisse la tête, honteux comme un gamin qui a commis une énorme bêtise.

– Ma parole, vous avez détaché la calotte crânienne à coups de marteau ! s'indigne Lacassage, en plongeant à main nue dans la pourriture. Comment discerner maintenant les traces d'un traumatisme ?

En effet, les incisions que Bernard a pratiquées sont grossières et brutales. Le sternum a été sauvagement arraché, le torse et le crâne manipulés avec violence, les vertèbres cervicales torturées.

Au fur et à mesure de ses découvertes, le légiste ne décolère pas. Au travail bâclé de Bernard se sont ajoutés les effets ravageurs de la décomposition. Désormais rien, à part les cheveux et les os, ne peut encore servir à l'identification.

Peu à peu Lacassagne se radoucit, le désir de mener à bien le défi l'emportant sur l'indignation. Armé d'un scalpel, il taille dans les chairs mortes.

– Aidez-moi à dégager le squelette, demande-t-il à son ancien élève. Nous allons tout d'abord essayer de déterminer l'âge de la victime.

Mouchoirs imbibés d'eau de Cologne collés sur le visage, procureur et policiers observent avec dégoût la manipulation. Lacassagne exhume de la table de dissection des fragments du sacrum et du coccyx, détaille une mâchoire à la loupe, examine l'implantation des cheveux.

– La soudure des os, la raréfaction des alvéoles dentaires et les cheveux blancs peu nombreux indiquent que la victime était âgée d'une cinquantaine d'années.

Bernard, qui s'est lourdement trompé sur ce point, rentre un peu plus la tête dans les épaules. Lacassagne s'abstient de lui infliger une nouvelle humiliation. Il poursuit d'une voix neutre :

– Pour définir la taille de l'individu, nous allons utiliser les tables de Rollet. Nettoyez ce fémur et ce cubitus, je vous prie.

Six ans avant l'invention de la radiographie, constatant qu'il existe un rapport entre la taille de la personne et la longueur de ses os, le docteur Étienne Rollet avait établi une échelle de valeurs suffisamment fiable et pratique pour être restée en vigueur, aujourd'hui encore, auprès des médecins légistes.

Lacassagne mesure les os des bras et en déduit que l'homme de Millery avait une taille de 1,76 mètre. D'après ceux des jambes, 1,81 mètre. La moyenne donne donc très précisément 1,785 mètre, soit sept à huit centimètres de plus que ce qu'avait obtenu Bernard lors de son estimation superficielle. Une différence lourde de conséquences.

– Quelle est la taille de la victime, avez-vous dit ? demande Goron, qui croit avoir mal compris le chiffre annoncé par le médecin.

– 1,78 mètre, à un centimètre près, répond Lacassagne. Compte tenu de la taille et de la masse des os, je dirais que l'individu devait peser environ quatre-vingts kilos.

– Poursuivez sans moi, professeur, je reviens dans un instant.

Le chef de la Sûreté se rue hors de l'amphithéâtre pour téléphoner aux autorités militaires de Paris. Une demi-heure plus tard, il obtient l'information qu'il désire. Le livret militaire de Toussaint Honoré Gouffé indique que ce dernier mesurait 1,78 mètre au moment de son incorporation. Ne se satisfaisant pas de cette réponse, Goron contacte ensuite Hochard, le tailleur de l'huissier. Il lui demande de consulter ses archives et de lui communiquer la taille de son client.

– 1,79 mètre, répond sans hésiter le tailleur. Je m'en souviens. Je lui avais confectionné un complet-veston au printemps dernier.

Goron reprend sa place auprès des autres, dans l'amphithéâtre. Il dissimule un sourire satisfait derrière le mouchoir qui lui masque le visage.

– Pourriez-vous vous procurer un échantillon des cheveux ? lui demande Lacassagne.

– Je vais m'y employer, répond l'autre. Seriez-vous parvenu à identifier la victime ?

– Encore un peu de patience. Mais je crois avoir découvert un indice intéressant.

– Lequel ?

Le médecin brandit un fragment d'os, sur lequel s'accrochent des lambeaux de chairs répugnantes.

– Regardez avec attention l'état de cette articulation. Comme vous le constatez, elle réunit le calcanéum à l'astragale.

– Je n'y vois rien d'étrange, bredouille Goron, le cœur au bord des lèvres.

Adoptant un ton professoral, le légiste explique :

– Quand un membre subit une lésion accidentelle ou inflammatoire, il en résulte, si les troubles se prolongent, une diminution de la force du membre lésé. Cet affaiblissement se traduit par une réduction du volume des muscles. Et cette atrophie musculaire se traduit à son tour par une modification des rugosités sur lesquelles les muscles s'attachent aux os.

– Je ne suis pas étudiant en médecine. Je n'y comprends rien. Venez-en aux faits, je vous prie.

– La victime a subi une atrophie musculaire du membre inférieur droit, vraisemblablement d'origine tuberculeuse, avec, au niveau du genou, un épanchement de synovie et une hydarthrose. Par ailleurs, le gros orteil droit présente une déformation due à une attaque de goutte.

– Ce qui signifie ?

– Que de son vivant la victime devait boiter ou traîner la patte.

Goron fait volte-face vers Landry, dont le visage a soudain pris une teinte crayeuse.

– Mon beau-frère boite légèrement, en effet. Son handicap est à peine visible, tant il s'efforce de le dissimuler par coquetterie.

– Nous avons progressé, conclut le médecin. Veuillez noter que les incisives sont écartées, et que la première grosse molaire supérieure droite est manquante. Prenez contact avec le dentiste de Gouffé, et n'oubliez pas de m'apporter quelques-uns de ses cheveux.

Alexandre Lacassagne interrompt l'autopsie. Il se lave les mains à grande eau, même s'il n'ignore pas qu'aucune ablution ne parviendra à chasser l'odeur doucereuse et écœurante de la mort.

Au fur et à mesure du déroulement de l'autopsie, qui se prolonge huit jours durant, les indices s'accumulent. Méthodique, méticuleux, voire maniaque, le légiste passe au crible toutes les informations que recueillent pour lui les policiers parisiens. Le père de l'huissier de justice confirme qu'étant enfant, son fils a fait une chute et qu'il souffre depuis des années d'une inflammation articulaire qui le fait boiter. Le chapelier de Gouffé envoie une copie du conformateur de son client : le dessin se superpose parfaitement à celui obtenu au laboratoire de médecine légale. Le dentiste certifie les observations de l'autopsie. Ne manque plus que l'analyse des échantillons de cheveux, recueillis sur une brosse et un peigne trouvés dans l'appartement de Gouffé, et expédiés à Lyon par courrier spécial. Ceux du cadavre sont noirs, ceux de l'huissier châtains. Pour s'assurer que les cheveux n'ont pas été teints, Lacassagne demande à un chimiste de rechercher les substances qui pourraient avoir altéré leur couleur : cuivre, mercure, plomb, bismuth ou argent. Comme l'analyse est négative, le légiste réalise des lavages successifs puis des comparaisons au microscope. Une fois nettoyés, les cheveux sont châtains et leur diamètre moyen correspond à ceux du mort.

Le 21 novembre, Lacassagne convoque Goron et Jaume dans le grand amphithéâtre de la faculté. Il désigne d'un geste un peu emphatique les restes de l'homme de Millery.

– Messieurs, vous avez devant vous Toussaint Honoré Gouffé, leur dit-il. Aucun doute n'est permis.

Tandis que Jaume exprime bruyamment sa joie, en se frappant les cuisses, Goron demande :

– Avez-vous pu déterminer les causes de la mort ?

– Je confirme le diagnostic du docteur Bernard. Gouffé a bien été étranglé.

– Une strangulation ?

– Un étouffement à la main, plus exactement.

Dès le lendemain, un gros titre s'étale en première page de *L'Intransigeant* : « Le corps enfin identifié ! » Tous les journaux de l'Hexagone reprennent l'information. Le récit détaillé du travail de Lacassagne, médecin de génie, stupéfie l'opinion. Grâce à ses prodigieuses connaissances anatomiques et à son opiniâtreté, il est parvenu à identifier un inconnu, à partir d'une dépouille méconnaissable. En cet été 1889, la science criminalistique vient de faire un bond de géant. Face au dithyrambe qui salue l'exploit du légiste, Goron, en fin limier de la vieille école, sait ce qui lui reste à faire pour partager un peu de sa gloire : arrêter l'assassin dans les meilleurs délais. Il confie, tout d'abord, à un artisan le soin de reconstituer avec précision la malle qui a servi à transporter le cadavre. Puis il la fait exposer sous bonne garde à la morgue de Paris. Cette initiative est un triomphe. En trois jours, vingt-cinq mille personnes défilent devant l'objet. Un tableau noir, couvert d'une belle écriture, indique aux curieux que le chef de la Sûreté accueillera avec gratitude les renseignements susceptibles de faire progresser son enquête. Le 26 novembre, un sellier se présente à la police. Il affirme que le modèle présenté n'est ni fabriqué ni vendu en France. Il s'agit, selon lui, d'une malle anglaise. Cette information recoupe un détail qui avait intrigué Soudais lorsqu'il s'intéressait aux dernières fréquentations de Gouffé, peu avant sa disparition. Selon l'un de ses indicateurs, Michel Eyraud, l'homme peu recommandable avec lequel avait dîné la victime, avait réglé la facture du restaurant avec de la monnaie anglaise. L'hypothèse se confirme quand Chevon, un Français résidant à Londres, informe la police par courrier qu'un certain Michel, accompagné de sa fille, logeait chez une compatriote et cherchait à faire l'acquisition d'une malle robuste auprès des établissements Zwanziger.

Sans perdre une minute, Goron loge des débris de la malle de Millery dans une valise, et se rend à Londres. Il rencontre la gérante de la fabrique de bagages. Elle authentifie la malle et précise que ce modèle est exclusif. Puis il se présente au domicile de la Française signalée par son correspondant.

– Comment se nomme le Français que vous avez hébergé, il y a six mois ? demande le policier.

Timide, fluette, enveloppée dans une chrysalide de châles superposés, Mme Vesprès tente de tergiverser.

– Je ne pense pas que la jeune femme qui accompagnait Michel était sa fille.

– Son nom ?

– Gabrielle Bompard.

– Le nom de Michel ?

Mme Vesprès tournicote dans son salon désuet, en agitant ses bras maigres comme des branches mortes.

– Répondez-moi, madame Vesprès. J'enquête sur un homicide, ne l'oubliez pas.

– Eyraud. Il s'appelle Michel Eyraud.

– Pourquoi et comment vous a-t-il contactée ?

– Nous nous sommes connus il y a une quinzaine d'années. Une romance qui, malheureusement, a tourné court.

– Combien de temps a-t-il séjourné chez vous, avec sa maîtresse ?

– Trois jours.

– Qu'ont-ils fait, en dehors d'acheter une malle ?

– Je l'ignore. Ils partaient le matin et rentraient à la nuit.

– Parlez-moi d'Eyraud. Dites-moi tout ce que vous savez sur lui.

– Michel parle couramment l'anglais et l'espagnol. Il a été teinturier, avant de s'engager dans le corps expéditionnaire français pour combattre au Mexique.

– Quoi d'autre ?

– Quand nous nous fréquentions, il dirigeait une distillerie.

– Pourquoi a-t-il abandonné cette activité ?

– L'entreprise menaçait de faire faillite.

– Possédez-vous une photographie d'Eyraud ?

– J'avais bien conservé un daguerréotype…, soupire la femme avec lassitude.

Elle se dirige vers la porte, invitant le policier à la franchir.

– … mais je l'ai cassé en mille morceaux quand il m'a quittée pour une petite garce de vingt ans.

Tandis qu'il regagne le continent, Goron tente de reconstituer le déroulement du crime. Au moment où il liquide sa distillerie, Eyraud rencontre Gouffé. Découvrant la passion que l'huissier voue aux femmes, l'aigrefin demande à Gabrielle de lui servir d'appât. Une fois introduit dans l'appartement de la rue Montmartre, Eyraud étrangle sauvagement sa proie et se rue sur son coffre-fort. La suite est aisée à imaginer. Ne parvenant pas à forcer la combinaison, le couple se contente de grappiller quelques objets de valeur. Puis il enveloppe le cadavre dans une toile, et l'expédie à Lyon dans la malle anglaise.

Estimant que ce scénario est crédible, Goron mobilise la brigade criminelle pour retrouver des proches du suspect. Laure Bourgeois, l'épouse qu'Eyraud a abandonnée quelques années plus tôt, est rapidement localisée. La perspective d'une vengeance exemplaire l'enchante. Aussi fournit-elle avec empressement à la police toutes les photographies de l'infidèle dont elle dispose. Goron les fait reproduire à grande échelle. Puis, accompagnées d'un avis de recherche, il les distribue généreusement à la presse. Sans oublier de les communiquer aux ambassades et aux consulats français d'Europe et d'Amérique.

Un résultat pour le moins inattendu couronne de succès cette initiative. Le 16 janvier 1890, le chef de la Sûreté reçoit une lettre envoyée de New York. Il jette un coup d'œil distrait sur le nom de l'expéditeur et croit aussitôt à une mauvaise plaisanterie. Au dos de l'enveloppe s'étale en toutes lettres le nom d'Eyraud. Dans une diatribe délirante, le correspondant clame son innocence. Il tempête contre les charges odieuses dont il fait l'objet. Comment lui, un honnête commerçant en voyage d'affaires, peut-il être accusé d'un crime crapuleux ? Certes, il connaît Gouffé dont il partageait l'amitié. Certes, il l'a invité à dîner dans un restaurant des Grands Boulevards, à Paris. Certes, Gabrielle Bompard était présente. Mais pour le reste, tout est mensonge et basse calomnie. Et Eyraud termine sa lettre par ces mots qui, d'une certaine façon, sont déjà un début d'aveu : « Cherchez plutôt l'assassin du côté de Gabrielle, puisque Gouffé figurait parmi ses innombrables amants. »

Un second coup de théâtre ne tarde pas à se produire. Dans l'après-midi du 22 janvier, la secrétaire de Goron lui annonce qu'une jeune femme demande à être reçue. Son nom est

Gabrielle Bompard. Âgée d'à peine vingt ans, coquette, élégante, jolie en dépit d'un visage marqué par une existence que l'on devine toute dédiée aux plaisirs, Gabrielle se présente accompagnée d'un Américain, George Garanger. À peine assis, ce dernier débite au policier une tirade qu'il semble avoir apprise par cœur.

– Vers la fin de l'année dernière, j'ai fait la connaissance de Mlle Bompard, à Vancouver. Elle voyageait avec un homme d'affaires français prétendant s'appeler Vanaerd. Nous avons échafaudé ensemble le projet de créer une société d'import-export. Les formalités étaient en bonne voie, lorsque j'ai découvert, dans un journal français qui traînait dans un hall d'hôtel, la photographie de mon futur associé. Vanaerd était en réalité Eyraud, recherché pour meurtre.

– Pourquoi n'avez-vous pas alerté aussitôt la police canadienne ? demande Goron, en détaillant avec suspicion l'étrange visiteur.

– Comprenant qu'il était démasqué, Eyraud avait déjà pris la fuite. Le sachant dangereux, j'ai préféré protéger Mlle Bompard et l'accompagner à Paris.

– Généreuse intention, raille le chef de la Sûreté. Je note cependant que vous avez attendu trois semaines avant de dénoncer un individu soupçonné d'homicide.

L'Américain accuse le coup. Goron scrute le couple.

– Quelle est la nature de vos relations ?

– Nous nous sommes fiancés, intervient précipitamment Gabrielle.

Goron active une sonnette. Un inspecteur entre et lui chuchote quelques mots à l'oreille.

– Ne quittez pas Paris, monsieur Garanger. J'aimerais pouvoir vous contacter à tout moment.

Puis il ajoute en désignant la femme :

– Votre fiancée va avoir besoin de votre aide. Ne serait-ce que pour que vous lui trouviez un bon avocat…

Goron s'approche de Gabrielle Bompard.

– … car vous êtes en état d'arrestation. Le juge Dopffer rédige à l'instant même un mandat d'amener. Vous passerez la nuit au dépôt, et nous entamerons demain matin une petite et salutaire conversation.

Vive, rouée, imaginative, Gabrielle Bompard se défend bec et ongles d'avoir participé de quelque manière que ce soit à l'assassinat de l'huissier de justice. En attendant de pouvoir localiser Eyraud, bien décidé à ne pas lâcher la proie pour l'ombre, Goron s'acharne à détruire une à une ses allégations. En cette fin de XIXe siècle, pour obtenir des confessions, les policiers n'hésitent pas à employer les grands moyens. Ainsi le chef de la Sûreté prive-t-il la détenue de nourriture pendant plusieurs jours. Quand il ne l'empêche pas de dormir, en envoyant des inspecteurs l'interroger à longueur de nuit dans sa cellule, il la harcèle et l'invective. Avant de changer brusquement de stratégie, en feignant un instant de la croire innocente.

– Eyraud vous a dénoncée dans une lettre expédiée de New York. Vous risquez l'échafaud pour un crime que vous n'avez sans doute pas commis. Dites-moi la vérité et vous obtiendrez la clémence de la justice.

Comme elle ne cède pas aux pressions et refuse obstinément de passer aux aveux, Goron décide de la confondre, en accumulant les témoignages à charge. Il la fait conduire à l'étude de Gouffé, où la concierge la reconnaît sans hésitation. Il recueille ensuite la déposition d'un maréchal-ferrant du quartier Bonne-Nouvelle, qui affirme que la prisonnière lui a confié le soin, en juillet dernier, de ferrer une grosse malle pour la renforcer.

Une nuit, Goron se présente dans la cellule glaciale de la détenue. Il apporte un demi-poulet rôti, une miche de pain frais et un pichet de vin.

– Finissons-en, Gabrielle.

La jeune femme, exsangue, frigorifiée, lorgne avec avidité sur la volaille encore fumante. Un long tremblement désespéré lui secoue l'échine. Des larmes jaillissent de ses yeux.

– À manger.

– Si vous parlez.

– Je parlerai.

Après avoir englouti la nourriture et bu le vin, Gabrielle Bompard raconte.

– Mon rôle consistait à séduire Gouffé, pas à le tuer. Ce n'est qu'en accompagnant Eyraud à Londres que j'ai compris avec horreur ses intentions. En juillet dernier, j'ai subtilisé les clés de l'appartement de l'huissier. Eyraud en a fait faire un double et a repéré les lieux en son absence.

– En quoi consistait votre plan ? demande Goron, pris d'une brève et inexplicable sympathie pour cette femme pathétique.

– Eyraud devait se cacher dans une alcôve, à la tête du lit. Il avait fixé un piton au plafond et passé dans l'anneau la corde armée d'un crochet. Je devais attirer Gouffé sur le lit, défaire la ceinture de ma robe de chambre, et la lui passer autour du cou, comme s'il s'agissait d'un jeu érotique.

– Votre stratégie a-t-elle fonctionné comme prévu ?

– Non. Quand Eyraud a tiré sur la corde, l'huissier s'est mis à brailler comme un porc qu'on égorge. Eyraud a paniqué. Il s'est jeté sur lui et lui a tordu le cou.

Gabrielle Bompard se ratatine contre le mur suintant de sa cellule.

– Gouffé était mort. Nous avons emballé son corps dans la toile et nous l'avons fourré dans la malle. Pendant que je restais étendue sur le lit, Eyraud a fouillé l'appartement. Il n'est pas parvenu à forcer le coffre. Rendu furieux par cet échec, il m'a rouée de coups. À l'aube, avec l'aide d'un cocher, nous avons transporté la malle à la gare et l'avons expédiée à Lyon.

– Puis vous êtes allés ensemble la récupérer, c'est bien ça ?

– Oui. À Lyon, Eyraud a loué un attelage pour charrier la malle. Ensuite il l'a abandonnée dans un ravin, à la sortie d'un village.

– Le charretier ne s'est-il pas étonné de votre étrange comportement ?

– Bien sûr. Il nous a demandé ce que contenait la malle et pour quelle raison nous la cachions dans les broussailles. Eyraud a acheté son silence en lui donnant trois gros billets. Sur le chemin du retour, il l'a menacé de terribles représailles, s'il révélait à quiconque ce que nous avions fait.

– Que s'est-il passé ensuite ? demande Goron.

– Nous avons embarqué à Marseille à bord d'un vapeur. Après Londres et Liverpool, nous avons séjourné à New York et à Vancouver, où nous avons fait la connaissance de George Garanger.

– Eyraud avait-il des ressources ?

– Non. Nous vivions d'expédients et de petits larcins.

– Où a-t-il pu se réfugier ?

Gabrielle brasse l'air confiné de la cellule avec désespoir.

– N'importe où ! Il est rusé, capable de se fondre dans la population de tous les pays d'Amérique.

En 1890, la police dispose de moyens limités pour traquer un fugitif. Ainsi Goron doit-il se contenter d'adresser des mandats d'arrêt aux postes consulaires français, de l'autre côté de l'Atlantique. Tandis que le récit de Gabrielle circule dans les gazettes, Eyraud contribue à précipiter sa propre perte. Car, indigné d'être mis en cause par son ex-maîtresse, il continue de proclamer son innocence, à travers les lettres véhémentes qu'il expédie au chef de la police. En examinant les cachets postaux, ce dernier constate que l'assassin présumé de Gouffé s'est déplacé du Canada à la Floride.

Le 19 mai, le fuyard est enfin localisé à Cuba. Sous le nom de Gorski, il s'adonne, pour survivre, à des trafics minables, vendant à bas prix des vêtements volés. Le consul de France de La Havane fait procéder à son arrestation et avertit le quai des Orfèvres. L'inspecteur Soudais embarque aussitôt à bord du paquebot *La Bourgogne* pour prendre en charge le prisonnier et le rapatrier. Le 30 juin, une foule immense envahit le port de Saint-Nazaire, dans l'espoir d'apercevoir le tueur présumé. Sur le quai, un homme a même dressé son perroquet à hurler le nom d'Eyraud d'une voix exaspérante. Plus tard, les journalistes assiègent le wagon de première classe, dans lequel Soudais et le détenu ont pris place. À la gare d'Orsay, un détachement de cavalerie charge, sabre au clair, un rassemblement de curieux déchaînés. La France entière bascule dans l'hystérie.

Le 16 décembre, le procès des assassins s'ouvre devant la cour d'assises de la Seine. Tandis que le sort d'Eyraud semble réglé, Henri Robert, l'avocat de Gabrielle Bompard, adopte pour sa cliente un système de défense qui sidère public et magistrats.

– Mlle Bompard est innocente. Elle a été envoûtée par Eyraud. Elle a assisté au crime en état d'hypnose.

Le juge suspend les audiences. Le temps que neurologues, psychiatres et hypnotiseurs se prononcent sur la santé mentale de la prévenue. Au terme des examens, qui donnent matière à des polémiques passionnées, les spécialistes rejettent la thèse de l'avocat.

– Mlle Bompard est, certes, un être immature et amoral, mais elle ne présente pas de troubles notoires de la personnalité. Elle est donc responsable de ses actes et, à ce titre, doit être jugée solidairement avec son complice, conclut le juge.

Un dernier détail capital oppose encore Quesnay de Beaurepaire, le procureur général, à l'avocat de Gabrielle : la dépouille de Gouffé a-t-elle été, oui ou non, découverte dans le sac la tête en bas ? Si l'on répond à cette question par l'affirmative, la participation de Gabrielle Bompard à l'homicide est avérée. Dans le cas contraire, Eyraud a agi seul, se contentant de faire glisser le corps de la corde au sac, sans aide extérieure. Le docteur Bernard et Goffy, le garde champêtre qui a trouvé le cadavre, sont appelés à témoigner à la barre. Bernard est péremptoire :

– Je suis absolument certain que la tête occupait le fond du sac, qui était un grand morceau de toile plié en deux et cousu d'un seul côté.

Le garde champêtre affirme le contraire :

– La tête du mort se trouvait du côté du lien. Après l'avoir tranché d'un coup de couteau, elle m'est apparue comme la figure de Guignol.

Un appariteur apporte la relique du sac et la déplie sous le nez du jury. L'odeur est insupportable. Comme la toile présente de nombreuses déchirures, il est impossible de savoir laquelle des deux versions est la bonne. Ce doute va sauver la vie de Gabrielle Bompard.

Le 20 décembre 1890, le spectacle prend fin. À 21 heures, le président du tribunal prononce la sentence : Eyraud, peine capitale ; Bompard, vingt ans de travaux forcés. Dix semaines plus tard, la tête d'Eyraud roule sous la guillotine de Deibler, le bourreau parisien. Au même moment, sur les Grands Boulevards, des vendeurs à la sauvette proposent aux passants de petits coffrets imitant une malle qui contiennent le moulage en plomb du corps d'un homme.

Gabrielle Bompard est internée à la maison centrale de Clermont-Ferrand. Libérée huit ans plus tard pour bonne conduite, elle publie ses souvenirs sous le titre *Ma confession*. Une compilation de faits improbables et rocambolesques.

L'ombre d'un doute

Quand, à la sortie d'un virage en épingle à cheveux, les automobilistes découvrent l'incongruité de la scène, leur premier réflexe est d'écraser la pédale de frein. Puis de chercher du regard projecteurs et caméra. Car s'il ne s'agit pas du tournage d'un film, que fait la vingtaine de personnes assises en rond sur le bord d'une falaise battue par les vents ? À quoi s'emploie, par exemple, cet homme cravaté de noir qui s'égosille en gesticulant devant un tableau couvert de signes étranges ? Que mime cette femme vêtue d'une robe de magistrat, entourée de ses assesseurs ? Enfin quel rôle a été dévolu aux six policiers en uniforme qui se cramponnent à leurs casquettes ?

Trois jours durant, et pour la première fois dans l'histoire de la justice américaine, un procès de cour d'assisses se déroule en plein air. Sur un escarpement suspendu entre ciel et océan. Sur le lieu même où, deux ans plus tôt, une jeune femme a perdu la vie en basculant dans le vide. S'agissait-il d'un accident tragique, comme il s'en produit parfois sur ce tronçon de route escarpée ? C'est ce que s'est employé à prouver l'avocat de la défense. Ou a-t-on affaire à un crime commis de sang-froid par un couple satanique, comme tente de le démontrer maintenant le procureur aux membres du jury ?

À l'exception d'un train de caravanes poussives et d'une grappe de motards, ce vendredi 17 mars 1995, la route n° 1, qui musarde à flanc de colline le long de la côte californienne entre San Francisco et Los Angeles, est peu encombrée.

– Si nous nous arrêtions pour contempler l'océan, qu'en penses-tu, Katy ? propose Mary Kopel en se retournant vers la jeune femme assise à l'arrière de la Pontiac.

Cette dernière frappe joyeusement dans ses mains à la manière d'un enfant.

– D'accord.

– C'est entendu, les filles. Je me gare dès que possible, s'enthousiasme à son tour le conducteur.

Il est 14 h 15 quand la voiture s'immobilise dans un virage dégagé, sur le bas-côté de la route. Le trio s'extrait du véhicule et claque les portières.

Jerry et Mary Kopel, un couple âgé d'une cinquantaine d'années originaire de San Diego, ont invité leur amie Katy Bellagio à partager leur week-end de villégiature. Fraîchement divorcée, dépressive, Katy a accepté avec entrain, trop heureuse de trouver dans cette escapade un dérivatif à ses déboires conjugaux.

Les Kopel se dirigent maintenant vers le bord de la falaise. Parvenus sur un escarpement qui offre une vue plongeante, ils agitent les bras, invitant Katy à venir les rejoindre.

– Approche, n'aie pas peur, s'époumone Mary, les mains en porte-voix.

En contrebas, les rafales de vent électrisent de minuscules mèches d'écume.

– Qu'est-ce que tu attends ? Voyons, tu ne risques rien, insiste Jerry avec impatience.

Légèrement chancelante, Katy Bellagio trébuche sur ses chaussures à talons hauts et avance d'un pas hésitant. Quand elle rejoint les autres, le sang a reflué de son visage.

– Pardonnez-moi, mais je.. j'ai...

– Tu as quoi, ma chérie ?

– J'ai le vertige. Je ne vous l'ai pas dit, mais le vide m'effraie.

Les Kopel enlacent la jeune femme avec affection.

– Jette au moins un coup d'œil sur l'océan. Je t'assure que tu n'auras pas à le regretter.

Tandis que Mary s'empare d'un appareil photo niché dans le fond de son sac, Jerry escorte Katy jusqu'à l'extrémité du promontoire.

– Avance encore d'un pas ou deux. Accroche-toi à mon bras, tout ira bien.

Mary Kopel s'éloigne pour enregistrer la scène. Après avoir multiplié les prises de vue, elle retourne à la voiture dans le but de glisser une disquette neuve dans son appareil. Quand elle se retourne, Katy s'est volatilisée. Son mari, désespérément seul sur l'éminence rocheuse, semble scruter l'abîme avec perplexité. Au bout d'un moment, il se redresse, fait un geste qui exprime la fatalité, et court vers son épouse. Sans échanger un mot, le couple grimpe dans la Pontiac, qui disparaît bientôt sur la route de montagne.

Quelques kilomètres plus loin, Jerry Kopel écrase la pédale de frein devant une baraque en planches qui propose aux touristes cartes postales et crèmes glacées. Mary entre en trombe dans la boutique. Le souffle court, elle interpelle un jeune gars aux cheveux longs, assis derrière la caisse.

– Le téléphone, vite, un accident est arrivé au-dessus de Seal Beach.

Quand la voiture de police arrive sur les lieux, Mary Kopel, prostrée sur une chaise, sanglote bruyamment. Son maquillage détrempé lui a barbouillé le visage et les verres de ses lunettes sont couverts de buée. Debout à ses côtés, son mari bredouille des bribes de phrases incohérentes, en se massant frénétiquement les tempes.

– Katy… Kay… Comment est-ce possible ?… Dites-moi que c'est un cauchemar !

Rassemblant le peu de force qu'il lui reste, Mary Kopel explique aux policiers les circonstances du drame.

– Je lui tenais le coude, intervient son mari. Et puis, en une fraction de seconde, elle a échappé à mon étreinte et a brusquement basculé dans le vide. Sans que je puisse tenter quoi que ce soit, je l'ai vue dégringoler la falaise et rebondir sur les rochers.

Les Kopel guident ensuite les policiers jusqu'au promontoire. Comme le bas de l'escarpement est inaccessible par la côte, un officier contacte par radio le poste de Santa Barbara pour demander des renforts. Une heure plus tard, un camion-grue est à pied d'œuvre. Un secouriste fixe une civière au bout d'un crochet, s'équipe d'un harnais et disparaît dans le vide, en se balançant dangereusement. Quand le treuil a dévidé le câble d'acier sur une longueur de cent cinquante mètres, les minutes s'égrènent. Virevoltant, en proie à une agitation incontrôlable, Mary Kopel rabâche des mots sans suite. Enfin le corps disloqué de Katy Bellagio apparaît, arrimé sur la civière. Mary se précipite en hurlant et couvre de baisers le visage tuméfié de la morte.

– Après une chute pareille, votre amie n'avait aucune chance de s'en tirer, m'dame, compatit à sa manière l'un des policiers.

Au commissariat de Santa Barbara, les Kopel racontent une fois encore dans quelles circonstances Katy a perdu la vie. Portant aux pieds des chaussures mal adaptées au terrain caillouteux, la jeune femme a glissé dans le vide, sans parvenir à se retenir au bras de Jerry. À moins qu'un léger malaise ne lui ait fait perdre conscience un court instant, entraînant un fatal déséquilibre. Les policiers enregistrent la déclaration et concluent à un accident. Ils notent ensuite l'adresse des parents de la victime pour les informer du drame et font procéder à une autopsie de routine. Sans grande surprise, le médecin légiste diagnostique de multiples traumatismes crâniens ayant entraîné la mort.

Tandis que les Kopel regagnent San Diego, les parents de Katy Bellagio apprennent le décès de leur fille. La consternation et le chagrin cèdent le pas à la colère. Ils s'interrogent. Comment Katy a-t-elle pu se rendre sur le bord d'une falaise, alors que depuis son plus jeune âge elle souffrait de vertige ? Enfant, il était impossible, par exemple, de lui faire franchir une passerelle. Encore moins de la faire asseoir sur le siège d'une balançoire ou d'un manège. En toute logique, Katy aurait dû rester à l'intérieur de la voiture des Kopel. Ou, par égard pour eux, se contenter de contempler le paysage à bonne distance. Mais en aucun cas elle n'aurait été capable de s'aventurer si près du gouffre. De plus, née prématurément à la suite d'un accouchement difficile, Katy possédait un QI inférieur à la moyenne. Si ce handicap avait compromis ses chances de poursuivre des études, il avait paradoxalement développé chez elle un instinct de survie très efficace, un réflexe animal l'avertissant des dangers comme un signal d'alarme. Forts de ces réflexions, les parents de Katy décident d'engager un avocat pour les aider à faire la pleine lumière sur les causes exactes de la mort de leur fille.

Deux mois après le drame, dûment mandaté par la famille Bellagio, l'avocat Kenneth Black prend contact avec Steve Lawrence, le shérif de Santa Barbara, pour lui demander d'ouvrir une enquête. Outre une main-courante enregistrée le jour de l'accident, le dossier de Katy est vide. Aucune photo ou relevé topographique n'a été pris par les policiers sur le sommet de la falaise. Aucune enquête de voisinage n'a été effectuée sur le couple Kopel. Et l'autopsie du cadavre s'est résumée à une observation superficielle.

Faisant contre mauvaise fortune bon cœur, Lawrence téléphone à Jerry et Mary Kopel. Il les convoque au commissariat pour les interroger à nouveau, cette fois en présence de l'avocat.

– Saviez-vous que Katy était sujette au vertige ? demande d'emblée Kenneth Black.

– Non, elle n'avait jamais mentionné quoi que ce soit de ce genre, affirme Mary avec aplomb.

– Pourtant, ses parents sont formels sur ce point. Vous a-t-elle accompagnés de son plein gré jusqu'aux limites de la falaise ?

Jerry Kopel temporise.

– À vrai dire, elle était hésitante. Nous avons dû lui vanter la beauté du paysage pour qu'elle consente à nous rejoindre.

– Katy avait adhéré avec enthousiasme à notre projet d'excursion, se défend la femme. Si elle avait eu peur du vide, pourquoi serait-elle venue avec nous, sachant que les falaises sont la principale attraction de la route côtière ?

– D'accord. Katy était donc réticente à s'approcher du bord, tranche le shérif, feignant d'ignorer la remarque de Mary.

– Au début, elle semblait mal à l'aise, en effet, concède Kopel. Pour la mettre en confiance, je lui ai pris le bras. Elle semblait détendue. Je n'avais aucune raison de me méfier de ses réactions. Puis, elle a fait un geste brusque et a soudain basculé en avant.

– Un geste brusque ! s'exclame le policier. Vous n'aviez pas mentionné ce détail dans le premier procès-verbal.

– La teniez-vous, oui ou non, par le bras, quelques instants avant la chute ? insiste Black.

Jerry Kopel saute lourdement sur ses pieds. Comme s'il revivait la scène en présence d'un personnage imaginaire, il tournicote dans le bureau, brasse l'air, cherche ses marques. Et finit par faire face à une large fenêtre qui donne sur un jardin.

– Supposons maintenant que l'océan est devant nous. Katy marche à ma droite. Je la tiens donc par le bras gauche. Nous avançons prudemment. Parvenus près du bord, nous nous arrêtons pour contempler le paysage.

Kopel marque une pause. Sous l'effet de la concentration, le pourtour de ses yeux se plisse de rides blanches.

– Et puis…

– Et puis ?

– Oui, c'est ça : ensuite Katy se dégage. Elle fait un pas en avant. Ou elle glisse. Sans que j'aie le temps d'intervenir.

– Asseyez-vous, intime le shérif. Votre version des faits ne me satisfait pas. Soit Katy a sauté dans le vide, soit elle a perdu l'équilibre. Dans le premier cas, nous avons affaire à un suicide. Dans le second, à un accident. C'est l'un ou l'autre. Vous devez être plus précis.

Kopel s'éponge machinalement le front d'un revers de manche.

– Ma foi, je ne sais plus. Katy sortait d'un divorce traumatisant. Elle avait vingt ans. Elle était sous pression, psychologiquement affaiblie Et, comme vous le savez sans doute, elle était…

– Elle était quoi ? s'énerve Lawrence.

– Légèrement déficiente mentale. Il est possible qu'elle ait pu… dans un moment d'égarement…

– Non.

La voix rauque de Mary Kopel a éclaté dans le bureau comme une déflagration.

– Non. Cette hypothèse est absurde. Parfaitement infondée. Et elle déshonore la mémoire de notre amie. Katy ne s'est pas suicidée. Je suis formelle.

– Où vous trouviez-vous, madame Kopel, quand Katy est tombée ? demande Kenneth Black, tout en griffonnant des notes.

– Je faisais des photos. Lorsque mon appareil s'est bloqué, je suis retournée à la voiture pour le recharger.

– À quelle distance de Katy était-elle garée ?

– À environ une trentaine de mètres.

– Qu'avez-vous fait ensuite ?

– Quand j'ai refermé le coffre, je me suis aperçue que Katy avait disparu.

– Vous n'avez donc pas assisté à la scène, même de loin.

Mary Kopel secoue son épaisse tignasse blonde décolorée et dévisage son mari avec consternation.

– C'est vrai, je n'ai rien vu. Mais vous pensez bien que je n'ai eu de cesse de questionner Jerry sur les circonstances de la chute. Et je peux vous assurer qu'il s'embrouille. L'accident s'est produit il y a plus de deux mois. Sa mémoire le trahit. Il est encore en état de choc. Il m'a toujours dit qu'il avait relâché sa pression sur le bras de Katy et qu'à cet instant, elle avait glissé. Elle portait des chaussures à talons hauts, ne l'oubliez pas !

– Je n'oublie pas surtout que vous et votre mari présentez deux versions contradictoires de l'événement, et qu'il m'est impossible de me faire une opinion, grince le shérif.

Mary Kopel se rencogne dans le fond de son siège. Le cerveau de l'avocat s'échauffe. Il relit ses notes avec fébrilité et demande :

– Qu'avez-vous photographié au juste, avant que le drame se produise ?

La femme roule ostensiblement les épaules, incapable de maîtriser l'exaspération qui la gagne.

– Ce que photographient les touristes en pareille circonstance, j'imagine !

– C'est-à-dire ?

– Les paysages alentour. Mon mari et Katy sur le promontoire. Les photos banales que l'on prend machinalement au cours d'une excursion.

– Jerry et Katy sur la falaise, répète Black.

– Naturellement.

– Pourrions-nous avoir accès à cette pellicule ?

– Mon appareil n'utilise pas de film ordinaire, prévient la femme. Il fonctionne avec un disque que l'on glisse dans le boîtier, et qui ne comprend qu'une douzaine de vues.

– Peu importe le procédé. Faites-moi parvenir l'original de ce disque en colis express recommandé, exige le shérif, qui a immédiatement saisi les intentions de l'avocat.

Soudain désemparée, Mary Kopel hésite. Le policier anticipe :

– Et ne me dites surtout pas que vous avez égaré les photos.

Puis il enfonce le clou :

– Ne m'obligez pas non plus à demander à un juge d'établir un mandat de perquisition à votre domicile. Ou de vous inculper pour entrave à la justice.

– C'est entendu, nous vous l'enverrons dès demain, concède la femme en se levant pour prendre congé. Mais je trouve votre façon de faire parfaitement désobligeante.

Trois jours plus tard, Kenneth Black a étalé devant lui quinze petits tirages en couleur de format carré. En se référant à la disquette originale, il les a numérotés dans l'ordre chronologique des prises de vue réalisées par Mary Kopel. Il est 3 heures du matin. Le ronflement discontinu du climatiseur et le bruit des vagues qui se fracassent en contrebas allègent le silence oppressant qui règne dans la chambre d'hôtel.

Muni d'une forte loupe, l'avocat détaille depuis des heures les images les unes après les autres. Puis son regard les passe en revue à toute vitesse, afin de les enregistrer dans sa mémoire en continu, comme la séquence d'un film. Les deux premières représentent Katy Bellagio seule. L'une la montre cadrée en pied. Elle est vêtue d'un tailleur-pantalon de couleur vert émeraude, et elle porte aux pieds d'élégants escarpins en cuir ajouré. L'ombre courte de sa silhouette apparaît sur le sol au premier plan. Ce qui signifie qu'elle regarde vers l'est et que la photo a été prise vers 14 heures. Bien que sur la seconde son regard soit dissimulé derrière d'épaisses lunettes de soleil, son sourire éclatant exprime la joie de vivre.

Les tirages numérotés de 3 à 8 ont été consacrés aux paysages environnants. Le promontoire désertique. Des oiseaux minuscules batifolant dans les nuages. Une vue générale des collines ravinées surplombant l'océan.

Sur la neuvième photo, prise en léger contre-jour, l'avocat distingue un couple qui s'éloigne, tournant le dos à l'appareil. Comme il l'a indiqué lors de l'interrogatoire, Jerry Kopel marche, en effet, à la gauche de Katy et lui emprisonne fermement le bras.

La photographe a dû ensuite rejoindre les autres jusqu'au bord de la falaise, puisque l'image suivante les représente de face. Katy a retiré ses lunettes et se tient blottie contre Jerry. En scrutant la scène avec attention, Black remarque un détail d'expression. Le sourire de la jeune femme s'est figé en rictus, et son regard, devenu trouble, semble désemparé. Comme si, ivre ou droguée, elle cherchait désespérément un repère sur lequel s'accrocher.

– Sans doute un malaise dû à sa peur du vide, en conclut l'avocat pour lui-même, en passant à l'examen du onzième tirage.

Mary Kopel s'est maintenant éloignée de quelques mètres de ses sujets pour les cadrer en pied, légèrement de trois quarts. Sous la loupe, l'image grossie cinq fois fait apparaître une situation tout à fait insolite.

Black se redresse. Il arpente la chambre à grandes enjambées, ouvre la porte du réfrigérateur, en extrait une boîte de soda et en avale deux longues gorgées sans reprendre son souffle. Puis, essayant de calmer son cœur qui bat la chamade, il se replonge dans l'examen de la photo. La dernière de la série sur laquelle la jeune femme est encore vivante. À environ un mètre du vide, Katy se tient blottie contre Jerry. Mais cette fois, le bras droit de l'homme s'est glissé sur son épaule. Jerry est prêt à la retenir et à l'éloigner rapidement du bord en cas de nécessité. Il est également dans une position idéale pour la pousser dans le précipice, sans qu'elle puisse réagir. Plus étrange encore : au lieu de fixer l'horizon ou le bas de la falaise, Kopel regarde derrière lui. Comme s'il observait la route. Comme s'il guettait le passage des voitures.

Les quatre dernières photos représentent à nouveau des paysages. Kenneth Black les écarte d'un revers de main et va lamper le reste du soda jusqu'à la dernière goutte. Puis il jette la cannette vide dans la poubelle et revient précipitamment vers le lit où les photos sont étalées.

– Incroyable !

Les clichés, pris du même endroit, montrent les virages qu'exécute la route en direction du nord et du sud. Sur les deux suivantes, Jerry Kopel semble marcher ou courir vers sa voiture d'un pas pesant, les épaules voûtées, le visage inexpressif.

– Inimaginable ! Katy vient de faire une chute mortelle de cent cinquante mètres, et son amie ne trouve rien de plus urgent à faire que de photographier la route vide. La route vide et son mari. Pourquoi ?

Les yeux de l'avocat, gonflés de fatigue et de sommeil, s'embuent. Sa gorge s'est desséchée. Ses mains tremblent.

– Comment Mary a-t-elle eu le cynisme de faire une chose pareille ? Le réflexe normal aurait voulu qu'elle accoure vers le précipice toute affaire cessante. Au lieu de quoi elle a tranquillement photographié la route comme si de rien n'était. A-t-elle assisté au drame, puisque, après tout, son appareil n'était pas déchargé à ce moment-là, comme elle l'a prétendu ? Dans ce cas, tandis que Jerry poussait Katy dans le vide, Mary s'assurait qu'aucune voiture ne passait à proximité du promontoire. Qu'aucun automobiliste n'était témoin d'un meurtre crapuleux…

Sans avoir la patience d'attendre le lever du jour, Kenneth Black réveille le shérif pour lui faire part de sa découverte. Lawrence écoute avec attention son récit, qu'illustrent les quinze photographies prises par Mary Kopel.

– C'est bien observé, admet le policier. Mais si crime il y a, quel en est le mobile ? Et puis, vous conviendrez avec moi que l'interprétation des photos ne constitue aucunement une preuve matérielle d'homicide. Votre histoire ne tiendra pas la route devant un tribunal.

– Disons plutôt qu'elle décrédibilise la thèse de l'accident, se contente de répondre modestement Black, épuisé par sa longue veille. À vous de jouer, shérif. J'ai fait ma part du boulot, je vais dormir.

Dès 9 heures, Steve Lawrence contacte le médecin légiste qui a pratiqué l'autopsie sur le corps de Katy.

– Désolé, shérif, je ne peux plus rien pour vous, informe au téléphone le docteur Blum. Impossible d'exhumer. La dépouille de Katy Bellagio a été rendue à la famille et incinérée à Boston.

– Je souhaiterais néanmoins disposer de votre rapport d'autopsie et des pièces afférentes. Avez-vous réalisé des prélèvements ?

– Sanguins, oui.

– Les avez-vous analysés ?

– Non. Aucune enquête n'avait été ouverte à l'époque.

– C'est vrai, mais faites-le. Dès aujourd'hui si possible. Quoi d'autre ?

– J'ai photographié le corps sous toutes les coutures.

– Envoyez-moi aussi vos photos par coursier, je vous prie.

L'échantillon de sang de Katy Bellagio révèle des traces d'amitryptiline, un antidépresseur assez répandu dans le commerce. La prise de ce tranquillisant expliquerait-elle le regard absent, l'état de désorientation que la jeune femme affichait sur la dixième photo ? Pour que l'effet du médicament soit perceptible, Katy aurait dû l'absorber moins de deux heures avant la chute. Au cours du déjeuner, par exemple. Le shérif griffonne une note pour ne pas oublier d'interroger les restaurateurs installés le long de la route n° 1, en aval de Seal Beach. Puis il téléphone aux parents de Katy. Mme Bellagio est formelle :

– Ma fille n'a jamais pris d'antidépresseur. Compte tenu de sa fragilité émotionnelle, ce type de traitement lui était déconseillé.

Le second indice révélé lors de l'autopsie est plus troublant encore. Sur des photos prises par le légiste, le dos des mains de Katy présente de profondes écorchures et ses ongles sont cassés. Tandis que les paumes sont presque intactes. Si Katy avait involontairement basculé dans le vide ou si elle s'était suicidée, c'est le contraire qui se serait produit. La jeune femme s'est-elle accrochée au bord de la falaise, après avoir été poussée dans le vide par Jerry Kopel ? Son bourreau lui a-t-il écrasé les mains à coups de talon ? Ou, pire encore, l'a-t-il sauvagement frappée avec une pierre pour lui faire lâcher prise ?

Alors que cette hypothèse odieuse plombe l'affaire, le shérif fait appel au FBI pour rassembler des informations sur le couple potentiellement suspect. Et les éléments qu'il recueille au cours des jours suivants dépassent rapidement ses plus sombres pressentiments…

– Freddy, le fils Kopel, est en taule et la maman aligne un impressionnant palmarès d'affaires bizarres, beugle au téléphone José Sepulveda, l'agent spécial du FBI.

– Comment ça, « bizarres » ? demande Lawrence.

– Imaginez-vous que, la veille de l'accident ou de l'homicide, Katy Bellagio a souscrit une assurance-vie de 35 000 dollars en faveur de Freddy Kopel, mieux connu à la prison du comté sous le matricule n° 855843. Autre chose : Mary Kopel a incontestablement la poisse. Toutes les maisons qu'elle a possédées ont mystérieusement brûlé les unes après les autres. Encore plus fort : un certain nombre de ses amies sont passées ad patres, avant de la faire bénéficier de leur assurance-vie. Dont le montant s'élevait toujours à…

– À 35 000 dollars, je suppose !

– Bingo ! La dame a de la suite dans les idées. Le crime paie au compte-gouttes, mais il finit par payer gros !

– Pouvez-vous m'en dire davantage sur l'assurance-vie souscrite par Katy Bellagio ?

– L'assureur a frôlé l'infarctus. La veille du drame donc, Mary Kopel lui a demandé ingénument si, pour toucher la prime il y avait un délai minimum à respecter ou une clause excluant la mort accidentelle. Une fois rassurée, elle est venue le lendemain chercher ses sous, en brandissant le certificat de décès de Katy. Jamais rien vu de pareil. Le type en est tombé sur le cul !

– Je me mets à sa place. Quel rôle joue le mari ?

– Méchant toutou.

– C'est la femme qui mène la barque ?

– N'oubliez pas que monsieur a quand même donné un coup de pouce pour aider Katy à faire le grand saut !

– On peut le dire comme ça. Au sens propre et figuré.

– Une dernière chose et je vous laisse : si j'étais vous, je jetterais un coup d'œil sur le contrat de Katy Bellagio. À défaut de conduire les Kopel sur la chaise électrique, il peut au moins vous permettre de boucler votre affaire.

Muni de mandats d'amener et de perquisition, Steve Lawrence se rend au domicile des Kopel et les met en état d'arrestation. Le contrat d'assurance-vie, signé par Katy Bellagio, a été soi-disant attesté par une voisine du couple, Samantha Kissayne. Cette dernière nie formellement sa participation dans l'élaboration du document. Pour le prouver, elle signale au policier qu'une faute d'orthographe a été commise dans la signature, Kissayne s'étant transformé en Kyssaine. Après s'être procuré une ordonnance du tribunal, le shérif confie le contrat à un expert graphologue qui ne tarde pas, après avoir comparé et analysé les écritures, à détecter, en effet, une grossière falsification.

Dès lors, à défaut de pouvoir inculper le couple d'homicide volontaire avec préméditation, le procureur le place en détention préventive avec pour chef d'accusation faux, usage de faux et escroquerie à l'assurance.

Steve Lawrence dispose de quelques jours pour étayer son dossier. La perquisition au domicile des Kopel lui a fourni un premier indice. Il a trouvé, en effet, dans une armoire à pharmacie des tubes d'amitryptiline, le médicament détecté dans le sang de Katy. Il a ensuite obtenu la confirmation que, deux heures avant le drame, le trio s'était arrêté pour déjeuner dans un restaurant en bordure de la route. Les Kopel ont-ils profité de cette halte pour droguer leur proie et la rendre plus vulnérable ?

– J'ai cru que la jeune femme voyageait avec ses parents, déclare le serveur en examinant les photos que lui présente le shérif. Elle semblait en confiance. Elle s'est contentée de grignoter une omelette et de boire un verre de thé glacé.

– S'est-elle absentée avant ou au cours du repas ?

– Ils sont allés se rafraîchir dans les toilettes à tour de rôle. Je m'en souviens parce que je leur avais donné des serviettes qui sortaient du pressing.

Tandis que le procureur rassemble les pièces à conviction pour préparer le procès, un coup de théâtre va obliger les experts médico-légaux à déployer des trésors d'imagination pour que justice puisse être rendue : Mary Kopel prétend maintenant qu'elle ne se trouvait pas sur les lieux au moment de l'accident.

– Où étiez-vous, alors ? lui demande abruptement le procureur.

– Quelque part dans les collines, de l'autre côté de la route. Je cueillais de la bruyère et des fleurs sauvages. Quand j'ai entendu Jerry pousser des cris d'orfraie, je suis revenue précipitamment sur mes pas.

– Dans ce cas, qui a pris les photos ?

– Je l'ignore. Un touriste quelconque a dû garer sa voiture dans le virage en mon absence. Un touriste auquel mon mari a confié son appareil, je suppose, affirme la femme sans se départir d'un sang-froid exaspérant.

– Pourquoi changer radicalement votre version des faits, sinon pour essayer pitoyablement de vous disculper ? note le magistrat avec colère.

– Vous faites erreur. Dans un premier temps, j'ai cherché à protéger mon mari, en prétendant me trouver sur le promontoire. Mais Katy me manque et je crains, malheureusement, que

Jerry ne soit pas étranger à sa disparition. Il n'est pas question pour moi d'entraver le cours de la justice. Bien au contraire.

Écœuré par cette manœuvre, qui aurait pu être risible en d'autres circonstances, le magistrat doit néanmoins faire face à l'avocat de la défense, qui soutient bec et ongles le scénario grotesque imaginé par sa cliente. Pour mettre un terme à la mascarade, le procureur doit être en mesure de démontrer que la prévenue est bien l'auteur des photos et que, par conséquent, elle est complice de l'homicide. Pour ce faire, il confie la série de photographies prises par Mary Kopel à Bob Woodstock, un expert médico-légal venu de Los Angeles. Un spécialiste de l'analyse des scènes de crime.

Woodstock examine attentivement les épreuves et parvient à la même conclusion que Kenneth Black, l'avocat engagé par la famille de la victime. Comme une succession de séquences extraites d'un film noir, les photographies contenues sur la disquette racontent un crime dûment prémédité. Cependant Woodstock pousse plus loin son analyse. Sur le cliché n° 7 – celui qui offre une vue générale de la côte pacifique –, il remarque une ombre sur le sol, au premier plan. Une ombre courte et trapue. L'ombre du photographe. Fort de cet élément, l'expert commence par établir avec le maximum de précision l'heure à laquelle la photo a été prise. Se basant sur l'appel téléphonique passé au commissariat de police depuis la boutique de souvenirs, Woodstock calcule le temps du trajet effectué par le couple. Puis il demande à un astronome de déterminer quel était l'emplacement du soleil le jour du crime à 14 h 30, l'heure qu'il est parvenu à définir. Il se rend ensuite sur le promontoire, accompagné d'un géomètre, et met en application sur le terrain le théorème de Pythagore, qui dit, comme on le sait, que $A^2 + B^2 = C^2$. Tenant compte de la focale de l'objectif de l'appareil photo, de l'angle et de la longueur de l'ombre portée par rapport aux points fixes enregistrés sur l'image originale, l'expert et le géomètre en concluent que le photographe mesurait 1,65 mètre. La taille exacte de Mary Kopel !

Afin que le jury puisse se faire une idée précise du déroulement des événements et apprécier à leur juste valeur les informations médico-légales révélées par les photos, le juge décide que le procès se tiendra sur le bord de la falaise, face à l'océan Pacifique, à proximité immédiate de la scène de crime. Cette initiative est une première dans l'histoire de la justice américaine. Mary Kopel comparaît seule, son mari ayant succombé à un arrêt cardiaque peu avant dans sa cellule.

Les délibérations se prolongent trois jours durant. Face aux preuves matérielles fournies par le procureur – la falsification du contrat d'assurance, les photos montrant les plaies que Katy portaient sur le dessus des mains, la présence de tranquillisant dans son sang –, l'avocat de la défense choisit de plaider avec vigueur la thèse de l'accident. Pour couper court, le procureur demande au juge l'autorisation de procéder à une expérience. Comme sa requête est acceptée, il exhibe un agrandissement de la photo n° 11, qui montre Kopel et la jeune femme blottis l'un contre l'autre au bord du précipice. Puis il demande aux membres du jury de l'accompagner à tour de rôle jusqu'à la falaise, à l'endroit exact où Katy a basculé dans le vide.

– Imaginez un instant que je suis Kopel et que vous êtes Katy. Je passe un bras autour de vos épaules, tout en jetant des regards furtifs en direction de la route. Imaginez ensuite que vous avez absorbé contre votre gré une dose massive de tranquillisant. Vos jambes flageolent. Votre vue s'affaiblit. Vos réflexes s'estompent.

Les membres du jury obéissent en frissonnant, pris d'un léger malaise et pressés que l'expérience touche à son terme.

– Maintenant feignez de perdre l'équilibre, ordonne le procureur. N'ayez aucune crainte, je vous retiendrai en cas de chute.

Comme aucun témoin ne se prête au jeu, le magistrat poursuit son raisonnement.

– J'en conclus que vous préférez que je vous pousse violemment dans le vide.

Terrorisés, les membres du jury bondissent en arrière. Une femme sous pression hurle de terreur et éclate en sanglots. Un retraité porte une main à son cœur pris de folie. D'autres préfèrent prendre la fuite et rejoindre le groupe.

L'avocat de la défense s'égosille :

– Objection ! Objection, Votre Honneur ! ce procédé est indigne de la cour.

Comme le juge n'intervient pas, le représentant du ministère public s'agenouille. Il prend une lourde pierre et martèle le bord de la falaise avec violence.

– Katy implore ma pitié mais je lui ris au nez. Je lui écrase les doigts. Je lui brise les phalanges. Je la frappe au sommet du crâne.

Puis, l'air hagard, le procureur se retourne vers les témoins tétanisés et achève son extravagante démonstration.

– Couverte de sang, Katy a enfin lâché prise. Elle rebondit maintenant de rocher en rocher. Ses os craquent. Ses membres se disloquent. Je la vois avec satisfaction disparaître dans l'abîme.

Cette plaidoirie peu orthodoxe emporte l'adhésion du jury. Après une courte délibération en plein air, il rend son verdict : Mary Kopel est reconnue coupable de complicité de meurtre avec préméditation. Le juge la condamne à une peine de réclusion à perpétuité, assortie de quinze ans d'emprisonnement incompressibles.

Des jeux de photographies tirées de la disquette originale prise par Mary Kopel circulent toujours dans les académies de police américaines. Utilisés comme matériel pédagogique, ils contribuent à la formation des inspecteurs et des experts médico-légaux. Les étudiants ayant coutume de communiquer à leurs cadets le contenu des épreuves, je doute que l'effet de surprise fonctionne encore auprès des élèves de première année ! Quoi qu'il en soit, rendons hommage à ceux grâce auxquels justice a été rendue. Les parents de la victime, tout d'abord : connaissant leur fille mieux que personne, ils ont été les premiers à détecter l'ambiguïté de la situation et à suspecter un acte de malveillance. Saluons ensuite Kenneth Black, l'avocat perspicace : parvenant à interpréter la réalité au-delà des apparences, à remplir le laps de temps entre deux prises de vues, il a transformé une banale série de photos en acte d'accusation. Félicitons enfin Bob Woodstock, l'expert criminologue : en ayant eu l'idée d'appliquer en grandeur réelle le théorème de Pythagore, il a déterminé au centimètre près la taille du photographe à partir de son ombre, et prouvé ainsi l'implication de Mary Kopel dans cette horrible machination.

La vérité sur le bout des doigts

D'un geste las, William Herschel rejette son casque colonial sur la nuque. Dans la lumière crue de l'après-midi, des visages flous dansent au ralenti devant ses yeux. Un Indien âgé s'est figé au garde-à-vous. Herschel scrute attentivement les traits de son visage taillé à la serpe. Nez camus, yeux noirs rapprochés, larges oreilles couvertes de poils gris, dents éclatantes et bien rangées.

– Je vous ai déjà vu hier, il me semble.

– Non, sahib.

À l'approche de la mousson, l'air torride, saturé d'eau, transforme le cerveau de l'officier britannique en étuve.

– N'abusez pas de ma patience.

Le soldat tapote son livret militaire avec conviction.

– Non, sahib.

Herschel poursuit son examen. Il s'agace, hésite. Comment peut-il prouver que l'ancien combattant ne vient pas toucher sa pension une seconde fois ? D'autant qu'à ses yeux tous les Indiens se ressemblent. Et puis n'est-il pas facile aux tricheurs de faire sauter une moustache d'un coup de rasoir, de s'entortiller un turban sur le crâne, d'affecter une légère claudication, ou, plus simplement encore, d'envoyer un parent ou un ami percevoir à leur place l'argent de leur retraite ? Dans l'armée des Indes, au milieu du XIXe siècle, presque aucun soldat ne sait lire et écrire, et, le plus souvent, les signatures se réduisent à une simple croix, gribouillée sur les papiers officiels.

– Si je parviens à vous confondre, vous serez sévèrement puni.

Immobile, impénétrable, le soldat ne bronche pas. Convaincu de se faire gruger une nouvelle fois, l'officier compte à contrecœur une poignée de roupies qu'il glisse dans une enveloppe.

Le soir même, installé sur la véranda de son bungalow, William Herschel ressasse son échec.

– Comment puis-je identifier mes hommes sans risque d'erreur ?

Cette question lancinante obsède l'Anglais depuis des années. Et il n'a toujours pas trouvé de solution. Soudain, une image fulgurante traverse son esprit. La scène se déroulait le mois dernier sur le port de Calcutta. Une importante cargaison d'opium était sur le point d'être transbordée à bord d'un vraquier, à destination de Canton. Herschel était chargé de surveiller l'opération, parfaitement légale à l'époque. C'est alors qu'il a vu un négociant chinois apposer l'empreinte de son pouce dans de la cire chaude, au bas d'un document. L'empreinte en relief a suffi à certifier la transaction. À authentifier l'acheteur d'une marchandise de grande valeur.

D'un bond, Herschel s'extrait de son transat. Il se rue dans son bureau, ouvre un tiroir, prend un bâtonnet de cire, le présente à la flamme d'une bougie, applique la pâte sur une feuille blanche, et appuie dessus la face interne de son pouce. Puis il s'empare d'une loupe et examine l'empreinte. Il distingue sans surprise que le dessin comporte des lignes qui forment des boucles, des arcs et des spirales. Il se précipite ensuite dans le salon où son épouse se fait servir le thé par une jeune domestique.

– Suivez-moi, toutes les deux. Vite !

Les femmes, intriguées, lui emboîtent le pas. Herschel relève fiévreusement les empreintes de leurs pouces et les compare entre elles puis avec la sienne. Il découvre alors, à son grand étonnement, que les lignes papillaires sont toutes différentes.

Quelques mois plus tard, en août 1877, après avoir méthodiquement prélevé et répertorié les empreintes digitales des anciens combattants dont il a la charge, William Herschel écrit à l'inspecteur général des prisons du Bengale : « J'ai l'honneur de vous soumettre ci-joint une étude sur une nouvelle méthode d'identification. Elle consiste à prendre l'empreinte de l'index et du majeur de la main droite de la façon dont on appose un cachet. On utilise l'encre à tampon ordinaire. J'en ai fait l'expérience lors du paiement des pensions et je n'ai pas eu à me plaindre du moindre inconvénient. Je crois que si on décidait d'appliquer partout ma méthode, on mettrait fin, une fois pour toutes, aux falsifications d'identité. J'ai déjà établi des centaines de fiches portant des empreintes digitales, sur la base desquelles je suis actuellement en mesure d'identifier chaque individu… »

Après avoir rongé son frein pendant dix jours, Herschel reçoit enfin une réponse de son supérieur. Dans une lettre apparemment amicale, ce dernier s'inquiète de l'état de santé de son correspondant. Il fait allusion aux fièvres tropicales qui enflamment l'imagination et finit par lui conseiller de rentrer en Grande-Bretagne pour s'y faire soigner.

Trois ans après la démarche infructueuse de Herschel, par un hasard dont l'Histoire est souvent coutumière, un médecin écossais, le docteur Henry Faulds, qui enseigne la physiologie dans un hôpital de Tokyo, publie un article dans la revue londonienne *Nature*, dans lequel on peut lire : « En 1879, comme j'examinais quelques vases préhistoriques déterrés au Japon, mon attention fut attirée par des empreintes digitales qui dataient certainement du moment où l'argile était encore molle. Une comparaison entre ces empreintes et d'autres, prises récemment, m'incita à me pencher sur l'ensemble de ce problème. Le dessin des lignes sur la peau ne subit aucune modification tout au long de la vie d'un individu et, par conséquent, il peut être plus utile pour l'identification que la photographie. »

En effet, miracle ontologique ou volonté du Créateur de marquer chaque homme dans sa chair pour le différencier des autres, les dessins papillaires sont immuables et indestructibles, les crêtes se formant dans l'épaisseur du derme au quatrième mois de la vie utérine et repoussant à l'identique en cas de destruction. Et il n'existe qu'une chance sur soixante-quatre milliards pour que deux êtres humains possèdent la même « signature digitale » !

William Herschel, Henry Faulds, et plus tard sir Francis Galton butent néanmoins sur un problème d'une extraordinaire complexité : comment classer les empreintes digitales de façon telle que des recherches comparatives fiables puissent être rapidement menées ? Comment cataloguer des millions de dessins minuscules qui sont par essence tous différents ?

L'invention d'une méthode, la dactyloscopie, revient à Juan Vucetich, un jeune fonctionnaire de la police territoriale de Buenos Aires. Ayant pris connaissance des travaux de ses aînés, Vucetich imagine, en 1891, une technique d'archivage à partir de quatre familles d'empreintes : celles qui comprennent exclusivement des arcs ; celles qui ont des boucles à droite ; d'autres des boucles à gauche ; et enfin celles qui présentent des lacets enroulés sur eux-mêmes. À partir de cette topologie qui s'applique au pouce, le policier argentin distingue les empreintes des autres doigts en leur attribuant un numéro de 1 à 4. Ainsi, en une seule formule simple – une lettre suivie de quatre chiffres –, est-il désormais possible d'établir la fiche dactyloscopique d'un individu et de la comparer en un clin d'œil à celle d'un autre.

Un an plus tard, Vucetich a l'occasion de vérifier le bien-fondé de sa méthode. Le 8 juillet 1892, un double meurtre est commis dans une cabane sordide proche de Necochea, une ville côtière située au sud de Buenos Aires. Les victimes sont les deux enfants illégitimes d'une certaine Francisca Rojas. Le policier dépêché sur place les a trouvés baignant dans leur sang, le crâne fracassé. Leur mère, une ouvrière de vingt-six ans, accuse Vélasquez, un vacher faible d'esprit et qui ne cesse de la poursuivre de ses assiduités, d'être l'auteur du massacre. Le commissaire arrête le suspect. Vélasquez reconnaît avoir menacé Francesca de tuer ses enfants si elle ne cédait pas à ses avances, mais il nie formellement d'être passé à l'acte. Et, en dépit d'une garde à vue qui s'apparente plus à une séance de torture qu'à un interrogatoire, il s'entête dans ses dénégations. Focalisant toute son énergie sur le suspect, le policier a négligé de collecter le moindre indice matériel sur la scène de crime. Dans l'espoir de relancer l'enquête qui s'enlise, Vucetich envoie en renfort son assistant, l'inspecteur Alvarez, féru de ses méthodes. Alvarez inspecte la cabane dans l'espoir d'y trouver encore des traces révélatrices. Après des heures de recherches, il découvre une tache d'un brun foncé sur une cloison de la cuisine. Cette marque n'est rien de moins que l'empreinte d'un pouce couvert de sang. Alvarez découpe le morceau de bois et, à l'aide d'une loupe, compare l'empreinte à celles des pouces de Vélasquez et de Rojas, imprimées sur une feuille de papier. Confondue, la femme avoue s'être débarrassée de ses enfants pour être libre d'épouser son amant. Et éliminer du même coup le vacher amoureux devenu trop encombrant.

Pour la première fois dans l'histoire criminelle, un assassin a été démasqué grâce à l'analyse de ses empreintes digitales. Fort de ce succès qui défraie la chronique, Juan Vucetich publie le *Guide général sur la méthode des empreintes* et *Système d'identification.* Deux ouvrages qui convainquent la direction de la police argentine d'adopter sa méthode et d'abandonner le système anthropométrique, créé quelques années plus tôt par Alphonse Bertillon. Onéreux et compliqué, le bertillonnage exige, en effet, la prise de dizaines de mesures et de nombreuses photographies des individus interpellés.

Au début du XXe siècle, la dactyloscopie est adoptée par la plupart des services de police à travers le monde. Néanmoins, cette technique encore balbutiante se limite à recueillir des empreintes bien visibles sur des surfaces planes et sèches. Ce qui réduit considérablement son efficacité sur les scènes de crime.

Vers 1930, le professeur Edmond Locard, un criminologiste de génie, étend la possibilité de prélèvements aux empreintes invisibles à l'œil nu, ainsi que sur des supports mous ou humides. Bientôt, poudres révélatrices, substances chimiques, éclairages colorés, films sensibles à la lumière infrarouge ou ultraviolette entrent dans l'outillage standard des experts médico-légaux.

Au lendemain de la Seconde Guerre mondiale, un fait divers exceptionnel démontre de façon éclatante l'efficacité de cette technique révolutionnaire…

La bâtisse victorienne s'est dissoute dans l'épaisseur de la nuit. Cris rauques d'oiseaux nocturnes. Brise légère. Comme la lame recourbée d'un antique poignard, le coude de la rivière qui traverse le parc brille sous la lune. Gwendoline Humphreys, trente-sept ans, infirmière à l'hôpital Queens Park, ouvre en grand la fenêtre du réduit où elle se réfugie pour tricoter. Il est 23 heures à Blackburn, en Grande-Bretagne, ce 15 mai 1948. Soudain, un vagissement d'enfant déchire le silence et rebondit en échos plaintifs dans les couloirs vides. Gwendoline abandonne son ouvrage, réajuste sa coiffe empesée et se dirige vers la source du cri. Elle prend dans ses bras l'enfant malade et le berce quelques instants. Quand il est apaisé, elle le recouche et vérifie que tout est en ordre dans le dortoir. Une demi-heure plus tard, l'infirmière effectue une nouvelle ronde dans le service de pédiatrie. Elle pénètre sur la pointe des pieds dans la salle CH III où sont alignés les lits d'une dizaine de petits patients. D'un seul coup, ses yeux s'agrandissent et elle a l'impression que des paillettes de glace fondent dans ses veines. Un lit est vide. Celui de June Devaney, quatre ans, hospitalisée après avoir contracté une légère pneumonie. Gwendoline secoue draps et couvertures. Sans résultat. June s'est volatilisée. Alors, au risque de réveiller les enfants endormis, elle allume les plafonniers. Quand la lumière froide douche le dortoir, elle remarque des traces de pas sur le plancher. Les traces laissées par un adulte marchant pieds nus ou en chaussettes très fines. Elles conduisent à l'une des fenêtres du donjon. La jeune femme constate aussi qu'une grosse bouteille en verre, probablement remplie d'eau, a été abandonnée sous le lit de la malade. Elle éteint la lumière et court, affolée, donner l'alerte. Quelques minutes après, infirmières, aides-soignantes et internes fouillent l'hôpital. Deux heures plus tard, les recherches n'ayant rien donné, le médecin de garde responsable du service contacte la police de Blackburn. Deux policiers en uniforme se présentent. Équipés de torches électriques, ils entreprennent de ratisser le parc, aux abords du bâtiment. Vers 2 heures du matin, l'un d'eux pousse un cri étouffé.

– Charles !

À trente mètres sur la gauche, un pinceau de lumière balaie la frondaison.

– Tu as trouvé quelque chose ?

– Amène-toi, je te dis.

L'autre approche et se statufie. Le petit corps pantelant est écartelé au pied d'un muret. La chemise de nuit, remontée jusqu'aux épaules, rayonne sous la lune. Les torches dansent entre les mains tremblantes des policiers.

– Comment on peut faire une chose pareille ? gémit le premier policier, en se penchant sur le cadavre.

La tête de la fillette a été fracassée contre le mur. Bouillie de sang et de cervelle. Les yeux grands ouverts de la suppliciée semblent sonder l'épaisseur de la nuit. Comme s'ils butaient, incrédules, sur l'aridité du cœur des hommes.

Le jour pointe quand le commissaire Looms et l'inspecteur Campbell, du bureau de l'identification judiciaire du comté du Lancashire, arrivent sur les lieux. Sans hésiter, Looms appelle à l'aide Scotland Yard. Il faut agir vite. Car le meurtre de June est le troisième infanticide en l'espace de quelques mois. À Londres, une fillette de cinq ans a été tuée d'un coup de couteau dans une maison détruite par les bombes, quatre ans plus tôt. Et à Farnworth, tout près de Blackburn, un garçon de onze ans, a été, lui aussi, poignardé. En fin de matinée, l'inspecteur-chef de Scotland Yard, John Capstick, accompagné de deux agents, se met immédiatement au travail. Après avoir examiné la scène de crime, il tire ses premières conclusions.

– L'assassin connaissait bien les lieux. Il a retiré ses chaussures pour s'introduire dans le bâtiment, entre 23 h 15 et 23 h 30. Il s'est emparé de la fillette, s'est enfui par la fenêtre du donjon et a remis ses chaussures. Puis il a violé et massacré sa proie dans le fond du parc.

– Que vient faire la bouteille d'eau, retrouvée sous le lit ? demande à l'inspecteur le directeur de l'hôpital.

– C'est l'arme que le meurtrier avait emportée en cas de besoin. Si Mme Humphreys l'avait surpris dans le dortoir, je pense qu'il n'aurait pas hésité à s'en servir.

– La petite Devaney était-elle visée personnellement ?

– D'après les empreintes de pas, l'assassin s'est arrêté devant plusieurs lits d'enfants avant de faire son choix, répond Capstick. Il s'est attaqué à June pour une raison sans doute liée à sa perversité. Néanmoins, je vérifierai auprès de ses parents pour savoir s'ils se connaissaient des ennemis.

Le visage du directeur s'empourpre légèrement.

– Excusez-moi, j'ai empiété sur votre domaine. Je leur ai déjà posé la question avant que vous n'arriviez. Ils vous attendent dans mon bureau.

– Que vous ont-ils dit ?

– M. et Mme Devaney sont de braves gens, ouvriers métallurgistes dans une usine du coin. Ils mènent une vie sans histoire.

Et le directeur croit bon d'ajouter :

– Ils sont anéantis.

Capstick recueille une quantité impressionnante d'empreintes digitales sur la scène de crime. Il y en a partout : sur l'armature métallique du lit, sur la bouteille d'eau, sur le dossier d'une chaise, sur les montants de la fenêtre du donjon laissée ouverte. L'homme de Scotland Yard les compare ensuite à celles prélevées sur l'ensemble du personnel de l'hôpital et à celles des malades adultes, hébergés dans une autre aile du bâtiment. Puis, pour faire bonne mesure, il élargit sa recherche aux médecins et aux infirmières qui n'étaient pas d'astreinte la nuit du crime, aux visiteurs et aux parents des enfants hospitalisés. Toutes les empreintes sont peu à peu identifiées. À l'exception d'une seule qui a été prélevée sur la bouteille d'eau. Capstick demande alors à ses adjoints de la confronter aux empreintes digitales des épiciers de la ville, qui vendent des bouteilles de la même marque. Les résultats étant négatifs, l'inspecteur en conclut qu'il est parvenu à isoler l'empreinte digitale de l'assassin. Il la fait photographier et l'envoie à tous les services d'identification de Grande-Bretagne. Partout l'empreinte est inconnue. Alors, en désespoir de cause, il la communique aux bureaux de police judiciaire à l'étranger. L'assassin peut être un marin ou un voyageur de passage. Comme cette démarche n'aboutit pas non plus, Capstick acquiert la certitude que le meurtrier doit habiter Blackburn ou ses environs. Ne connaissait-il pas les lieux et les habitudes des infirmières, la nuit du crime ?

Le 20 mai, les agents de Scotland Yard et ceux de l'identité judiciaire du Lancashire sont réunis pour tenter de sortir l'enquête de l'impasse où elle s'est enlisée.

– Que comptez-vous faire maintenant ? demande Campbell.

– Une chose qui n'a encore jamais été tentée où que ce soit, répond Capstick.

– Laquelle, je vous prie ?

– J'ai l'intention d'enregistrer les empreintes digitales de toute la population mâle de Blackburn et de les comparer à celles de l'assassin. De tous les hommes ayant dépassé l'âge de seize ans, ainsi que de tous les ouvriers et employés résidant en dehors de la ville mais qui s'y rendent quotidiennement.

Le visage de Campbell se plisse d'un faisceau d'expressions contradictoires. Comme si la stupeur, le rire et l'incrédulité se livraient bataille.

– Je ne vous suis pas.

– Vous m'avez bien entendu : j'ai parlé de toute la population mâle de Blackburn.

La stupeur et l'incrédulité l'emportent chez le policier.

– Vous n'y pensez pas ! Blackburn compte plus de cent dix mille habitants, répartis dans environ trente-cinq mille logements.

– Ce qui revient à dire que nous aurons à prélever quelque cinquante mille empreintes, calcule Capstick, imperturbable.

– Sans que le succès ne nous soit pour autant garanti, plaide l'autre. De plus, si nous échouons, nous attiserons la colère de la population.

– Est-ce votre seule objection ?

– Non. Aucune loi ne nous autorise à utiliser une telle procédure. Seuls les criminels en état d'arrestation sont contraints de fournir leurs empreintes. Les hommes libres peuvent s'y soustraire. Si seulement dix ou quinze pour cent de la population refusent de coopérer, votre opération n'aura plus de sens.

– Nous sommes bien d'accord. Aucun homme ne doit pouvoir échapper au contrôle.

Abasourdi par l'ampleur de la tâche, Campbell réfléchit à toute vitesse, retournant la question dans tous les sens.

– La coercition est mauvaise conseillère.

– Que voulez-vous dire ?

– Plutôt que d'user de la force, demandons au maire de Blackburn de lancer un appel au volontariat.

– Oui, c'est cela, approuve Capstick. Jouons la carte de la conscience civique.

– Pour rester dans le cadre de la loi, nous nous engagerons de notre côté à détruire toutes les empreintes une fois l'affaire résolue. À ne conserver aucun fichier.

L'inspecteur de Scotland Yard fronce les sourcils.

– Cela signifie aussi que nous renoncerons à profiter de l'occasion pour mettre la main sur d'autres criminels.

– Je crains que ce ne soit le prix à payer.

Dès le 23 mai, soit huit jours après le meurtre, des centaines de policiers se rendent au domicile des habitants de Blackburn, afin de ne pas les obliger à se présenter au commissariat. À l'étonnement des enquêteurs, le désir de démasquer le meurtrier de la fillette est tel qu'indécis et objecteurs éventuels acceptent sans rechigner de participer à cette gigantesque opération. Afin de recenser les hommes qui doivent fournir leurs empreintes, Scotland Yard utilise les listes électorales et les registres des services fiscaux. Dès la fin du mois de juin, vingt mille empreintes ont été recueillies. Vingt mille empreintes, et le criminel est toujours introuvable. Dans la ville, la tension ne cesse de croître. Et des journalistes se risquent déjà à publier des remarques sarcastiques sur les frais abyssaux qu'entraîne la méthode démente imaginée par l'inspecteur-chef John Capstick. Vers la fin du mois de juillet, quarante mille et, au début d'août quarante-cinq mille empreintes ont été enregistrées et contrôlées sans résultat. En septembre, lorsque l'examen dactyloscopique du dernier homme inscrit sur les listes s'avère négatif, l'espoir de toucher au but s'est définitivement évanoui.

– Nous avons dilapidé en vain l'argent public et, en plus, nous nous sommes couverts de ridicule, se désespère Campbell. Nous devons admettre publiquement notre échec. Je présenterai dès demain ma démission.

– Attendez, intervient Capstick. Je crois qu'il nous reste une dernière chance de coffrer le pervers.

– Laquelle ? implore l'autre, les bras au ciel.

– Il existe une liste que nous n'avons pas vérifiée : celle des personnes détenant une carte d'alimentation.

En Grande-Bretagne comme en France, trois ans après la fin de la Seconde Guerre mondiale, des cartes de rationnement sont toujours en circulation.

– Je me suis informé, poursuit Capstick. Huit cents hommes de Blackburn sont en possession de ces cartes. Et ils ne figurent pas sur les autres listes.

– Huit cents hommes sur cinquante mille contrôlés sans succès ! C'est ridicule. Convenons plutôt que le meurtrier nous a échappé parce qu'il ne résidait pas en ville.

Captisck perd soudain patience.

– Avons-nous une alternative ? Terminons au moins ce que nous avons entrepris.

Le 11 août à 11 h 30, l'inspecteur Calvert se présente devant un pavillon en briques noircies, au 31 Birley Street. Une femme âgée d'une cinquantaine d'années vient lui ouvrir, en s'essuyant les mains dans son tablier.

– Vous désirez ?

– Peter Griffith est-il chez vous ?

– C'est mon fils.

Un garçon d'une vingtaine d'années, au visage intelligent et sympathique, se présente sur le seuil. Calvert lui demande s'il est prêt à donner ses empreintes. Sans hésiter, Griffith lui tend ses mains en souriant.

Dans l'après-midi du 12 août, un employé du bureau de l'identification judiciaire pousse un cri de triomphe :

– Ça colle, je le tiens !

Les empreintes du pouce et de l'index de Peter Griffith correspondent à la trace relevée sur la bouteille. Fils d'un malade mental, lui-même psychologiquement perturbé, Griffith connaissait parfaitement l'hôpital Queens Park pour y avoir effectué un séjour prolongé quelques années plus tôt. Il avoue son crime dès son arrestation. Soupçonné d'être également l'assassin des deux autres enfants, il n'est inculpé, faute de preuve, que du seul crime de June Devaney. Il est condamné à la peine de mort par pendaison.

Succès éclatant de la dactyloscopie, l'affaire Griffith ouvre les yeux du grand public sur les perspectives qu'offre cette méthode. Des députés suggèrent même que si la Grande-Bretagne avait recensé toute sa population, l'assassin aurait été retrouvé en quelque^r jours et à moindres frais. Ainsi germe l'idée de constituer un fichier national d'empreintes digitales. Une compilation qui s'étendrait à l'ensemble des citoyens, et non plus aux seuls criminels.

Et, au fil des ans, les techniques ne cessent de se perfectionner. Aux révélateurs d'empreintes mécaniques et chimiques s'ajoute bientôt le procédé électrostatique, qui permet de développer les traces papillaires fraîches figurant sur des documents, quelle que soit la nature du support. Le principe de la métallisation sous vide consiste, lui, à mélanger des poudres métalliques à l'intérieur d'un évaporateur dans lequel on a disposé l'objet à analyser. Très efficace aussi, le laser argon permet de détecter des empreintes ayant été exposées à des températures hautes ou extrêmement basses, voire des empreintes humides. Enfin, la toute récente méthode microbiologique s'appuie sur les micro-organismes qui se développent parfois sur les différents supports : une espèce bactérienne est mélangée à un gel fondu qu'on verse sur l'empreinte ; au cours de l'incubation, des colonies de bactéries se développent dans le gel aux points nutritifs qui coïncident avec les crêtes, et les traces à identifier deviennent alors visibles.

Aujourd'hui, la numérisation des empreintes digitales, les fichiers informatisés, les logiciels de traitement rapide et la biométrie offrent aux services de police des pays développés des solutions d'une extraordinaire efficacité.

En France, le fichier automatisé des empreintes digitales contenait, en 2007, plus de deux millions et demi de références. Malgré des controverses au nom de la sauvegarde des libertés individuelles, ces techniques s'avèrent bien utiles à résoudre des énigmes hors du commun. À preuve ce fait divers qui s'est déroulé aux États-Unis, en janvier 2008.

Fleuves pétrifiés au cœur de la nuit, les avenues de New York charrient vents rugueux et bourrasques de neige. Dans cet univers livide, les phares des taxis dansent comme des fanaux en perdition. Kathy Mosley et Anna O'Neill, deux policières spécialistes des identifications, se blottissent à l'arrière de la voiture de patrouille qui remonte le flux, sirène hurlante. Dans le hall d'entrée d'un immeuble situé au coin de Colombus Avenue et de la 81e Rue, face à Central Park, elles croisent des agents en uniforme.

– Quatrième étage, porte droite, leur indique l'un d'eux en soufflant sur scs doigts. Triplc homicide.

Les femmes revêtent des combinaisons en Tyvek, enfilent des gants jetables et pénètrent dans l'appartement. À peine sont-elles dans le salon qu'une odeur de sang les prend à la gorge. Du sang, il y en a partout. Il a giclé sur les murs, ruisselé sur le mobilier, imprégné la moquette. Trois corps renversés dans des attitudes pathétiques occupent tout l'espace.

– Les Chan, les parents et leur fille. Du moins ce qu'il en reste, informe le coroner. Il semble que la mère ait été torturée. La fille a reçu une vingtaine de coups de couteau dans le ventre et la poitrine. Le père a été égorgé sur place.

Le regard des expertes virevolte sur la scène de carnage. Et se pose sur une table basse maculée de rouge. Au premier coup de pinceau, une empreinte digitale apparaît. Gigantesque, hallucinante. Elle mesure douze centimètres.

– Jamais vu ça en neuf ans de métier, grince Kathy en déroulant une bonne longueur de ruban adhésif.

Anna O'Neill se penche à son tour sur la marque.

– En plus, il n'y a aucun détail périmétrique.

Curieusement, en effet, la trace ne présente pas de dessin correspondant au bord des doigts. La zone centrale est claire, mais les bords sont brouillés.

– Et que dire de ça ? questionne Mosley, en s'emparant délicatement d'un pied de lampe dont l'abat-jour a été fracassé.

– L'empreinte n'apparaît que d'un seul côté.

– Oui. Pas de trace de doigts et de pouce en opposition, constate l'autre femme, dont les yeux clairs s'écarquillent au-dessus de son masque.

– Viens. Ayons une vue d'ensemble.

Les expertes se frayent un passage à travers le chaos. L'appartement a été dévasté avec une rage inconcevable. Comme après le passage d'un ouragan. Meubles éventrés, placards, tiroirs, étagères saccagés, brisés contre les murs, vêtements lacérés. Dans la cuisine, même le réfrigérateur a été secoué et vidé de son contenu.

– Qu'ont fait les Chan au meurtrier pour mériter cette punition ?

– Regarde, il s'est attaqué à des boîtes de céréales...

– ... A lancé des œufs frais sur des images pieuses...

– ... Et il a démantelé la batterie de cuisine.

Une heure plus tard, les policières ont recueilli une soixantaine d'empreintes. Toutes monstrueuses. Toutes mesurant une douzaine de centimètres.

– Ma parole, l'assassin est un gorille fou ! lance à la cantonade un jeune inspecteur en état de choc.

– Un gorille dressé pour tuer, renchérit le coroner.

– Vous regardez trop de films d'horreur, intervient Kathy Mosley. Un gorille aurait-il composé le numéro du digicode ? Aurait-il pris l'ascenseur ? Se serait-il arrêté sans hésitation au bon étage ? Aurait-il amadoué les Chan à travers le judas de leur porte, en leur racontant une histoire drôle ? Vous délirez.

– D'accord, d'accord, je plaisantais, concède le médecin. Qu'est-ce que tu proposes ?

– Pour moi, c'est une scène Canada Dry.

– Traduction ?

– Ça ressemble à un assaut de gorille ou de chimpanzé. Ça a le goût et les apparences d'une attaque animale. Mais c'est autre chose.

– Un leurre ?

– Oui. Pour détourner notre attention.

– Regardez le lustre, s'exclame Anna O'Neill.

À moitié arrachée, la suspension du salon pendouille en clignotant par intermittence.

– L'assassin s'est donné beaucoup de mal pour nous faire croire qu'un grand singe s'était balancé à travers la pièce. Comme King Kong.

– Passez-moi une chaise, ordonne Mosley.

La jeune femme grimpe et examine les pendeloques en cristal. Quand elle regagne le sol les mains vides, sa conclusion conforte l'hypothèse d'une mise en scène sinistre.

– Un gorille est gros comme plusieurs chiens réunis. Et il perd probablement autant de poils qu'eux. Surtout s'il s'agite comme un dément. Or, il n'y a aucun poil animal dans tout l'appartement.

– On a affaire à un type qui portait des gants de gorille. Un déguisement de carnaval.

– C'est ce qui expliquerait qu'il n'y ait pas d'empreintes périphériques, ni de marques d'opposition doigts-pouce, dit Anna.

Kathy secoue la tête.

– C'est plus compliqué. Les moulages de main en latex ne laissent pas d'empreintes. Des traces confuses tout au plus. Il faut que l'extrémité des doigts sécrète des sucs graisseux pour fabriquer des marques papillaires.

Abasourdi dans un coin du salon, l'inspecteur de la criminelle récapitule à voix haute les pensées folles qui enflamment son cerveau.

– D'accord. Résumons les faits. Les Chan connaissaient leur assassin. Ils lui ont donc ouvert innocemment la porte de leur appartement. Une fois à l'intérieur, le type a enfilé devant eux un costume de gorille.

– Jusque-là tout est normal, raille le coroner en grimaçant.

Le policier, agacé, poursuit sa démonstration.

– Il égorge le père, poignarde la fille et torture la mère. Ensuite, il saccage les lieux méthodiquement. Grâce à un procédé qui nous échappe, il dissémine partout des empreintes monstrueuses. Enfin, il se dit : « Tiens, je vais démolir ce lustre, comme si un gorille s'y était accroché. » Franchement, vous ne croyez pas qu'on est complètement à côté de la plaque ?

– Peut-être pas autant que tu le crois, hasarde O'Neill.

– Quoi qu'il en soit, le tueur que nous cherchons est plus dangereux qu'une bête sauvage, conclut à son tour sa collègue.

Pendant un mois, les policiers se mobilisent pour répertorier tous les magasins de New York qui vendent ou louent des costumes grotesques. Un vendeur d'Abracadabra Exotic, une boutique spécialisée dans les accessoires d'Halloween, consulte les facturettes des cartes de crédit qu'il a encaissées un mois plus tôt. Effectivement, un client a loué une tenue de gorille la veille du triple meurtre. L'inspecteur demande à examiner la peluche. Il constate que des sillons ont été grossièrement gravés au fer à souder sur la face interne du moulage des mains. Il en déduit que l'assassin a dû frotter de temps à autre sur son front et son visage les surfaces en caoutchouc, pour les imprégner de substances sébacées et laisser des empreintes.

Grâce à ses coordonnées bancaires, Robert Zhao est rapidement localisé et arrêté. Les policiers établissent la preuve qu'il a loué le costume dont les fausses marques papillaires, incrustées sur les gants, correspondent à celles retrouvées dans l'appartement.

– Les empreintes du singe vous ont trahi, lui dit un officier. Vous avez péché par excès de zèle.

Admettant à contrecœur l'échec de sa macabre mise en scène, Zhao reconnaît les faits, après un quart d'heure d'interrogatoire.

Il ne reste plus au policier qu'à asséner une dernière vérité :

– Si vous étiez allé dans un zoo, vous auriez vu que les gorilles ne se balancent pas dans des espaces confinés. Vous vous seriez rendu compte aussi qu'ils dégagent une odeur forte et persistante. Or, excepté le sang et les nouilles sautées, l'appartement ne dégageait aucune odeur.

Zhao finit par avouer s'être vengé du refus de Mlle Chan, son amie d'enfance, de l'épouser.

En 2002, à la stupéfaction de ses collègues, le cryptographe japonais Tsutomu Matsumoto a démontré qu'il était facile de créer de fausses empreintes digitales pour abuser les appareils biométriques. Il a prouvé, en effet, qu'on pouvait relever une empreinte sur une surface lisse et la transférer sur un doigt en gélatine, confectionné, par exemple, avec un nounours Haribo. Dans 80 % des cas, il trompera les scanners optiques sophistiqués des systèmes de sécurité !

Ne sommes-nous pas tous hantés par nos fantômes ?

Comme chaque soir, le modeste pavillon que Jim Christy occupe avec ses cinq enfants s'est transformé en ruche bourdonnante. Tandis que les aînés se disputent la possession de l'ordinateur, les trois plus jeunes, âgés de sept et onze ans, se chamaillent dans la cuisine.

– Bob et Teddy, allez vous brosser les dents, et filez dans votre chambre, ordonne leur père. J'irai vous raconter une histoire quand vous serez au lit.

Les jumeaux rieurs escaladent l'escalier en se tirant par les maillots.

– Franck, où en es-tu de ton contrôle de maths ?

Sans quitter l'écran des yeux, l'adolescent brandit un pouce victorieux au-dessus de sa tête.

– Tu ne perds rien pour attendre, fiston. Nous vérifierons ça ensemble dans une minute.

Jim Christy intercepte enfin une gamine qui tente de s'éclipser dans le jardin, un pack de jus d'orange sous le bras.

– Sonia, va remettre cette boîte où tu l'as prise, s'il te plaît.

La fillette opère docilement une volte-face.

– Bien, papa.

– Au fait, as-tu préparé ton uniforme pour la parade des majorettes ?

– J'ai repassé ma jupe. Et j'en ai même profité pour laver deux de tes chemises.

– Tu es un ange, ma chérie.

Succédant à la tempête, le calme revient dans la maison. Jim décapsule deux canettes de bière. Il en offre une à sa tante, qui rince encore des bols dans la cuisine, et se laisse choir lourdement sur une chaise.

– À la tienne, Sandra. Alléluia ! Encore une journée qui se termine sans dégâts collatéraux.

La pimpante quinquagénaire entrechoque sa bouteille avec gaieté.

– Allons, Jim, tu t'en sors à merveille avec les enfants.

Depuis l'internement de Jeannette, son épouse, dans le service psychiatrique d'un hôpital, Jim Christy se consacre seul à l'éducation de sa nombreuse progéniture. Une tâche harassante pour cet ouvrier sidérurgiste de quarante-cinq ans. Bien qu'il s'en acquitte avec entrain et compétence, Sandra Salinger lui prête main-forte depuis six mois, et pare au plus pressé en son absence.

Vers 22 heures, alors que sa tante a regagné depuis longtemps son domicile et que les occupants de la maison semblent endormis, Jim procède à ce qu'il appelle sa « check-list du soir ». Passant mentalement en revue l'emploi du temps de ses enfants par ordre d'âge décroissant, il récapitule les innombrables obligations auxquelles il doit faire face dans les jours qui viennent. « Mercredi 17 heures, Franck : dentiste. Demain : fête de la paroisse, défilé Sonia. Samedi matin : centre commercial, achat chaussures pour les jumeaux. Jeudi : Patricia, payer la garderie et la cantine. »

À 23 heures, il regagne sa chambre sur la pointe des pieds et se jette sur son lit, épuisé mais heureux.

Comme un gigantesque paquebot amarré au cœur de la nuit, l'usine de Bethlehem, qui fut pendant des décennies la plus grande aciérie du monde, étincelle de mille feux. Sous la clarté irréelle des projecteurs, les structures semblent flotter entre ciel et terre, et les cheminées en brique crachent sans interruption des panaches de fumée noire. Sur l'horizon, le crépuscule livre son dernier combat. Il est 6 heures. Les ouvriers de l'équipe de nuit ont terminé leur rotation. Dispersés en petits groupes frissonnants, ils envahissent le parking et disparaissent les uns après les autres à l'intérieur de leurs voitures. Restés seuls sur l'esplanade, deux retardataires poursuivent leur dialogue devant un vieux pick-up.

– Le syndicat doit négocier chaque licenciement au cas par cas, s'emporte Jim Christy. Et, crois-moi, je m'opposerai à toute tentative d'intimidation.

– Oui. Mais si une grève éclate, la direction t'en tiendra personnellement responsable, réplique Scott Valera d'une voix apaisante. Réfléchis-y à deux fois. Ne prête pas le flanc à des attaques frontales.

– Je n'accepterai pas que des gars qui ont plus de vingt ans d'ancienneté se retrouvent sur le carreau du jour au lendemain. Si on engage des négociations avec le patronat, j'exigerai de confortables compensations, argumente Christy.

Tout en parlant, il déverrouille machinalement les portières du pick-up.

– Pense à tes gosses. Ne joue pas les héros ou les boucs émissaires, dit Valera en se hissant sur le siège passager.

– On en reparlera. En attendant, je t'offre un café au restoroute du coin, s'esclaffe Christy.

L'ouvrier se frotte vigoureusement les mains pour les dégourdir. Puis il met le contact, écrase à fond la pédale d'embrayage, enclenche souplement une vitesse et accélère sans à-coup.

À cet instant précis, une formidable explosion se produit. En une fraction de seconde, une gerbe de feu fuse latéralement du bas de caisse et embrase le moteur. Les vitres sont pulvérisées. Le pick-up est soulevé du sol comme un insecte. Il s'embrase dans les airs, retombe sur l'asphalte et se disloque dans un fracas épouvantable, projetant des débris incandescents à des dizaines de mètres alentour.

– Résultat des courses ? maugrée Bill Ridley à l'adresse d'un jeune policier en uniforme, figé devant la carcasse encore fumante.

– Le conducteur a péri sur le coup. Pas beau à voir. Les ressorts du siège lui ont perforé les intestins et sont ressortis sur le devant, à travers l'anorak.

– Original. Son nom ?

– James Christy. Ouvrier spécialisé, quarante-cinq ans, divorcé, cinq enfants.

Ridley mâchonne un cigare mal éteint en examinant la ferraille distordue.

– Et le passager, dans quel état est-il ? demande à son tour le sergent Peggy Sukuda, une montagne de chair blanche débordante d'énergie.

– Désespéré selon les urgentistes. Inconscient. La jambe gauche arrachée. Polytraumatismes. Il a été transporté en soins intensifs à Saint Andrew.

– On a une identité ?

– Scott Valera, ouvrier, trente-huit ans, célibataire. Les victimes avaient toutes les deux des badges dans leurs poches.

À travers les éclairs stroboscopiques des gyrophares, le parking de l'usine apparaît comme un no man's land improbable. Une zone hostile battue par les vents. Des flammèches achèvent de se consumer, çà et là, sur le bitume.

– Sécurisez le périmètre autour de l'épave, ordonne Ridley. Posez un cordon circulaire à quarante mètres de l'épicentre de l'explosion.

– Et que deux officiers interdisent à qui que ce soit d'approcher le pick-up, ajoute Sukuda. Nous serons de retour dès qu'on y verra clair.

Deux heures plus tard, les inspecteurs du Maryland arpentent à nouveau le parking de l'usine Bethlehem. Les véhicules du personnel de l'équipe de jour se sont agglutinés sur les places laissées disponibles par le camion laboratoire des services scientifiques. La zone de l'explosion a été quadrillée, découpée en grille et photographiée. Ridley et Sukuda sont, cette fois, accompagnés d'Al Borske, un maigrelet entre deux âges, calfeutré dans une épaisse parka.

– Dans notre profession, nous avons coutume de distinguer deux sortes de réactions explosives, précise l'expert en guise de préambule. La déflagration qui se disperse par conductivité thermique et dont la vitesse de propagation est de l'ordre de quelques centimètres à quelques mètres par seconde.

Ridley tire avec irritation sur un cigare fraîchement allumé.

– Ce n'est pas le cas qui nous intéresse aujourd'hui.

– La seconde réaction est la détonation, poursuit le spécialiste sur sa lancée. Elle correspond à un phénomène qui se propage par le mécanisme de l'onde de choc.

– Avec, j'imagine, des effets beaucoup plus dévastateurs ?

– Incontestablement. Ils sont liés à la densité de chargement. Mais aussi à la vitesse de propagation qui, pour ce type de charge, est de l'ordre de mille à neuf mille mètres par seconde. Comme vous l'avez noté, les capacités de destruction sont alors considérables.

Lorsque Sukuda s'approche de Borske, sa généreuse poitrine frôle le sommet dégarni de son crâne.

– Quelle est votre première impression, Al ? A-t-on affaire à un engin artisanal ou à un mécanisme beaucoup plus sophistiqué ?

– L'absence de cratère sous l'épave me laisse penser que la charge a été placée à bord du pick-up.

– Elle n'était pas posée sur le sol.

– C'est exact. Après analyse des débris, je vous dirai s'il s'agit d'un explosif d'origine civile ou militaire. De la dynamite, des nitrates industriels, du plastic, du semtex, de la penthrite, du…

– Nous sommes bien d'accord, tente de l'interrompre Ridley.

– Sachez toutefois qu'à la différence des pays européens où les attaques à l'explosif sont l'œuvre de professionnels aguerris, les bombes et les explosifs préférés des Américains sont la plupart du temps des engins rustiques, bricolés à la maison.

– Un bricolage diablement efficace dans le cas présent, souligne Sukuda.

– Actuellement, pour déterminer l'identité d'un produit, la technique la mieux adaptée met en œuvre la chromatographie en phase gazeuse couplée à la spectrométrie de masse, qui est une méthode d'analyse dans laquelle intervient la technique de séparation et où le signal observé traduit la simultanéité de deux paramètres indépendants : le temps de rétention et les ions, caractéristiques du composé.

– Cela coule de source, ironise l'inspecteur.

– Ce qui nous fournit ur spectre de la molécule initiale, conclut Borske, arrivé péniblement au terme de sa démonstration.

– C'est entendu. Par ailleurs, comment identifiez-vous le type de détonateur ?

– Le dispositif d'amorçage peut faire appel à des technologies électroniques très élaborées : mise à feu par relais, triac, thyristor, ou par l'utilisation de circuits intégrés. Pour le déterminer, je vais devoir passer tous les résidus de l'explosion au peigne fin et les analyser en laboratoire. J'en ai pour quelques jours. Ensuite, quand nous serons fixés sur le type de matériel utilisé, nous disposerons d'un premier profil des auteurs de l'attentat.

– Des auteurs ? Vous pensez qu'il peut s'agir d'un acte terroriste ?

– Il est trop tôt pour le dire. Mais de toute évidence, le ou les meurtriers ont employé les grands moyens. Ils n'ont laissé aucune chance aux passagers du pick-up de s'en sortir indemnes. Ils ont frappé pour tuer.

Le bureau exigu que se partagent Bill Ridley et Peggy Sukuda, au quatrième étage de l'hôtel de police de Sparrow Point, empeste le tabac froid et le café édulcoré. Renversé dans un fauteuil en skaï, l'inspecteur principal pérore, tandis que le sergent Sukuda griffonne quelques notes sur un tableau mural qui, au regard de sa taille et de sa corpulence, ressemble à un jouet.

– Résumons-nous, dit Ridley. Christy et Valera ne possédaient pas de casier et n'avaient jamais eu de démêlés avec la justice.

– Selon nos indicateurs, aucun d'entre eux ne consommait ni ne revendait de la drogue.

– Sandra Salinger, la tante de Christy, affirme par ailleurs que son neveu était un père de famille méritant.

– Élevant seul ses cinq enfants depuis l'internement de son épouse en hôpital psychiatrique, précise Peggy. Et on ne lui connaissait pas de petite amie. Du moins officiellement.

– C'est pourtant lui qui était visé dans l'attentat. Le rapport préliminaire de Borske mentionne que la charge explosive était placée sous le siège conducteur, sans doute reliée au système électrique secondaire du pick-up.

– Le véhicule est resté garé sur le parking de l'usine de 22 heures jusqu'au moment de l'explosion, qui s'est produite aux alentours de 6 h 10. Un ou des individus ont donc disposé de huit heures pour trafiquer le Ford et le faire sauter dès le premier coup d'accélérateur. L'aire de stationnement n'est pas équipée de caméras de surveillance, et aucun témoin n'a remarqué une activité suspecte autour du véhicule durant les heures qui ont précédé son explosion.

– Nous savons aussi par des collègues d'atelier que Christy n'avait pas pour habitude de raccompagner systématiquement Scott Valera chez lui, une fois la nuit ou la journée de travail achevées.

– Ce qui revient à dire que Valera a dû se trouver au mauvais endroit au mauvais moment, mais qu'il n'était pas la cible, en conclut Peggy.

– Vous êtes-vous préoccupée de son état de santé ? demande abruptement Ridley.

– J'ai appelé l'hôpital. Valera est vivant, amputé d'une jambe, les fesses et le bas-ventre truffés d'éclats métalliques. Il est sous sédatif et bardé de perfusions. Nous ne pourrons pas nous entretenir avec lui avant la fin de la semaine.

– Bien, soupire l'inspecteur en extrayant un cigare torsadé d'un tiroir de son bureau. Nous tournons en rond. Nous avons une bombe, un cadavre et un grand blessé, mais pas de mobile. Je retourne voir la tante de Christy. Assurez-vous du suivi des analyses médico-légales avec Al Borske.

Puis le policier se lève d'un bond et se précipite vers l'ascenseur, toute affaire cessante.

– C'est une tragédie, soupire Sandra Salinger, en effaçant d'un revers de main les larmes qui humectent ses joues. Qui a bien pu s'en prendre à l'homme le plus méritant de la terre ?

Bill Ridley tournicote dans le salon des Salinger, encombré de meubles rustiques et de trophées de chasse. Peter, l'époux de Sandra, un retraité taciturne, est avachi dans un fauteuil et picore des cacahuètes.

– Jim avait-il des ennemis ? demande l'inspecteur, afin de lancer la conversation.

– Pas que je sache. Entre sa famille et son travail, mon neveu était sur le pont dix-huit heures par jour. Il n'avait ni le temps ni le désir de se quereller avec quiconque.

– Parlez-moi de sa femme.

– Jeannette est ma nièce, la fille de mon frère, prévient l'homme, rencogné dans le fond de son fauteuil.

– Malgré les épreuves qui ont gâché sa vie, nous la voyons toujours avec les yeux de l'amour, ajoute Sandra.

– De quoi souffre-t-elle exactement ?

– Les médecins lui ont diagnostiqué un état dépressif chronique à tendance schizophrénique. Les premiers symptômes de la maladie sont apparus le jour de ses dix-huit ans, quand le principal du collège lui a remis son diplôme de fin d'études. Elle a violemment jeté sa toque à ses pieds et s'est enfuie en poussant des cris. Depuis, son état s'est progressivement dégradé.

– Ce qui ne l'a pas empêchée de se marier et d'avoir cinq enfants, note Ridley.

– Jim et Jeannette se sont connus sur les bancs de l'école primaire. Quand Jeannette a découvert qu'elle était enceinte, vers l'âge de vingt ans, Jim n'a pas hésité une seconde à lui passer la bague au doigt.

– En toute connaissance de cause ?

– Bien sûr. La maladie de notre nièce n'était un secret pour personne. Jim espérait, comme nous tous, que la maternité stabiliserait son état psychique. C'est d'ailleurs ce qui s'est produit durant les premières années de leur union. Mais le rythme des naissances s'est accéléré. La charge est devenue trop lourde. Et Jeannette a fini par perdre le contrôle.

– Faire cinq gosses à une gamine malade et sans défense, c'était précipiter sa descente aux enfers, bougonne Peter Salinger en quittant brusquement la pièce, sans même saluer le policier.

La porte du salon claque violemment et le silence retombe. Ridley se penche vers la femme.

– Votre mari ne me donne pas l'impression d'avoir tenu son neveu en grande estime.

– Ne croyez pas ça. Peter est sous le choc. Et il est terriblement angoissé par l'avenir des enfants.

– Que vont-ils devenir ?

– Nous allons devoir les séparer et les répartir entre les membres de la famille qui voudront bien les accueillir. Nous envisageons pour notre part d'adopter Patricia et les jumeaux.

– Je vois. Dans quelles circonstances Jeannette a-t-elle été internée ?

Une ombre grise glisse sur le visage de Sandra comme un voile de deuil. Elle se pince les lèvres et murmure dans un souffle :

– Au cours d'une crise aiguë, elle a tenté d'étouffer sa fille cadette avec un oreiller. Jim est arrivé juste à temps pour la conduire à l'hôpital où elle a pu être réanimée. En étant internée dans le pavillon réservé aux malades dangereux, Jeannette a été déchue de ses droits parentaux. Et, depuis que le divorce a été prononcé, les enfants n'ont plus le droit de lui rendre visite.

– Triste histoire, conclut Ridley. Une dernière question et je vous laisse : suite à ce drame, Christy a-t-il eu maille à partir avec des proches de sa femme ?

Sandra réfléchit une longue minute. Puis elle jette un regard en direction du couloir, comme pour s'assurer que son mari ne s'est pas embusqué dans l'encoignure d'une porte pour capter des bribes de la conversation.

– Ne dit-on pas de chaque famille qu'elle est un volcan mal éteint, inspecteur ?

– Certes, mais y a-t-il quelqu'un en particulier qui pouvait avoir de bonnes raisons de s'en prendre à votre neveu ?

Les épaules de Mme Salinger s'affaissent légèrement.

– Je sais, par exemple, que Jim et Steve, le frère aîné de Jeannette, étaient à couteaux tirés.

Six jours plus tard, Sukuda et Ridley brandissent leur badge sous le nez de la réceptionniste de l'hôpital Saint Andrew et s'engouffrent sans un mot dans un ascenseur. Parvenus au huitième étage, ils saluent le policier de faction devant la porte 815 et pénètrent dans une chambre individuelle pleine de fleurs. Le teint cireux, les yeux enfoncés dans les orbites, le crâne entortillé de bandelettes de gaz, Scott Valera gît, les yeux mi-clos. Des porte-flacons, reliés à des cathéters, montent la garde de chaque côté du lit. Estimant que la chaise en plastique réservée aux visiteurs risque de ne pas supporter son poids, Peggy préfère rester debout.

– Inspecteurs Ridley et Sukuda, de la police criminelle de Sparrow Point. Nous sommes sincèrement désolés, monsieur Valera. Comment vous sentez-vous aujourd'hui ?

Les lèvres sèches du blessé se réduisent à deux traits blancs. Ridley s'assoit avec précaution sur le bord du lit.

– Racontez-nous exactement ce qui s'est passé.

D'une voix rauque, à peine perceptible, Valera résume brièvement les faits.

– Après le travail, Jim a proposé de me raccompagner. Nous sommes montés à bord de son pick-up. Il a mis le contact.

Les yeux de l'ouvrier s'embuent.

– Je me suis réveillé allongé sur ce lit. Une jambe en moins et les intestins truffés de métal. Je ne suis même plus un homme, si vous voyez ce que je veux dire.

– Comment vous expliquez-vous cet attentat ? demande Sukuda d'une voix étrangement douce.

– Cette question m'obsède depuis que je suis cloué ici, vous vous en doutez bien. Je connaissais Jim. C'était un gars sans histoire. En me creusant la tête, je ne vois qu'une solution.

– Laquelle ? demandent en chœur les policiers.

– Je vous préviens : elle va vous sembler complètement tirée par les cheveux.

– Dites toujours. Nous ne disposons d'aucune piste pour le moment, encourage le sergent.

– Jim était le secrétaire du syndicat de l'entreprise. Depuis plusieurs années, l'aciérie tournait mal en dépit de la demande croissante des pays émergents. Main-d'œuvre trop chère, concurrence indienne et chinoise. Le bla-bla habituel. Sur les vingt-cinq mille ouvriers que compte l'usine, près du quart allait être licencié avant Noël. En organisant un lock-out, une grève surprise de l'ensemble du personnel, Jim voulait prendre la direction de court et exiger pour chacun de bonnes indemnités.

Les pupilles de Bill Ridley se rétrécissent.

– Vous insinuez que l'attentat aurait pu être commandité par les dirigeants de l'entreprise ?

Valera presse la sonnette qui pend au bout d'un fil, au coin du lit. Une infirmière surgit aussitôt dans la chambre, l'air furibond.

– Ne stressez pas davantage mon patient, s'il vous plaît. De toute façon, c'est l'heure des soins. Disparaissez.

– Nous venions justement de clore notre entretien, temporise Sukuda, en se dirigeant vers la porte.

Valera retient un instant Ridley, en posant une main moite sur son bras.

– Vous vouliez connaître mon opinion. C'est fait. À vous d'en tirer vos conclusions.

– Je vous en prie, inspecteur Ridley, vous vous trompez de film, s'exclame Lucas Williams avec emphase. Nous ne sommes plus en 1950 sur les quais de New York, avec Marlon Brando dans le rôle principal. Épargnez-moi vos élucubrations ou mettez-moi en état d'arrestation. Mes avocats se feront un plaisir de démolir votre hypothèse et de vous couvrir de ridicule.

Un flot de lumière bleue inonde le vaste bureau du directeur général de l'usine Bethlehem, au quatorzième étage d'un immeuble dessiné autrefois par une gloire de l'architecture. Assise bien droite sur le bord d'un canapé en cuir, le sergent Sukuda observe les incessants va-et-vient qu'effectue Williams, entre la baie vitrée et une bibliothèque surchargée de livres coûteux.

– Jim Christy était sur le point de déclencher une grève. Elle aurait paralysé l'entreprise pendant des semaines, poursuit Ridley. En le faisant disparaître, vous désorganisiez le syndicat et vous vous accordiez un délai suffisant pour reconduire vos contrats de fin d'année.

– Le cours en bourse de votre entreprise est en chute libre. Vos actionnaires n'auraient pas apprécié une rupture brutale de la production. Vous vous seriez retrouvé sur un siège éjectable devant le conseil d'administration, argumente Peggy à son tour.

Williams retourne s'asseoir face aux policiers.

– Écoutez-moi. Je reconnais bien volontiers que, durant la première moitié du XXe siècle, il arrivait aux dirigeants des entreprises d'employer… comment dire… des méthodes parfois expéditives pour affaiblir les syndicats.

– La mafia étant votre meilleure alliée pour effectuer les basses besognes.

– Oui. Je crois que c'est ce qui se disait à l'époque.

Tandis qu'un sourire carnassier distend sa bouche, le directeur écarte les bras comme pour prendre à témoin le luxueux mobilier que contient son bureau.

– Ceux qui défendent aujourd'hui le mieux les intérêts du patronat sont des hommes respectables et démocratiquement élus. Ils votent nos lois à Washington. Des lois conformes à l'esprit et à la lettre de la Constitution de notre beau pays. Des lois qui stimulent la concurrence et garantissent la prospérité des citoyens.

– Des lois ultralibérales, susurre Sukuda, mettant sa colère en sourdine.

– Appelez-les comme vous voudrez, sergent. Mais nos lois sont ce qu'elles sont et elles fonctionnent comme ça.

Lucas Williams quitte son fauteuil pour raccompagner ses visiteurs jusqu'à une porte capitonnée.

– Quoi qu'il arrive, je mettrai à pied sept mille ouvriers d'ici la fin de l'année. La loi me l'autorise.

Le directeur agite une main qui dessine dans l'espace un point d'interrogation.

– Dans ces conditions, pourquoi aurais-je pris le risque de me débarrasser d'un obscur syndicaliste ? C'est absurde.

Tandis que les policiers se dirigent en silence vers l'ascenseur, Williams les apostrophe une dernière fois.

– C'est quand même contrariant, cette histoire de bombe. La police ne pourrait-elle pas renforcer la sécurité aux abords de mon usine ?

Construit tout en longueur au rez-de-chaussée de l'hôtel de police, le laboratoire d'expertises médico-légales de l'État du Maryland est bourré d'ordinateurs, d'écrans plasma et d'appareils de mesure. En dépit des déplacements incessants d'une demi-douzaine de fonctionnaires qui vérifient des données, tapotent sur des claviers ou bondissent d'un instrument à l'autre, il est étrangement calme. Les débris du pick-up ravagé par l'explosion ont été étalés sur une table violemment éclairée par des plafonniers. Al Borske, les mains gantées de latex, s'empare délicatement d'un embout en caoutchouc carbonisé.

– Ce fragment est intéressant. Observez-le attentivement, je vous prie. Curieux, non ?

– Qu'est-ce qui devrait nous sauter aux yeux ? demande Peggy avec une pointe d'agacement.

– Il s'agit du bouchon qu'on utilise pour isoler l'extrémité d'un détonateur électrique. La plupart du temps, il est incorporé à la charge explosive et donc détruit lors de la mise à feu.

– Conclusion ? s'impatiente Bill Ridley à son tour.

– Cela met hors de cause les militaires. Les artificiers de nos armées ne procèdent jamais de cette façon. Ils l'estiment trop dangereuse.

– Autre chose ?

– Oui. Le poseur de bombe connaissait parfaitement le système électrique du véhicule, puisqu'il a été capable de raccorder la charge aux câblages sans se faire sauter au passage. Ce qui signifie qu'il a pu assister à l'explosion en se dissimulant dans une voiture en stationnement sur le parking de l'usine. Ou se contenter de rester chez lui. En attendant que Jim Christy enfonce la pédale de l'accélérateur de son pick-up, vers 6 heures du matin, et fasse tout sauter.

– Avez-vous pu déterminer la nature de l'explosif ? demande Sukuda, en griffonnant des notes.

– Il s'agit d'une nouvelle variété de dynamite. Compacte, stable, puissante. Elle est couramment utilisée par les mineurs et les démolisseurs.

– Peut-on se la procurer dans le commerce ?

– Elle est en vente libre auprès de tous les bons fournisseurs de matériaux de construction, je me suis renseigné.

– Avez-vous un moyen de tracer sa provenance ?

Al Borske isole, parmi des centaines de débris, de petits morceaux de câble gainé de plastique bleu et jaune et les examine d'un air pensif.

– Je m'y emploie, inspecteur.

Dépités, Ridley et Sukuda quittent le laboratoire médicolégal. Une chape de nuages gris coiffe la ville et des rafales de vent font claquer les drapeaux accrochés aux frontons des bâtiments officiels. Bill Ridley est d'une humeur massacrante.

– Concentrons-nous sur le mobile, nom d'un chien. Sexe, argent, pouvoir, vengeance et jalousie sont les ingrédients de la plupart des crimes. Nous avons éliminé l'argent : Christy était couvert de dettes et n'avait pas souscrit d'assurance-vie.

– Oublions aussi la lutte pour le pouvoir : Lucas Williams, le patron de l'aciérie, se moque comme d'une guigne de l'action syndicale.

– Restent trois mobiles envisageables.

– Sexe, vengeance et jalousie.

Calfeutré dans une veste molletonnée, cigare aux lèvres, Ridley trottine aux côtés du sergent. Comme s'il cherchait à accorder ses pensées au rythme soutenu de sa coéquipière.

– Christy était bel homme, qu'en pensez-vous ?

– Plutôt pas mal, en effet, convient Peggy. Si on se réfère aux photos que contient son dossier.

Ridley expulse un panache de fumée bleue et accélère le pas.

– Voyons les choses en face. Jim avait quarante-cinq ans. Il était divorcé depuis six mois. Il vivait seul. Il…

– Il aurait pu avoir eu une liaison qui aurait mal tournée.

– Avec une femme mariée, par exemple.

– Ce qui aurait pu provoquer la réaction… explosive d'un mari trompé.

– Sexe, jalousie, vengeance ! s'esclaffe Ridley. Nous voilà au cœur de la sacro-sainte trilogie. Retournez à l'usine. Interrogez à nouveau les collègues de Christy. Cherchez la femme.

– Et vous, qu'allez-vous faire ?

– Sandra Salinger, la tante éplorée, a fait mention d'un certain Steve Harrison, l'ex-beau-frère de Jim. Harrison et Christy ne s'appréciaient guère. Je veux savoir pourquoi.

Tard dans l'après-midi, Peggy Sukuda regagne son bureau. Elle dégaine machinalement le Beretta 9 mm qui pend sous son aisselle et le glisse dans un tiroir. Puis elle s'exclame, après une longue hésitation :

– Vous aviez raison : Christy avait bien une maîtresse au sein du personnel de l'aciérie. Mais elle n'est pas mariée.

Le sergent marque une nouvelle pause.

– Elle est célibataire et mexicaine.

– Ce qui, si la famille s'en mêle, est encore plus dangereux pour un amant que de sortir avec une femme mariée, anticipe Ridley.

– Amalia Rojas. Vingt-trois ans. Magasinière. Jolie comme un cœur et terrorisée à l'idée d'être accusée de quoi que ce soit. Christy avait promis de l'épouser. Mais Amalia refusait de s'engager, préférant prendre du bon temps.

– Je la comprends. Épouser un homme de vingt ans son aîné et se retrouver du jour au lendemain belle-mère de cinq enfants avait de quoi la rendre hésitante.

– Selon les ouvriers que j'ai interrogés, nos tourtereaux ont roucoulé un mois ou deux. Puis les choses se sont gâtées, explique Peggy.

– Laissez-moi deviner : le père d'Amalia, un catholique fervent, a vengé l'honneur bafoué de sa fille, en trucidant Christy ?

– Non, ce sont les frères d'Amalia qui l'ont physiquement menacé. Antonio et Francisco, vingt-sept et trente ans, tous deux fichés par nos services pour délits mineurs. Antonio a été ouvrier agricole en Californie, avant de devenir livreur de pizzas. Francisco est, quant à lui, laveur de vitres dans une entreprise de nettoyage.

Ridley frappe du poing sur le plat de son bureau.

– Un livreur de pizzas et un laveur de vitres ! Les Rojas n'ont vraisemblablement rien à voir avec ceux que nous cherchons.

– Je partage ce point de vue, confesse Sukuda, cédant à son tour au découragement. Les frères auraient été bien en peine de concevoir et d'utiliser correctement une bombe sophistiquée.

– S'ils avaient voulu tuer Christy, ils se seraient contentés de jouer du couteau ou de la batte de base-ball.

– Ou ils lui auraient collé deux balles dans la tête sans autre forme de procès, spécule Peggy d'une voix morne. Je vais vérifier leurs activités annexes et leurs alibis, mais je crains que nous ne soyons de retour à la case départ. Au fait, qu'a donné votre entretien avec Steve Harrison ?

– Chou blanc. Bien qu'antipathique, le bonhomme ne me semble pas suspect.

– Sur quoi portait son différend avec Jim ?

– Harrison accusait son beau-frère d'être à l'origine de la dépression chronique dont souffrait Jeannette. Selon lui, sa sœur avait devant elle un bel avenir de comédienne. Christy a ruiné ses projets en lui infligeant quatre grossesses consécutives en l'espace de sept ans.

Un éclat ambigu pétille soudain dans le regard du policier.

– Et je vous ai gardé le meilleur pour la fin. Harrison avait coutume de célébrer les naissances rapprochées de ses neveux et nièces et de fêter leurs anniversaires en envoyant à Jim une lettre d'injures. Une lettre délirante dans laquelle il raillait en termes salaces l'infatigable énergie reproductrice de son beau-frère.

Le sergent éclate de rire.

– Vous a-t-il fait spontanément cette confidence ?

– Mieux que cela : il a pieusement conservé des copies de ses lettres et il me les a données à lire.

– Transfert paranoïaque, suggère Peggy, redevenue sérieuse. Ça vaut peut-être la peine de creuser un peu. Ce type est capable de tout.

– Inutile. Harrison n'était pas en ville au moment de l'attentat. Il était à Key West, en Floride. J'ai vérifié son alibi.

Le lendemain matin, attablés dans l'arrière-salle d'un snack-bar désert, les inspecteurs se morfondent, ressassant jusqu'à la nausée la maigre moisson d'informations qu'ils ont récoltée. Soudain le portable de Ridley vibre dans le fond de sa poche.

– Où en êtes-vous de votre enquête, Bill ? demande d'une voix enjouée Al Borske, l'expert en explosifs.

– J'attends dans un café sordide que vous vous décarcassiez ! aboie Ridley.

– D'accord, d'accord, temporise Borske, interloqué par l'agressivité de son interlocuteur. Je vais vous donner du grain à moudre.

Ridley se radoucit aussitôt.

– Excusez-moi, je suis à cran. Je vous écoute.

– La nuit dernière, je suis retourné sur les lieux de l'explosion. J'ai réexaminé le sol mais, cette fois, équipé d'une lampe fluorescente à lumière noire.

– Qu'avez-vous découvert ?

– Des milliers de granules en plastique de la taille d'un grain de sable étaient restés éparpillés sur le macadam. J'en ai prélevé plusieurs centaines. Je viens à l'instant même d'en observer des échantillons sous le microscope électronique. C'est absolument fascinant !

Alors que Borske poursuit le compte rendu de sa récente observation, Ridley fait un geste en direction du sergent pour l'inviter à la patience.

– Chaque granulé – fluorescent d'un côté, aimanté de l'autre – est constitué de six couches de couleurs différentes : blanc, bleu, blanc, violet, jaune et rouge.

– En quoi ces granulés nous intéressent-ils ?

– Je pense qu'il s'agit de marqueurs. Ils ont dû être ajoutés à la dynamite par le fabricant à la demande des douanes, afin de faciliter sa traçabilité. Un pour cent seulement des explosifs en vente libre aux États-Unis possède ce système de puce.

Ridley tire de sa poche un stylo et une feuille de papier.

– Redonnez-moi l'ordre des couleurs, s'il vous plaît. J'alerte immédiatement les services douaniers.

Renseignement pris à Washington, la succession des couleurs contenues dans chacune des puces correspond au code 8DEO2A146. Ce cryptogramme permet d'identifier le fabricant de l'explosif et le nom de la marque sous laquelle il a été vendu. Plus efficace encore, il permet de déterminer le lieu, la date et l'heure de sa fabrication, ainsi que le numéro du lot mis en circulation. En d'autres termes, Ridley et Sukuda disposent maintenant du moyen de retracer le parcours de la dynamite. De l'usine d'origine jusqu'aux rayons du détaillant.

Après avoir passé une dizaine d'appels téléphoniques, les inspecteurs obtiennent enfin l'information qu'ils désirent. Le lot d'explosif, utilisé contre le pick-up de Christy, a été livré à un grand magasin de Virginie-Occidentale. Un de ceux qui offrent une gamme complète de matériaux de construction aux entreprises comme aux particuliers. Sukuda contacte aussitôt le gérant sur son portable.

– Pour se procurer des explosifs, nos clients doivent produire une pièce d'identité que nous photocopions et archivons. Chez nous, croyez-moi, nous ne lésinons pas sur la sécurité, précise le responsable du magasin, avec dans la voix une légitime pointe de fierté.

– Ces précautions vous honorent, approuve Peggy, flatteuse. Vous êtes donc en mesure de me fournir la liste de tous ceux qui ont acheté de la dynamite codée 8DEO2A146 au cours de ces dernières semaines ?

– Naturellement. Accordez-moi quelques minutes. Sitôt que je mets la main sur le document, je vous l'envoie par fax.

Quinze noms figurent sur la liste. Les inspecteurs la parcourent, le cœur battant.

– Regardez là, le huitième nom ! s'exclame Ridley. Peter Salinger ! L'oncle de Jim Christy. Il a fait ses emplettes dans la grande surface quinze jours avant l'attentat.

– Notre enquête prend un nouveau départ, jubile le sergent, en décrochant son téléphone pour, cette fois, appeler le juge et obtenir de lui un mandat de perquisition.

La déconvenue des policiers est grande quand, contre toute attente, Peter Salinger les invite, sourire aux lèvres, à pénétrer dans son pavillon et à fouiller où bon leur semble. Elle augmente encore quand celui qui leur apparaît comme leur unique suspect confirme avoir acheté des explosifs pour dégager les souches d'arbres qui obstruaient le terrain dont il est propriétaire à l'entrée de la ville.

– J'ai stocké tout ça dans le garage. Vous pouvez vérifier.

Le produit, posé en évidence sur une étagère, est un cocktail industriel à base de nitrate.

– Cessez de vous payer notre tête, menace Ridley. Vous savez pertinemment que nous sommes ici pour saisir la dynamite que vous avez achetée, il y a trois semaines, en Virginie-Occidentale. Celle qui vous a servi à faire sauter le pick-up de Christy.

Comme Salinger nie farouchement avoir fait cette acquisition, bien que la liste des clients fournie par le magasin prouve le contraire, les policiers demandent à Al Borske de contrôler le contenu du garage. Au bout de quelques heures, l'expert trouve des câbles bleu et jaune soigneusement enroulés dans le fond d'une caisse à outils. De retour dans son laboratoire, il les soumet à la spectrographie infrarouge pour en déterminer les composants chimiques. Les résultats des analyses indiquent que les câbles sont en tout point identiques à ceux retrouvés sous l'épave du pick-up.

La perquisition du garage permet également aux inspecteurs de faire main basse sur un carnet, dissimulé à l'intérieur d'un pneu usagé. Il contient un relevé des horaires de travail de la victime. Des graphologues de la police confirment que l'écriture est bien celle du suspect.

Autre élément incriminant : avant de prendre sa retraite, Salinger avait été mécanicien automobile durant plusieurs années. Fort de ses compétences, il avait pris l'habitude d'entretenir le véhicule de son neveu. Une semaine avant l'explosion, ce dernier lui avait signalé une défaillance survenue sur les feux arrière et lui avait demandé d'y remédier. Ayant le Ford à disposition, Salinger avait eu le temps de confectionner la bombe et de la fixer sous le siège du conducteur. Connaissant l'emploi du temps de son neveu, il ne lui restait plus, la nuit du meurtre, qu'à se glisser dans le parking de l'usine pour relier la charge au détonateur. Scott Valera, la seconde victime de l'explosion, n'était pas inclus dans le projet meurtrier.

Mis en état d'arrestation, accusé du meurtre avec préméditation de son neveu et de tentative de meurtre sur Valera, Peter Salinger est déféré devant un grand jury. Confronté aux pièces à conviction fournies par Al Borske, notamment aux marqueurs contenus dans l'engin explosif, l'avocat du prévenu est dans l'incapacité d'innocenter son client, qui est condamné à une peine de réclusion à perpétuité.

Pour des raisons économiques, mais aussi politiques, le marquage des produits explosifs a été abandonné, quelques années plus tard, aux États-Unis, la Suisse étant le seul pays imposant encore ce système de traçage.

Peu après l'énoncé du verdict, les inspecteurs se retrouvent comme à leur habitude dans un snack-bar de seconde zone pour y avaler rapidement un sandwich. Sukuda tente d'alléger l'atmosphère qui plombe la pause déjeuner.

– Affaire classée. Peter Salinger est sous les verrous pour le restant de ses jours.

– Sans avoir rien livré de son secret, souligne Ridley avec amertume. Tout au long du procès, il s'est obstinément refusé à révéler son mobile. Pour quelle raison a-t-il tué son neveu ? Le mystère reste entier.

Sukuda repousse son assiette sur un coin du comptoir.

– Une chose me semble singulièrement bizarre dans cette affaire.

– Je vous écoute.

– Admettons que Salinger n'ait pas été dénoncé par les marqueurs codés et que son crime soit resté impuni.

– D'accord.

– Quand vous avez rencontré son épouse, elle vous a dit qu'elle et son mari envisageaient de prendre à leur charge plusieurs des enfants de Jim Christy.

– C'est exact. La cadette et les jumeaux.

– En tuant son neveu, Salinger savait donc qu'il allait s'imposer une lourde charge. C'est paradoxal.

– Vous avez raison, réfléchit Ridley. À moins qu'il n'ait envisagé son arrestation. Dans ce cas, il aurait volontairement laissé reposer le fardeau sur les seules épaules de son épouse.

– Comme pour l'associer à sa punition.

– C'est entendu. Mais pour quelle raison aurait-il fait cela ?

– Pourquoi n'irions-nous pas, tout simplement, poser la question à Sandra Salinger ? propose Sukuda.

Vingt minutes plus tard, les inspecteurs prennent place dans le salon de Mme Salinger.

– Pourquoi Peter a-t-il assassiné Jim ? Vous n'êtes pas les seuls à vous interroger, gémit Sandra. La famille, les amis, les voisins, la ville entière me harcèlent depuis que Peter a été reconnu coupable et condamné. Par respect pour lui, je refuse de fournir la moindre explication.

Peggy se cale confortablement dans le fond de son siège. Puis, affichant un sourire jovial, elle se lance dans une courte allocution.

– Comme vous le savez, madame Salinger, la mission des policiers est de faire respecter la loi et d'arrêter les criminels. Pas de fouiller dans la conscience des citoyens. Les prêtres et les psychanalystes font d'ailleurs ça beaucoup mieux que nous.

Sandra renifle bruyamment.

– Merci pour votre compréhension.

Le sergent regarde sa montre et tapote le bras de son coéquipier.

– Déjà 15 heures ! N'avez-vous pas rendez-vous au tribunal avec le procureur pour l'affaire Randall ?

Ridley croise le regard de sa coéquipière.

– Merci de me le rappeler. J'avais complètement oublié.

L'inspecteur se lève d'un bond, salue Sandra, quitte le pavillon, se glisse derrière le volant de sa voiture et patiente en allumant un cigare.

– Nous voilà entre femmes, constate Sukuda, en étirant voluptueusement son immense carcasse.

– Je nous fais un petit café ? propose Sandra, ragaillardie.

– Avec plaisir, j'en ai bien besoin.

Une heure plus tard, après avoir parlé à bâtons rompus avec le sergent, Sandra s'absente du salon quelques minutes. Quand elle revient, elle brandit un carnet en moleskine qu'elle jette sur la table basse.

– Tout est parti de ce maudit cahier. Je le tenais caché dans un tiroir à double fond de ma coiffeuse depuis près de trente ans. Et Peter l'a découvert en bricolant, il y a trois mois.

– Que contient-il ? demande Sukuda, sur un ton faussement détaché.

– Une folie de jeunesse que j'avais bêtement consignée au jour le jour.

Rongeant son frein, Peggy trempe les lèvres dans sa tasse de café. Une longue minute de silence s'égrène avant que Sandra ne se décide à poursuivre.

– À l'époque, Jim avait dix-huit ans J'en avais neuf de plus. Je n'étais pas encore sa tante, puisqu'il n'a épousé Jeannette que trois ans plus tard.

– Une passion ? hasarde Sukuda.

– Je l'ai appelée plus tard le « coup de foudre de Noël ». Cette année-là, la municipalité avait érigé un immense sapin devant l'hôtel de ville. Des flocons de neige tourbillonnaient dans le ciel. Un orchestre jouait les derniers tubes disco. Tout le monde dansait. Je n'ai jamais su comment je me suis retrouvée dans les bras de Jim. Ce que je sais, par contre, c'est que je n'ai plus touché terre pendant six mois.

– Étiez-vous déjà mariée avec Peter ?

Sandra feint d'être effarouchée par la question.

– Bien sûr que non. Inutile d'en ajouter. La différence d'âge qui me séparait de Jim suffisait amplement à faire scandale.

– Autre temps, autres mœurs.

– Après des escapades amoureuses au Canada et à New York, tout est rentré dans l'ordre. Jim est retourné auprès de sa petite fiancée, qui, quelques mois plus tard, après mon mariage avec Peter, est devenue ma nièce. En dehors d'une tendre amitié, que nous n'avons cessé de partager, il ne s'est plus jamais rien passé depuis entre Jimmy et moi.

– Mais votre carnet secret racontait votre liaison par le menu, j'imagine.

Un sourire juvénile flotte un instant sur le visage de Sandra Salinger.

– Dans les moindres détails. Pour un peu, j'en rougirais.

– Quelle a été la réaction de Peter quand il a appris la vérité, vingt-cinq ans après les faits ?

– Il s'est contenté de poser le carnet bien en évidence sur la table de la cuisine et n'a fait aucun commentaire. Il n'a rien voulu entendre non plus à mes explications. Mais au fond de moi, j'ai compris ce jour-là qu'un doute s'était installé et lui rongeait le cœur.

– Peter s'était-il mis en tête que, depuis l'internement de sa femme, Jim entretenait à nouveau une liaison avec vous ?

– N'allais-je pas chez lui tous les après-midi ? Certes, je l'aidais à s'occuper de la maison et des enfants. Mais vu de l'extérieur, nous avions reconstitué une espèce de couple.

– Si bien que Peter a voulu éliminer un rival ?

– Oui. Un rival imaginaire, confirme Sandra, les larmes aux yeux.

– Jalousie, vengeance, murmure pour elle-même Peggy Sukuda.

Les mobiles du crime. Dans ce cas, le sexe était une vieille histoire. Mais ne sommes-nous pas tous hantés par nos fantômes ?

Les travailleurs de la mort

– Massacrés tous les trois.

Quand l'inspecteur Alvin Brown étale sur la paillasse du laboratoire de médecine légale de grands tirages photographiques, dans un mouvement parfaitement synchronisé, Lester Kaufmann chausse ses lunettes en demi-lune. Son estomac se noue. Face à l'horreur, et bien qu'aguerri par vingt ans d'expérience, il déglutit douloureusement. Un goût de feu, de gomme et de tourbe a asséché sa bouche. Comme s'il avait léché la surface d'un tarmac.

– Sonny Castillo, vingt-sept ans. Nadja, son épouse, cinq ans de moins. Et Iris, leur fille, qui devait balbutier ses premiers mots, énumère le policier d'une voix rauque. Ils ont été découverts dans un cabanon, dans une forêt isolée au nord de Boulder, le 16 décembre.

Sur les images, les trois cadavres pantelants, hypnotiques, grotesques, gisent, renversés sur un parquet mal équarri. Du sang terreux a encroûté le torse des adultes.

– Allez-y. Ne m'épargnez pas vos commentaires, j'en ai besoin, souffle l'enquêteur dans le dos de Kaufmann. La fillette a été étranglée, ses parents poignardés à maintes reprises.

Pour dissimuler son émotion, le médecin adopte un ton professoral. Comme s'il s'adressait à l'un de ses étudiants.

– Au-dessous et autour des corps, on distingue la tache noire habituelle que produit la libération des acides gras issus de la dégradation des tissus organiques.

Brown acquiesce en grognant.

– Sous l'effet des bactéries, les gaz libérés ont boursouflé les ventres au niveau de l'estomac et des intestins. Les scalps commencent à se détacher des têtes.

Le légiste pointe un doigt sur une photo.

– On appelle ça les « paillassons chevelus ».

L'inspecteur glisse sur le haut de la pile une image représentant l'enfant nue, écartelée sur le sol.

– Et la petite fille ?

Kaufmann ravale un haut-le-cœur.

– Le cuir chevelu a glissé sur le visage. Certains os commencent à apparaître à l'air libre. La région génitale est affreusement putréfiée.

– Son état de décomposition semble, cependant, moins avancé que celui de ses parents. L'assassin serait-il revenu sur la scène de crime quelques jours plus tard ? Je n'ai trouvé aucune empreinte.

– Je ne le pense pas. La constitution fragile de la fillette a retardé le processus. Pour moi, les Castillo ont été tués à quelques secondes d'intervalle.

Kaufmann se redresse et enfouit ses lunettes dans la broussaille de ses cheveux blancs. Le ton de sa voix monte d'un cran dans les aigus.

– Mais bon sang, pourquoi ne m'avez-vous pas appelé pour examiner les cadavres in situ ? Vous me demandez aujourd'hui d'identifier des insectes sur des photographies pour dater la mort ! C'est scientifiquement impossible. En êtes-vous bien conscient, inspecteur ?

Les joues d'Alvin Brown se pigmentent et un pli d'amertume lui pince les lèvres.

– J'ai commis une erreur, je le reconnais, d'accord ?

– Vous aviez trouvé un suspect, c'est bien ça ? hasarde Kaufmann.

– Oui. Roy Richter, un vagabond, bûcheron occasionnel. Il rôdait dans les parages de la cabane et avait été aperçu par des campeurs, sa chemise couverte de sang. Je l'ai attrapé le lendemain matin. Il avait squatté une camionnette dans une casse de Boulder.

– Mais ce n'était qu'une fausse piste, je suppose.

– Richter m'a fait perdre un temps précieux. Ses propos étaient incohérents et contradictoires. J'ai donné au labo sa chemise pleine de sang pour analyse. En attendant le résultat, j'ai fait transporter les corps à la morgue. Puis, cédant aux pressions de la famille, j'ai autorisé les crémations, trois jours plus tard.

– J'espère, au moins, que vous avez demandé à un confrère de pratiquer des autopsies ? s'insurge le légiste.

– Rassurez-vous, ça a été fait en bonne et due forme.

Kaufmann se laisse choir sur une chaise de façon un peu théâtrale.

– Je devine la suite, malheureusement.

– L'analyse sanguine s'est révélée négative, concède le policier. Richter braconnait. Il avait abattu une biche et avait débité la viande pour la vendre illégalement aux gens du coin.

Le légiste s'ébroue comme un cheval agacé par une piqûre de taon.

– Votre démarche aurait eu du sens si les cadavres avaient été frais. Ce n'était pas le cas et vous le saviez.

– C'est entendu, j'ai complètement merdé, reconnaît Brown, penaud. Pouvez-vous néanmoins dater la mort des Castello ? Ça m'enlèverait une épine du pied.

– Je verrai ce que je peux faire à partir des photographies. J'aurai aussi besoin du plan de la cabane, des relevés météorologiques au jour le jour pour les mois de novembre et décembre, et des rapports d'autopsie. En attendant, dites-moi tout ce que vous savez.

Alvin Brown remet au médecin une épaisse enveloppe en papier kraft.

– J'ai collecté là-dedans la plupart des éléments qui vous intéressent. Selon Vivian Knob, la mère de Sonny, son fils et sa belle-fille traversaient une crise conjugale. Avant de prendre une décision qu'ils auraient pu regretter, ils avaient décidé de s'accorder quelques semaines de réflexion. Dans ce but,

Mme Knob avait mis à leur disposition le cabanon qu'elle possédait dans les environs de Boulder.

– Qu'elle possédait ? l'interrompt brusquement Kaufmann.

– Oui. Le chalet a été vendu après le drame.

– Je suppose que tous les indices ont disparu ?

L'enquêteur rentre un peu plus la tête dans les épaules.

– Pour rendre le lieu présentable, Mme Knob a, en effet, fait appel à une entreprise de nettoyage spécialisée dans les scènes de crime.

– Vous me donnerez les coordonnées de cette société, fulmine l'expert. Et puis, soyez plus précis, nom d'un chien. S'agit-il d'un cabanon, d'une cabane ou d'un chalet ?

– D'une petite grange en bois gentiment aménagée, mais sans aucun confort. Une pièce commune comprenant un coin cuisine se trouve au rez-de-chaussée. Une chambre à l'étage. Pas d'électricité, d'eau courante ni de toilettes.

– Y a-t-il une possibilité de communiquer avec l'extérieur ?

– L'épicerie la plus proche, équipée d'un téléphone, se trouve à sept kilomètres. Et les relais sont trop éloignés pour permettre aux portables de se raccorder aux réseaux. J'ai vérifié auprès des opérateurs.

– Nous n'avons donc aucune idée de l'atmosphère qui régnait dans le cabanon avant le drame. Nous ignorons si le couple se querellait ou s'il était parvenu à se réconcilier.

– Cela n'a guère d'importance, intervient Brown, enchanté de marquer un point. Sonny n'a pas massacré sa famille, et il ne s'est pas suicidé. Je n'ai pas retrouvé l'arme du crime.

– C'est bon, admet Kaufmann. Poursuivez.

– Le 13 novembre, Léon Knob, un chauffeur-livreur de cinquante-cinq ans, le beau-père de Sonny, installe les Castello dans la cabane et regagne son domicile, à Denver. Le 9 décembre, n'ayant eu aucune nouvelle, il retourne sur les lieux pour vérifier que les jeunes ne manquent de rien et que tout est en ordre. Il trouve la porte du chalet cadenassée et les volets fermés de l'intérieur. La voiture du couple est garée à proximité, dans une clairière. Comme Knob n'a encore aucune raison de s'inquiéter, il patiente une heure ou deux, pensant que la famille se promène en forêt. Las d'attendre en vain, il signale son passage en glissant un mot sous la porte et s'en retourne. Une nouvelle semaine s'écoule et les Castello ne donnent toujours pas signe de vie. Ne serait-ce que pour souhaiter l'anniversaire de Vivian Knob, née un 13 décembre. Cette dernière s'en inquiète et demande à son mari de se rendre à nouveau sur les lieux. Les trouvant à l'identique, Knob utilise un double des clés pour pénétrer à l'intérieur du cabanon. Il découvre le carnage. En état de choc, il contacte le commissariat.

– Est-ce à vous qu'il a parlé ?

– Oui.

– Que vous a-t-il dit exactement ?

– Il était bouleversé. Il hurlait et sanglotait en même temps. Je n'y comprenais rien. Je lui ai ordonné de se calmer. Il a fini par balbutier : « Ils sont dans la cabane. Morts tous les trois. Ils n'ont plus d'yeux. » Je lui ai demandé : « Qui ça "ils" ? – Ma petite-fille et ses parents », a-t-il répondu. Puis, il m'a donné l'adresse du chalet et il a raccroché.

– D'accord, s'exclame Kaufmann. J'y vois maintenant un peu plus clair. Si nous supposons que les Castillo ont été assassinés avant la première visite infructueuse de Léon Knob, le 9 décembre, l'attaque a pu se produire entre le 13 novembre et cette date. Ce qui nous laisse une grande marge d'appréciation.

Le légiste prend des notes sur le dos d'une enveloppe.

– Une chose vous a-t-elle frappé quand vous avez examiné le cabanon ?

– Les trois corps se trouvaient dans la chambre, au premier étage. L'odeur était atroce. Il ne régnait aucun désordre. La porte et les fenêtres n'avaient pas été forcées.

– Selon les photographies, Sonny et Nadja portaient pyjama et chemise de nuit, et l'enfant était nue.

– Le triple homicide s'est déroulé le soir, tôt le matin ou durant la nuit, approuve le policier. Et les victimes connaissaient peut-être leur agresseur.

– Avez-vous constaté des blessures défensives ?

– Uniquement sur les mains et les avant-bras de Sonny. Aucune marque sur la femme. Pas d'empreintes digitales extérieures à la famille. Pas de traces de chaussures.

– Avez-vous observé attentivement l'état des corps ? soupire l'entomologiste, en tapotant avec agacement les photos éparpillées devant lui.

– Ils grouillaient d'asticots. C'était abject. Insoutenable. Je suis sorti vomir.

– Comme les bactéries dévorent un cadavre de l'intérieur, les mouches à viande l'attaquent de l'extérieur et s'y introduisent peu à peu.

– Je ne me suis pas attardé sur les détails. Comme je vous l'ai dit, le corps d'Iris était moins abîmé que celui de ses parents.

Le légiste balaie l'argument d'un revers de main.

– Parce qu'elle était beaucoup moins corpulente qu'eux, elle s'est décomposée plus lentement. Et comme elle n'avait pas été poignardée mais étranglée, elle n'a pas saigné. Par conséquent, elle avait attiré moins de mouches.

– Si vous le dites, acquiesce Brown.

– Avez-vous noté quel était le système de chauffage du cabanon ? Son étanchéité vous a-t-elle paru efficace ?

– Un unique poêle à bois se trouvait dans la pièce du bas. Compte tenu de la température ambiante, il avait dû cesser de fonctionner depuis longtemps. Quant au cabanon, je pense qu'on pourrait y passer l'hiver sans avoir à souffrir du froid. Les murs intérieurs sont habillés de chevrons de cinq centimètres sur dix, empilés comme des briques. C'est une construction à l'ancienne. Très soignée.

– Procurant donc une bonne isolation. C'est ce qui explique que Léon Knob n'ait pas détecté d'odeur putride lors de sa première visite au chalet.

– Oui, en admettant que les Castello aient déjà été tués. Ce que rien ne prouve.

– C'est ce que suggère l'état des corps, en tout cas.

Alvin Brown se redresse et s'éloigne, le dos voûté. Comme s'il transportait une charge trop lourde pour ses frêles épaules. Kaufmann l'interpelle avant qu'il ne franchisse le seuil.

– Knob est le beau-père de Sonny. C'est bien ce que vous m'avez dit ?

Le policier confirme d'un hochement de tête.

– Quelle impression vous a-t-il faite ? Après tout, c'est lui qui a installé la famille dans le cabanon et qui a découvert les cadavres.

– Je ne suis pas totalement stupide, même s'il m'arrive de faire des conneries, grince l'inspecteur en tournant les talons. Je crois que ce type n'est pas clair. Je vous en dirai plus à son sujet dans les jours qui viennent.

Les médecins légistes ont coutume d'attribuer à un fonctionnaire chinois du XIIIe siècle la paternité de l'entomologie appliquée à l'enquête policière. Selon un récit consigné dans les annales d'un mandarin, un paysan est assassiné alors qu'il moissonnait du riz. L'officier de justice, dépêché sur place, ordonne aux paysans présents de s'aligner à la lisière de la rizière et de déposer leur faucille à leurs pieds. Au fur et à mesure que la chaleur augmente, des mouches apparaissent et commencent à importuner les travailleurs. Au bout d'un moment, elles se concentrent sur l'un des outils. En l'observant attentivement, le policier remarque de minuscules gouttes de sang, visibles entre le manche et la lame. Confronté à l'évidence, l'ouvrier auquel appartient la faucille avoue être l'auteur du meurtre.

En 1894, alors que techniques et découvertes révolutionnent les méthodes d'investigation, Pierre Megnin, professeur au Muséum d'histoire naturelle de Paris et membre de l'Académie de médecine, publie un traité, *La Faune des cadavres*, dans lequel il répertorie les prédateurs spécifiques qui accompagnent les étapes de la putréfaction. Il distingue insectes nécrophages, nécrophiles, omnivores et opportunistes. Les premiers recherchent un organisme mort capable d'assurer leur subsistance. Les seconds s'alimentent des premiers et non du cadavre. Les omnivores se sustentent du corps en décomposition et des microorganismes précédents. Enfin, les insectes opportunistes s'abritent dans ou sous le cadavre. La présence des larves de tailles différentes pour une même espèce permet d'affirmer qu'il y a eu plusieurs pontes qui correspondent à des générations successives. La datation de la mort s'effectue à partir des larves les plus grandes, c'est-à-dire les plus vieilles.

Les entomologistes judiciaires distinguent aujourd'hui huit escouades d'insectes qui colonisent la dépouille à tour de rôle. Des mouches bleues, qui apparaissent dès que la mort survient, aux coléoptères, visibles trois ans après le décès, quand le corps est en phase de réduction squelettique.

La nuit, dans la solitude de son laboratoire, Lester Kaufmann tente de déceler les moindres détails sur les photographies. Derrière une loupe à fort grossissement, son regard s'attarde sur les zones ayant attiré le plus d'insectes : les plaies infligées aux poitrines et aux abdomens des adultes, les bouches, les oreilles et les yeux. Les blessures « de défense » visibles sur les mains et les bras de Sonny. L'entrejambe de la fillette.

Afin de pouvoir déterminer le jour de la mort d'un individu avec une certitude scientifique, Kaufmann a consacré vingt ans de son existence à réaliser des dizaines d'expériences prolongées dans toutes les conditions imaginables : corps de corpulences variées enterrés à différentes profondeurs ; immergés dans des eaux douces et salées ; abandonnés dans les bois et les déserts ; enfermés dans des malles et des coffres de voiture…

Si les phases de la décomposition et l'ordre d'apparition des escouades d'insectes sont invariables, l'hygrométrie et la température relevées sur la scène de crime jouent, par contre, un rôle prépondérant. C'est pourquoi le légiste épluche maintenant avec le plus grand soin les relevés météorologiques que le policier lui a confiés. Équipé d'une calculette et de papier millimétré, il trace des courbes et établit des moyennes. Pour évaluer le temps écoulé depuis la mort, en fonction des changements de température, l'expert utilise la formule appelée *Accumulated Degree Day* ou ADD. Cette méthode consiste à établir le total des températures moyennes collectées chaque jour depuis la date de la découverte du cadavre. Ainsi, par exemple, un corps exposé dix jours consécutifs à une température moyenne de 20 °C donnera un ADD d'une valeur de 200. Si la température est inférieure de moitié, soit 10 °C, la dépouille devra reposer deux fois plus de temps pour que l'on constate des effets analogues. Dans les deux cas, l'état de putréfaction sera parvenu à un stade identique : épanchement des acides gras volatils, glissement de la peau, colorations pourpres des veines. Au cours de ses expériences en laboratoire, Kaufmann avait coutume de déterminer l'ADD à partir de l'heure du décès, en notant quel stade de décomposition correspondait à l'addition des températures moyennes enregistrées près du cadavre. Pour calculer aujourd'hui l'ADD des trois victimes et donc dater leur mort, l'expert va devoir appliquer la formule à l'envers : observer les photographies pour déterminer quels insectes ont colonisé les cadavres et à quel état de croissance ils sont parvenus.

Quelques-uns des asticots que l'entomologiste parvient à identifier mesurent un peu plus de un centimètre. Cette taille indique qu'ils ont atteint leur majorité et qu'ils ne vont pas tarder à se transformer en chrysalides, puis en mouches adultes. Il en déduit que les asticots ont été pondus environ deux semaines avant la découverte des corps et la prise des photographies. L'absence d'enveloppes de chrysalides suggère par conséquent que les meurtres ont eté commis autour du 2 décembre. Une datation approximative que dément formellement le degré très avancé de décomposition des cadavres, qui, lui, indique que la mort pourrait remonter à la mi-novembre, soit peu après l'installation des Castello dans le cabanon.

– C'est incompréhensible. Où sont passées les enveloppes des chrysalides ? bougonne le médecin, en écartant la loupe des photos jusqu'à la limite de la zone de netteté. Pourquoi les indices fournissent-ils deux datations contradictoires ? Les Castello ont-ils été tués à la mi-novembre ou au début du mois de décembre ?

L'inspecteur Alvin Brown s'enferme deux jours dans son bureau. Deux jours au cours desquels il épluche le casier judiciaire de Léon Knob. Il consulte les fichiers informatisés, prend des notes, imprime des rapports, téléphone à plusieurs services fédéraux, classe, archive ses documents, rédige un rapport de synthèse. Puis il s'emmitoufle, s'enfonce une toque de fourrure sur le crâne et affronte le blizzard jusqu'au parc de stationnement des véhicules de la police. Il se glisse derrière le volant d'une vieille Cadillac et traverse Denver dont les rues sont envahies de congères. Une demi-heure plus tard, il tambourine à la porte d'une cave, située à l'arrière d'une station-service désaffectée. Une femme hagarde vient lui ouvrir. Craignant qu'elle ne s'effondre à ses pieds, Brown lui attrape un bras et la reconduit à son fauteuil.

– Désolé de surgir à l'improviste, madame Knob. J'aurais dû vous avertir de ma visite.

Pour toute réponse, la femme hoquette bruyamment et ferme les yeux.

La pièce est un capharnaüm rempli d'objets hétéroclites et de meubles disparates. Des remugles aigres prennent le policier à la gorge. Odeurs d'urine et de vinasse. Une vingtaine de chats se dispute l'espace vital. Quand, instinctivement, Brown se passe une main sur le visage, un homme maigrelet, vêtu d'une salopette, émerge d'une cuisine plongée dans l'ombre.

– Ah, c'est vous, inspecteur ! Vous avez du nouveau ? demande Léon Knob, sans prendre le soin de saluer le visiteur.

– Asseyez-vous. J'ai des questions à vous poser.

Knob obtempère.

– Je n'irai pas par quatre chemins, prévient Brown. Je me suis renseigné sur votre compte.

– Et alors ?

– À l'heure actuelle, vous êtes mon principal suspect dans le triple homicide des Castello.

– On aura tout entendu ! glapit l'autre, en se tournant vers sa femme pour la prendre à témoin de son indignation.

Cette dernière le gratifie d'un regard vitreux et hoche machi nalement la tête.

– J'ai ici une liste assez édifiante de vos activités, poursuit l'enquêteur. Commençons par les broutilles pour vous rafraîchir la mémoire.

Brown déplie devant lui une feuille de papier froissée.

– Escroqueries mineures à l'assurance, feux accidentels, conduite en état d'ivresse, voitures endommagées, coups et blessures, outrages à agent…

– Je ne suis pas ce qu'on appelle un enfant de chœur, si c'est ce que vous voulez dire. Mais quel rapport y a-t-il entre de petites infractions et un triple meurtre ? Pensez-vous que je sois capable de tuer ma petite-fille ? Vous êtes givré, ma parole !

– Vous n'avez aucun lien de parenté réel avec les victimes.

– C'est vrai, Sonny était le fils de ma femme. Qu'est-ce que ça change ?

Feignant de ne pas avoir entendu la question, Brown reprend d'une voix sèche :

– J'ai mieux. Il y a une dizaine d'années, en 1996 pour être précis, vous vous êtes associé à un certain Harold Dean, un chômeur que l'on disait faible d'esprit. Vous lui avez proposé une formation de chauffeur-livreur.

– Exact.

– En contrepartie, vous avez exigé de lui qu'il souscrive à votre bénéfice une assurance-vie de 240 000 dollars.

– Quel mal y avait-il ? J'allais investir beaucoup de temps et d'argent pour faire de Dean un professionnel. Il était normal qu'en retour, j'obtienne des garanties.

– C'était une démarche illégale qui s'assimilait à du chantage. Mais passons, je continue. Trois mois plus tard, vous invitez votre nouvel associé à une chasse au cerf. Vous avez dû lourdement insister pour obtenir son accord. Dean n'était pas chasseur et détestait tuer les animaux. Vous êtes partis en montagne, seuls tous les deux. Trois heures plus tard, Dean était évacué par les rangers dans un sac à viande. Interrogé par mon prédécesseur, vous avez prétendu qu'il avait buté sur une souche d'arbre, que son fusil lui était tombé des mains, que la crosse avait heurté le sol, et que la charge de chevrotines lui avait transpercé le cœur.

– C'est ce qui s'est réellement passé. Avez-vous lu le rapport de police ?

– Oui. Sauf que le rapport d'autopsie stipulait, lui, que Dean avait été touché au beau milieu du dos.

– Normal, puisque Harold était tombé devant son fusil.

Pris d'une soudaine suffocation, l'inspecteur ouvre frénétiquement la bouche. Comme un poisson privé d'oxygène.

– C'est irrespirable là-dedans. Vous ne pourriez pas entrouvrir la porte ?

– Nan. Les chats foutraient le camp dans la neige.

Exaspéré, Alvin Brown reprend la lecture de ses notes.

– Dès le lendemain du drame, vous avez déposé une demande de règlement de 240 000 dollars à la Mutuelle de Saint-Louis, émettrice du contrat. Là, mauvaise nouvelle : comme beaucoup d'assurances-vie, votre police comportait une franchise de deux ans. Vous n'aviez pas pris le soin de lire toutes les clauses, rédigées en petits caractères. Résultat : Dean était mort pour rien.

Léon Knob agite les mains en signe d'incompréhension.

– Je ne comprends rien à votre charabia. L'affaire est passée en jugement et j'ai bénéficié d'un non-lieu. Si, dix ans après les faits, vous contestez la décision du jury, demandez l'ouverture d'un nouveau procès et finissons-en. Mais je vous préviens : vous n'obtiendrez rien de moi en me harcelant.

– Lors du procès, la compagnie d'assurances a fait témoigner un expert en balistique. Il a déclaré impossible le tir accidentel d'une cartouche par le simple contact, même violent, de la crosse du fusil avec le sol. D'après lui, pour causer la blessure fatale, il aurait fallu que l'arme ait été braquée au niveau de l'épaule. En d'autres termes, le coup n'avait pas pu partir dans les conditions que vous aviez indiquées.

Rencogné dans le fond d'un canapé bancal, Knob s'est muré dans un silence hostile. Sa femme semble s'éveiller d'une torpeur lointaine et dévisage le policier comme si elle découvrait sa présence avec étonnement. Elle se penche sur le côté, attrape une bouteille par le goulot et se remplit un verre. Brown lui jette un regard apitoyé.

– J'en viens maintenant aux faits qui nous intéressent. Le 18 juin 2005, vous avez souscrit une nouvelle assurance-vie de 250 000 dollars. Cette fois sur la tête d'Iris Castello, alors âgée de trois mois, la petite-fille de votre épouse. Naturellement, pour éviter de renouveler votre erreur, vous avez attendu que la franchise soit arrivée à terme pour supprimer la gamine. Et ses parents par la même occasion.

Knob bondit sur ses pieds. Le visage crayeux, les yeux réduits à deux pointes d'obsidienne, il écume de rage.

– Comment osez-vous prétendre que j'ai massacré ma famille ?

– Il me semble que votre mobile est gravé dans le marbre.

Knob se rue vers une armoire vitrée qui déborde de papiers et de dossiers crasseux.

– Vous n'êtes qu'un salopard de flic !

D'un geste réflexe, l'inspecteur plonge la main sous son aisselle et en tire un pistolet automatique, dont il fait sauter le cran de sûreté.

– Restez où vous êtes.

Knob se fige sur place. Puis, il se retourne lentement, les mains tremblantes au-dessus de la tête.

– Du calme, du calme. Je veux simplement vous montrer ce que nous avons fait de l'argent de l'assurance d'Iris.

– Alors, allez-y doucement. Je n'hésiterais pas à vous descendre, avertit Brown, l'arme toujours pointée.

L'homme farfouille dans l'armoire et finit par brandir devant lui ce qui ressemble à un récépissé. L'autre s'en saisit avec précaution.

– Retournez vous asseoir et tenez-vous tranquille, les mains ouvertes, posées bien à plat sur les genoux.

Chacun regagne sa place.

Tout en surveillant le suspect du coin de l'œil, le policier parcourt rapidement le document. Soudain, les traits de son visage s'affaissent. Comme si le temps s'était accéléré sur un rythme infernal.

– La SPA ? Vous avez fait don des 250 000 dollars à la Société protectrice des animaux de Denver ? Tout l'argent de l'assurance ?

Vivian Knob étouffe un étrange gloussement et lève son verre vide en direction du policier.

– Oui, monsieur. Mais uniquement pour qu'elle s'occupe des chats abandonnés. Les autres bêtes, nous, on s'en fout.

À peine de retour au commissariat, Alvin Brown vérifie auprès de la compagnie d'assurances que l'argent de la prime a bien été versé aux Knob et que, effectivement, la SPA en a intégralement bénéficié. Poursuivant son investigation, il découvre par ailleurs que, vers la mi-novembre, Mme Knob a été hospitalisée pour soigner une crise de pancréatite aiguë. Durant son séjour, son mari a été autorisé à la veiller, la nuit, dans sa chambre, se constituant ainsi un alibi involontaire, le triple crime ayant été apparemment commis la nuit, tôt le matin ou tard le soir.

– Knob possède un alibi et pas de mobile valable. J'ai fait fausse route à nouveau, se lamente l'inspecteur, en constatant que son enquête est toujours au point mort. Si ça continue, je vais finir par penser que je suis *vraiment* un imbécile.

Prenant soin de dissimuler son échec, Alvin Brown s'enquiert auprès du médecin légiste du résultat de l'analyse des photographies de la scène de crime.

– Je suis un scientifique, pas un devin qui lit dans le marc de café ! s'échauffe aussitôt Lester Kaufmann. En l'absence des corps, je suis incapable de dater la mort avec précision. L'état de décomposition indique que les Castello ont été découverts environ un mois après leur décès. La présence de larves adultes de dermestides n'étant pas parvenues au stade de chrysalides situe, par contre, le triple homicide au 2 ou 3 décembre, soit une quinzaine de jours avant les prises de vue. Pouvez-vous vous contenter d'une fourchette aussi large ?

Brown soupire bruyamment à l'autre bout du fil. Privé d'indices, de témoins et de suspects, il n'ignore pas que la date du massacre est un élément capital s'il souhaite conserver la moindre chance de résoudre l'enquête. Se montrer laxiste sur ce point reviendrait à se condamner à classer l'affaire.

– Non, désolé Kaufmann. J'ai besoin d'une date précise.

– Je vois.

Un silence interminable s'établit sur la ligne.

– J'ai bien une solution, se hasarde enfin le légiste.

– Laquelle ?

– J'ai besoin de votre aide.

– Dites toujours, je ferai mon possible.

– Alors demandez au juge de vous délivrer un mandat pour que le cabanon, vendu par les Knob après les meurtres, soit mis à ma disposition pendant six semaines.

– Six semaines ! s'esclaffe l'inspecteur, stupéfait.

– Je veux aussi que vous établissiez un cordon de sécurité autour du chalet et que plusieurs de vos hommes se relaient jour et nuit aux alentours, afin d'empêcher quiconque de s'en approcher.

– Mais que comptez-vous faire six semaines durant dans le cabanon ?

– C'est mon affaire, Brown. Écoutez, c'est à prendre ou a laisser. Si vous ne me donnez pas satisfaction, je conclus mon rapport avec la marge d'erreur que vous connaissez. Il faudra vous en contenter.

– D'accord, mais sachez que je n'apprécie pas de vous laisser la bride sur le cou.

Bravant le refus des nouveaux propriétaires de coopérer, le juge accède à la requête du policier, et le chalet est aussitôt mis sous scellés. Avec l'aide de Peter Cox, l'assistant dans lequel il a le plus confiance, Kaufmann se rend dans une ferme proche de Denver et fait l'acquisition d'un porc vivant de soixante-dix kilos et d'un porcelet. Les bêtes sont acheminées secrètement à proximité du cabanon, à la nuit tombante. Kaufmann égorge le porc dans la forêt, puis il lui larde la poitrine d'une dizaine de coups de couteau. Il garrotte ensuite le porcelet. Ayant chargé les dépouilles sur un brancard de fortune, les entomologistes les déposent côte à côte dans la chambre du cabanon, après avoir pris soin de protéger le plancher avec une bâche étanche. Puis, ils répartissent une dizaine de thermomètres à travers le chalet, mettent le poêle en route, ferment hermétiquement porte et fenêtres, et s'en retournent en ville à bord du pick-up qu'ils ont utilisé pour le transport des animaux.

Sachant qu'une carcasse de porc se décompose dans des conditions similaires à celles des dépouilles humaines, et qu'elle attire dans le même ordre d'apparition les mêmes escouades d'insectes, le médecin légiste espère établir l'ADD des victimes et dater ainsi, une fois pour toutes, leur mort avec précision.

– Si tu en es d'accord, Peter, nous nous relayerons trois fois par jour pour relever les températures et identifier les mouches, dit Kaufmann à son assistant. Tôt le matin, en début d'après-midi et au coucher du soleil.

– Je peux aussi me procurer du ravitaillement et m'installer ici, propose Cox, enthousiasmé par l'expérience.

– Je crains que tu ne manques vite d'appétit, réplique le professeur, sourire aux lèvres. D'ici deux ou trois jours, la puanteur sera devenue insupportable.

Ainsi, au fil des jours, une étrange routine s'établit. Kaufmann et Cox se rendent au chalet à tour de rôle pour vaquer à leurs macabres occupations. La décomposition d'un corps se déroule en quatre phases majeures. La période initiale durant laquelle les mouches adultes sont les premières à coloniser le cadavre, à mesure que les sucres et les protéines se dégradent. La période de dilatation qui voit les larves de mouches et les coléoptères s'installer, alors que la putréfaction produit des gaz qui gonflent l'abdomen et les intestins. La période de pourrissement, quand le corps commence à se décomposer et que fourmis, blattes et coléoptères dominent. Et enfin, passé un mois par forte chaleur, la période de dessèchement, au cours de laquelle ce qui reste des os, des cheveux et de la peau sent progressivement l'humus.

À la fin de la première semaine d'observation, Lester Kaufmann note sans surprise que la carcasse des porcs s'est dilatée.

Que les ventres se sont gonflés comme des ballons sous l'effet des gaz engendrés par la faune microbienne, que les tissus adipeux ont fondu sous la peau, donnant aux dépouilles un éclat brillant, et que les épidermes ont viré au marron-rouge foncé.

Durant les jours suivants, les entomologistes constatent que la décomposition des carcasses s'accélère de façon très significative. Quand elle a atteint le stade le plus proche de celui visible sur les photos de la scène de crime, Kaufmann est enfin en mesure de communiquer au policier la date exacte à laquelle le triple meurtre a été commis. Le 21 ou le 22 novembre 2006. Pour autant, l'entomologiste ne parvient toujours pas à s'expliquer l'absence d'enveloppes de chrysalides sur les photographies, alors qu'elles viennent d'apparaître dans la chair décomposée des porcs.

Loin de lui apporter du grain à moudre, cette information plonge Alvin Brown dans un abîme de perplexité. « C'est entendu, les Castello ont été tués deux semaines après leur installation dans le chalet et vingt-six jours avant la découverte de leurs corps, se répète-t-il jusqu'à la nausée. En dehors de conforter l'alibi de Knob, en quoi cela m'avance-t-il de le savoir puisque je ne dispose d'aucun suspect ? Kaufmann et son assistant ont travaillé d'arrache-pied en pure perte. Je suis un crétin. Un crétin rédhibitoire. »

Un soir, alors que le policier s'apprête à quitter le commissariat après une nouvelle journée infructueuse, la sonnerie du téléphone retentit. Il hésite un instant sur le seuil, revient sur ses pas et décroche le combiné.

– J'ai lu dans le journal l'histoire de la tuerie de Boulder, susurre une voix jeune, probablement masquée derrière un foulard.

– Quel est votre nom ? demande Brown machinalement.

– M'est avis que c'est Teddy Carter qui a fait le coup, poursuit la voix. Je le connais. Nous combattons ensemble en Irak dans la compagnie K, le 3e bataillon du 1er régiment de marines.

– Teddy Carter, dites-vous ?

– Vous le trouverez à Denver chez sa mère, à l'hôtel Three Stars.

Tout en griffonnant les informations, Brown hasarde une question.

– Attendez une minute. Où puis-je vous rencontrer ?

– En enfer, ricane le correspondant anonyme.

La voix semble s'éteindre. Puis, au bout d'un long silence, elle reprend, à peine audible.

– Connaissez-vous la devise des marines ?

– *Sem… semper* quelque chose, bredouille Brown, le cœur au bord des lèvres.

– *Semper fidelis*, « Toujours fidèle », flic à la noix.

– Oui, c'est ça, bien sûr : *Semper fidelis…*

– Chez nous, dans les marines, on ne dénonce jamais un frère d'armes. Quoi qu'il ait pu faire.

– Alors pourquoi le faites-vous ? demande le policier, avant de se mordre l'intérieur de la joue.

– À cause de la gamine.

– La gamine ?

– Iris, la petite de Castello. Carter aurait pu flinguer sa meuf, mais il n'aurait pas dû toucher à la gamine. Ça m'a secoué de lire ça dans le journal.

– Teddy Carter vous a-t-il fait des aveux ? demande encore Brown, à bout de souffle.

Pour toute réponse, une rafale de vent s'engouffre dans l'écouteur. Une cabine publique. Le type n'a pas raccroché. Le combiné doit encore se balancer au bout du fil, conclut Alvin Brown, en s'effondrant de tout son poids sur une chaise.

L'hôtel Three Stars est un luxueux bâtiment blanc de quatre étages, construit en pierre de taille. Trois drapeaux déployés en éventail flottent sur la façade. Dans le hall feutré et accueillant, une demi-douzaine de pendules de marine indique les heures aux quatre coins de la planète. Mme Carter, une blonde spectaculaire, semble tout droit sortie d'un feuilleton télé. Entièrement vêtue de noir, elle se dirige avec prestance vers le policier.

– Que puis-je pour vous, inspecteur ?

– J'aimerais parler à votre fils, Teddy.

– Je l'appelle. Puis-je vous faire servir une tasse de café et une pâtisserie ?

Teddy Carter est un garçon âgé d'une vingtaine d'années. Athlétique, blond comme sa mère, il affiche un sourire engageant. Une anomalie passagère vient néanmoins altérer l'harmonie de son visage bronzé : des marques de grosses lunettes en caoutchouc dessinent autour de ses yeux un étrange double cercle. Un lémurien, pense Brown en lui serrant la main.

– Connaissiez-vous Sonny Castello ?

– Oui, c'était un copain d'enfance. J'ai appris la tragédie. Par les journaux, comme tout le monde.

– Un copain d'enfance avec lequel vous combattiez en Irak ?

– On était basés à Haditha, sur les bords de l'Euphrate, dans la province d'Anbar.

– Et vous apparteniez à…

– Au 1er corps expéditionnaire de la marine américaine.

– Autrement dit aux marines ?

– La compagnie K.

– Très bien. Depuis combien de temps combattiez-vous ensemble ?

– Seize mois.

– Et vous avez bénéficié d'une permission pour rentrer au pays ?

– C'est exact. Trois mois de repos réglementaire avant d'y retourner.

Carter se trouble un court instant.

– Enfin, moi j'y retournerai au début de l'année prochaine. Seul.

– Avez-vous rencontré Castello ces dernières semaines ?

– Non. En Irak, on ne se quittait pas du matin au soir. Pendant les congés, ça nous a fait du bien de faire un break.

– Donc, vous ne l'avez pas vu depuis que vous êtes à Denver ? insiste le policier, ne sachant plus trop dans quelle direction poursuivre son interrogatoire.

– Non.

– Avez-vous une idée de qui a pu l'assassiner lui et sa famille ?

– Non. Je crois que la presse a parlé de rôdeurs.
– Connaissiez-vous sa femme et sa fille ?
– Oui. Nadja et Iris.
– Êtes-vous marié, avez-vous des enfants ?
– Non.
– Fiancé ?
– Non.

Rapidement à bout d'arguments, Alvin Brown termine lentement sa tasse de café et regarde par en dessous le visage du garçon. Un lémurien drôlement malin. Il se lève.

– Ne quittez pas la ville sans m'en avertir. Nous aurons sans doute l'occasion de nous revoir.

À peine sorti de l'hôtel, le policier téléphone à un expert en empreintes digitales pour lui demander de passer à nouveau le chalet de Boulder au peigne fin.

– Le suspect est un soldat aguerri, précise-t-il. Il a néanmoins pu commettre une erreur. Peut-être a-t-il retiré les gants qu'il portait à un moment donné. N'hésitez pas à examiner les endroits les plus insolites.

Le soir même, vers 19 heures, le téléphone sonne dans le bureau du policier. Brown reconnaît instantanément la voix juvénile et déformée de la veille.

– Teddy Carter avait un frère jumeau qui combattait avec nous en Irak, murmure le correspondant. Il s'appelait Hank. Teddy et Hank étaient comme les deux doigts de la main. Inséparables. Hank a été tué en opération, le 4 octobre.

– Tué en opération ? répète Brown.

– Son Humvee a sauté sur une mine.

– Son Humvee ?

– Son 4 x 4 blindé, flic à la noix. Hank a eu une jambe arrachée, mais il aurait pu s'en tirer si Castello, qui était notre lieutenant et commandait le convoi, n'avait pas perdu les pédales. Il l'a laissé se vider de son sang sous les yeux de son frère. J'étais présent. J'ai assisté à la scène.

Une fulgurance traverse enfin le crâne du policier.

– Et c'est pour cette raison que… ?

– Teddy et moi, on a fait l'impossible pour stopper l'hémorragie alors que, sur les ordres de Sonny, le médecin courait inutilement d'un mort à l'autre et le laissait mourir.

– Qu'a fait ensuite Teddy ?

– Il a cassé la gueule de Sonny, le soir même au campement. Frapper un officier est passible du conseil de guerre. Mais le lieutenant a encaissé les coups sans broncher.

– *Semper fidelis*, murmure Brown entre ses dents.

– Oui, l'histoire est restée entre marines. Rien n'a filtré auprès de la hiérarchie. Le rapport de l'opération a été truqué pour éviter que Castello ne soit cassé.

Des bruits sourds couvrent les derniers mots du soldat, prononcés à voix basse. Une cabine publique. Quelqu'un s'exaspère d'attendre dans le froid, à l'extérieur.

– En Irak, les choses en sont restées là. Mais Sonny savait à quoi s'attendre en rentrant au pays, poursuit l'informateur dans un souffle.

– Pourriez-vous témoigner devant un tribunal ? J'ai absolument besoin que…

Un double clic interrompt brutalement la conversation.

Deux jours plus tard, l'expert en empreintes digitales contacte le policier par téléphone.

– Vous m'avez donné du fil à retordre. J'ai néanmoins trouvé une empreinte d'index sur un crucifix mural, dans la chambre du haut. Pour une raison qui m'échappe, les Knob ne l'avaient pas retiré du mur, après avoir vendu le chalet. Je leur ai posé la question. L'empreinte ne leur appartient pas. Pas plus qu'aux Castello ou aux nouveaux propriétaires. J'ai pris le soin de comparer l'ensemble.

– Rien ne dit non plus qu'elle appartienne au meurtrier, soupire Brown. Où l'avez-vous prélevée ?

– Sur la statuette en bronze qui représente le Christ.

– Mais où exactement ?

- À l'emplacement du cœur.

– Comme si quelqu'un avait pointé délibérément un doigt sur cet endroit ? s'exalte le policier.

– On pourrait le dire comme ça, à condition d'avoir beaucoup d'imagination, plaisante l'expert. Voulez-vous que je passe l'empreinte au fichier central ?

– C'est inutile. Par contre, si vous obteniez un moyen de l'entrer dans l'ordinateur du personnel de la marine, vous me rendriez un fichu service.

– J'ai quelques accointances, badine l'autre d'un air mystérieux. Une ex-petite amie à Washington. Elle ne peut rien me refuser.

– Alors notez que l'homme que je cherche s'appelle Teddy Carter, soldat du 3e bataillon du 1er régiment de marines, actuellement basé à Haditha, en Irak.

– C'est comme si c'était fait.

Une heure plus tard, un appel laconique de l'expert confirme que l'empreinte appartient bien à Carter. Brown se rend à l'hôtel Three Stars et met le soldat en état d'arrestation pour l'interroger dans une cellule du commissariat, équipée d'une caméra vidéo.

– Vous m'avez menti ! s'emporte l'inspecteur. J'ai la preuve que vous vous êtes rendu dans le cabanon où les Castello ont été assassinés. J'ai été par ailleurs informé de votre désir de vous venger de Sonny, que vous accusiez de la mort de votre frère, survenue en Irak.

Assis bien droit sur sa chaise, le marine ne se départit pas de son calme. « Le lémurien, pris au piège, ne va pas tarder à passer aux aveux. »

– Je n'ai rien à cacher. Au cours de ces dernières années, je me suis effectivement rendu à maintes reprises à Boulder avec Sonny et mon frère. Nous étions amis d'enfance. Nous allions skier ensemble tous les ans dans les Rocheuses. Il est donc normal que vous ayez trouvé mes empreintes dans le chalet des Knob. Mais j'affirme ne pas y être retourné depuis notre affectation en Irak.

Les traits de Carter se durcissent. Le masque étrange qui lui brouille le regard blanchit sous l'effet d'une soudaine et brève colère.

– Quant à la responsabilité de Castello dans la mort de Hank, elle était bien réelle. J'ai rêvé de vengeance, c'est vrai, mais j'y ai renoncé. Ma mère m'a aidé à faire le deuil. La haine est mauvaise conseillère.

Ayant l'impression de se jeter dans une flaque d'eau glacée, Alvin Brown reprend son accusation avec véhémence.

– Après avoir massacré les Castello, vous avez ôté votre gant pour toucher le crucifix fixé au mur. Vous avez imploré le pardon divin pour l'acte ignoble que vous veniez de commettre. Avouez !

Redevenu maître de ses nerfs, Carter regarde le policier, éberlué. Comme s'il se trouvait face à un extraterrestre.

– Vous êtes fou. Je n'ai rien à voir dans la tuerie. D'ailleurs, je ne répondrai plus à vos questions. Laissez-moi appeler ma mère pour qu'elle m'envoie son avocat.

Au terme d'une confrontation préliminaire avec Carter et son défenseur, le procureur exige du policier qu'il étaye son dossier, jugeant les preuves matérielles qu'il apporte très insuffisantes. Brown dispose de quarante-huit heures, le temps de la garde à vue, pour prouver que l'officier est l'auteur des meurtres. Passé ce délai, les charges retenues contre lui seront abandonnées, et il sera relâché.

Dans son bureau surchauffé, Alvin Brown rumine des idées noires. « J'ai proféré des accusations terribles contre Carter, sans prendre la peine d'assurer mes arrières. Si je ne trouve pas un indice solide pour l'inculper, mon enquête tombera à l'eau. Une bonne fois pour toutes. »

À travers la fenêtre entrouverte, le ciel zébré de traînées neigeuses semble dessiné à gros traits à la mine de plomb. Le regard de l'inspecteur navigue entre l'horizon bouché et le téléphone, posé sur une table devant lui. Dans le fond de la pièce, des images bleutées tressautent en silence sur l'écran d'un vieux téléviseur. Le temps s'étire. Le policier a l'impression que son cerveau se remplit lentement de vase. Soudain la sonnerie du téléphone le fait sursauter. Son cœur bat à tout rompre. Il décroche et reconnaît avec soulagement la voix du marine.

– M'est avis que vous êtes dans la panade, flic à la noix. Si je ne tenais pas à rendre justice à Iris, la gamine de Castello, je vous planterais là avec plaisir.

– …

– Vous êtes en train de m'enregistrer ?

– Non.

La main de Brown se raidit sur le combiné. Il s'efforce de ne pas prendre un ton geignard. Mais sa voix chevrotante trahit la panique qui le gagne.

– Écoutez, je… je pourrais facilement vous identifier et vous obliger à témoigner. Il ne doit pas y avoir quantité de soldats du bataillon K combattant en Irak, domiciliés à Denver, et en permission en ce moment.

– Et moi, flic à la noix, je pourrais interrompre cette conversation à l'instant même. Et nier vous avoir jamais contacté.

Le front de Brown se couvre de sueur.

– Excusez-moi. Je n'aurais pas dû vous menacer. Voilà ce que je vous propose : vous m'aidez à coincer Carter et, en revanche, je respecterai votre anonymat. Je vous laisserai complètement en dehors de l'enquête. *Semper fidelis.* Votre honneur de marine n'aura pas à en souffrir.

Un long ricanement juvénile accueille la proposition de l'inspecteur.

– Assez de bla-bla, vous êtes dos au mur. Vous n'avez aucune carte en main. Cela dit, d'accord, j'accepte le marché.

Une bouffée de soulagement envahit Brown. Il supplie, sans reprendre son souffle.

– Aidez-moi à prouver que Carter était auprès des Castello, dans la nuit du 21 au 22 novembre. J'ai besoin d'indices solides.

– Vous avez de quoi écrire ? Information numéro un : le 3 novembre, Sonny, Teddy et moi avons passé la nuit à boire, au bowling Colorado Clash. Castello et Carter n'ont pas cessé de se quereller violemment. Carter lui a même montré le couteau avec lequel il avait l'intention de le tuer. Il y a des caméras de surveillance un peu partout. Avec de la chance, les bandes n'auront pas été effacées.

– OK, bowling Colorado Clash.

– Information numéro deux : Hank Carter, le frère jumeau de Teddy, avait été l'amant de Nadja Castello. Ils avaient couché ensemble à l'occasion d'une précédente permission de Hank.

– Qu'est-ce que vous dites ? glapit le policier.

– C'est ce qui explique, bien sûr, que Sonny l'ait laissé mourir volontairement, lors de l'accrochage en Irak.

La voix marque un temps puis ricane de nouveau à travers la rumeur feutrée de la circulation :

– Vous me suivez toujours, ou le dé à coudre qui vous sert de cerveau est déjà saturé ?

– D'accord, j'ai le mobile des meurtres, mais toujours pas de preuves matérielles.

– Ça vient. Information numéro trois : le 21 novembre au soir, Teddy a emprunté la jeep Jimmy de sa mère et s'est rendu à Boulder. Je l'ai suivi. Il n'était pas difficile d'imaginer où il se rendait.

– Quoi ? Vous avez été témoin du triple meurtre ? s'étrangle l'inspecteur.

– Non. J'avais garé ma moto à bonne distance du cabanon, et j'ai attendu que Teddy fasse ce qu'il avait à faire.

– « Fasse ce qu'il avait à faire ! » Que Carter égorge une jeune femme et étrangle une fillette de deux ans ! Et… vous… vous n'êtes pas intervenu ?

– Teddy m'avait promis qu'il épargnerait la femme et l'enfant. Je suppose que les choses ont dû mal tourner.

Alvin Brown frissonne de tous ses membres. Une sueur glacée trempe sa chemise.

– « Fasse ce qu'il avait à faire ! » répète-t-il, hébété.

– Dans les marines, on ne couche pas avec la femme d'un copain.

– OK, j'ai compris. Castello s'est vengé de Hank. Mais alors pourquoi Teddy Carter l'a-t-il tué, puisque l'affaire avait été réglée ?

– Dans les marines, un officier n'abandonne pas un homme blessé sur le champ de bataille. Jamais.

– Dans les marines, vous êtes surtout une bande de cinglés paranoïaques, bredouille le policier, la tête en feu.

– Information numéro quatre, reprend avec calme la voix anonyme. Teddy a enterré le couteau et son équipement de commando dans la forêt, derrière le cabanon. Puis il a sauté dans la Jimmy et est rentré à Denver. Vous la tenez maintenant, votre preuve matérielle, flic à la noix.

La tonalité du téléphone bourdonne plusieurs minutes dans l'oreille de Brown avant qu'il ne raccroche. Pendant plusieurs minutes encore, il contemple les notes éparses qu'il a étalées devant lui. S'il veut gagner la guerre en Irak, le gouvernement serait bien avisé de dissoudre le corps des marines.

Dès le lendemain, Alvin Brown se contente de suivre à la lettre les indications fournies par son correspondant. Il se fait remettre les bandes vidéo du bowling et découvre qu'effectivement, Carter et Castello s'y sont querellés, trois semaines avant le drame. Par contre, les images des caméras ne permettent pas de distinguer la présence d'un couteau entre les mains du suspect. Puis, aidé par deux experts de la police scientifique, Brown exhume les pièces à conviction, enterrées au pied d'un sapin, à une vingtaine de mètres du cabanon des Knob : un poignard de combat à lame crantée, une veste et un pantalon de treillis couverts de sang coagulé, des gants en soie, des bottes garnies de semelles lisses. L'analyse des traces de sang prouve qu'il appartient aux victimes. Par contre, aucun élément ne rattache directement Carter au triple homicide. Privé du témoignage de son informateur, Brown doit se contenter d'utiliser cette récolte d'indices pour maintenir son accusation et la mise sous écrou du prévenu. Le procureur, estimant cette fois le dossier suffisamment étayé, fixe une date de procès et convoque un grand jury.

Dès ses premières interventions, l'avocat de la défense avance un argument qui tend à disculper son client. Du 1er au

21 décembre, Teddy Carter se trouvait à Aspen où il skiait en compagnie d'une demi-douzaine d'amis. Photos et témoignages le prouvent. L'expertise entomologique, effectuée à partir des photographies des cadavres, ayant fixé la date des homicides soit vers la mi-novembre, soit dans les premiers jours de décembre, l'avocat a beau jeu d'exploiter l'ambiguïté. Pour couper court, le procureur appelle Lester Kaufmann à la barre. En s'appuyant sur sa contre-expertise, réalisée avec les porcs, Kaufmann affirme que les meurtres ont été commis dans la nuit du 21 au 22 novembre. Un second expert en entomologie judiciaire, mandaté par la défense, conteste la validité de l'expérience et, après examen des photos, tranche en faveur de la seconde hypothèse : selon lui, les meurtres ont été perpétués le 2 ou le 3 décembre. Par conséquent, bénéficiant d'un solide alibi, Teddy Carter peut être innocenté. Le procureur et Kaufmann n'ignorent pas que, dans l'incertitude, le jury prononcera un non-lieu.

Alors que le procès est sur le point de s'achever, le procureur sollicite l'intervention du médecin légiste du comté, qui a pratiqué les autopsies des cadavres des Castello. Pour illustrer son propos, le praticien épingle sur un tableau les agrandissements des photographies prises lors des autopsies et qui n'ont jamais été communiquées à Kaufmann. À leur vue, le sang de l'expert ne fait qu'un tour. Il demande aussitôt qu'un huissier lui apporte une loupe. Puis, il demande à quitter le banc de l'accusation pour aller examiner les clichés de près.

– Bon sang !

Sur un gros plan de la tête d'Iris, ils sont là. Là, à la racine des cheveux. Un, deux, trois petits objets bruns, affectant la forme et la taille de grains de riz sauvage. L'expert se crève les yeux à scruter les photos. Puis, il revient s'asseoir, se penche vers le procureur et lui chuchote à l'oreille.

– Suspendez l'audience. Et rappelez-moi à la barre.

Une demi-heure plus tard, Kaufmann fait projeter sur grand écran quelques photographies sur lesquelles il indique avec précision la présence des enveloppes de chrysalides.

– Ces enveloppes sont celles que les asticots laissent derrière eux, à la fin de leur cycle vital, quand ils vont se métamorphoser en mouches, explique l'entomologiste, en temporisant difficilement son enthousiasme. Tout comme une chenille tisse un cocon duquel elle émergera papillon, l'asticot secrète un abri dans lequel il se niche avant d'être doté de ses ailes.

– Où voulez-vous en venir ? s'impatiente le juge.

– Ces enveloppes de chrysalides prouvent scientifiquement que les mouches se sont nourries des trois cadavres et y ont pondu leurs œufs bien plus de deux semaines avant la découverte des corps, Votre Honneur, poursuit Kaufmann. Cela confirme ma datation, réalisée sur les carcasses de porcs. Les Castello ont été tués le 21 novembre, et non pas le 2 décembre.

Le juge s'adresse à l'expert de la défense.

– Confirmez-vous les conclusions de votre confrère ?

L'entomologiste hésite un court instant, jette un regard désespéré vers l'accusé et murmure :

– Je confirme.

L'avocat de Carter bondit sur ses pieds.

– Soit, admettons ce fait, Votre Honneur : les Castello ont été tués le 21 novembre, alors que mon client se trouvait à Denver. Cela ne l'incrimine pas pour autant.

– Ce sera au jury d'en décider, réplique sèchement le président du tribunal.

Au terme des plaidoiries, le jury rend son verdict. Les preuves indirectes pèsent suffisamment contre Carter pour qu'il le reconnaisse coupable. Issu d'une famille respectable, appartenant au corps des marines, combattant en Irak, le condamné pourrait bénéficier d'une peine réduite. Mais l'assassinat de Nadja et d'Iris Castello a bouleversé l'opinion publique. Aussi le magistrat se trouve-t-il contraint de prononcer un jugement de Salomon : quinze ans de réclusion dans une prison militaire.

Au terme du procès, alors que les journalistes se pressent autour des protagonistes pour recueillir leurs témoignages, Lester Kaufmann et Alvin Brown descendent côte à côte les marches enneigées du palais de justice.

– Connaissez-vous *Les Fleurs du mal*, inspecteur ? demande l'expert d'un ton badin.

– Qui ça ? fait l'autre, ahuri.

– Charles Baudelaire. Mais c'est sans importance. Écoutez plutôt. Je vous dis le texte en français. Ça n'y changera rien :

Les mouches bourdonnaient sur ce ventre putride,
D'où sortaient de noirs bataillons
De larves qui coulaient comme un épais liquide
Le long de ces vivants haillons.

– C'est pas mal tourné, qu'en pensez-vous ?

Tandis que le policier hausse les épaules avec agacement, Kaufmann s'éloigne en chantonnant. À cet instant apparaît dans la lumière hivernale un jeune soldat en uniforme. Deux médailles étincellent sur sa poitrine. Brown se fige. Le marine s'approche d'un pas sautillant. Parvenu à sa hauteur, il le dévisage avec ironie et lui glisse à l'oreille :

– Félicitations, flic à la noix ! Voilà ce que j'appelle une enquête rondement menée !

L'empreinte de Son corps ?

Regard tourné vers le ciel, le supplicié emploie ses dernières forces à murmurer des bribes de phrases inintelligibles. Que dit-il ? À qui adresse-t-il son ultime supplique ? L'âpreté de la souffrance lui arrache-t-elle une imprécation ou la folie a-t-elle contaminé son dernier souffle ?

Pour s'assurer que le condamné a succombé, un centurion goguenard lui enfonce la pointe de sa lance dans le flanc. Un mélange de sang et d'eau jaillit de la plaie. Les rares curieux rassemblés au pied du calvaire se détournent, horrifiés. À peine les soldats romains ont-ils disparu qu'un certain Joseph d'Arimathie ordonne aux hommes présents de déclouer le corps. Tâche délicate et fastidieuse, car le crucifié est suspendu entre deux poutres, fixées ensemble par des mortaises. Ils n'y parviennent qu'en s'aidant d'un drap, dans lequel ils entortillent la dépouille et la font glisser jusqu'au sol. Puis ils l'emportent en toute hâte vers la ville. Avant que ne sonne l'heure du sabbat, deux d'entre eux procèdent aux rites funéraires.

Environ soixante ans plus tard, Jean relate l'événement en ces termes : « Joseph d'Arimathie et Nicomède prirent le corps de Jésus et l'enveloppèrent de bandelettes avec les aromates, suivant la manière juive d'ensevelir. » Et l'évangéliste ajoute plus loin, alors que le corps du supplicié a mystérieusement disparu : « Simon-Pierre arriva à son tour. Il entra dans le caveau, vit les linges posés là, ainsi que le suaire qui avait couvert la tête de

Jésus, non pas avec les linges, mais enroulé à part à une autre place » (Jean 9, 40 et 20, 7).

Peut-on dater la mort de ce personnage singulier, accusé de blasphème et crucifié au temps de l'empereur Tibère ? Pour certains, elle aurait eu lieu le premier jour de la Pâque juive, le 15 de nizan, c'est-à-dire le 27 avril 31. D'autres préfèrent la situer le 7 avril de l'an 30. D'autres encore, s'appuyant sur l'Évangile apocryphe de Pierre, la fixent au 3 avril 33.

Champagne. Hiver 1356.

Le ciel plombé de nuages ne laisse filtrer que de rares flèches de lumière parcimonieuse. Dans ce paysage crépusculaire, toutes les couleurs se sont fanées d'un coup. Des masures bancales semblent s'être ratatinées autour de la collégiale de Lirey, près de Troyes. Couverte d'étoffes raidies par le gel et de pelisses mal ajustées, une foule égrillarde piétine dans le froid. Une aubaine pour les bonimenteurs, les jongleurs, les vide-goussets et les amuseurs qui exhibent chiens et ours dressés. Soudain, une immense clameur électrise la foule. Un cri d'allégresse. Un chant de gloire.

– *Resurrexit, alleluia !*

À la lueur des cierges, une étoffe jaunie, présentant des marques de pliages et de roussissures, est déployée telle une bannière dans la nef de la collégiale. Ce linge vénéré aurait, dit-on, servi de linceul à la dépouille de Jésus, treize siècles plus tôt. À l'intérieur de l'église comme sur le parvis, les gueux tombent à genoux. Ils se frappent la poitrine, se prosternent, psalmodient en latin de cuisine. Il s'en trouve même en chemise qui se donnent le fouet sous le regard courroucé des prêtres.

– *Resurrexit, alleluia !* Le Ressuscité est sorti du tombeau.

En bon état de conservation, le suaire exposé mesure 4,36 mètres de long et 1,11 mètre de large. Sa vue provoque sur la foule illettrée un mélange d'effroi et de naïve adoration. Car l'époque est superstitieuse. Fausses reliques et talismans douteux déferlent sur l'Europe chrétienne. Trente-deux « vrais » clous de la Croix, des milliers d'échardes, cent quarante-sept épines de la couronne, et jusqu'aux dents et aux ongles attribués à Jésus rehaussent le prestige des cathédrales, les églises de campagne rabattant leurs prétentions sur des os de martyrs plus accessibles.

Se référant probablement au concile d'Elvire, qui s'est tenu au début du IVe siècle, et dont un texte stipule qu'« on ne doit pas faire d'images dans les églises de peur que l'on n'honore et qu'on n'adore ce qui est peint sur la paroi », la plupart des prêtres médiévaux condamnent le fétichisme crédule qui détourne les croyants de la vraie foi. Les évêques de Troyes, Henri de Poitiers puis Pierre d'Arcis, sont au nombre de ceux qui considèrent, en effet, que le suaire est une supercherie inspirée par la cupidité des moines de Lirey. Ainsi, en 1389, exaspéré par le culte que ses ouailles rendent au tissu, Pierre d'Arcis adresse-t-il un mémoire au pape Clément VII, dans lequel il stigmatise les ostentations d'« un certain linge habilement peint par une adroite prestidigitation, et qui représente la double image d'un homme, c'est-à-dire le dos et le devant. Des foules accourent chaque fois qu'il est exposé, dans la conviction ou plutôt l'illusion qu'il est le vrai suaire ». Refusant de trancher la question de l'authenticité et de la provenance du linge, le pape répond par un avertissement : « L'étoffe n'est pas une relique, mais une icône, une image peinte par un habile artisan. »

Adulé par les uns, ravalé au rang d'objet trivial par d'autres, le suaire alimentera une sourde et discrète polémique pendant cinq siècles.

Turin. Printemps 1898.

Dans la crypte en marbre noir d'une chapelle de la cathédrale San Giovanni, un linge précieux est conservé à l'intérieur d'une châsse en plomb. Au titre de la Maison de Savoie, il appartient au roi Umberto 1er. Durant toute la dernière semaine du mois de mai, le tissu, que l'on désigne maintenant sous le nom de « saint suaire », sera exposé à la vue du public. L'événement est considérable, car il ne s'est pas produit depuis une trentaine d'années. Pour alimenter les gazettes, le roi autorise Secondo Pia, un avocat amateur de photographie, à prendre quelques clichés de la relique. Équipé d'un lourd châssis et de plaques en verre, le photographe échoue lors de ses premières tentatives. Il récidive le 28 mai. Utilisant cette fois un échafaudage, il se hisse à hauteur du tissu suspendu au-dessus du maître-autel, et fait allumer neuf cent cinquante bougies en guise d'éclairage. Pour augmenter ses chances de réussite, il choisit deux temps d'exposition : quatorze et vingt minutes. Ses prises de vue effectuées, Pia se retire dans sa chambre noire et développe ses plaques à l'aide de vapeur de mercure. À sa grande satisfaction, une image se forme. Mais bien vite, la surprise fait place à la stupeur. La forme d'un corps apparaît « en négatif », c'est-à-dire avec des valeurs inversées : les noirs étant devenus blancs et les blancs noirs. En observant la silhouette de plus près, Pia découvre le dessin d'un homme nu allongé, les mains croisées sur le ventre. Le visage, exsangue et barbu, est encadré de cheveux longs. Une peur indicible tétanise l'avocat. Tremblant de tous ses membres, il achève maladroitement sa manipulation et se précipite au palais pour faire part de sa découverte à l'entourage du roi. Les dignitaires constatent, sidérés, que la forme humaine apparue sur la plaque ressemble étrangement au Christ, tel que l'imagerie médiévale l'a représenté au fil des siècles. Autre observation ahurissante : l'apparition porte les stigmates de la Passion. La photographie a-t-elle révélé l'invisible ? A-t-elle dévoilé ce que personne n'avait vu jusqu'à présent à l'œil nu ?

Dans son *Mémoire sur la reproduction photographique*, Secondo Pia a consigné son expérience hors du commun : « Enfermé dans ma chambre noire, j'éprouvai une émotion intense quand je vis pour la première fois la Sainte Face apparaître sur la plaque. »

Près de dix-neuf siècles après la crucifixion de Jésus, un élément matériel tangible vient-il de lever le doute sur la véracité des récits bibliques ? Sur l'existence, la mort et la résurrection du Christ ? A-t-on affaire à une double « révélation », photographique et théologique ? Quoi qu'il en soit, cette image va bouleverser l'opinion publique, diviser les chrétiens et engendrer la plus vaste controverse de l'histoire moderne, mobilisant pendant plus d'un siècle des centaines d'experts appartenant à la plupart des disciplines scientifiques.

Fortement imprégnées de darwinisme et de positivisme, les premières années du XXe siècle font la part belle à la science. Découvertes et inventions se succèdent à un rythme haletant. Tandis que les recoins encore ignorés de la planète livrent leurs derniers secrets, chimistes et physiciens s'aventurent toujours plus loin au cœur de la matière. Dans cette course à la rationalisation, plus que jamais science et religion s'opposent sur des questions fondamentales. Jusqu'à ce que Léon XIII, pape éclairé, affirme dans l'encyclique *Providentissimus* qu'« il faut réconcilier la foi et la science ». Cet encouragement venu du sommet de l'Église rend enfin possible une confrontation sans tabou entre tenants et détracteurs des manifestations surnaturelles. Entre partisans et adversaires de l'authenticité christique du saint suaire.

Dans un opuscule titré *Photographies du Christ*, Paul Claudel marque son camp sans barguigner : « Plus qu'une image, c'est une présence. C'est Lui matériellement qui a imprégné cette plaque, et c'est cette plaque à son tour qui vient prendre possession de notre esprit. Quel visage ! On comprend ses bourreaux qui ne pouvaient le supporter et qui, pour en venir à bout, essayent encore aujourd'hui de la cacher », écrit le poète chrétien à ses détracteurs.

Or, paradoxe de ce feuilleton à rebondissements, ce seront curieusement les hommes d'Église qui déploieront le plus d'efforts pour démontrer que l'image couchée sur le tissu n'est pas d'origine divine. Alors que la plupart des scientifiques n'auront de cesse de prouver implicitement le contraire, en multipliant investigations et expertises de plus en plus sophistiquées.

Dans les années 1930, à l'occasion de la publication de nouvelles photographies du linceul, prises en couleur par Giuseppe Enrie, la dispute reprend de plus belle. Car non seulement l'image du gisant figure à nouveau sur la pellicule, mais s'y ajoutent une multitude de détails troublants qui pour certains corroborent le récit de la Passion décrit par les textes canoniques. Dès lors, sous le terme de « sindonologie », l'étude du saint suaire devient une discipline scientifique à part entière.

En réponse à Claudel et à ses amis, le chanoine Ulysse Che valier, professeur à l'Institut catholique de Paris, décèle une première anomalie : dans son Évangile, Jean n'emploie jamais le terme de « suaire » mais celui de « bandelettes ». Et cela quelle que soit la langue des traductions bibliques : hébreu, grec, copte ou nabatéen. Le chanoine révèle ensuite une seconde bizarrerie. Puisque Jean prend soin de préciser que « Jésus est enseveli selon le mode de sépulture en usage chez les juifs », cela signifie que sa dépouille a été soigneusement lavée puis ointe d'aromates, avant d'être mise au tombeau, puis que les linges ayant servi au transport du corps et à la toilette ont été détruits comme l'exige la tradition. Dans ces conditions, comment expliquer qu'un cadavre exsangue ait pu imprimer un tissu neuf et laisser une image encore visible dix-neuf siècles plus tard ? Enfin, troisième incongruité soulignée par le prêtre : comment imaginer qu'un juif enseveli par des coreligionnaires ait eu les mains croisées sur le bas-ventre, en contact direct avec les parties génitales, ce qui confinait alors au sacrilège ?

Répondant à ces objections, des historiens font valoir que les Évangiles de Luc, Marc et Matthieu ne mentionnent pas que des juifs se soient chargés de l'inhumation. La mort en croix étant un supplice servile, réservé aux esclaves puis étendu à plusieurs catégories de criminels, des soldats romains ont très bien pu se débarrasser du cadavre et le mettre en terre dans son linceul d'origine, sans lui prodiguer de soins mortuaires. Pour etayer cette hypothèse, Paul Vignon, professeur de sciences naturelles, conçoit la théorie de la « vaporographie » : le dégagement excessif d'urée de l'homme supplicié aurait provoqué une réaction chimique à l'origine de l'empreinte.

Revenant à la charge, des érudits choisissent de pointer les divergences qui existent entre l'aspect de Jésus, tel qu'il apparaît sur le suaire, et les descriptions qui en sont faites dans les textes anciens. La silhouette imprimée montre un homme de très grande taille pour l'époque – 1,78 mètre –, et au visage fin et harmonieux. Or, selon Justin et Irénée, « Jésus était sans beauté ni éclat pour attirer nos regards » (Isaïe 53, 2). Origène le décrit « petit, disgracié et semblable à un homme de rien ». Tandis que Tertullien, saint Cyprien et Hippolyte assurent qu'« il avait l'apparence d'un esclave », certains allant même jusqu'à affirmer qu'il était lépreux. Arguments vite balayés par les tenants de la divine Révélation, puisque le psaume 45 décrit Jésus comme « le plus beau des enfants des hommes, la grâce étant répandue sur ses lèvres »

La teneur des textes étant interprétable à l'infini, les détracteurs de l'authenticité du suaire se focalisent alors sur les caractéristiques de la silhouette imprimée, bien décidés cette fois à mettre en exergue la supercherie. Ils notent tout d'abord une discontinuité entre l'image de face et celle de dos. Un décalage important, la figure de dos étant plus courte de plusieurs centimètres. Ils soulignent ensuite l'envergure disproportionnée des bras qui, dépliés, atteignent les genoux, et la taille monstrueuse des doigts, certains mesurant jusqu'à seize centimètres. Puis, faisant référence au mémoire adressé au pape par Pierre d'Arcis, qui dénonçait dans le suaire « une œuvre due au talent d'un homme et non point miraculeusement forgée ou octroyée par la grâce divine », ils rappellent qu'au XIVe siècle, la statuaire en bois peint était une spécialité champenoise, tout comme le tissage et le commerce des draps en lin. L'image visible sur le suaire n'est donc que l'empreinte d'une statue, obtenue par frottis sur un linge mouillé et rehaussée de pigments colorés, afin d'imiter les taches de sang. Des éclats de peinture brune n'ont-ils d'ailleurs pas été décelés au microscope ?

Quelques années plus tard, en 1950, le docteur Barbet, chirurgien de l'hôpital Saint-Joseph à Paris, pratique une série d'examens et publie une étude très détaillée concluant que l'image du suaire est bien celle d'un homme supplicié sur une croix. Crucifiant des cadavres dans son laboratoire, il démontre que les clous n'ont pas pu être plantés dans les paumes des mains – à l'endroit où les artistes médiévaux avaient coutume de les représenter –, car les chairs se seraient déchirées et le corps se serait détaché de la poutre. Ils ont été fichés entre les os du poignet, là où la trace est visible sur l'étoffe. Le clou lésant le nerf médian a pour résultat une contraction réflexe qui fait fléchir le pouce contre la paume de la main. Or, selon Barbet, on ne voit justement que quatre doigts sur les deux mains de l'homme au suaire. Dans son rapport, le médecin estime aussi qu'en dépit de nombreuses représentations picturales sans doute erronées, les pieds du condamné ne reposaient pas sur une planchette, mais qu'ils avaient été cloués ensemble sur la croix. Quelques années plus tard, une importante découverte anthropologique valide cette hypothèse. L'os d'un talon, le calcanéum, transpercé d'un long clou est exhumé d'un ossuaire du Ier siècle, sur un chantier de Jérusalem.

Enfin, pour conclure son étude, le docteur Barbet révèle que de très nombreux détails visibles sur le suaire s'apparentent aux traces connues du martyre du Christ : coups de fouet, cicatrices sur les membres, taches de sang, blessures sur l'épaule, percement sur la poitrine, marques d'épines autour du crâne. La formation de l'image reste cependant inexpliquée.

Un professeur de médecine, le docteur Sournia, s'attache, lui, à donner une description clinique de la mort par crucifixion. Alors que les Évangiles suggèrent plus qu'ils n'expliquent, Sournia livre, peut-on dire, le rapport médico-légal de la mort de Jésus : « Le corps est suspendu non seulement aux muscles des épaules, mais aussi aux puissants muscles pectoraux, aux muscles du dos et aux muscles intercostaux, qui sont tous des muscles inspiratoires. Ils sont fatigués au bout de quelques minutes. Pour pouvoir mieux respirer, l'homme crucifié se soulève sur ses pieds encloués, d'où une nouvelle douleur mais qui au moins soulage le haut du tronc. Il respire à son aise. Mais bientôt les muscles des cuisses et des jambes, qui sont à demi fléchis dans une position malaisée, se fatiguent à leur tour. La douleur des pieds devient trop lancinante et le corps retombe, tirant sur les bras et sur le thorax. La respiration se trouve hachée dans ses alternances de blocage inspiratoire et de détente passagère. Les muscles, atteints de crampes de plus en plus longues et de plus en plus fréquentes, se contractent et le malheureux dont la face devient violette s'asphyxie. Il finit par mourir dans une véritable tétanie respiratoire. »

En 1978, une association américaine composée d'une quarantaine de scientifiques se réunit sous l'égide du Sturp (Société d'investigation du suaire de Turin). Constatant que l'intensité de l'image varie en raison inverse de la distance qui sépare la toile du cadavre qu'elle aurait enveloppé, les docteurs Jackson et Jumper, capitaines de l'armée de l'air, concluent que le suaire contient une information tridimensionnelle, alors qu'un portrait classique est bidimensionnel. Dans ces conditions, la silhouette résulte d'un procédé mystérieux qui exclut la peinture.

Reprenant et développant cette hypothèse, une équipe de quatre cents scientifiques, tous experts de la Nasa, se lance plus tard dans un programme de quatre ans. Utilisant la spectrométrie par fluorescence sous rayon X, la radiographie par infrarouge, la spectroscopie sous ultraviolet et la technique d'amplification de l'image par ordinateur, elle suggère qu'un « flash fulgurant », analogue à une décharge thermique, brève mais très intense, est à l'origine de la marque indélébile laissée sur le tissu. Puis, pour tenter d'identifier la source de la lumière, les hommes de la Nasa appliquent au suaire leur programme de décodage *V.P.8 Analyser,* grâce auquel les photographies prises par les sondes envoyées sur Mars et Vénus ont permis d'obtenir des images en relief. Le résultat est sidérant. Le relief de la silhouette est restitué en creux. Ce qui démontre que la lumière ne provient pas de l'extérieur, mais qu'elle a été émise par le cadavre lui-même.

Hypothèse inouïe aussitôt battue en brèche par le docteur Walter McCrone, spécialisé dans la détection scientifique des faux en art. Validant l'argumentation cléricale traditionnelle, il propose une explication beaucoup plus rationnelle : « L'image entière a été appliquée sur le linge par un artiste très habile et bien informé. Il a utilisé un pigment d'oxyde de fer associé à un médium à base de collagène. Pour les taches de sang, il a employé du vermillon. »

Le docteur Jacques Di Constanzo, du CHU de Marseille, s'est employé récemment à démontrer la pertinence de l'expertise de McCrone. Pour le magazine *Science et Vie,* qui publie à cette occasion un dossier de seize pages, il réalise un faux suaire en public. Pour cela, il enveloppe dans un tissu mouillé un bas-relief spécialement créé par la sculptrice Renata Censo. Il laisse sécher et tamponne l'étoffe avec de l'oxyde ferrique mélangé à de la gélatine. Il obtient bien une image en négatif assez proche de celle du suaire. Quelques jours plus tard, Paul-Éric Blanrue réédite l'exploit au Muséum d'histoire naturelle de Paris. « On peut réaliser une image en cinq minutes, conclut-il au terme de sa démonstration. Et je n'ai utilisé que des outils et des connaissances dont on disposait au Moyen Âge. »

Dans l'espoir de mettre un terme définitif à la polémique qui ne cesse d'enfler, le Vatican décide, en 1987, de faire réaliser séparément des tests de datation du suaire au carbone 14. Il sélectionne dans ce but trois laboratoires. Ceux de l'université de Tucson, de l'université d'Oxford et de l'Institut fédéral de Zurich, le British Museum étant invité à certifier le protocole des analyses. Le 13 octobre 1988, le cardinal-archevêque de Milan, gardien du suaire, annonce publiquement dans le quotidien du Vatican, *L'Osservatore romano,* les résultats des mesures obtenues grâce à un accélérateur de particules couplé à un spectromètre de masse : le lin qui a servi à confectionner le suaire a été tissé entre 1260 et 1390. Pour obtenir ce résultat, les physiciens ont pris soin de mesurer au préalable la teneur en radiocarbone de l'atmosphère à l'époque de Jésus, en se référant notamment aux cernes de croissance d'arbres parfaitement datés.

Loin d'apaiser les esprits et de clore le débat, cette annonce inattendue ravive une controverse déjà passionnée. Des scientifiques arguent aussitôt que l'échantillon de 8,1 sur 1,6 centimètre ayant servi à réaliser les tests n'a pas été prélevé sur la partie noble du tissu, mais sur les bords qui ont été ravaudés à plusieurs reprises. Ainsi le poids moyen de l'échantillon est-il deux fois supérieur au poids moyen du tissu entier. Conclusion : si les raccommodages remontent probablement à l'époque médiévale, rien ne prouve que l'étoffe ne date pas du Ier siècle de notre ère. Abondant dans le sens d'une erreur de datation, Garzia Valdès, microbiologiste à l'université du Texas, constate qu'une pellicule organique s'est formée sur le suaire au cours des siècles, conséquence du travail bactérien. Ce film bioplastique a pu contribuer à « rajeunir » le support. Enfin d'autres spécialistes suggèrent que les dépôts microscopiques de suie dus aux fumées de bougies ou aux deux incendies auxquels l'objet a été exposé durant son histoire ont, eux aussi, pu fausser l'expertise.

En septembre 1989, des symposiums scientifiques internationaux se tiennent à Paris. Ils recensent quinze anomalies dans les travaux réalisés par les laboratoires mandatés par le Vatican. Au terme de ce constat, le démographe Philippe de Carbon affirme qu'« il existe plus de neuf cent cinquante-sept chances sur mille pour que les trois échantillons ne soient pas, quant à la variable analysée, représentatifs de l'ensemble étudié ». Quelques jours plus tard, nouveau coup de théâtre : Mike Tite, le directeur du British Museum, responsable de la datation au carbone 14, admet l'« impossibilité scientifique de l'hypothèse du faux ». Plus troublant encore : monseigneur Ballestrero, l'ancien cardinal-archevêque de Turin en charge du saint suaire, déclare : « Le suaire de Turin est authentique. Les tests de laboratoire qui avaient daté le tissu du Moyen Âge n'ont pas été exécutés avec la diligence requise. » Enfin, dans l'avion qui le conduit à Madagascar, Jean-Paul II, nouvellement élu, répond à un journaliste qui l'interroge sur l'authenticité du suaire : « Je pense, effectivement, qu'il s'agit d'une relique. »

Il n'en faut pas davantage pour qu'aussitôt la presse italienne consacre ses gros titres à l'affaire. « Le linceul est vraiment du Ier siècle. Les scientifiques démentent la datation médiévale », annonce *Il Giornale*. Huit autres quotidiens dont le très sérieux

Corriere della Serra titrent à leur tour : « Le linceul est authentique. L'Église s'est trompée ».

En août 1990, le Saint-Siège, propriétaire de la pièce, prend acte de la « contradiction épistémologique » introduite par la datation au carbone 14, et lance un appel en direction de la communauté scientifique pour une reprise des recherches. Pour répondre à cet appel, le Conseil international d'études sur le linceul de Turin organise un symposium à Rome. Des sommités médicales, des médiévistes, des historiens, des archéologues et des professeurs de physique nucléaire, originaires d'une vingtaine de pays, se penchent sur l'ensemble du problème : datation du linceul, authentification et identification de l'image qui en ressort, conservation et, bien sûr, données historiques. Comment ce drap de lin est-il arrivé à Turin, en 1578, après des siècles de pérégrinations ?

Ainsi, à la frénésie de la quête scientifique, répond en parallèle un intense travail historique. Après des années de recherches savantes et des milliers d'archives consultées, le parcours chaotique du suaire nous apparaît aujourd'hui plus cohérent.

Après la mort de Jésus, et dès les balbutiements de l'Église chrétienne, le mystère du devenir du linceul occupe déjà les esprits. À partir de sources byzantines, il est établi qu'au IIe siècle et jusqu'en 944, on conserve à Édesse, l'actuelle Ourfa en Turquie, une image du visage du Christ non réalisée de main d'homme, le mandylion. De nombreux témoignages permettent d'établir une relation entre le mandylion et le suaire, grâce à plus d'une centaine de points de ressemblance entre les deux visages. En 944, le mandylion est apporté à Constantinople. On découvre alors qu'il s'agit d'une longue toile pliée en huit, portant non seulement l'image d'un visage, mais également celle d'un corps entier. En 1204, le drap disparaît de Constantinople assiégé par les croisés. Il est conservé par les Templiers. Avant son introduction en France, au début du XIVe siècle, Othon de La Roche adresse une lettre au pape, dans laquelle il signale son passage à Athènes. En 1418, les chanoines de Lirey confient la relique à la famille de Charny qui, une trentaine d'années plus tard, la cède à Louis de Savoie. La voici à Chambéry où elle restera jusqu'en 1578, date de son transfert à Turin.

Dès lors, comme si une digue s'était brusquement rompue, une pluie de mémoires, de rapports et de communiqués se déverse dans les revues scientifiques internationales. Ainsi apprend-on que la trame du linceul est à chevrons en arêtes de poisson, selon la méthode dite « à un bout et à torsion en Z », un tissage typiquement syrien des premiers siècles. Mieux, les fibres de lin contiennent des filaments d'une variété de coton originaire également de Syrie. Par ailleurs, selon des biochimistes, le suaire ne présente aucune trace de vanilline, une substance végétale normalement présente sur les tissus, et qui disparaît naturellement au bout de mille trois cents ans. Si l'étoffe datait du XIIIe siècle, elle devrait en contenir encore. Le linceul est donc antérieur à l'âge donné par le radiocarbone.

Le pollen retrouvé sur le suaire semble, lui aussi, signer un séjour palestinien. Deux chercheurs du département d'écologie de l'université de Jérusalem, spécialistes de la flore du désert, communiquent le fruit de trois ans de recherches. Ils analysent la récolte recueillie, en 1973, par Max Fray, le directeur du laboratoire scientifique de la police de Zurich, à laquelle ils ajoutent de nouveaux prélèvements, effectués au printemps entre Jérusalem et Jéricho. Ils recensent le pollen de cinquante-huit plantes. L'une d'entre elles, présente sur le suaire, retient leur attention. C'est la *Gundelia tournefortii,* une herbacée épineuse de la famille des chardons. A-t-elle été employée pour confectionner la couronne d'épines, posée sur la tête de Jésus durant sa Passion ?

En 1999, Alan Whanger, professeur émérite à la Duke University de New York, procède, pour sa part, à un traitement informatique des photos du linceul. Il met en évidence des images de fleurs. En l'occurrence vingt-huit espèces différentes, dont la plupart sont endémiques au Proche et au Moyen-Orient.

Plus singulier encore : une analyse géochimique révèle d'infimes traces de boue séchée, incrustées dans le suaire au niveau des pieds de la silhouette. Elles contiennent une espèce particulière de calcite, l'aragonite de travertin, un minéral que l'on ne trouve qu'en un seul endroit du globe : la porte de Damas à Jérusalem.

Et, aussi incroyable que cela paraisse, les découvertes ne s'arrêtent pas là. En observant très minutieusement les yeux du personnage, grâce à des techniques d'imagerie sophistiquées, Paul Filas, un archéologue, distingue les formes de deux pièces de monnaie. Selon lui, elles auraient été déposées au moment de l'inhumation pour empêcher les yeux du défunt de se rouvrir, une pratique courante à Jérusalem au Ier siècle. Les pièces sont identifiées. Appelées « leptons », elles portent l'effigie de l'empereur Tibère et furent émises par Ponce Pilate, préfet de Judée entre 26 et 36. Leur date d'émission est visible sur le tissu : LIS, soit l'an 16 du règne de Tibère, autrement dit l'an 30 de notre ère.

André Marion, ingénieur de recherche au CNRS pense, quant à lui, avoir matérialisé, tout autour du visage, des traces d'inscriptions manuscrites en langues grecque et latine. Indécelables au microscope, elles mentionnent les mots suivants : « Jésus », « Nazaréen », « Conduit à la mort », « Ombre de visage ». De quand datent-elles ? Nul ne le sait. Même si, d'évidence, elles sont postérieures à la mise au tombeau de Jésus.

Marion propose ensuite de confronter le suaire à la tunique d'Argenteuil, vêtement en laine sans couture, mystérieusement découvert dans la commune proche de Paris en 1156, et robe présumée du Christ lors de son chemin de croix. Il crée un modèle informatique de déformations qui met en correspondance le dos de la tunique et le dos du linceul. Il parvient alors à cette constatation ahurissante : les blessures de celui qui avait revêtu la tunique se superposent exactement aux taches de sang analysées sur le linceul de Turin. Sur les deux vêtements, les traces d'hémoglobine et les glissements dus au frottement se situent aux mêmes endroits, confirmant le port d'un objet très lourd sur le dos. La croix que le supplicié a transportée le long de la *Via Dolorosa*, à Jérusalem ?

Enfin, en conclusion de dix ans d'études hématologiques, Lorenzo Valdès, le microbiologiste de l'université du Texas, rend un verdict encore plus hallucinant : « Le sang qui se trouve sur le suaire est de type AB, un groupe sanguin très rare actuellement, mais qui était fréquent chez les juifs de Babylone et de Galilée il y a deux mille ans. Il appartient à un homme de 1,80 mètre pesant soixante-dix-huit kilos. Le sang contient un excès de bilirubine, un pigment provenant de la bile, ce qui est symptomatique d'une hémathidrose dont les effets se manifestent par des douleurs absolument insoutenables. Cela établit la preuve que le suaire recouvrait le corps d'un homme flagellé et crucifié avant de mourir. » Ayant établi par ailleurs que les traces de sang contenaient la formule chromosomique XY, comme celle de tout homme conçu par rapport sexuel, le chercheur, auteur de *L'ADN et le Christ*, réalise un clonage moléculaire et transmet, en 1998, ses conclusions au pape. « J'ai été le premier à avoir eu l'honneur de cloner les gènes du sang du Christ. Mes travaux démontrent que le suaire est le linceul de Jésus de Nazareth. » Puis, dans la revue mexicaine *Proceso*, le microbiologiste met en garde les « insensés » qui auraient le projet d'utiliser les techniques de clonage pour fabriquer un être à l'identique . « Ce serait une catastrophe. On ne pourrait pas cloner le Christ à cent pour cent. Si on utilisait le peu de sang dont on dispose, on obtiendrait un génome incomplet. On donnerait naissance à un monstre, un Frankenstein, l'Antéchrist. »

Force est aujourd'hui de constater que l'accumulation de coïncidences est considérable. Tout comme Jésus, l'homme du linceul a subi une flagellation romaine de quarante-neuf coups. Sa tête a été couronnée d'épines. La poutre de la croix a marqué ses épaules. Il est tombé sous le fardeau et les genoux en portent la marque. Il a été crucifié selon la méthode attestée par l'archéologie. Son cœur a été transpercé. Il n'a fait dans le linceul qu'un bref séjour et s'en est retiré mystérieusement, sans arrachement aucun, malgré l'abondance des plaies sanglantes. Si la crucifixion était un supplice fréquent en Palestine au Ier siècle, quantité d'informations présentes sur le suaire les rattachent à Jésus. Dans ces conditions, le saint suaire de Turin, incontestablement l'objet le plus ausculté et analysé au cours du XXe siècle, est-il authentique ? L'abbé René Laurentin, membre de l'Académie pontificale et ancien expert au concile Vatican II, répond sans l'ombre d'une hésitation : « Le saint suaire appartient au Christ. Le calcul des probabilités donne moins d'une chance sur des milliards pour qu'une autre solution soit possible. »

Pour conclure cette enquête qui est aussi un catalogue des techniques utilisées par les experts de la police scientifique pendant plus d'un siècle, laissons s'exprimer Jésus à travers Jean l'évangéliste. Après tout n'est-il pas, dans cette affaire, le principal intéressé ? « Porte ton doigt ici et regarde mes mains, porte ta main et mets-la dans mon côté, et ne te montre plus incrédule mais croyant » (Jean 20, 27). Dont acte.

« Clipper 103 Scottish, me recevez-vous ? »

Crevant une épaisse couche de nuages et de pollution, le Jumbo Jet de la Pan Am se pose sur une piste de l'aéroport d'Heathrow, dans la banlieue de Londres. Il est 12 h 07, ce mercredi 21 décembre 1988. En provenance de San Francisco, le gros-porteur baptisé *Demoiselle des mers*, doit reprendre l'air six heures et demie plus tard à destination de Detroit, après avoir fait escale à New York. Le temps de changer d'équipage, de faire le plein de kérosène, de nettoyer et de réapprovisionner la cabine.

Au même moment, dans la bourgade rurale de Lockerbie, la population prépare fébrilement les fêtes de fin d'année. Située à cent vingt kilomètres de Glasgow et à trente kilomètres de la frontière anglaise, la petite cité écossaise compte moins de quatre mille habitants. Quatre jours avant Noël, les rues sont joyeusement pavoisées. Chacun s'active dans les magasins, à la recherche de provisions ou d'un cadeau de dernière heure. Les chants sacrés, qu'interprètent des volontaires de l'Armée du Salut, vibrent dans l'air glacé.

À 15 heures, un passager arpente le terminal 4 de l'aéroport d'Heathrow. Parvenu devant le comptoir de la Pan Am, il enregistre deux grosses valises sur le vol 103. L'homme se nomme Jasvand Basutha. C'est un Américain d'origine indienne. De religion sikhe, âgé de quarante-six ans, il a dissimulé sa longue chevelure sous un turban et sa barbe bouclée est emprisonnée dans une résille. Résidant à Tarrytown, dans l'État de New

York, Basutha est venu assister au mariage de son beau-frère, à Belfast. Il a hâte de retourner aux États-Unis retrouver les siens et étrenner son nouvel emploi de mécanicien dans un garage automobile.

Dans leur pavillon douillet de Lockerbie, Robin et Suzanne Briden, tous deux journalistes au *Dumfries & Galloway Standard*, la gazette locale, parachèvent la décoration du sapin de Noël. Robin exhorte tendrement son épouse à ménager ses efforts, car elle est sur le point d'accoucher. Tandis qu'une chaîne de la BBC diffuse un concerto de Mozart, le chat du couple se prélasse paresseusement devant un feu de bois.

À Londres, à 17 heures, le nouvel équipage de la Pan Am prend possession du cockpit de la *Demoiselle des mers*. James Bruce McCarry, cinquante-cinq ans, le commandant de bord, compte près de onze mille heures de vol à son actif. Il est secondé par Ray Wagner, copilote, et par Jerry Avritt, l'ingénieur de bord. Les trois hommes étudient le plan de vol et procèdent aux vérifications d'usage. Pour parcourir les cinq mille six cents kilomètres qui les séparent de New York, ils décident d'embarquer quatre-vingt-dix tonnes de carburant.

À Lockerbie, une foule chahuteuse envahit les pubs dès l'heure de l'ouverture. Couvertes par une musique disco tonitruante, les conversations vont bon train. Les hommes commentent les matchs de rugby du week-end en vidant des pintes de bière. Quelques femmes échangent potins et recettes de pudding. Loin des clameurs, le quartier résidentiel de Sherwood Crescent est calme, balayé par des rafales de vent venues du nord.

Escorté par quelques membres de sa famille résidant en Angleterre, Jasvand Basutha patiente dans une cafétéria de l'aéroport. Bien que sa religion lui interdise de consommer de l'alcool, il s'est accordé un verre de porto, qu'il déguste du bout des lèvres. À 17 h 50, il constate avec inquiétude qu'il s'est laissé distraire par la conversation. L'heure du décollage de son avion est imminente. Il abrège ses adieux et se rue vers la porte d'embarquement n° 14. Quand, hors d'haleine, il se présente au comptoir, un employé de la Pan Am lui refuse l'accès à bord. Le voyageur argue que ses valises se trouvent déjà en soute. En vain. Dépité, Basutha réserve une place sur le vol suivant à destination de New York, le lendemain matin. Puis il se rend dans une salle d'attente, choisit un siège isolé, et s'assoupit aussitôt.

Blottis l'un contre l'autre sur le canapé du salon, Robin et Suzanne Briden regardent ensemble un documentaire animalier à la télévision. Sur l'écran, une escadrille de flamants roses se déploie sur un ciel qui a pris la couleur d'une mangue bien mûre.

– Et si nous appelions notre fils Jonathan, qu'en dis-tu ? susurre Suzanne en souriant dans la pénombre.

À 18 h 25, James Bruce McCarry, le commandant de bord de la *Demoiselle des mers*, reçoit, avec vingt-cinq minutes de retard, l'autorisation de décollage de la tour de contrôle. L'avion quitte le taxiway et s'engage en bout de piste. Le pilote pousse les réacteurs au maximum de leur puissance et débloque les freins. Le Boeing 747 roule, s'arrache lourdement au sol et disparaît dans la nuit.

– Vent de quarante-cinq nœuds nord-nord-ouest sur les côtes écossaises, annonce Jerry Avritt, l'ingénieur de bord.

– Nous ne rattraperons probablement pas notre retard d'ici New York, constate McCarry avec philosophie.

À 18 h 40, Alan Topp, contrôleur aérien à l'aéroport de Glasgow, voit apparaître un point lumineux au bas de son écran radar. Il vérifie le nom de code de l'appareil sur un message télex en provenance de Londres et le griffonne sur son bloc. Le vol 103 a atteint trente et un mille pieds, son altitude de croisière, et il se dirige comme prévu vers le sud-ouest de l'Écosse, à la vitesse de neuf cents kilomètres-heure.

Dès que le Jumbo Jet s'est stabilisé, le chef de cabine éteint les signes lumineux « Attachez vos ceintures » et « Défense de fumer ». Quelques passagers inclinent leurs sièges et allument nerveusement une cigarette. D'autres tirent de leurs sacs livres, revues et lecteurs de cassettes. À 19 h 03, réparties aux deux extrémités de l'appareil, les hôtesses approvisionnent leurs voitures en cannettes de soda et mignonnettes d'alcool. C'est l'heure de l'apéritif. Soudain, la carlingue est plongée dans une totale obscurité. Un enfant, surpris, pousse un cri déchirant.

Au même instant dans la tour de contrôle de l'aéroport de Glasgow, Alan Topp se frotte les yeux : le point lumineux qui se déplaçait lentement sur son écran radar vient brusquement de disparaître. Incrédule, Topp éteint l'écran puis le rallume. Toujours rien. Alors il ouvre son micro, vérifie la fréquence radio du vol 103, et demande :

– Clipper 103 Scottish, me recevez-vous ?

Le contrôleur n'obtient pour toute réponse qu'un léger grésillement. Il répète sa question. Sans pouvoir, cette fois, dissimuler son inquiétude.

– Clipper 103 Scottish, me recevez-vous ?

Quand une corolle de petites étincelles s'épanouit sur le fond vert de l'écran radar, les pupilles de Topp se dilatent. De toute évidence, le Boeing 747 de la Pan Am vient d'exploser en vol, à l'aplomb de la frontière écossaise.

En une fraction de seconde, le gros-porteur se disloque en cinq morceaux. Lancés à plus de mille kilomètres-heure, les débris incandescents rayent le ciel sans étoiles. Exactement trente-six secondes plus tard, ils s'écrasent au sol. La déflagration est apocalyptique. Une aile de l'avion, remplie de quarante-cinq tonnes de kérosène, frappe de plein fouet le quartier résidentiel de Sherwood Crescent, provoquant un cratère gigantesque et réduisant en cendres plusieurs maisons. Des tourbillons de fumée âcre, nourris de pétarades et d'étincelles, fusent dans les rues. Un fragment de fuselage chauffé à blanc perfore le toit d'un pub et décapite deux consommateurs, installés au comptoir.

À cinq cents mètres de là, la violence de l'explosion pulvérise les vitres de la villa des Briden. L'onde de choc cloue un instant le couple sur le divan, puis le téléviseur implose dans une cascade de verre. Instinctivement, pour protéger sa femme, Robin se jette sur le côté et fait rempart de son corps. À travers les fenêtres béantes, des boules de feu éclaboussent les alentours et rebondissent dans le jardin. Suzanne Brident est la première à réagir.

– La station-service a explosé ! hurle-t-elle d'une voix hystérique.

– Je ne crois pas, souffle son mari. Je pense plutôt qu'un chasseur s'est écrasé au centre-ville.

Le journaliste se lève et s'approche avec précaution de la porte d'entrée qui a jailli hors de ses gonds. Une bouffée de chaleur huileuse lui soulève le cœur.

– Je vois un énorme champignon de fumée qui s'élève dans le ciel.

Suzanne porte les mains à son ventre. Son visage se décompose.

– Mon Dieu… un… un missile atomique. Nous allons tous être contaminés.

La jeune femme se rue dans sa chambre et s'écroule sur son lit, secouée de sanglots. À 19 h 12, un silence terrifiant s'installe sur Lockerbie.

Vingt minutes plus tard, les premières voitures de police et de pompiers sillonnent les rues dévastées, sirènes hurlantes. Puis des renforts convergent de toutes parts. Des villes écossaises voisines comme de celles du nord de l'Angleterre. Le chaos est indescriptible. Un réacteur du Boeing s'est encastré dans une maison en flammes. Des voitures, tôles carbonisées, se sont amalgamées sur les parkings, soudées les unes aux autres par l'effet de la chaleur. Un hélicoptère de la RAF surgit au-dessus des toits. Le faisceau de son projeteur fige des scènes de cauchemar. Le corps pantelant d'une vieille femme se balance en équilibre instable sur une cheminée, tandis que des membres épars jonchent une cour de récréation. Bientôt, les hôpitaux de toute l'Écosse sont en état d'alerte.

Après avoir tenté de calmer sa femme et l'avoir claquemurée dans leur chambre, Robin Briden se précipite à l'extérieur, armé d'un appareil photo. Dans son affolement, il n'emporte avec lui qu'un seul boîtier garni d'un unique film en noir et blanc. Parvenu dans la zone commerciale, le reporter se fraye laborieusement un chemin au milieu des pompiers qui s'agitent sans savoir où donner de la tête. Dès qu'il s'éloigne des brasiers, l'air glacé de la nuit sèche d'un coup la sueur qui ruisselle sur son front. Hululements de sirène. Flashs spasmodiques des gyrophares. Cris, clameurs et gémissements se répondent en écho dans les maisons en ruine. Briden fixe sur la pellicule une policière fonçant vers une ambulance, un nourrisson ensanglanté dans les bras. Plus loin, il immortalise des secouristes qui s'acharnent à forcer une porte carbonisée dont la serrure a fondu.

Le quartier de Sherwood Crescent est une plaie béante, un chaudron torride dégorgeant fumée et escarbilles. Impossible de s'en approcher. Briden interpelle un officier dont la barbe et les sourcils ont entièrement roussi.

– Un avion de ligne s'est écrasé, c'est ça ?

– Oui. Un 747 de la Pan Am. J'ai lu le nom de la compagnie, peint sur un bout du fuselage. Le cockpit est tombé dans la cour des Wilson. Il est presque intact. Les pilotes sont restés attachés à leurs sièges. Morts bien sûr.

Quand Briden a achevé son film de trente-six vues, il se rend à l'agence locale de son journal, miraculeusement épargnée. Le correspondant et la maquettiste s'y trouvent déjà.

– Je développe tout de suite ce que j'ai ou j'y retourne pour compléter ? demande le photographe.

– Développe. J'ai eu Glasgow au téléphone. On monte la une et quatre pages intérieures pour l'édition de demain. Je vais recueillir les premiers témoignages. On se retrouve dans une heure pour faire le choix des images.

Le reporter fourre un magnétophone dans la poche de sa canadienne et se précipite vers le chaos. Au matin, les photos de Robin Briden feront le tour du monde.

Vers 20 heures, les premiers détachements de la police criminelle et scientifique sécurisent la zone du crash, en déroulant des centaines de mètres de bande jaune autour des points d'impact. Dans la lumière blafarde des projecteurs, alimentés par des groupes électrogènes, des scènes terrifiantes laissent incrédules les survivants qui errent, hagards, au milieu des décombres.

À Londres, à 20 h 15, le surintendant Oliver, de Scotland Yard, épluche la liste des passagers du vol 103 avec le chef d'escale de la Pan Am. Il apparaît que deux cent cinquante-neuf passagers et membres d'équipage avaient pris place dans la *Demoiselle des mers*, dont cent soixante-dix-neuf citoyens américains. Un nom se dégage aussitôt de la liste : celui de Jasvand Basutha. Il est le seul à avoir enregistré ses bagages sans être monté à bord. L'ordinateur de la compagnie indique une adresse à Tarrytown, dans l'État de New York. Le policier la transmet à Washington, au siège du FBI. Puis il contacte, dans la banlieue de Londres, un certain Nayan Basutha dont le nom figure sur la fiche de renseignements remplie par le passager lors de son entrée en Grande-Bretagne. Au téléphone, Basutha tombe des nues. Il affirme que son cousin a bien pris l'avion pour se rendre à New York, qu'il l'a personnellement accompagné à l'aéroport. Le policier insiste.

– L'avez-vous vu franchir la porte d'embarquement ?

– Non. À vrai dire, il était en retard. Il a quitté la cafétéria en courant, une dizaine de minutes avant l'heure du décollage.

Une rapide vérification dans l'ordinateur de la compagnie confirme qu'en effet, Basutha a manqué l'avion et réservé sa place sur le vol suivant. Patienterait-il quelque part dans une salle d'attente ? Oliver donne l'ordre à ses hommes de quadriller l'aérogare et de contrôler l'identité de tous les passagers d'origine indienne, âgés d'une quarantaine d'années et coiffés d'un turban.

Il est 15 h 20 à New York lorsque la nouvelle de la catastrophe parvient à la direction de la Pan Am. À la consternation s'ajoute une extrême confusion. La liste des Américains ayant embarqué à Londres à bord du Jumbo est incomplète. Pour ne pas commettre d'impair irréparable, les responsables de la compagnie décident de vérifier un à un les noms des passagers avant d'alerter les familles des victimes. En fait, la plupart d'entre elles seront informées par la presse dans les heures qui suivent. D'autres encore n'apprendront la tragédie qu'à l'aéroport John-F. Kennedy où elles se rendront, plus tard dans l'après-midi, pour accueillir leurs proches.

À 20 h 45, Jasvand Basutha est interpellé par une patrouille dans une salle d'attente et conduit dans un bureau de la police de l'air et des frontières pour y être interrogé. Il n'oppose aucune résistance et clame sa bonne foi en toute innocence.

– Avez-vous volontairement manqué votre avion ? demande Oliver.

– Non, bien sûr que non ! s'indigne le suspect.

– Avez-vous des activités politiques aux États-Unis ?

– Non.

– À quelle communauté religieuse appartenez-vous ?

– Je suis sikh.

– Pour quelle raison vous êtes-vous rendu à Belfast ?

– Pour assister au mariage d'un cousin.

– Avez-vous des liens avec l'IRA ?

– Aucun.

– Quelle est votre profession ?

– Mécanicien automobile.

– Avez-vous à ce titre des connaissances en électronique ?

– Suffisamment pour être capable de réparer des véhicules.

– Avez-vous les compétences requises pour confectionner un engin explosif ?

– D'aucune manière.

– Que contenaient les deux valises que vous avez enregistrées à bord du vol 103 ?

– Des effets personnels et des cadeaux pour ma femme et mes trois enfants.

Après quatre heures d'interrogatoire, de multiples recoupements et une communication téléphonique avec un responsable du FBI, Oliver met Jasvand Basutha hors de cause et le relâche.

À 21 heures, tandis que les présentateurs des chaînes de télévision font état de la plus grande catastrophe aérienne qu'ait connue le Royaume-Uni, les dépouilles disloquées des premières victimes commencent à être regroupées dans le hall de l'hôtel de ville de Lockerbie. Quand la place vient à manquer, les corps ou ce qu'il en reste sont entreposés dans le gymnase voisin. Les médecins urgentistes dénombrent douze blessés légers auxquels ils administrent les premiers soins. Aux deux cent cinquante-neuf passagers de la *Demoiselle des mers* s'ajoutent onze tués au sol, pour la plupart frappés de plein fouet dans leurs maisons.

Le 22 décembre 1988, la lumière de l'aube, couleur de craie, rend encore plus irréelle l'ampleur du désastre. Un cratère de cinquante mètres sur douze a remplacé un pâté de six villas, dans le quartier huppé de Sherwood Crescent. Dans une seule maison dévastée, les pompiers retrouvent les cadavres démembrés de soixante-dix passagers de l'avion. Et, après avoir observé le bourg en hélicoptère, les experts de la police scientifique estiment que les débris se sont éparpillés sur un corridor de soixante kilomètres de long, couvrant une surface de mille trois cents kilomètres carrés.

Alors qu'un état-major de crise s'établit à l'hôtel de ville, des centaines de pompiers venus de toute la région soustraient à la vue du public les corps qui jonchent les rues. En commençant en priorité par ceux des enfants âgés de dix à douze ans, la plus jeune des victimes étant un bébé de neuf mois. Plus tard dans la matinée, sous la responsabilité des enquêteurs, mille volontaires sont réunis pour ramasser les débris. « Si ça ne pousse pas et si ce n'est pas un caillou, ramassez ! », tel est le mot d'ordre donné à chaque bénévole.

Des satellites militaires et des hélicoptères équipés de caméras à infrarouges sont également mobilisés pour localiser les fragments de l'appareil, dont un grand nombre a été disséminé dans des zones boisées peu accessibles.

Durant les cinq mois qui suivent la catastrophe, plus de deux cent mille objets, certains plus petits qu'un ongle, sont collectés, enregistrés et répertoriés dans un fichier informatisé. Peu à peu, grâce aux experts en aéronautique de la police et aux ingénieurs de Boeing venus de Seattle, la *Demoiselle des mers* est virtuellement reconstituée pièce par pièce. Il apparaît assez vite que la cause du crash est due à une explosion qui a perforé le fuselage, causant une onde de choc et une décompression instantanée de la cabine qui ont disloqué la structure de l'appareil. La nature des dommages et l'absence de fragments métalliques retrouvés dans les cadavres des passagers suggèrent aussi que l'explosion s'est produite dans la soute à bagages 14L, ce qui résout un mystère : pourquoi les pilotes n'ont-ils pas envoyé de signal de détresse ? La soute 14L étant adjacente au système d'alimentation électrique, le courant a été brutalement coupé, condamnant la radio au silence et mettant abruptement fin à l'enregistrement des paramètres du vol par les boîtes noires. L'hypothèse d'une défaillance des pompes d'alimentation en carburant étant écartée, les enquêteurs en concluent qu'une bombe est à l'origine de la catastrophe. Ils cèdent dès lors à leurs collègues de la police scientifique le soin d'analyser les indices. Pour avoir confirmation qu'un explosif a été utilisé et dans l'espoir de pouvoir l'identifier, ces derniers testent les fragments récoltés à l'aide de la chromatographie gazeuse et de la spectrométrie de masse. Au bout de plusieurs semaines d'expertise, les résultats s'avèrent positifs. Une charge extrêmement sophistiquée, indétectable aux rayons X des portiques de sécurité, a effectivement été placée dans la soute à bagages. Cette information entraîne une série de supputations sur les auteurs présumés de l'attentat.

La première théorie envisage que le groupe terroriste palestinien FPLP-CG, dirigé par Ahmed Jibril, est le commanditaire de l'attentat. Grâce à des indicateurs, la police allemande arrête sur son territoire dix-sept suspects appartenant à cette organisation. Elle saisit aussi dans l'une de leurs caches des pains de plastic et des détonateurs qui se déclenchent à l'altitude de dix mille mètres. Mais la nature de l'explosif et des renseignements communiqués par le Mossad, les services secrets israéliens, disculpent bientôt les activistes.

Une seconde hypothèse estime ensuite que l'attentat est peut-être une réponse vengeresse adressée aux États-Unis par la République islamique iranienne. En effet, six mois plus tôt, le

3 juillet 1988, un missile mer-air tiré du navire américain *USS Vincennes* avait abattu en plein vol, au-dessus du golfe Persique, un avion de ligne iranien, provoquant la mort des deux cent quatre-vingt-dix passagers. Dans ce cas, l'opération contre le vol de la Pan Am aurait été commanditée par des responsables iraniens et exécutée avec l'aide d'agents syriens et palestiniens. Hypothèse également abandonnée : la Syrie venant de normaliser ses relations diplomatiques avec Washington n'aurait eu aucun intérêt à couvrir une telle opération.

Reste la piste libyenne, la plus probable. Des chasseurs de l'US Air Force n'avaient-ils pas bombardé Tripoli et Benghazi deux ans plus tôt, tuant des dizaines de civils dont la fille adoptive de Muammar Kadhafi ? Néanmoins, faute d'indices tangibles, la Grande-Bretagne répugne encore à lancer une accusation formelle contre la Libye. D'autant que, peu après l'attentat, un juge allemand avait prétendu avoir été contacté par un ancien chef de la Sécurité iranienne vivant en exil. Ce dernier lui aurait confié que l'attaque avait bien été organisée et perpétrée par ses anciens collègues. Mais alors que l'enquête piétine et que les hypothèses se contredisent, un homme seul va débloquer l'affaire et mettre un terme provisoire aux incertitudes.

Cet homme se nomme Tom Thurman. Agent spécial du FBI, il appartient à la prestigieuse unité explosifs. Cette équipe triée sur le volet est notamment chargée de trouver la signature des bombes utilisées dans les attentats. Ayant dirigé une fabrique d'armement installée en Corée, Thurman voue une passion immodérée aux armes de toute nature et aux engins explosifs. Depuis son entrée au laboratoire de police scientifique, en 1981, il a travaillé sur toutes les grandes affaires de terrorisme et obtenu des résultats. Bien que ses méthodes expéditives et ses déductions hâtives ne lui aient pas valu que des compliments de la part de ses supérieurs.

– Nous, les experts, nous sommes les forgerons du FBI, les hommes des détails matériels, fanfaronne-t-il dès sa descente d'avion à Glasgow.

Arrivé sur les lieux deux jours seulement après le crash, Thurman prend aussitôt contact avec ses collègues écossais de la police scientifique et avec des agents de la CIA, venus la veille des États-Unis. Puis, comme dopé à l'adrénaline, il commence à fureter au milieu des débris, examinant la moindre pièce, exigeant d'assister aux autopsies des cadavres des passagers, accumulant notes et photographies. Mais les mois passent et, en dépit des efforts déployés, force est de constater que les indices récoltés ne permettent toujours pas de remonter la piste des terroristes. Cependant, un an et demi après la catastrophe, l'expert du FBI fait une découverte qui va bientôt s'avérer capitale.

En ce mois de juin 1990, la campagne écossaise est un enchantement de renouveau et de fraîcheur. Comme si la nature s'était hâtée d'effacer les stigmates de la tragédie, de l'herbe drue recouvre maintenant les crevasses que les débris du fuselage de l'avion ont infligées à la terre. Ayant quitté sa chambre d'hôtel dès les premières lueurs de l'aube, Tom Thurman arpente, une fois encore, un petit bois jouxtant Lockerbie. Il est seul comme à son habitude.

Équipé d'un détecteur de métal, il ratisse le sol, à la recherche d'un hypothétique fragment qui aurait échappé à la vigilance des milliers de bénévoles qui, avant lui, ont passé la zone au peigne fin. Tandis que son appareil demeure muet, son regard est attiré par une tache grise, fichée au cœur d'un taillis d'aubépines. Il s'en approche. Il s'agit d'un linge déchiqueté. Une chemise d'homme ou une blouse de femme. Thurman s'en empare avec précaution avec un bâton, dépose le tissu à ses pieds, se penche et l'examine à l'aide d'une forte loupe. Il s'agit vraisemblablement d'une chemise d'homme de taille XXL. La pièce d'étoffe est en lambeaux, mais la marque du fabriquant, cousue à l'intérieur du col, a été épargnée : *Yorkie Clothing Company*. Le mot *Yorkie* peut laisser penser que la chemise a été confectionnée en Écosse. L'expert poursuit son examen. Une autre indication apparaît, miraculeusement intacte elle aussi, dissimulée à l'angle d'une couture : *Made in Malta*. Thurman glisse la chemise dans un sac en plastique et entreprend de sonder le sol méticuleusement. Au bout de quelques minutes, quand son détecteur de métal émet des couinements réguliers, il se redresse, encercle le bosquet d'aubépines d'un ruban jaune afin de pouvoir le retrouver sans difficulté, et retourne en ville se munir d'une pelle et d'un tamis. Ensuite, durant toute la matinée, l'agent du FBI inspecte la terre inlassablement. Les heures passent. À l'exception d'insectes et de baies sauvages, la récolte est infructueuse. Trempé de sueur, râlant comme un bœuf, s'écorchant les mains sur les épines, Thurman s'entête. Enfin, quand le soleil atteint son zénith, un éclat de la taille d'un ongle brille sur son tamis. Le cœur de l'agent saute dans sa poitrine. Sa tête bourdonne. Il dégage le fragment à l'aide d'un pinceau et le photographie avec un objectif macroscopique. Quand il approche sa loupe de l'objet, il sait déjà que son enquête vient de franchir une nouvelle étape.

Le minuscule débris métallique fait partie du circuit intégré d'un détonateur. Ce premier indice matériel ouvre la perspective d'identifier son fabricant et de remonter la filière qui l'a mis à la disposition des terroristes. Agissant toujours en franc-tireur, Thurman expédie la pièce sous scellé à son laboratoire, aux États-Unis, sans en tenir informées les autorités écossaises. Il obtient ensuite de son supérieur un ordre de mission pour se rendre à Malte.

À La Valette, l'agent se contente de feuilleter un annuaire téléphonique pour trouver l'adresse de la Yorkie Clothing Company. Par chance il s'agit d'une entreprise familiale, dont la production modeste s'écoule uniquement sur le marché intérieur. Thurman se fait remettre les noms des cinq boutiques qu'approvisionne le fabricant et entreprend de les visiter les unes après les autres. Dans les trois premières, il n'obtient aucun résultat lorsqu'il fait mention d'une chemise grise de taille XXL pouvant faire partie de la collection automne-hiver 1988.

– Oui, nous avons sans doute vendu une dizaine d'exemplaires de ce modèle, se contentent de répondre les vendeurs. Mais quant à vous donner les noms de nos clients, c'est impossible. La plupart paient cash ce genre d'article bon marché. Et puis, comment se souvenir de tous ceux qui franchissent le seuil de la boutique, touristes ou Maltais ?

Tandis que Thurman voit fondre peu à peu ses chances de réussite, Tony Gauchi, le propriétaire du quatrième magasin, Mary's House, dans lequel il se rend semble, lui, doué d'une prodigieuse mémoire.

– J'ai effectivement vendu une chemise analogue au mois d'octobre 1988, affirme-t-il, péremptoire. Je m'en souviens parfaitement.

Thurman tombe des nues.

– Je ne demande qu'à vous croire. Mais pourquoi conservez-vous un souvenir particulier de cette vente ?

– D'abord parce qu'il est inhabituel que deux hommes fassent leurs emplettes ensemble, répond le commerçant. À moins qu'ils ne soient homosexuels, ce qui n'était vraisemblablement pas le cas. Ensuite parce que ni l'un ni l'autre n'avaient une taille correspondant à celle de la chemise.

Ces arguments mettent en alerte l'agent du FBI.

– Continuez, je vous écoute.

– Pour finir, mes clients ne se sont pas contentés d'acheter une chemise. Ils ont fait l'acquisition d'un parapluie et de tout un tas d'autres articles qu'ils ont pris au hasard sur les rayonnages, sans se soucier des tailles et des couleurs. Ils ont fait leurs achats comme s'ils cherchaient à se débarrasser rapidement d'une corvée.

– À quoi ressemblaient-ils ? demande Thurman, dont le pouls s'est brusquement accéléré.

Gauchi hésite.

– C'étaient des Arabes. Ils parlaient anglais avec un fort accent. Des Égyptiens peut-être ?

Engagé dans une partie de poker, Thurman a soudain conscience de demander la cinquième carte qui pourrait constituer un carré d'as et lui permettre d'empocher la totalité des enjeux.

– Quel a été leur moyen de paiement ?

– Carte bleue, je crois. La somme était relativement importante.

Par l'intermédiaire de son ambassade et du correspondant de la CIA à La Valette, Thurman obtient le nom du propriétaire de la carte de crédit de l'homme qui a acheté la chemise grise chez Mary's House. Il s'agit d'un Libyen, employé aux services des bagages de l'aéroport de Malte. Dès lors, avec la collaboration de la police locale, l'agent du FBI prend le suspect en filature et fait placer sa ligne téléphonique sur écoute. Quand il s'avère probable que le Libyen a pu utiliser des étiquettes de bagages volés pour expédier à Francfort une valise contenant une bombe, d'où elle aurait été ensuite chargée sur un vol passager pour Londres, puis transférée sur le vol 103 à destination de New York, Thurman rentre aux États-Unis faire son rapport au sous-directeur de son agence.

L'analyse du fragment de détonateur, retrouvé à Lockerbie, révèle pour sa part qu'il s'intégrait à un système d'horlogerie complexe, un MST-13, fabriqué par la société suisse Mebo AG. À la mi-juin 1990, Tom Thurman s'envole pour Zurich interroger Edwin Bollier, le copropriétaire de la firme. À la vue des agrandissements photographiques, ce dernier authentifie la pièce sans hésitation.

– Je confirme : il s'agit bien d'un morceau de l'un de nos *timers*.

– À qui en avez-vous vendu ces dernières années ? demande l'agent du FBI.

Mal à l'aise, Bollier consulte ses archives informatisées.

– Je crois en avoir cédé un lot de vingt à l'armée libyenne, en février 1988.

– La Suisse exporte-t-elle des armements sensibles, sans prendre le soin de vérifier leur future utilisation ?

– Pas que je sache, bafouille l'industriel, qui réalise que son entreprise va bientôt connaître une publicité dont elle se serait volontiers passée.

Quand, sur la foi des indices recueillis par Thurman, les gouvernements de la Grande-Bretagne et des États-Unis décident de porter plainte contre la Libye pour acte de terrorisme, un coup de théâtre s'est déjà produit : tous les employés libyens de l'aéroport de La Valette ont démissionné de leur poste et ont regagné leur pays d'origine.

Dans un premier temps, face aux accusations dont elle fait l'objet, la Libye nie en bloc toute implication dans l'attentat et proclame haut et fort son indignation. Ne parvenant pas à obtenir gain de cause par la voie diplomatique, les pays plaignants saisissent le Conseil de sécurité des Nations unies, le 21 janvier 1992, exigeant que la Libye extrade les deux suspects dans un pays neutre pour y être jugés. Suite au refus libyen, le Conseil de sécurité adopte la résolution 748, qui prévoit la suspension du trafic aérien vers et à partir de la Libye, ainsi que l'interdiction de toute vente d'armes à ce pays. Des sanctions supplémentaires sont ajoutées à l'embargo dans la résolution 883, qui est adoptée le 11 novembre 1993. Dès lors, les avoirs libyens à l'étranger sont gelés, et l'exportation de matériaux destinés à l'industrie pétrolière et gazière est strictement interdite vers ce pays. En conséquence, la Libye se retrouve non seulement isolée du reste du monde, mais économiquement frappée de plein fouet. Privés de maintenance et de pièces détachées, puits et raffineries cessent progressivement de fonctionner. Au bord de l'asphyxie économique, la Libye cède, en 1998, aux exigences onusiennes, soit dix ans après l'attentat. Encouragés par Nelson Mandela, alors président de l'Afrique du Sud, et par Kofi Annan, le secrétaire général des Nations unies, le colonel Kadhafi et la communauté internationale trouvent un accord : contre la promesse d'une levée des sanctions, la Libye accepte d'extrader les deux accusés, Abdel Basset Ali Megrahi et Lamen Khalifa Fhimah. Ils seront jugés par trois magistrats écossais aux Pays-Bas, à Camp Zeist, une ancienne base militaire américano-néerlandaise.

Le procès s'éternise de mai 2000 à janvier 2001. Pas moins de mille cinq cents témoins défilent à la barre. Alors que les avocats de la défense font valoir la fragilité des preuves matérielles, ceux de l'accusation tentent de créer un amalgame entre l'attentat de Lockerbie et celui perpétré contre un DC10 de la compagnie française UTA, détruit en vol un an plus tard au-dessus du Ténéré et ayant fait cent soixante-dix victimes. Cette stratégie a pour but de démontrer que la responsabilité des services secrets libyens se trouve engagée dans les deux affaires et que, par conséquent, seul un verdict exemplaire pourra mettre un terme à la vague terroriste qui menace les pays occidentaux.

Au terme de plaidoiries chaotiques, dont une interruption de séance de vingt-quatre heures due à un problème technique de sténographie, le jugement est rendu. L'un des accusés est reconnu non coupable et aussitôt remis en liberté. L'autre est condamné à une peine de prison à vie. Des négociations sont ensuite entreprises pour l'indemnisation des victimes. Elles aboutissent deux ans plus tard. Le gouvernement de Tripoli reconnaît officiellement sa participation dans l'attentat de Lockerbie et s'engage à verser 10 millions de dollars de compensation à chacune des deux cent soixante-dix familles des victimes, soit le total jamais atteint de 2,7 milliards de dollars. S'ensuit une levée quasi immédiate des sanctions de l'ONU à son encontre.

Ainsi aurait pu s'achever cette formidable enquête, chaque étape pouvant être étudiée dans une académie de police pour l'édification des futurs officiers des services criminalistiques et médico-légaux. Résumons les faits. Un gros-porteur commercial explose en vol. L'analyse de la structure des débris de son fuselage permet d'attribuer le crash à un engin explosif. Grâce à son acharnement, un expert de la police scientifique parvient à retrouver miraculeusement un bout de chemise et un minuscule morceau de métal. Ces indices conduisent au fabricant du détonateur et aux terroristes présumés. Après dix ans de marchandage, l'État coupable cède sous la pression, livre deux de ses ressortissants et indemnise les familles des passagers tués dans l'explosion.

Ce scénario exemplaire ne présente pas la moindre faille. Il est digne d'être gravé dans le marbre devant le siège du FBI. Il est extraordinaire, car il a été fabriqué de toutes pièces !

En effet, vingt ans après le drame, alors que la période d'immunité pour faux témoignage est arrivée à son terme selon la législation écossaise, des langues se délient, des aveux filtrent, la vérité éclate. Une vérité stupéfiante. À tel point que, dans un premier temps, elle est prise pour un canular. Jugez-en plutôt.

Le 17 juin 2007, un officier de police écossais, qui a participé à l'enquête sur la catastrophe, publie un témoignage dans *The Scotsman*. Selon lui, la CIA aurait introduit de fausses pièces à conviction dans les débris de l'avion, dans le but d'incriminer la Libye. Un mois plus tard, le 18 juillet, Ulrich Lumpert, ex-ingénieur en électronique, publie une confession sur le site officiel Internet de la firme suisse Mebo AG.

– J'ai menti dans mon témoignage sur l'attentat de Lockerbie, affirme ce dernier. Lors du procès aux Pays-Bas, j'ai prétendu avoir reconnu un détonateur que nous fabriquions à l'époque, et qui avait fait office de pièce à conviction essentielle. Or ce retardateur avait été volé dans le laboratoire de l'entreprise et remis à un enquêteur écossais.

Alors que l'affaire commence à faire grand bruit, Edwin Bollier, cofondateur de l'entreprise Mebo AG, entérine, sur les ondes de Radio France Internationale, les déclarations de son ex-employé.

– Avant le début du procès, j'avais pu examiner la fameuse « pièce à conviction ». Par rapport aux photos du fragment de détonateur que m'avait montrées, un an plus tôt, un agent du FBI, elle avait changé de couleur et d'aspect. J'en avais conclu dans un rapport que le retardateur incriminé ne faisait pas partie du lot vendu à l'armée libyenne. Certes, il venait de chez nous, mais d'un stock de détonateurs défectueux qui n'avaient jamais été commercialisés. Je pense qu'on a essayé de modifier la pièce à conviction intentionnellement pour accuser la Libye. C'est une machination.

Ces révélations corroborent parfaitement la thèse de l'ancien espion américain, Lester Coleman qui, dans son ouvrage *Trail of the Octopus*, a documenté l'implication de la DIA, les services secrets militaires de son pays dans l'affaire Lockerbie.

Autre élément plaidant en faveur de la machination : Frederic Whitehurst, un responsable de la section d'analyse scientifique du FBI, s'était plaint dans un mémo adressé à la direction de son agence que « Tom Thurman avait fabriqué des preuves pour boucler son enquête ». Cette accusation avait entraîné la suspension de Thurman du FBI, en 1997. Sans qu'aucune sanction administrative ne lui soit infligée.

Enfin, dernier témoignage à charge : Tony Gauchi, le commerçant maltais, a avoué n'avoir jamais vendu de chemise grise de taille XXL de la marque *Yorkie Clothing Company* à de quelconques clients libyens, mais s'être prêté au jeu de Thurman en échange d'une somme, que certains estiment à un million de dollars.

Tom Thurman a-t-il agi de sa propre initiative ou n'a-t-il été que l'exécuteur des basses œuvres d'un vaste complot ourdi par les services secrets américains et britanniques pour affaiblir la Libye et l'écarter de la scène internationale ? La seconde hypothèse semble aujourd'hui la plus crédible. Car comment un homme seul, fût-il agent du FBI, aurait-il pu mettre sur pied une falsification d'une telle ampleur et abuser la police écossaise et l'ensemble des services secrets de deux grandes puissances ?

Si le choix des comploteurs s'est porté sur lui, c'est sans doute précisément parce que son expérience d'expert de la police scientifique lui permettait de pervertir les preuves mieux que quiconque n'aurait pu le faire. Un ancien policier ne fait-il pas le « meilleur » gangster ?

Sachez encore pour finir que, suite aux conclusions d'une commission d'enquête indépendante, la justice écossaise a autorisé Ali Megrahi, le « terroriste » libyen condamné à la prison à vie, à faire appel de sa condamnation, car les magistrats ont estimé qu'il avait été victime d'une erreur judiciaire. Peu après, en juin 2007, Tony Blair, alors Premier ministre de Grande-Bretagne, s'est rendu à Tripoli pour signer avec le colonel Kadhafi un juteux contrat pétrolier pour le compte de la British Petroleum.

Reste une dernière question à laquelle personne n'a jusqu'à aujourd'hui apporté de réponse : qui a fait sauter le vol 103 au-dessus de Lockerbie ? Qui a froidement assassiné deux cent soixante-dix innocents ?

La police est sur les dents

Aux premiers jours du printemps 1897, Paris est une fête. Calèches et coupés circulent à petit trot sur les Champs-Élysées. Aux claquements des sabots ferrés répondent les pétarades des premières automobiles. Sur leur passage, les élégantes en capeline fleurie relèvent leur vaste jupe. Froufrous de jupons, dentelles mousseuses, chevilles fines et blanches à peine entrevues. Brefs émois des hommes en gibus.

En cette fin de siècle, la charité est la principale activité des gens du monde. Toutes les dames ont leurs œuvres, pour lesquelles elles s'agitent, organisent des galas, multiplient les ventes. Princesses, comtesses et marquises se partagent orphelinats, hôpitaux et noviciats. *Le Figaro* a même créé une rubrique « Charité » qui informe ses lecteurs de l'actualité philanthro pique.

En mai, une baraque en sapin de Norvège est érigée sur un terrain vague, au niveau du 17 de la rue Jean-Goujon, à deux pas de la Seine. Destinée à abriter le Bazar de la charité, la plus importante vente de la saison, elle mesure quatre-vingts mètres de long sur treize de large. Pendant quinze jours, des équipes d'ouvriers se relayent pour vernir les planches et décorer la façade. Enfin, lorsque des oriflammes flottent au-dessus des portiques à colonnettes, les dames admirent, s'exclament et battent des mains. Le baron de Mackau, initiateur du projet, savoure son triomphe. Que diront-elles lorsqu'elles découvriront la décoration intérieure ? Une rue du Paris médiéval a été reconstituée avec ses maisonnettes à colombages, ses échoppes, ses auvents, ses auberges aux enseignes en fer forgé, chantées jadis par François Villon : « À la tête noire », « À la truie qui file », « À la cloche d'argent », « À la tour de Nesle ».

– Vingt-deux boutiques toutes différentes, explique le baron à Son Altesse Royale la duchesse d'Alençon, grande ordonnatrice des festivités parisiennes. Chaque œuvre aura la sienne.

Chapron, le décorateur de l'Opéra, surveille l'installation.

– Je n'ai utilisé que de la toile peinte, du carton-pâte et du bois blanc, commente l'artiste en courbant la nuque sous le flot des compliments. Nous allons tendre un vélum de cinq cents mètres carrés pour cacher le toit. Nous décorerons les boutiques avec des bannières armoriées, puis nous compléterons l'ensemble avec des draperies et des étoffes chatoyantes.

Mackau attire le décorateur à l'écart et lui chuchote à l'oreille :

– Surtout, soyez prudent. Toutes ces matières sont extrêmement inflammables.

– Ne m'avez-vous pas dit que vous interdirez aux messieurs de fumer dans le Bazar ? se défend le décorateur.

Les commerçants de la rue Saint-Honoré et du faubourg Saint-Germain défilent rue Jean-Goujon, apportant les objets qui seront vendus au profit des bonnes œuvres. Ce sont pour la plupart des babioles démodées, des colifichets sans grande valeur. Mais l'essentiel n'est-il pas d'afficher ostensiblement sa générosité, de s'attirer la sympathie des bourgeoises parisiennes ? Néanmoins, pour les organisateurs, les difficultés sont loin d'être aplanies. M. Normandin, l'entrepreneur qui assure les représentations cinématographiques, n'est pas satisfait du local qu'on lui a attribué.

– Cette cabine ne convient pas. Je n'ai pas assez de place pour loger mon appareil de projection, mes tubes à oxygène et mes bidons d'éther.

– Nous ferons une cloison en toile goudronnée autour de votre appareil. Et un rideau cachera la lampe, le rassure le baron.

L'avant-veille de l'ouverture, Normandin revient à la charge. Son inquiétude est montée d'un cran.

– J'ai essayé ma lampe Molteni. Elle ne fonctionne pas correctement et je n'ai pas le temps de la faire remplacer.

Le 4 mai, calèches, landaus et fiacres ont déjà envahi les abords du Bazar. Le préfet de police, M. Lépine, a envoyé deux sergents de ville pour endiguer la circulation. Plus d'un millier de personnes ont déjà franchi les deux portes à tambour. Elles se pressent, se saluent, se congratulent dans une atmosphère étouffante. Les comptoirs se sont vite transformés en salons mondains. Les curieux se bousculent autour de l'échoppe n° 15, car elle offre une attraction inédite : trois jeunes aveugles vendent les brosses qu'elles confectionnent avec dextérité sous les yeux ébahis du public. La religieuse qui les accompagne appelle M. de Mackau.

– Trop de fenêtres ouvertes provoquent d'horribles courants d'air. Faites-les fermer, je vous prie.

Le baron promet d'y remédier et poursuit sa route, baisant la main de la marquise de Sassenay, encourageant la duchesse d'Alençon, entourée de ses vingt-trois vendeuses. Il inspecte ensuite les comptoirs du fond où la foule est encore plus dense qu'à l'entrée. Le brouhaha est indescriptible.

À l'entrée du cinématographe, barrant la porte qu'il a vivement refermée, un commissaire de police, M. Sabatier, apaise les spectateurs impatients.

– Mesdames et messieurs, nous venons d'avoir un petit incident mécanique. Je vous conseille d'attendre la prochaine séance à l'extérieur. De préférence sur le terrain vague.

Quelques protestations s'élèvent, accompagnées de rires.

– L'arroseur ! Donnez-nous l'arroseur !

Sabatier insiste d'une voix calme mais un peu étranglée :

– Un peu de patience. N'encombrez pas les abords de la machine. C'est dangereux !

Dans la cabine surchauffée, la lampe de projection a épuisé sa réserve d'éther. Il faut la remplir de nouveau. Elle est encore chaude lorsque Normandin débouche une bonbonne pour l'alimenter. Tâche malaisée car le local est obscur et exigu.

– Je n'y vois rien. Éclairez-moi, ordonne l'opérateur à son assistant.

Sans réfléchir, ce dernier gratte une allumette. La flamme jaillit, embrasant d'un coup les vapeurs d'éther. Un rideau prend feu. Sabatier bondit dans la grande salle, à la recherche du baron.

– Le feu au cinématographe ! Faites évacuer le Bazar de toute urgence !

M. de Mackau n'a pas le temps de lancer l'ordre. Une longue flamme se glisse hors de la cabine. Elle rampe le long des murs, galope sur le vélum qu'elle dévore, chevauche, toujours grandissante, les parois de la toile peinte et de carton goudronné. Un cri retentit, poussé par mille bouches à la fois : « Au feu ! Au feu ! » Il est suivi d'une sorte de houle, un formidable ressac de panique.

Des panaches de fumée sont signalés par les ouvriers qui, deux cents mètres plus loin, construisent le palais de l'Industrie. L'alerte, donnée rue Jean-Goujon, se répercute aux Champs-Élysées, se propage de proche en proche et gagne tout Paris. Les appels aux pompiers se multiplient. Des équipes de sauveteurs accourent. Bientôt les premières voitures rouges, aux sons déchirants de leurs trompes, ébranlent le pavé, emportées par des percherons ruisselants de sueur. On déroule les manches d'arrosage. On met les lances en batterie, mais le brasier est encore trop puissant pour qu'on l'abatte à la hache.

À l'intérieur du Bazar de la charité, des grappes de femmes engoncées de dentelles roulent, enchevêtrées les unes aux autres. Cinq minutes seulement après le début de l'incendie, le vélum s'abat en langues de feu. La foule se rue vers les deux uniques sorties. À l'enfer du feu se mêle la sauvagerie de la lutte. Le sauve-qui-peut n'est plus qu'un implacable « chacun pour soi » à coups de canne, à coups de poing, à coups de griffes. On voit apparaître avec horreur des mains gantées de flammes, des visages qui semblent rire en se carbonisant. Les femmes que le feu a épargnées ou n'a que partiellement atteintes courent dans la rue, en proie à une subite démence. D'autres s'enfuient deminues et viennent s'affaler dans les caniveaux, sous le regard des pompiers impuissants. D'autres encore, dont la toilette semble intacte, s'obstinent à hurler de douleur, dévorées par leurs dessous en lente combustion. Aux écuries Rothschild où l'on transporte les premiers blessés, un homme en uniforme saute, transformé en torche, dans un bassin qui sert d'abreuvoir aux chevaux. C'est le général Munier. Il succombe, non à ses blessures, mais aux coups reçus dans la mêlée. Car l'épouvante dans la fuite se révèle doublement meurtrière. La peur et l'instinct de conservation ont transformé ces mondains, ces femmes charitables, en tueurs et en furies. Seuls quelques ouvriers, des domestiques et des artisans du quartier évitent que la tragédie ne se transforme en carnage. Ne bascule définitivement dans la barbarie.

Réfugiée derrière le comptoir de son stand, la duchesse d'Alençon a, dès la première minute, mesuré l'ampleur du danger. Mlle d'Andiau tente de l'entraîner vers une fenêtre.

– Madame, pour l'amour de Dieu, sauvez-vous !

– Non. Vous d'abord. Je vous l'ordonne. Et que les autres passent avant moi. Je partirai la dernière.

La duchesse s'est figée contre la paroi qui crépite, les mains jointes, les yeux au ciel, dans une attitude de sainte au bûcher. Une religieuse prie à ses côtés, agenouillée sur le plancher fumant. Déjà le feu a embrasé sa robe…

À 16 h 30, ce qui demeure du Bazar de la charité s'est écroulé en débris fumants. Les lances noient les décombres à plein jet, d'où l'on retire des corps carbonisés, parcheminés, convulsés, méconnaissables. Bien que les hommes aient été nombreux au moment du sinistre, on dénombre seulement cinq cadavres masculins, alors que cent vingt et une femmes ont péri. Tandis que la police et la troupe mobilisées effectuent la recherche des bijoux, les voitures de pompes funèbres transportent les débris humains au palais de l'Industrie.

Dès le lendemain matin, la reconnaissance des victimes s'organise. Des hommes hébétés s'approchent des corps. Gantés par ordre du service d'hygiène, le nez dans leur mouchoir pour ne pas défaillir sous la puanteur, ils sont pour la plupart accompagnés d'une humble fille. Cuisinière, repasseuse ou camériste, elle seule est capable de faciliter l'identification de sa maîtresse.

– Est-ce elle, Germaine ? bégaye un malheureux, en désignant une forme noire ratatinée.

– Non, monsieur le comte. Jamais madame n'aurait porté un corset aussi vulgaire.

Parfois la jeune fille pousse un cri avant de s'évanouir :

– Là, je reconnais le médaillon que Mme la marquise gardait toujours sur elle !

Au bout d'une journée, force est de constater que la plupart sont incapables de mettre un nom sur les dépouilles. Un diplomate, Albert Hauss, consul du Paraguay, suggère alors de faire appel aux dentistes. Il suppute que les victimes, toutes fortunées, ont reçues des soins dentaires. Le docteur Davenport est chargé d'identifier sa patiente la plus célèbre, la duchesse d'Alençon, sœur de l'impératrice d'Autriche.

Voici des extraits du rapport que le praticien adresse au préfet de police, et qui constitue la première expertise odontologique de l'histoire médico-légale : « J'ai pour habitude de noter dans une fiche, pour chaque patient, au moment de la première consultation, les particularités les plus importantes de la bouche et des organes dentaires. Je prends note spécialement de la perte ou de l'absence de dents, de la présence de racines, d'abcès, de dents mortes. Chaque cavité atteinte est indiquée à l'encre sur le point original d'examen, et un numéro est placé en face, lequel envoie un mémoire complet enregistré au dos de ladite fiche. De même que les matières employées, la méthode de traitement, tout est copié comme un souvenir permanent et je conserve la fiche originale. Dans le cas de la duchesse d'Alençon, j'avais rempli deux fiches sur l'état de ses dents en dix-sept consultations, ce qui comprenait une période de plus de deux ans, les dernières opérations ayant été faites le 15 décembre 1896, moins de six mois avant l'accident. Ce fut avec ces notes que j'accompagnai le baron Lambert au palais de l'Industrie. Et ce fut avec elles que je fus à même de prouver que le cadavre de la duchesse se trouvait parmi les trente ou quarante corps affreusement brûlés. Assisté du docteur Vibert, médecin légiste, je pus vérifier que tous les détails de ma fiche se retrouvaient à l'identique dans la bouche de l'une des victimes. Grâce à cela, la dépouille de la duchesse d'Alençon a pu être formellement identifiée. »

Aujourd'hui encore, au 23 de la rue Jean-Goujon, à l'emplacement du Bazar de la charité, se dresse la chapelle Notre-Dame-de-Consolation. Construite par la comtesse Boni de Castellane deux ans après l'incendie, elle permet aux visiteurs de se recueillir face à une stèle où sont gravés les noms de toutes les victimes.

Peu après ce drame, M. Godon, directeur de l'École dentaire de Paris, recommande à ses confrères et à la justice que, « dans les cas où les signes extérieurs permettant de reconnaître un cadavre ont disparu, il soit procédé à l'examen des dents. Pour cela, un praticien devra être chargé de dresser un schéma exact de l'état du système dentaire portant sur toutes les restaurations partielles ou totales qui lui auraient été faites ou simplement en indiquant les dents absentes. Nul doute que, par ce procédé et avec le concours des familles, on arriverait à établir un nombre d'identités impossible autrement ».

L'identification d'un cadavre à partir de l'examen de sa dentition n'est pas tout à fait nouvelle. Déjà, en l'an 59 de notre ère, quand l'empereur Néron fait assassiner sa mère Agrippine par un esclave, son cadavre peut être identifié parmi d'autres grâce à son implantation dentaire particulière. Plus près de nous, en 1776, à l'issue de la bataille de Bunker Hill, Paul Revere, un chirurgien-dentiste, identifie le corps de Joseph Warren dix mois après sa mise en terre et son exhumation. Revere reconnaît sans hésitation, dans la mâchoire du cadavre décomposé, un bridge qu'il a exécuté l'année précédente. Néanmoins pour l'ensemble des odonto-stomatologistes le fondateur de cette discipline est incontestablement le docteur Oscar Amoedo, témoin de l'incendie du Bazar de la charité et auteur de la première thèse publiée à Paris, en 1898, sous le titre *L'Art dentaire en médecine légale*.

Constituées du matériau le plus minéralisé de l'organisme, les dents résistent le mieux aux agressions qui détruisent les autres tissus biologiques. Elles offrent ainsi une bonne alternative aux empreintes digitales et génétiques inutilisables. Résistant au temps, à l'immersion, à la putréfaction et même à la crémation, elles présentent, en outre, l'avantage de se former une fois pour toutes à l'adolescence, à la différence des os en perpétuelle destruction et reconstitution. Elles permettent, enfin, de déterminer avec une bonne précision l'âge, le sexe et la date de la mort de la victime.

La dentisterie médico-légale joue aussi un rôle fondamental dans l'analyse des traces de morsures infligées par un agresseur à sa victime. Et les applications modernes ne se contentent pas d'examens à l'œil nu. Le microscope électronique à balayage et l'imagerie informatique permettent de comparer à distance une trace de morsure avec le moulage des dents d'un suspect. S'il n'existe pas de fichiers, le système universel – une fiche d'identité dentaire commune à tous les dentistes de la planète – est consultable par les enquêteurs munis d'une commission rogatoire. Quasiment infaillible, et permettant de résoudre d'innombrables crimes et délits, l'expertise odontologique est aujourd'hui l'une des techniques les plus efficaces dont dispose la police scientifique. Et, comme vous allez le constater maintenant, quelques enquêtes, basées sur cette méthode, sortent résolument de l'ordinaire

Avril 2000.

John Merret, sous-directeur de la DEA, l'agence américaine de lutte contre le trafic de drogue, tourne en rond dans son bureau, incapable de dissimuler son inquiétude à ses collaborateurs, réunis en cellule de crise.

– Trois jours que Kenneth n'a pas donné signe de vie.

– Dans son dernier message codé, il signalait que la marchandise se trouvait à bord du *Callao*, un cargo péruvien.

– Deux cents kilos de cocaïne premier choix, précise un énorme chauve.

– Le bateau doit toucher New York demain matin, grogne Merret. Et toujours rien de Kenneth.

Le sous-directeur s'approche d'une fenêtre. Son regard erre un instant sur les frondaisons de Central Park.

– Nous intercepterons le *Callao* dès qu'il sera entré dans les eaux territoriales.

Le reflet argenté d'un cerf-volant scintille, dix-sept étages en contrebas.

– Considérons que la mission de Young est terminée. Déclenchez le plan B. Envoyez les équipes d'intervention.

L'agent fédéral Kenneth Young, quarante-huit ans, est parvenu à infiltrer un gang de narcotrafiquants qui opère sur la côte Est américaine. Depuis neuf mois, il poursuit un périlleux travail de taupe. Une mission d'équilibriste. Dans un milieu où la suspicion gère toutes relations, il a patiemment appâté ses proies. Endossant l'identité d'un grossiste, il a passé commande à plusieurs reprises de grandes quantités de drogue, qu'il a prétendu écouler à travers un réseau de revendeurs. Achetée sur les fonds secrets de l'Agence, la cocaïne en provenance d'Amérique du Sud a été stockée dans un entrepôt du New Jersey pour être utilisée ensuite comme pièce à conviction lors d'un futur procès. Avant de démanteler le gang, la DEA espère réaliser une saisie record de marchandise illicite. Dans ce but, Young a transmis à son bureau des informations capitales : le nom du bateau transportant la drogue, son port de destination et le jour prévu de la transaction.

Au fur et à mesure que la date de la livraison approche, Young s'interroge sur la solidité de sa couverture. La confiance que semble lui accorder le gang est-elle feinte ou réelle ? S'il a commis une erreur, les narcotrafiquants le manipulent-ils avant de le démasquer et de le châtier ?

Reclus seul dans un luxueux appartement de Manhattan loué sous un nom d'emprunt, l'homme de la DEA ressasse ses inquiétudes. Par mesure de prudence, il s'abstient depuis trois jours de communiquer avec ses supérieurs. De quelque manière que ce soit. Mettre sur écoute un téléphone fixe ou portable, détourner du courrier électronique ou placer un mouchard sur le bas de caisse d'une voiture n'est plus un exploit réservé aux policiers et aux agents fédéraux. Aujourd'hui les gangs internationaux disposent d'avocats retors pour défendre leurs intérêts, mais ils achètent aussi les services de techniciens et d'informaticiens chevronnés pour se protéger de la police et de leurs concurrents.

Pour tromper angoisse et solitude, Kenneth Young dispute une partie d'échecs contre son ordinateur. Une brise légère filtre à travers les fenêtres entrouvertes de son appartement. Au loin, une sirène de pompiers couvre la rumeur de la circulation. Soudain, le cœur de l'agent bondit dans sa poitrine. Il s'immobilise. A-t-il entendu un grattement sur le bois de la porte ou son imagination est-elle en train de l'égarer ? Un doigt suspendu au-dessus d'une touche du clavier, il tend l'oreille. Le frottement se répète à l'identique. Un aller simple sans billet de retour.

Young traverse sans bruit le corridor et colle un œil au judas. Un homme, cheveux gominés et barbe de trois jours, se tient, souriant, adossé au chambranle. C'est Jesus Sepulveda, le bras droit du chef des narcotrafiquants. Un Bolivien jovial avec lequel Young entretient des rapports cordiaux. Vient-il l'inviter à prendre un verre dans un bar du quartier ? lui transmettre une information de dernière heure concernant la cargaison ? Ou vient-il pour tout autre chose ? Young hésite. Dès qu'il défait la chaîne de sécurité et entrebâille la porte, Sepulveda s'engouffre dans l'appartement. Un inconnu, surgit de l'ombre, lui emboîte le pas. Les deux hommes s'installent d'autorité dans le salon.

Tandis que l'inconnu tire brusquement de sa poche un Glock 17 muni d'un silencieux, le sourire qu'affiche Sepulveda s'épanouit. Il secoue la tête comme s'il réprimandait un sale gosse.

– Philip, mon ami, pourquoi t'as fait ça ?

L'agent de la DEA se pétrifie. Tombé au cœur du volcan.

– Qu'est-ce que tu veux dire ?

– Je t'aimais bien, Philip. Tu me déçois beaucoup.

Young comprend que sa véritable identité a été découverte. Gagner du temps est la seule chance qui lui reste. Grappiller quelques minutes dans l'espoir que ses collègues interviendront.

Qu'ils appliqueront le plan B que prévoit sa mission. En quelques mots, Sepulveda ruine ses espérances.

– J'ai trois minutes pour t'expliquer. Tu te souviens, il y a huit jours, on a bu un verre ensemble dans un bar de Soho ?

Young hoche imperceptiblement la tête.

– Je me souviens.

– Vers 2 heures du matin, trois petits Blacks bourrés de crack sont venus nous emmerder.

– Je me souviens.

– J'ai voulu prendre mon flingue, mais tu m'as dit que tu allais t'en occuper.

– Oui et alors ?

– Alors tu t'en es effectivement occupé. Très bien même. En moins de temps qu'il n'en fallait pour le dire, tu les as envoyés au tapis. Tous les trois. Mais voilà, tu t'y es pris à la manière d'un flic. Avec des clés au cou. Une technique qu'on n'apprend que dans les académies de police.

– C'est mon père qui me l'a enseignée pour me défendre quand j'étais au collège. Il était flic à Brooklyn, dans les années quatre-vingt.

Le Bolivien poursuit imperturbablement.

– Allons-y pour le papa flic. De toute façon, ça n'a plus d'importance. Cette histoire m'a mis la puce à l'oreille. Je me suis renseigné sur ton compte. Et devine ce que j'ai trouvé ?

– Tu délires, Jesus. Tu délires complètement.

– J'ai trouvé que ton réseau de revendeurs sur la côte Est était bidon. Tu nous as acheté dix-sept kilos de came en six mois, et pas un gramme n'a circulé dans les rues. T'as tout gardé pour toi. Un million et demi de dollars, planqués bien au chaud sous ton matelas. Je n'y crois pas. C'est fini, Philip.

Le temps que le cerveau de Kenneth Young enregistre que l'inconnu fait sauter le cran de sûreté de son arme, il s'est déjà jeté sur le côté et a mordu à pleines dents l'accoudoir du canapé en cuir sur lequel il est assis.

Trois détonations assourdies. Un petit panache de fumée. Une odeur de poudre.

Deux heures plus tard, la brigade d'intervention de la DEA force la porte de l'appartement et le trouve vide. Alors que le cargo péruvien s'est brutalement détourné de sa route et qu'il regagne son port d'attache, les responsables de l'agence antidrogue comprennent qu'ils ne retrouveront sans doute jamais leur agent. Vivant ou mort. Leurs experts scientifiques passent néanmoins les lieux au peigne fin. Hormis les empreintes digitales de Young, aucune autre trace n'est visible. Les enquêteurs sont dès lors incapables de déterminer si Young a été éliminé ou s'il est toujours en vie. Un élément insolite laisse cependant supposer que l'appartement abrite la scène de crime : les dossiers et les coussins du canapé du salon ont disparu, sans doute parce qu'ils étaient tachés de sang. En l'absence de corps, la famille de la victime est dans l'incapacité de percevoir l'assurance-vie souscrite à son profit et la pension de veuvage allouée par la DEA.

Approfondissant son investigation, un expert découvre alors la trace de morsure imprimée dans le cuir d'un accoudoir du canapé. Une photo de l'empreinte, confrontée au fichier dentaire de Young, permet une identification rapide. Se voyant perdu, et présumant que le gang allait faire disparaître son cadavre à jamais, l'agent infiltré avait eu le sang-froid de se signaler à ses collègues. De leur adresser un ultime message. De notifier son assassinat.

Au terme du procès opposant Mme Young à sa compagnie d'assurances, le juge a considéré qu'exceptionnellement l'empreinte dentaire du disparu pouvait se substituer à son cadavre. La plaignante a ainsi pu faire le deuil de son mari et obtenir la pleine jouissance de ses droits et pensions.

Juillet 2005.

– Je viens porter plainte pour tentative d'assassinat. À qui dois-je m'adresser ? hurle Robert Sweepstake, en se précipitant dans un commissariat de police de Miami.

Le réceptionniste lève les yeux du magazine de décoration qu'il feuillette nonchalamment.

– Vous parlez sérieusement ?

Le visiteur s'étrangle d'indignation.

– Ai-je l'air de plaisanter ?

– Vous ne me semblez pas être à l'article de la mort, constate l'autre en toisant le jeune sportif de la tête aux pieds.

– J'ai été contaminé volontairement par le virus du sida. Ça vous suffit comme explication ou préférez-vous que je vous montre la trace de morsure qui décore ma fesse droite ?

Le réceptionniste étouffe un gloussement, enfonce une touche de son standard téléphonique, échange quelques mots avec un correspondant, et finit par agiter une main couverte de bagues en direction d'un long couloir.

– L'inspecteur Sturgis va vous recevoir. Troisième porte à droite.

Parvenu dans un bureau éclairé au néon, Sweepstake se laisse tomber sur une chaise.

– Une salope, malade du sida, m'a sauvagement mordu.

Feignant de s'adresser à un sourd-muet, Percy Sturgis dessine dans l'air une arabesque de signes compliqués. Puis ses grosses mains atterrissent comme des bombardiers sur une pile de dossiers.

– Calme et méthode, jeune homme. Présentez-moi votre permis de conduire. Vous m'expliquerez ensuite votre petite histoire.

Sweepstake décline son identité en maugréant et se ratatine sur lui-même. Après un long silence, il pleurniche.

– Ce que j'ai à vous dire est terriblement embarrassant, inspecteur. J'en suis mort de honte.

– Soyez sans crainte. Rien ne filtrera hors de ce bureau.

Sweepstake fixe ses chaussures.

– Allez-y. Je vous écoute, encourage le policier.

– Eh bien voilà. Il y a environ trois semaines, j'ai rencontré deux filles sur une plage de Key West, Jasmine et Jacinth. De vraies jumelles. Des bombes sexuelles. Elles auraient pu être top models si l'une n'avait pas été serveuse dans un fast-food et l'autre manucure dans un salon de beauté.

– Jasmine et Jacinth. Quel âge ? demande Sturgis en lissant la moustache dorée qui surplombe ses lèvres comme un pinceau.

– Dans les vingt-cinq ans.
– Continuez.
– Nous avons sympathisé.
– Sympathisé ?
– Oui, s'agace l'autre, le rouge au front. Enfin, bref, nous nous sommes retrouvés dans un motel, quelques heures plus tard.
– Tous les trois ?
L'étudiant hoche la tête et anticipe la question que l'inspecteur s'apprête à lui poser.
– J'avais pris mes précautions. Je m'étais protégé. Cela va sans dire !
– D'accord. Que se passe-t-il ensuite ?
– C'était cool. Disons qu'entre nous le courant est passé.
– Aucune loi n'interdit aux adultes consentants de faire l'amour à plusieurs.
– Je sais, je suis étudiant en droit. Tout allait bien quand, au cours de la nuit, Jacinth m'a planté les dents dans la fesse. Et elle a serré les mâchoires de toutes ses forces.
Les moustaches de Sturgis frissonnent.
– L'amour vache peut avoir du charme !
Sweepstake foudroie le policier du regard.
– Au matin, cette salope m'a avoué qu'elle était séropositive. Elle a admis en rigolant m'avoir mordu volontairement, afin de me transmettre sa maladie.
– Pour quelle raison, puisque vous aviez « sympathisé » comme vous dites ?
– Pour se venger « des surfeurs dans mon genre qui collectionnent les conquêtes comme les vétérans du Vietnam exhibent leurs vieilles médailles ». Voilà ce qu'elle m'a dit. Cette fille a voulu me tuer, inspecteur. Délibérément.
Redevenu sérieux, Sturgis extrait un bloc de papier jaune de son fatras et griffonne quelques notes.
– Avez-vous fait des analyses pour savoir si vous aviez bel et bien été contaminé ?
– Pas encore. J'avais trop honte. J'ai attendu. Mais depuis quelques jours, j'ai de la fièvre et des courbatures.

– Prenez rendez-vous avec un médecin, faites-vous faire le test et revenez me voir avec les résultats.

– Mais je suis victime d'une tentative d'homicide, s'insurge l'étudiant. Quel que soit le résultat du test, je maintiendrai ma plainte.

– À condition que la fille qui vous a mordu soit réellement séropositive.

Sweepstake s'éponge le front.

– Autre chose, poursuit le policier. Les jumelles étaient-elles monozygotes ?

– Je l'ignore, mais en tout cas elles se ressemblaient comme deux gouttes d'eau. Impossible de les distinguer. Cela ajoutait du piquant à l'affaire, si vous voyez ce que je veux dire…

– Dans ces conditions, comment pouvez-vous affirmer que c'est Jacinth et non sa sœur qui vous a agressé ?

La question désarçonne l'étudiant.

– À vrai dire, je n'en sais rien.

Les mains du policier reprennent leur envol au-dessus du bureau.

– C'est bon, donnez-moi les noms et les adresses des filles. Je vais les contacter.

Une semaine plus tard, Robert Sweepstake apprend avec soulagement que le test HIV qu'il a subi a donné un résultat négatif. Néanmoins, sur ordre de Sturgis, il consulte un dentiste assermenté et un photographe de la police scientifique. Bien que la morsure ait été assez profonde pour justifier des soins médicaux, trois semaines se sont écoulées. La plaie a commencé à cicatriser. Il est maintenant impossible de distinguer clairement les marques dentaires. Utilisant une pellicule sensible aux rayons ultraviolets, le photographe parvient à mettre en évidence les dommages infligés aux tissus sous-cutanés, et à obtenir une image exploitable de l'empreinte.

Il ne reste plus au policier qu'à déterminer laquelle des sœurs est l'auteur de l'agression. Sachant que, contrairement à l'ADN qui est identique chez les vrais jumeaux, les traces de morsure sont la plupart du temps différentes, comme celles qui existent entre individus n'ayant aucun lien de parenté, le dentiste de la police radiographie leurs mâchoires. Il constate aussitôt qu'il existe, en effet, sept points de différence. Comparant ensuite radiographies, fichiers et photos de la morsure, il identifie l'agresseur sans ambiguïté. À la surprise générale, ce n'est pas Jacinth, porteuse du virus, mais sa sœur Jasmine, épargnée par la maladie, qui a mordu le garçon. Les sœurs, complices, se sont vengées de l'arrogance du séducteur. Sans pour autant attenter à sa santé ou à sa vie.

Jacinth est décédée deux ans après les faits. À sa mort, Jasmine a quitté la Californie et s'est retirée dans un village du Montana. Robert Sweepstake s'est, quant à lui, marié avec une étudiante. Bien décidé à mettre un terme à des expériences érotiques devenues trop… incisives à son goût !

Dans les années 1930, Edmond Locard, le précurseur de la criminalistique moderne, affirmait que « victimes et criminels offrent aux policiers suffisamment d'indices pour être, dans presque tous les cas, identifiés ou démasqués ». Son analyse prémonitoire ne s'est jamais démentie.

La troisième piste

Passionné de musique classique, insatiable collectionneur de disques rares, Brian Ventura n'est pas homme à s'éloigner de New York sans avoir pris la précaution de transférer sur son baladeur numérique un florilège de ses œuvres préférées. Mais quel va être son choix, ce mardi 13 février 2007 ?

– Voyons, voyons…

Ventura se branche sur le site Internet ClassicsToday et consulte le catalogue des enregistrements disponibles. Une idée s'impose rapidement à son esprit.

– Du piano. Oui, c'est ça, des pièces qui exigent une dextérité exceptionnelle.

Après une longue hésitation, le mélomane choisit de recopier, via le logiciel iTunes, les *Douze Études d'exécution transcendante* de Franz Liszt, l'un des sommets de la difficulté pianistique. Robert Schumann n'a-t-il pas dit en son temps que seuls dix à douze artistes dans le monde étaient capables de les exécuter correctement ? Il ne reste plus à l'internaute qu'à sélectionner un interprète. Les noms de plusieurs virtuoses apparaissent sur l'écran : Sviatoslav Richter, György Cziffra, Claire-Marie Le Guay… Ventura poursuit sa recherche. Jusqu'à ce qu'il découvre qu'un enregistrement de Joyce Hatto figure également sur la liste.

– Tiens, Hatto, pourquoi pas ?

Ventura clique sur le fichier et commence à l'importer sur son iPod. La première étude, « Preludio », en *do* majeur, dure à peine une minute. La seconde, « Molto vivace », est un morceau d'anthologie.

– Magnifique ! commente Ventura pour lui-même.

L'étude suivante, « Paysage », inspirée des *Odes et ballades* de Victor Hugo, est une plage de repos qui inspire la rêverie et la méditation. Casque collé aux oreilles, Ventura se délecte de la cascade de notes cristallines. Il se renverse dans son fauteuil et croise les mains derrière la tête. Un instant plus tard, son regard glisse machinalement sur l'écran de son ordinateur. Il ferme les yeux, les ouvre à nouveau. Le nom de Joyce Hatto a brusquement disparu du fichier au profit de celui de Laszlo Simon, un obscur pianiste hongrois.

– Curieux !

Le logiciel attribue également à Simon l'interprétation des neuf études suivantes, Hatto n'apparaissant plus en référence. Suspectant une erreur technique, Ventura répète toute l'opération depuis le début. Et l'anomalie se reproduit à l'identique. Alors, pour en avoir le cœur net, il puise dans sa collection et exhume le disque en vinyle sur lequel Simon a gravé le chef-d'œuvre de Liszt. Il l'écoute attentivement. Puis, il se rend sur le site Amazon.com et sélectionne la même pièce de piano, mais jouée cette fois par Joyce Hatto. Sur les deux enregistrements, le timbre de l'instrument, le style et le tempo des interprètes sont en tout point semblables. Autre bizarrerie incompréhensible : les légers bruits de studio, que le mélomane détecte en arrière-fond, sont eux aussi identiques.

– C'est inouï !

Ventura consulte ensuite sur Internet une banque de données discographiques. L'enregistrement du Hongrois date de 1987, celui de la pianiste britannique lui étant postérieur de plusieurs années.

– Incroyable, on dirait que Hatto a copié le disque de Simon !

Bouleversé, Ventura éprouve le besoin impérieux de communiquer à ses amis sa stupéfiante découverte. La plupart d'entre eux ayant quitté New York, il adresse un courriel détaillé à Jed

Distler, un journaliste de *Gramophone*, la prestigieuse revue anglaise de musique classique à laquelle il est abonné.

Sans mesurer encore toute la portée de son acte, Brian Ventura vient de mettre au jour le plus grand scandale de toute l'histoire de la musique enregistrée.

Quand Joyce Hatto meurt, le 29 juin 2006, à l'âge de soixante-dix-sept ans, des critiques lui rendent un hommage appuyé. Ainsi, Richard Dyer, du *Boston Globe*, parle de « la plus grande pianiste dont personne ait jamais entendu parler ». Dans les colonnes de *Gramophone*, Jeremy Nicholas évoque « une des plus grandes pianistes que la Grande-Bretagne ait jamais produites ». Et, pour ne pas être en reste, Ates Orga n'hésite pas à écrire sur MusicWeb que « Joyce Hatto était, d'un point de vue musical, l'arrière-petite-fille de Liszt et la petite-fille de Busoni et Paderewski, et, d'un point de vue poétique, la nièce de Rachmaninov ».

Malgré les éloges de ces thuriféraires, à l'heure de son décès Joyce Hatto est pourtant presque tombée dans l'oubli. Rares, en effet, sont ceux qui conservent le souvenir de l'avoir applaudie en concert. Affectée d'un cancer des ovaires, percluse de douleurs, cloîtrée avec son mari dans une demeure isolée proche de Cambridge, la virtuose s'est retirée de la vie publique en 1976, à l'âge de quarante-huit ans. Ce qui ne l'a pas empêchée de consacrer encore le meilleur de son temps à la musique. Devenue une stakhanoviste de la discographie, elle a enregistré pas moins de cent dix-neuf albums en une quinzaine d'années.

Sa mort survenue, l'ampleur et la diversité de sa production suscitent des interrogations. Comment, en effet, une femme gravement handicapée par la maladie a-t-elle pu déployer une telle énergie ? Où a-t-elle puisé les ressources pour interpréter avec un égal bonheur les œuvres de compositeurs aussi différents que Mozart, Messiaen, Scarlatti, Haydn ou Prokofiev ?

Balançant entre mythe et réalité, les rares éléments biographiques la concernant déconcertent ses admirateurs. Jalonné d'anecdotes improbables, ponctué de faits douteux, le déroulement de sa carrière soulève plus de questions qu'il n'apporte de réponses. Ainsi, la légende n'est-elle pas trop belle quand l'artiste évoque les heures sombres de son enfance, vécues à Londres durant la Seconde Guerre mondiale ? Tandis que le Blitz ravage la ville, la pianiste en herbe, alors âgée de douze ans, trouve refuge sous un piano à queue ayant appartenu à Rachmaninov, son père, antiquaire, le lui ayant offert dans le but de l'abriter des bombes !

Au cours des années 1950 et 1960, Joyce Hatto se produit une vingtaine de fois en concert en Grande-Bretagne, sans toutefois accéder à une réelle notoriété. En 1956, elle épouse William Barrington-Coupe, l'administrateur de la firme Saga, pour laquelle elle enregistre quelques disques, notamment les étranges et complexes *Variations symphoniques* d'Arnold Bax.

Au milieu de la décennie suivante, alors que les effets du mal qui la ronge commencent à se manifester, un critique musical désobligeant lui reproche de s'exhiber en public. L'artiste, profondément blessée, décide d'abandonner définitivement la scène. Elle tient parole, renonce aux concerts et aux enregistrements. Vingt ans de silence s'écoulent. Puis, contre toute attente, tel un Phénix, elle renaît de ses cendres. Au tournant du siècle, alors qu'une poignée de virtuoses se partagent gloire et fortune, la malade tombée dans l'oubli enregistre un album sous le label Concert Artist, la compagnie créée par son mari. Noyé parmi des milliers d'autres, il passe inaperçu. Hatto récidive bientôt sur un rythme haletant. Succédant aux vinyles, des CD enrichissent sans cesse son impressionnante discographie. La pianiste septuagénaire a-t-elle vaincu la maladie ? Par quel miracle a-t-elle recouvré force et inspiration ? D'autant que l'ampleur inégalée de son registre et la qualité exceptionnelle de ses interprétations la placent désormais parmi les artistes majeurs de son temps.

Le mercredi 14 février 2007, dans la salle de rédaction de la revue *Gramophone*, à Londres, Jed Distler prend place comme chaque matin devant son ordinateur. Comme chaque matin, sa première tâche consiste à ouvrir la boîte de réception de sa messagerie électronique. Et, comme chaque matin, il constate qu'elle est saturée de courriels indésirables. Le journaliste les passe rapidement en revue et s'apprête à jeter la plupart d'entre eux dans sa corbeille quand un message expédié de New York retient son attention. Il émane d'un certain Brian Ventura, qui se prétend musicologue et collectionneur. Distler parcourt le texte, un doigt à moitié enfoncé sur la touche « effacer ». Puis, il le relit et esquisse un sourire. À la différence de l'avalanche de courriels sans intérêt qu'il reçoit d'habitude, celui-là, au moins, a le mérite de piquer sa curiosité.

– Joyce Hatto soupçonnée d'avoir piraté un disque de Laszlo Simon !

Comme il n'est pas surchargé de travail, Distler s'amuse à vérifier l'hypothèse improbable de son correspondant. Il clique sur le site de ClassicsToday, sélectionne les *Douze Études d'exécution transcendante* de Litz interprétées par Joyce Hatto et contrôle l'écran de son ordinateur. Parvenu à la troisième séquence, ses yeux s'écarquillent. Comme le lui a signalé Ventura, le logiciel iTunes attribue l'interprétation de « Paysage » et des neuf morceaux suivants au pianiste hongrois.

Une heure plus tard, durant la conférence de rédaction, Distler rapporte à ses collègues et à James Inverne, son rédacteur en chef, l'étrange expérience matinale à laquelle il s'est livré.

– As-tu vérifié par toi-même ? demande Inverne.

– Oui. Le type de New York a raison. D'autant que Simon a enregistré les *Études* de Liszt douze ans avant que Hatto ne grave sa version.

– Il doit s'agir d'une erreur de la banque de données. Je téléphonerai à un responsable de ClassicsToday pour avoir des éclaircissements.

– Fais-le tout de suite, suggère un journaliste impatient.

– Ça sent le scoop, s'enthousiasme déjà un autre.

– D'accord, je m'en charge, concède Inverne. Pendant ce temps, va à la sonothèque, demande-t-il à Distler. Et sors-en tous les enregistrements des *Études* réalisés par Joyce Hatto.

Vingt minutes plus tard, le journaliste, le teint légèrement empourpré, dépose fébrilement une petite pile de coffrets sur la table de la salle de conférences.

– Voilà. La version originale est sortie sous le label Concert Artist, référence CACD 9084-2. Ce disque a été réédité. Puis une seconde version a été publiée quelques années plus tard en tant qu'édition révisée et définitive. Elle était accompagnée d'un autre livret et d'un nouveau numéro de référence, CACD 9259-2.

Distler se laisse lourdement tomber sur une chaise et s'éponge le front. Le rédacteur en chef pose une main sur son épaule.

– Ça ne va pas, Jed ? Tu veux un verre d'eau ou un café ?

– À la sonothèque, j'ai pris le temps d'écouter les premières mesures de la cinquième étude, « Feux Follets ».

– D'accord. Et après ?

Le journaliste reprend son souffle et tapote nerveusement les emballages des CD.

– Le style est différent sur les trois disques.

– Pourquoi est-ce surprenant ? Tous les pianistes évoluent.

– Ce n'est pas logique. Il est indiqué sur le dos de la pochette que le deuxième album est une réédition du premier. Ils devraient être identiques. Or ce n'est pas le cas. Tout est différent : le timbre, le tempo, la façon d'attaquer les touches.

– En es-tu bien sûr ? insiste le chef de la rédaction.

– La première étude du troisième disque est encore plus bizarre.

– Pourquoi ?

– Elle ne ressemble en rien aux autres. Elle ne ressemble en rien au phrasé habituel de Joyce Hatto.

Une chape de silence terrasse d'un coup la rédaction. Au bout d'un moment, James Inverne intervient, la gorge nouée.

– Je viens, pour ma part, de m'entretenir par téléphone avec le directeur artistique de ClassicsToday. D'après lui, il est techniquement impossible que le nom d'un musicien puisse se substituer à un autre par erreur. Il approfondit ses recherches et me tient au courant.

– Ça voudrait dire que Hatto a piraté Simon ? demande timidement une secrétaire de rédaction.

– Ne nous emballons pas, temporise Inverne. Écoutons ensemble les trois enregistrements.

Au terme d'un examen comparatif, les journalistes de *Gramophone* conviennent unanimement qu'il est invraisemblable qu'un seul et même interprète puisse être l'auteur des trois albums. Par prudence, sachant qu'à peine publiée l'information va déclencher un énorme scandale, James Inverne choisit de s'entourer d'un maximum de garanties. Il contacte Andrew Rose, un ancien ingénieur de la BBC, capable mieux que quiconque de décortiquer un son, et, le cas échéant, de retracer sa provenance. Dès qu'il a obtenu son accord pour expertiser les disques litigieux, le responsable de *Gramophone* charge Jed Distler de suivre l'affaire et de préparer un article de fond quand il aura réuni un maximum d'éléments concluants.

Comme de nombreux Anglais, Andrew Rose a choisi de couler des jours heureux dans le sud-ouest de la France. Plus précisément à Saint-Méard-de-Gurçon, un village de huit cents âmes situé entre la vallée de l'Isle et la Dordogne. La maison qui abrite Pristine Audio, son entreprise de postproduction musicale, est une majestueuse bâtisse nichée au cœur du village, face à l'église. Au premier étage, dans une vaste pièce blanchie à la chaux, Rose a entassé magnétophones, platines, ordinateurs, écrans plats et haut-parleurs surdimensionnés. Sous le regard éberlué de Jed Distler, l'ingénieur jongle avec les boutons et les curseurs de son imposante console numérique. Un premier verdict tombe deux heures après avoir commencé sa première expertise.

– OK. Je vous confirme que dix des douze pistes du premier album de Hatto proviennent bien du disque de Laszlo Simon, sorti en 1987.

– Pouvez-vous le prouver d'une manière incontestable ?

Rose pianote sur le clavier d'un ordinateur. Il sélectionne des fichiers, les ouvre et les affiche côte à côte sur un écran.

– Regardez. À partir des deux disques, j'ai transféré les cinq premières mesures de la troisième étude sous forme d'oscillogrammes.

– Ils me semblent identiques, constate Distler, fasciné.

Effectivement, les courbes vertes se superposent parfaitement quand l'ingénieur les déplace à l'aide de la souris.

– Savez-vous quel est l'écart réel de tempo entre les deux versions ?

– Infime, j'imagine.

– Il est de quarante-quatre millièmes de seconde, pour être précis. Autant dire nul. Aucun musicien au monde n'est capable de répéter le même morceau avec une telle précision. Ce qui prouve bien qu'il s'agit d'une copie.

Rose affiche d'autres représentations graphiques et les aligne sous les premières.

– Voici les mêmes mesures, mais jouées par d'autres pianistes. En l'occurrence Christopher Taylor et Michael Ponti.

Cette fois, les schémas diffèrent en amplitude et en longueur.

– C'est fascinant.

– Vous n'avez encore rien vu. Les plages correspondant aux neuf études suivantes présentent toutes une caractéristique intéressante.

– Laquelle ? demande le journaliste, les yeux rivés sur l'écran.

– La texture du son est identique sur les deux albums, mais leur durée varie.

– Comment expliquez-vous ce phénomène ?

– Le tempo a été accéléré ou ralenti grâce à une manipulation numérique, effectuée lors de la copie.

– Dans quelle proportion ? demande Distler.

– De 15,112 % en moyenne.

– Dans le but de les démarquer de l'œuvre originale, j'imagine ? hasarde Distler.

– Pour éviter, en effet, que des oreilles trop affûtées ne découvrent le pot aux roses. Maintenant, accordez-moi une heure ou deux pour que je décortique tranquillement le troisième album, celui dit « révisé et définitif ».

Le cerveau bourdonnant d'idées confuses, le journaliste se dirige déjà vers la porte.

– Allez donc jeter un coup d'œil sur l'ancien monastère du village, conseille l'ingénieur. Il date du XIIe siècle. C'est un pur chef-d'œuvre. À moins que vous ne préfériez visiter les caves de la région. La dégustation d'un verre de bergerac devrait vous mettre de bonne humeur. Et peut-être donner un ton plus léger à votre article. Je pense qu'il en aura besoin.

Quand Jed Distler réapparaît dans le studio, la goutte au nez, le soleil bascule sur l'horizon et des ombres rougeoyantes glissent lentement sur les toits médiévaux du village.

– Avez-vous apprécié les charmes de la Dordogne ? lui lance l'expert, sourire aux lèvres.

– Je m'y installerais bien volontiers. Où en êtes-vous ?

– J'ai fouillé Internet à la recherche d'autres interprétations des *Études* de Liszt. Et j'ai découvert que le pianiste Minoru Ojima a été piraté.

– Sur le troisième CD de Joyce Hatto ?

– Oui, intégralement. Avec un tempo ralenti de deux secondes. Et l'étude n° 5, dans la pseudo-réédition, est elle aussi une copie du Japonais.

– Aucun doute n'est possible ?

– Aucun. L'enregistrement d'Ojima date de 1993.

Jed Distler s'ébouriffe les cheveux et se laisse tomber sur un coin de canapé encombré de partitions.

– De mieux en mieux. Mais, dites-moi, j'ai réfléchi un peu à la question.

– Je vous écoute.

– Comment se fait-il qu'en dehors de mon correspondant américain, personne ne se soit aperçu plus tôt de la supercherie ?

– C'est un peu compliqué, mais je vais essayer de vous expliquer le processus. Les logiciels de lecture de fichiers MP3, comme iTunes, identifient les CD de manière très particulière. Via Internet, sans même que l'utilisateur s'en aperçoive, ils envoient à des bases de données comme Gracenote ou

Freedb une empreinte numérique du CD calculée à partir du nombre de pistes et de leurs durées respectives, au soixante-quinzième de seconde près. Ces empreintes permettent alors aux bases de données de retrouver le CD correspondant, puis de renvoyer à l'utilisateur le nom du disque, des morceaux et de l'interprète.

– J'ignorais la procédure, confesse Distler. Est-ce valable dans tous les cas ?

– Oui, sauf si le disque n'est pas répertorié. Ce qui, évidemment, est inconcevable lorsqu'il s'agit de stars mondialement connues, comme Horowitz, Kempf ou Richter. Ou, dans une moindre mesure, de… Laszlo Simon ou de Joyce Hatto !

– D'accord. Cela signifie que, si l'ordre ou la durée des morceaux ont été modifiés, même légèrement, les bases de données deviennent impuissantes à identifier les sources.

– C'est exact. Ainsi les noms des interprètes authentiques n'apparaissent pas sur les écrans des ordinateurs et des baladeurs.

– Je vois ! s'exclame Distler. Alors comment expliquez-vous que deux plages du premier CD de Hatto soient lisibles directement ?

– Ah ! là, vous soulevez un lièvre, ricane Rose. Pour moi, c'est une énigme.

– Vous n'avez pas d'explication ?

– Je n'ai qu'une hypothèse.

– Auriez-vous la bonté d'éclairer ma lanterne ?

– Imaginez qu'un mélomane repère des similitudes flagrantes entre les disques de Hatto et ceux interprétés par un autre artiste.

– Oui.

– Imaginez maintenant que ce mélomane ne soit pas un délateur, mais qu'il veuille malgré tout rétablir la vérité. Comment s'y prendrait-il ?

Distler hausse les épaules avec un brin d'agacement. Aussi l'ingénieur vient-il rapidement à son secours :

– Je pense qu'il essaierait de modifier la base de données.

– Il poserait une bombe à retardement dans le système, afin que le pirate se fasse prendre un jour ou l'autre, risque le journaliste.

– C'est exactement ce que je ferais si j'étais à sa place.

Le lendemain matin, Jed Distler regagne Londres et sa rédaction. Compte tenu de la gravité de l'accusation qu'il s'apprête à porter, James Inverne, le rédacteur en chef de la revue *Gramophone*, décide de confier à un laboratoire universitaire indépendant le soin de réaliser une contre-expertise. Quelques jours plus tard, le Research Centre for the History and Analysis of Records Music confirme l'expertise d'Andrew Rose, et démontre avec d'autres méthodes que des mazurkas de Chopin présentées comme interprétées par Joyce Hatto sont en fait des exécutions du pianiste franco-américain Eugen Indjic.

La bombe éclate dans le courant du mois de février 2007. Titré « Chefs-d'œuvre de la contrefaçon, le scandale Joyce Hatto », l'article rend compte de l'enquête de Jed Distler et s'achève par une question : combien de disques la faussaire a-t-elle pillés pour constituer son impressionnante discographie, riche de cent dix-neuf albums ? L'article renvoie aussi les lecteurs au site de l'ingénieur du son, sur lequel sont disponibles des extraits sonores et les diagrammes comparatifs des *Douze Études* de Liszt.

Du jour au lendemain, la presse britannique d'abord, puis la plupart des médias internationaux s'emparent de cette affaire. Autrefois unanimement célébré par la critique, le nom entaché de Joyce Hatto fait à présent l'objet de l'opprobre général. « Indignité », « déshonneur », « honte de l'histoire de la musique classique et de l'édition phonographique » sont les expressions qui reviennent le plus souvent dans la presse tabloïde. Tandis que la rédaction de *Gramophone* est prise d'assaut, des cars de télévision traversent la Manche pour intervenir en direct depuis la Dordogne, chaque journaliste sollicitant une interview d'Andrew Rose. Pour nombre d'internautes, dépister les emprunts de Joyce Hatto se transforme désormais en jeu. Dix jours après la révélation du scandale, le journal *Le Devoir*, de Montréal, publie une première liste. Ainsi tout ou partie de l'intégrale de Ravel, justement encensée de toutes parts, était celle du pianiste français Roger Muraro, parue chez Accord. Le *Deuxime Concerto* de Brahms est celui de Vladimir Ashkenazy, les *Deuxième* et *Troisième* de Rachmaninov ceux de Yefim Bronfman, le *Deuxième* de Saint-Saëns celui de Jean-Philippe Collard. La profusion de concordances est telle que chacun se demande bientôt si Joyce Hatto a même participé, d'une manière ou d'une autre, à ses propres enregistrements.

Dans un premier temps, William Barrington-Coupe, soixante-seize ans, le veuf de la pianiste et fondateur-gérant de la firme Concert Artist, se mure dans le silence. Puis il nie tout en bloc. Enfin, quand les preuves des falsifications s'accumulent et que le scandale devient planétaire, il consent à accorder un entretien à Jed Distler.

– Je suis le seul responsable. Joyce n'y était pour rien. Elle ignorait tout de mes méthodes frauduleuses, plaide d'une voix douce le producteur.

– Racontez-moi la genèse de toute l'affaire, s'il vous plaît, demande le journaliste.

– Très bien. Comme vous le savez, dès 1983, l'apparition du Compact Disc a rapidement relégué les cassettes audio au rayon des accessoires. Les enregistrements de Joyce ont progressivement été retirés du commerce et les critiques les ont peu à peu ignorés. J'ai essayé de les faire transférer sur des supports numériques. Sans succès. La qualité était médiocre. J'ai alors décidé de produire de nouveaux albums sous forme de CD, pour reconstituer peu à peu l'œuvre de ma femme.

Distler hésite une seconde.

– Qui était gravement malade, je crois.

– Oui, soupire William Barrington-Coupe, la chimiothérapie l'épuisait. C'est pourquoi elle exécutait avec difficulté les passages qui exigeaient une grande dextérité technique. Pour suppléer ses faiblesses, et sans l'en avertir, j'ai commencé à emprunter à d'autres pianistes des fragments de leurs enregistrements.

– Vous commettiez un délit. Vous vous exposiez à de lourdes sanctions. Vous preniez aussi le risque de ruiner la réputation et la carrière de votre épouse, ce qui s'est produit, malheureusement. Aviez-vous bien pris toute la mesure des dangers que vous encouriez en vous lançant dans cette aventure ?

Sans manifester d'émotion, le producteur poursuit d'une voix lasse et égale.

– Dans mon esprit, je n'avais pas le choix. Je voulais réhabiliter mon épouse, qui avait été chassée des salles de concert par des critiques irresponsables. Et puis, le procédé n'était pas nouveau. Souvenez-vous d'Elisabeth Schwarzkopf chantant les notes les plus hautes à la place de Kirsten Flagstad dans le *Tristan et Isolde* édité par EMI.

– Certes, approuve Distler. Mais dans ce cas, les deux divas s'étaient mises d'accord. Flagstad n'a pas pillé Schwarzkopf en cachette.

William Barrington-Coupe repose sa tasse de thé et grimace un sourire.

– J'ai cherché à répertorier des pianistes dont le style était proche de celui de ma femme. Laszlo Simon était de ceux-là. Puis, au fur et à mesure que les forces de Joyce déclinaient, les emprunts ont occupé de plus en plus de place.

– Nous savons que des albums entiers ont été intégralement copiés.

– La production de Joyce était devenue inexploitable. Je continuais de la duper en lui faisant exécuter des œuvres difficiles, que je feignais d'enregistrer dans le studio que j'avais fait construire chez nous, à Royston, dans le fond du jardin. Je lui apportais ses nouveaux disques à peine pressés et les articles élogieux qui saluaient leur sortie.

Le producteur regarde son interlocuteur droit dans les yeux et souffle d'une voix soudain plus forte :

– Joyce est partie sereine. J'ai allégé les dernières années de son existence. Elle est morte convaincue de faire partie des meilleurs pianistes de son temps. Ce qui, vous en conviendrez. était la vérité.

Distler agite le poignet comme pour balayer l'argument.

– J'ai du mal à imaginer que votre épouse ne se soit pas aperçue de la supercherie. Son oreille de musicienne aurait dû détecter aussitôt la différence entre son jeu et celui des autres interprètes.

– La thérapie l'avait affectée. La chimiothérapie et les médicaments qu'elle ne cessait d'ingurgiter avaient fini par détériorer la finesse de son ouïe.

Les yeux du producteur s'embuent.

– En fait, pour dire la vérité, ma femme était devenue quasiment sourde.

– Excusez-moi, soupire Distler. Je suis désolé.

– En avons-nous fini ? demande soudain Barrington-Coupe, exténué par la conversation.

– Vous avez néanmoins pris toutes les précautions pour dissimuler le piratage, poursuit le journaliste en guise de réponse. Notamment en modifiant numériquement le tempo des enregistrements.

– Je devais bien trouver une astuce pour que le nom de l'interprète n'apparaisse pas sur les albums de Joyce. Sinon, à quoi tout cela aurait-il servi ?

– Naturellement. Mais vous avez trompé le public et spolié de leurs droits quantité de pianistes !

– J'en suis profondément navré, croyez-le. Je fais amende honorable. Je me suis déjà engagé auprès des maisons de disques à détruire toute ma production. Je renonce d'ailleurs à poursuivre mes activités. Je suis fatigué. J'aspire à la paix.

Comprenant que l'entretien est terminé et que le producteur n'ajoutera rien de plus, Distler s'apprête à prendre congé.

– Sachez encore, jeune homme, que je suis très heureux d'avoir été démasqué, conclut William Barrington-Coupe. La culpabilité m'accablait. Après la mort de Joyce, j'avais hâte de ne plus avoir à porter ce fardeau. C'est maintenant chose faite. Grâce à vous.

Quelques semaines plus tard, on apprend que l'étendue du piratage est proprement hallucinante. Les œuvres de quatre-vingt-onze pianistes ont été utilisées pour créer de toutes pièces la légende Joyce Hatto, « une des plus grandes pianistes que la Grande-Bretagne ait jamais produites ».

Réunie au grand complet, la rédaction de *Gramophone* décide de débattre de la question, avant de publier un article de synthèse. Dès le début de la discussion, les avis sont partagés. Si les uns s'apitoient sur le sort de William Barrington-Coupe qui aurait agi par amour pour sa femme, les autres se montrent d'emblée beaucoup plus réservés.

– La grande affaire romantique de la musique classique est-elle devenue la grande escroquerie de la musique classique ? s'interroge James Inverne. À vous de me le dire.

– Il n'y a pas de mystère, pérore David Leecock, un critique à barbe blanche respecté de toute la rédaction. Barrington-Coupe a prémédité son plagiat dès le début, et dans les moindres détails. Prenons les éléments dans l'ordre chronologique, si vous voulez bien. Avant de se lancer dans le piratage, Barrington a attendu que les prestigieux professeurs de sa femme et les chefs de renom sous la direction desquels elle avait joué aient disparu les uns après les autres.

– Il redoutait que des témoins gênants mettent en doute l'authenticité des CD de sa femme, intervient une petite blonde dans le fond de la salle.

– Exactement, Lili. Souvenez-vous, par exemple, de la célèbre interview que Joyce Hatto aurait accordée, en 1973, au compositeur Sir Granville Bantock.

– Bantock ne tarissait pas d'éloges à son égard. Il la qualifiait même de « concertiste-née » et de « génie du clavier » si je m'en souviens bien.

– Et, comme par hasard, l'interview n'a été rendue publique qu'en 2002.

– Une fois que Bantock reposait six pieds sous terre, conclut la blonde.

– Autre chose, David ? demande Inverne.

– Barrington a mis toutes les chances de son côté pour ne pas se faire prendre, s'entête le critique. C'est pourquoi il ne recopiait que des disques souvent introuvables en Grande-Bretagne et aux États-Unis.

– Nous sommes bien d'accord, l'interrompt Inverne.

Une femme entre deux âges, chignon gris tiré sur la nuque, se lève pour prendre la parole.

– Pour ma part, je me suis amusée à éplucher le passé de Barrington. Et j'ai découvert une chose plutôt cocasse qui ne joue pas non plus en sa faveur.

– Nous t'écoutons.

– Au début des années soixante, Barrington-Coupe avait inscrit au catalogue de Lyrique, la compagnie qu'il venait de créer, le *Cinquième Concerto* de Beethoven avec Stavos Piradis au piano. Or, selon Ernst Lumpe, le musicologue et historien du disque, Piradis n'était autre que Sergio Florentino, qui est devenu au fil des rééditions de l'album Paul Procopolis, puis Eric Silver, avant de se transformer en Albert Cohen, Randolf Greenberg et Johann von Kurtz. Autrement dit, par appât du gain, Barrington a gravé sept disques différents issus du même enregistrement. Sept disques avec sept interprètes, dont six étaient tout droit sortis de son imagination. Ce type est foncièrement malhonnête. Et il se moque du monde en prétendant avoir triché par amour pour sa femme.

Quand les rires, qui ont secoué un instant la salle de rédaction, retombent peu à peu, Jed Distler intervient à son tour.

– Autre chose. Comme vous le savez sans doute, Barrington-Coupe a été traduit en justice pour fraude fiscale, en 1966. Au terme d'un procès interminable, il a été condamné à payer au Trésor une amende de 8 000 livres, et à purger une peine d'un an de prison.

– C'est bien ce que je disais, enchérit la femme au chignon, ce type est un escroc.

– Savez-vous combien Barrington vendait de disques, quand il était à la tête de Concert Artist ? demande Inverne à la cantonade.

– Il limitait les tirages de chaque titre à mille exemplaires, répond Distler.

– Bien. Admettons maintenant qu'il ne vendait que les deux tiers de sa production. Pour les cent dix-neuf albums soi-disant interprétés par sa femme, il a dû écouler sur le marché environ quatre-vingt-dix mille exemplaires.

– Presser un CD coûte à peu près 1 livre sterling et peut en rapporter 12 ou 13, précise Distler.

– Grâce à son petit trafic, William Barrington-Coupe a donc dû empocher frauduleusement près de un million de livres ! Notre homme, le cœur brisé par la maladie de sa femme, roulait sur l'or !

– Inutile de lui chercher plus longtemps des circonstances atténuantes, tempête quelqu'un. Lynchons-le sur la place publique !

L'article, que publie *Gramophone* la semaine suivante, est en effet une charge impitoyable contre le producteur véreux. Preuves à l'appui, il récapitule les phases du procédé technique ayant permis la fraude, et répertorie dans le détail l'ensemble des œuvres piratées. Néanmoins, pour faire bonne mesure, James Inverne rappelle aussi que Joyce Hatto, ancienne élève d'Alfred Cortot et de Clara Haskil, était une pianiste d'un talent incontestable. Talent que viennent confirmer nombre de musiciens ayant eu l'occasion de jouer à ses côtés.

Enfin, l'article soulève une question d'ordre plus général : à l'heure où Internet permet la circulation incontrôlée des flux musicaux, existe-t-il un moyen de protéger les auteurs contre toutes formes de piratage ? Ou la mondialisation des biens culturels a-t-elle à jamais ouvert la boîte de Pandore ?

Bien que, dans cette affaire rocambolesque, les experts de la police scientifique ne soient pas intervenus, l'analyse des voix et des bandes-son fait maintenant partie de la panoplie des techniques dont ils disposent pour combattre le crime.

Chevrotante ou assurée, cassée ou cristalline, de fausset ou de baryton, une voix se reconnaît entre cent. Mais chaque individu dispose-t-il pour autant d'une signature personnelle et unique, d'une « empreinte vocale » comme il possède des empreintes digitales ? La question divise la communauté scientifique, alors que la justice doit se prononcer de plus en plus souvent sur la base d'indices sonores : écoutes judiciaires, appels d'urgence, scènes de braquage enregistrées par les systèmes de surveillance des banques.

Éclaircir les mystères de la voix : voilà ce que cherche à faire le laboratoire audio créé en France il y a une quinzaine d'années au sein de la police technique et scientifique, et où une centaine d'enregistrements sont traités chaque année.

– Même de vrais jumeaux ont des conduits vocaux différents, affirme la responsable de l'établissement, Dalloul Wehbi, docteur ès sciences physiques. La voix ne varie pas une fois atteint l'âge adulte. Si la qualité de l'enregistrement est suffisante, on peut en tirer des conclusions sans risque d'erreur.

Pour ce faire, l'expert établit un profil vocal dans un espace-temps à l'aide d'un oscilloscope spécialement adapté. Il visualise la représentation graphique du son sur un écran et l'enregistre pour la comparer à d'autres échantillons. Il peut aussi étudier le signal de parole au moyen d'un analyseur de spectre. Ce scanneur sophistiqué couvre en fréquences une bande très large, bien supérieure à celle audible par des oreilles humaines. L'analyseur statistique informatisé permet également de déterminer les invariants, c'est-à-dire les caractéristiques constantes et propres à chaque voix. Enfin dans l'ensemble descriptif, les experts font ressortir les éventuels tics langagiers qui ponctuent le discours. Ainsi, pour répertorier le vocabulaire d'Oussama ben Laden, Dalloul Wehbi a-t-elle repassé des dizaines de fois ses messages, diffusés par la chaîne de télévision qatarie Al-Jazira, après les attentats contre les tours du World Trade Center de New York. « Inique », « mécréants », « Djihad », « Israël qui tue les nôtres », « pharaon », « Bush qui assassine nos enfants en Irak » ont été les termes récurrents qui ont permis d'identifier les interventions ultérieures du terroriste, bien que l'authenticité des messages fût contestée par plusieurs agences de renseignements. Wehbi a également détecté chez Ben Laden des problèmes d'élocution et des difficultés respiratoires à travers ses reprises de souffle de plus en plus longues. Et, au fil des quatre minutes et quinze secondes de l'enregistrement du 10 avril 2002, elle avait repéré en bruit de fond le bip d'alarme d'un appareil de dialyse !

« *Noix de coco* »

Avec la joyeuse insouciance de ses huit ans, Helen Priestly saute à cloche-pied au milieu des flaques d'eau. Le ciel d'Écosse, gorgé d'eau, ressemble à une éponge passée sur de la suie. Profitant des courants ascendants, des mouettes fusent vers les nuages puis se laissent tomber en piqué sur les toits d'ardoise. Même au printemps, il ne fait pas toujours bon vivre à Aberdeen.

Quand elle tourne au coin d'Urquhart Road, Helen aperçoit la lugubre maison de trois étages qu'elle a la malchance d'habiter avec ses parents. Six logements se partagent le bâtiment en briques noircies. Flanqués de part et d'autre d'un étroit escalier malodorant, ils se composent d'une cuisine et d'une unique chambre à coucher. Des toilettes vétustes sont aménagées sur les paliers. Des tas de charbon s'amoncellent dans la cour, autour d'une buanderie. Grise comme l'immeuble. Grise comme l'humeur de ses occupants.

Helen passe le seuil et tambourine à la porte de l'un des appartements du rez-de-chaussée. Sa mère vient lui ouvrir. Âgée d'une trentaine d'années mais en paraissant dix de plus, Agnes Priestly est une grande femme tout en os, en angles et en mâchoires. Elle accueille sa fille avec chaleur, ébouriffe ses cheveux roux, et lui trempe d'autorité les mains dans une cuvette d'eau tiède.

– Tu as bien travaillé ce matin ?

– Mme White nous a fait dessiner des Indiens. Avec des chevaux et des bisons.

– J'ai hâte de voir ça.

Il est 12 h 45, ce mardi 20 avril 1934.

Le repas frugal se résume à une tartine de pain beurré, une fine tranche de viande bouillie et des pommes de terre chaudes. La fillette engloutit son déjeuner avec voracité, adressant à sa mère un sourire complice entre chaque bouchée. Puis elle avale une tasse de thé.

– Tu serais gentille d'aller chercher le pain à la boulangerie, dit Agnes.

Helen glisse la pièce de cuivre dans la poche de son chandail, enfonce son bonnet jusqu'aux yeux, lisse sa petite robe en serge bleu marine et s'éclipse à l'angle d'Urquhart Road et de Hunter Place.

Il est 13 h 30. Les minutes qui restent à vivre à la fillette sont dès lors comptées.

À 13 h 45, Agnes s'inquiète de ne pas voir réapparaître sa fille. Si elle traîne plus longtemps dans la rue, elle sera en retard à l'école pour la reprise des cours. Alors elle va à sa rencontre, bien décidée à la houspiller gentiment.

– La petite a pris son pain d'un kilo, comme d'habitude, glapit la boulangère, avec un accent écossais à couper au couteau. Je lui ai fait une note et elle est repartie. Qu'est-ce qui ne va pas, madame Priestly ?

Sans répondre, Agnes rebrousse chemin. Personne devant la maison. Ni dans la cour ni dans les rues avoisinantes. Une soudaine bouffée d'inquiétude oppresse la jeune femme. Un vague pressentiment lui picote le cœur. Bien qu'elle n'entretienne pas de relations très chaleureuses avec ses voisins, elle frappe aux portes des uns et des autres.

– Helen ? Non, je ne l'ai pas vue depuis le souper d'hier, répond William Miller, qui occupe un logement à l'étage

– Je l'ai bien aperçue trottiner ce matin sur le chemin de l'école, informe pour sa part une grosse femme qui empeste le gin.

Empoignant ses jupes, Agnes court avertir son mari qui travaille sur le port, quelques rues plus loin. Peintre en bâtiment, John Priestly passe une couche de minium sur la porte d'un hangar. Le couple se concerte quelques minutes. Puis il décide d'alerter la police.

Il est 17 heures quand l'inspecteur Taylor parvient à se libérer de ses obligations. Accompagné de son adjoint, il se rend au domicile des Priestly. Une rapide enquête de voisinage n'ayant rien donné, les deux hommes filent à l'école interroger des camarades d'Helen, à la sortie des classes. Richard Sutton, un gamin blond monté en graine, affirme avoir vu la fillette vers midi, en compagnie d'un homme sale et hirsute. Quand les policiers insistent pour obtenir des détails, le garçon éclate brusquement en sanglots. Il confesse en hoquetant avoir inventé de toutes pièces son histoire, inspirée du film qu'il a vu la veille dans la salle paroissiale.

Tandis que les Priestly se relaient dans une voiture de police qui sillonne sans relâche les rues du quartier à la recherche de l'enfant, les enquêteurs fouillent la buanderie et les tas de charbon. Les voisins prêtent main-forte. Ils crient à tue-tête le nom de la fillette dans les terrains en friche qui jouxtent la zone portuaire. Comme la nuit est glaciale et pluvieuse, ils s'interrompent de temps à autre et rentrent chez eux se réchauffer d'une tasse de thé. À 5 heures, Eddy Porter, un solitaire qui occupe un gourbi au troisième étage, se rend aux toilettes du rez-de-chaussée, aménagées dans un appentis sous la cage d'escalier. Épuisé, frigorifié, il bute contre un sac. Il le tâte dans l'obscurité et jure entre ses dents. Puis il se précipite dehors et hurle dans la nuit.

Vingt-cinq minutes plus tard, l'inspecteur Taylor, les agents Cole et Westland, ainsi que le docteur Richards, diplômé de médecine légale et chargé de cours à l'université, arrivent sur les lieux. Une foule consternée remplit la cage d'escalier. Policiers et médecin doivent se frayer un passage pour accéder au corps. Richards est d'abord frappé par un détail : bien qu'il ait plu toute la nuit, le sac est sec ; on ne l'a donc pas transporté de l'extérieur. L'ayant fait photographier par un agent, il l'ouvre avec précaution. L'enfant repose sur le côté droit. Le légiste l'examine à la lueur des torches électriques. Puis il murmure à Taylor, afin que personne ne puisse l'entendre :

– Il n'y a pas de doute, la petite a été violée.

La culotte de la fillette est non seulement couverte de sang, mais elle porte aussi des taches jaunâtres dont l'origine paraît à première vue mystérieuse. Le corps est froid et rigide. Les marques injectées de sang, qui apparaissent après le décès, sont visibles sur le flanc extérieur de la cuisse gauche et sur le flanc intérieur de la cuisse droite. Helen devait donc, au début, être couchée sur le côté gauche, et ce n'est qu'après qu'on l'a changée de position. L'enfant tient dans sa main droite un morceau du bon de caisse que lui a délivré la boulangère. Entre ses dents et ses cheveux, on aperçoit de la poussière de charbon, qui se mélange aux vomissures.

Blafarde et tremblante, prostrée dans sa cuisine, réduite à un grand corps brisé, Agnes Priestly recouvre ses esprits, après s'être évanouie pour la seconde fois. Quand elle voit une paire de bas appartenant à sa fille sécher sur une corde, elle éclate à nouveau en sanglots. Son mari, un prêtre et un médecin se tiennent à ses côtés. Ils tentent de la réconforter. Chacun avec ses mots.

– Le salaud qui a fait le coup aura la corde au cou, vitupère John Priestly, en tournoyant dans la pièce minuscule.

– Votre petite Helen était un ange, rassure le curé, en asticotant un chapelet. Les portes du paradis sont prêtes à l'accueillir.

Par contre, en répétant d'une voix sourde et hésitante que la fillette est partie sans souffrir, le médecin ne convainc personne. À commencer par lui-même.

Tandis que la dépouille d'Helen Priestly est transportée à la morgue d'Aberdeen pour y être autopsiée, l'inspecteur Taylor n'accorde aucun répit aux occupants de l'immeuble de la rue Urquhart. Une question le tourmente : comment le sac contenant le cadavre a-t-il pu être déposé sous l'escalier, sans que personne ne l'ait remarqué ? D'autant qu'au dire de William Miller, le voisin du haut, il ne s'y trouvait pas à 4 h 30, quand il s'était rendu aux toilettes. Des ouvriers municipaux avaient commencé des travaux de canalisation tout près de là à la même heure, et un constant va-et-vient avait agité la maison durant toute la nuit. Par ailleurs, à 4 h 45, un laitier avait quitté l'immeuble voisin pour se rendre à son travail, sans voir quiconque porter un sac.

Fort de ces constatations, le policier en déduit que le corps d'Helen est resté dans la maison jusqu'au moment où il a été déposé sous l'escalier, juste avant 5 heures. Par ailleurs, si l'enfant a subi des violences sexuelles, l'auteur du crime doit être un homme. Et cet homme, selon toute probabilité, vit sous le même toit que les Priestly.

Sans s'être accordé une heure de sommeil, Taylor interroge les locataires mâles de l'immeuble. Ils sont cinq, sans compter le père de la victime. Mitchell et Donald qui, avec leurs femmes, occupent le rez-de-chaussée, Miller, Porter et Hunt habitant les étages supérieurs. Vers 7 heures, un certain Munto, ouvrier couvreur, interrompt timidement l'enquête de l'inspecteur.

– Hier, je travaillais sur le toit de la boutique d'à côté.

– Très bien. Avez-vous constaté quelque chose d'inhabituel ? demande Taylor.

– J'ai rien vu, mais j'ai entendu un cri perçant, vers deux heures de l'après-midi. Un cri d'enfant.

– Qu'avez-vous fait ?

– J'ai pensé qu'un gamin avait dû se blesser ou recevoir une correction.

– Et d'où venait ce cri, monsieur Munto ? insiste Taylor.

– D'ici, de cet immeuble, j'en suis sûr. Mais je ne pourrais pas dire de quel appartement.

Ce témoignage corrobore l'hypothèse que le meurtre a bien été commis dans la maison même.

Dans le courant de la matinée, Theodore Shennan, soixante-cinq ans, professeur de pathologie à l'université d'Aberdeen, assisté du docteur Richards, procède à l'autopsie du corps de la fillette. Puisqu'ils ont affaire à un meurtre, les deux médecins doivent être en mesure de fournir trois réponses aux questions que se posent les enquêteurs : quelle est la cause du décès d'Helen ? Les violences subies sont-elles à l'origine de sa mort ? Enfin, à quelle heure a-t-elle précisément rendu l'âme ?

Après avoir examiné la frêle dépouille sous tous ses angles, Shennan s'attarde sur la base du visage.

– Nous noterons, cher confrère, que la peau du cou présente des ecchymoses.

– Ce qui indiquerait un étranglement par la main, en déduit Richards, en prenant des notes.

– Je vais inciser.

Le scalpel glisse sur la peau avec délicatesse.

– Curieux ! s'exclame le légiste. Des particules de nourriture obstruent le fond de la trachée-artère.

– Elles ont probablement provoqué une suffocation, anticipe l'assistant. Nous avons là deux causes possibles de décès.

– C'est exact.

Shennan clampe les chairs autour de l'incision. Il dégage la thyroïde qui, comme on le sait, joue chez les enfants un rôle primordial dans le développement des os et des autres glandes.

– La thyroïde est hypertrophiée. Ce qui signifie que le sujet était peu résistant aux infections…

– Qu'il perdait facilement conscience…

– Et qu'un choc, même léger, pouvait entraîner chez lui la mort, conclut le professeur.

– Helen était une petite fille fragile, en dépit de ses apparences.

– Vous avez raison. Cette indication nous est précieuse.

Afin d'avoir un meilleur accès aux cavités corporelles, Theodore Shennan pratique ensuite une incision en Y sur toute la longueur du thorax. L'estomac de l'enfant contient encore la nourriture non digérée, dont une partie seulement a pénétré dans l'intestin grêle. Les vaisseaux lymphatiques, qui absorbent la nourriture pour la transporter dans l'organisme, sont à peine dilatés.

– La mort est survenue une heure après le repas qu'Helen a consommé, en déduit le légiste sans une hésitation.

– Soit à 14 heures.

– Nous venons d'obtenir la première réponse à nos questions. Passons maintenant à la phase la plus pénible de l'autopsie : l'examen du bas-ventre.

La culotte d'Helen a été arrachée. Le vagin et l'anus ont saigné abondamment. Ce qui laisse penser qu'on a enfoncé un objet dur dans les organes de la fillette qui, ayant traversé la paroi arrière du vagin, a perforé l'intestin.

– Si je tenais l'ordure qui a massacré cette gamine ! ne peut s'empêcher de grincer Richards, en pensant sans doute à sa fille du même âge.

– En effet, que reste-t-il d'humain chez certains dépravés ? approuve Shennan qui, en trente ans de carrière, ne s'est jamais accoutumé à autopsier des enfants martyrs.

– Détectez-vous des traces de sperme à la lumière ultraviolette, professeur ? demande l'assistant.

– Non, je n'en vois aucune à l'intérieur des cavités ou sur leurs pourtours.

De tout temps, les médecins légistes se sont préoccupés d'identifier ces traces. Déjà, en 1881, le Français Albert Florence avait par exemple découvert que, sous l'effet de la solution d'iode et de potasse, le sperme produisait des cristaux en forme d'aiguille de couleur brune. Plus tard, grâce au microscope, les médecins ont appris à déceler les spermatozoïdes, plusieurs jours, voire plusieurs semaines après le décès des victimes.

Theodore Shennan se redresse. Il pose pince et bistouri sur le rebord de la paillasse et évite le regard de son jeune collègue.

– Je pense que les violences ont été infligées du vivant de la fillette. Un important épanchement de sang est confiné dans le tissu qui entoure les blessures. Les coups ont été portés quand la circulation sanguine était encore normale.

– Dieu du ciel, rien ne lui a donc été épargné ! s'exclame Richards en serrant les poings.

Les médecins constatent ensuite que la culotte de l'enfant est trempée d'urine. L'évacuation inconsciente de la vessie accompagne toujours la suffocation provoquée par la strangulation. Or, dans le cas d'Helen, la partie du coton, arrachée et mouillée, ne porte pas de traces de sang. Ce qui contredit l'observation précédente. La fillette serait-elle morte de strangulation avant que la culotte ne soit trouée par le coup porté au bas-ventre ? Pour en avoir confirmation, Shennan observe au microscope un tissu biologique prélevé dans la région de la blessure. Il ne remarque pas la moindre agglomération de globules blancs, ce qui se produit d'habitude au bout d'un quart d'heure environ sur un organe traumatisé.

– Je rectifie ma première conclusion : Helen est morte par strangulation. La blessure lui a été infligée post mortem.

Richards soupire bruyamment.

– C'est déjà ça !

En début d'après-midi, l'inspecteur Taylor reprend son investigation. Les noms de quatre hommes habitant la maison ont été rayés de la liste des suspects. Reste à interroger le dernier, Alexander Donald, un coiffeur de quarante ans. Il partage avec sa femme Jeannie, âgée de trente-huit ans, et leur fille de dix ans un logement au rez-de-chaussée. Curieusement, Donald n'a pas participé à la recherche d'Helen, ni montré le moindre intérêt pour l'événement. Les voisins ont cependant vu de la lumière dans sa cuisine, entre 4 et 5 heures du matin, donc au moment où l'on a trouvé le sac contenant la dépouille. Puis, vers 6 h 30, le coiffeur a entrebâillé sa porte pour demander à un agent si l'enfant avait été retrouvée.

– Pourquoi n'avez-vous pas pris part aux recherches ? demande le policier.

– On ne veut pas d'ennuis. On ne se mêle pas de la vie des autres, réplique sa femme qui, dès le début de l'interrogatoire, a pris l'ascendant sur son mari.

– Certes, mais vous connaissiez Helen depuis sa naissance. Sa disparition aurait dû vous émouvoir, insiste Taylor, en s'adressant expressément au coiffeur.

D'une habile rotation des hanches, Jeannie escamote son mari du devant de la scène et répond à sa place.

– Bien sûr que nous étions préoccupés. Mais pourquoi ajouter à la confusion ? La nuit dernière, tout le monde courait dans tous les sens en jacassant.

Comprenant qu'il n'obtiendra rien de Donald tant que sa femme sera présente, Taylor abrège l'entretien. Il regagne son commissariat d'où il se renseigne discrètement sur les antécédents du couple. Au terme d'une série d'appels téléphoniques, il apprend que si Alexander est un homme lourdaud et taciturne, qui travaille depuis quinze ans dans le même salon de coiffure sans faire d'histoires, le passé de son épouse est plus tumultueux. Jadis cuisinière dans un hôtel de la ville, elle est sujette, selon l'opinion générale, à des crises de colère. Un jour, ayant été réprimandée par le chef de cuisine, elle a tordu le cou de toutes les volailles du poulailler de l'hôtel. Avant de s'en faire licencier. Aigrie, frustrée, volontiers acariâtre, Jeannie a reporté rêves de gloire et affection sur sa fille unique, Mary, dont elle espère faire une ballerine. Pour préparer le triomphe futur de sa progéniture, elle lui confectionne fébrilement des robes à longueur de journée.

Le 24 avril, l'inspecteur Taylor se rend à nouveau au domicile des Donald. Il choisit de soustraire Alexander à l'influence de sa femme, en le priant de l'accompagner en voiture. Après avoir roulé en silence jusqu'au port, le policier coupe le moteur et tire un paquet de cigarettes de sa poche.

– Parlons entre hommes, monsieur Donald. Dites-moi où vous étiez et ce que vous avez entendu pendant la nuit du 20 au 21 avril.

Face aux vagues qui écument devant le pare-brise, le coiffeur se détend.

– Nous étions au lit, ma femme et moi. Impossible de dormir avec le remue-ménage dans l'escalier. Je lui ai dit que j'allais me lever pour jeter un coup d'œil, mais elle m'a rabroué. « Pas la peine de te déranger pour voir ces excités », qu'elle m'a dit.

– La curiosité ne vous a-t-elle pas incité néanmoins à vous déplacer ? persévère l'inspecteur.

– Si, bien sûr.

– Alors, pourquoi n'êtes-vous pas allé voir ce qui se passait chez vos voisins ?

– Parce que Jeannie m'a dit : « Écoute, c'est la voix de Mme Priestly. Elle crie parce que sa fille a été violée. » Après cela, elle a éteint la lumière et nous nous sommes endormis.

Pour dissimuler le trouble qui le submerge d'un coup, Taylor tête goulûment sa cigarette. Puis il feint de s'intéresser au vol gracieux d'un albatros. Il actionne pour finir la clé de contact du démarreur.

– Merci pour votre coopération, monsieur Donald. J'en ai fini. Je vous ramène chez vous.

Dès lors une question obsédante trotte dans la tête du policier. À l'instant où Jeannie Donald prononçait cette phrase : « Elle crie parce que sa fille a été violée », il se trouvait sur le palier, à côté du docteur Richards. En découvrant le cadavre, ce dernier lui avait chuchoté à l'oreille que le meurtrier avait abusé de la fillette. Personne à part eux deux n'avait pu entendre cette remarque. Personne n'avait parlé d'agression sexuelle. Comment Jeannie pouvait-elle être au courant de l'état dans lequel se trouvait l'enfant ?

De retour dans son bureau, Taylor téléphone au professeur Shennan pour lui demander si, à son avis, il est concevable qu'une femme ait pu commettre le meurtre.

– Le cas d'un homicide perpétré par une femme sur une fillette et maquillé en crime sexuel s'est déjà produit, répond le légiste. Selon ce scénario, la meurtrière tente de détourner les soupçons sur un homme, en faisant croire que la victime a subi un viol.

– Une femme aurait-elle pu tuer Helen Priestly ?

– Une chose est sûre : je n'ai trouvé aucune trace de sperme en pratiquant l'autopsie.

Le lendemain, 25 avril 1934, vers 11 heures du matin, l'inspecteur Taylor et l'agent Westland sonnent à la porte du logement des Donald. Jeannie est seule. Prétextant une visite de routine, les policiers la harcèlent de questions jusqu'à minuit. Au cours des treize heures que dure d'interrogatoire, Jeannie reste calme et froide, et ne manifeste aucun signe d'impatience.

– Que faisiez-vous le 20 avril, entre 13 h 10 et 13 h 15 ?

– Je me suis rendue au marché pour acheter des oranges et des œufs, répond la femme, dont le visage s'est transformé en masque inexpressif. J'ai dépensé 4 shillings et 12 pences. Je suis ensuite allée chez le marchand de tissus Reggy Morrison.

– Y avez-vous fait des emplettes ?

– Non. Je cherchais de la mousseline pour confectionner une robe pour ma fille. Il n'y en avait plus, et la soie véritable est trop chère pour ma bourse.

– Combien coûtait-elle ?

– 5 livres le coupon.

Tandis que Westland consigne tous les détails sur un carnet, Taylor poursuit :

– Qu'avez-vous fait ensuite ?

– Sur le chemin du retour, j'ai vu un attroupement au coin d'Urquhart Road. J'ai remarqué, parmi les femmes qui discutaient, Mme Priestly en larmes.

– Vous êtes-vous jointe au groupe ? Vous êtes-vous informée de la nature de l'événement qui bouleversait Mme Priestly ?

– Non, je suis rentrée directement chez moi.

– Sans poser de question à quiconque ? s'étonne l'inspecteur.

Pour la première fois depuis des heures que dure l'entretien, Jeannie Donald manifeste un léger signe d'agacement.

– Mme Priestly et moi ne nous adressons pas la parole.

– Quelle est l'origine de cette mésentente ?

– Nous ne nous apprécions guère, c'est tout.

La femme n'en dit pas plus. Elle reprend sa confession d'une voix monocorde, comme si elle récitait une litanie apprise par cœur.

– Une fois à la maison, je me suis mise au repassage, en écoutant la radio. Je me souviens, le bulletin d'informations de 14 heures était sur le point de se terminer. J'ai repassé jusqu'au retour de ma fille, vers 16 heures. Mary m'a alors dit qu'Helen avait disparu. À 17 h 20, nous sommes allées ensemble au

Beach Pavillon, à une répétition de danse. Nous y sommes restées jusqu'à 23 heures. Puis nous sommes rentrées nous coucher aussitôt après.

L'inspecteur Taylor se lève. Il fait craquer les jointures de ses articulations. Puis il jette un imperméable sur ses épaules avant de prendre congé.

– J'admire la précision avec laquelle vous vous souvenez de votre emploi du temps, madame Donald. C'est à croire que vous avez un métronome à la place du cœur.

Dès le lendemain, Taylor envoie un agent vérifier une à une les déclarations de Jeannie Donald. Ce dernier constate que de nombreux détails sont inexacts. Les prix des oranges et des œufs, indiqués par la femme du coiffeur, ne correspondent pas à la réalité. Le magasin Reggy Morrison était fermé à l'heure du déjeuner. En revanche, il est vrai que Mme Priestly avait interpellé des voisines en sanglotant. Mais aucune d'entre elles ne se souvient avoir aperçu Jeannie Donald dans les parages. Taylor a cependant remarqué que, de la fenêtre de l'appartement des Donald, on bénéficie d'une vue plongeante sur la rue. Jeannie avait donc pu, tout en restant chez elle, observer la scène et la décrire ensuite avec précision.

Muni d'un mandat de perquisition signé du procureur du roi, Taylor se rend une nouvelle fois au logement des Donald, vers 21 heures. Dans la cuisine, où le sol est couvert de linoléum, il remarque près de l'évier les empreintes des pieds d'un coffre à charbon ou à cendres. Jeannie prétend n'avoir jamais possédé ce genre de meuble, mais sa fille la trahit en affirmant le contraire. Le mensonge de la femme semble aux yeux du policier d'autant plus significatif qu'il sait fort bien que le corps et les vêtements d'Helen portaient des traces de poussière de charbon. Quelques taches suspectes sur le linoléum, près de l'armoire, attirent ensuite son attention. Le docteur Richards est immédiatement convoqué sur les lieux. Procédant à une analyse sommaire, il suppute qu'il s'agit de sang.

Ces indices incitent Taylor à arrêter le couple Donald. Menottes aux poignets, le visage impassible, Jeannie murmure en prenant place dans le car de police : « Pourtant, ce n'est pas moi qui ai fait cela... »

Le 26 avril, Theodore Richards examine, dans son laboratoire, la substance des taches. Il en déduit qu'elles ne contiennent pas de sang. Taylor prouve aisément, d'autre part, qu'Alexander Donald n'a pas quitté son salon de coiffure durant la journée du meurtre. Il le remet en liberté, mais garde sa femme sous écrou. Comme la détenue ne cesse de mentir et que les charges retenues contre elle sont insuffisantes, le procureur demande au professeur Sydney Smith, d'Édimbourg, de rassembler les éléments médicaux et scientifiques susceptibles d'éclaircir le meurtre. Pour ce faire, deux possibilités s'offrent au chef légiste : soit Taylor parvient à récupérer des pièces à conviction dans l'appartement des Donald (bonnet de la victime, pain qu'elle a acheté dans la boulangerie, ticket de caisse) ; soit il doit lui-même recueillir des traces moins visibles. Traces que Jeannie Donald a oublié d'effacer ou n'est pas parvenue à faire disparaître : sang et vomissements de l'enfant, cheveux, fibres ou filaments appartenant à ses vêtements. La première méthode laisse peu de chances de réussite, car la suspecte a eu assez de temps pour détruire les preuves matérielles. La seconde voie offrant davantage de perspectives, Smith concentre ses efforts sur les objets et les produits ayant pu être utilisés pour commettre l'homicide. Le sac dans lequel la dépouille a été transportée peut, par exemple, receler les parcelles d'une substance présente dans la cuisine des Donald. Mieux encore, les coups portés au bas-ventre d'Helen et qui ont perforé les intestins ont dû provoquer la perte d'un sang infecté de bactéries intestinales. Si Jeannie est responsable du crime, un des torchons qu'elle a employés pour laver les taches doit donc être imprégné de ces bactéries. Cette idée de génie va, on va le voir, permettre à l'enquête de progresser.

Dans un premier temps, le légiste s'attache à examiner le sac. Il est confectionné dans de la jute ordinaire, mais porte l'inscription « Boss » peinte au pochoir. Le médecin demande à Taylor de retracer son origine. Ce dernier parvient à établir que ce genre d'emballage a servi à transporter un chargement de blé en provenance du Canada. Embarqués à Vancouver, les sacs ont été acheminés à Londres, puis à Glasgow et Aberdeen, où ils ont été vendus par un grossiste aux fermiers des environs. Or, l'un des frères de Jeannie Donald possède une ferme non loin de là et lui a apporté à deux reprises des lots de pommes de terre. Bien qu'il ne constitue pas une preuve à charge, cet indice encourage le légiste à persévérer dans l'examen du sac.

Il recueille à l'intérieur deux poignées de bourre. Examinée au microscope, comparée aux échantillons de poussière et de détritus ramassés dans les appartements de l'immeuble, analysée chimiquement et soumise à un examen spectral, la bourre contient de la poussière, de l'étoupe, des cheveux, des poils d'animaux et des particules provenant de torchons. Smith compare les cheveux trouvés dans le sac à ceux de la suspecte. Certains d'entre eux correspondent dans leurs moindres détails. D'autres, plus fins, appartiennent à un autre individu. Comme à l'époque l'analyse des indices capillaires est encore balbutiante, Smith demande l'exhumation du corps d'Helen pour se livrer à une seconde étude comparative. Les cheveux de l'enfant correspondent bien à d'autres spécimens découverts dans le fond du sac.

Sydney Smith étudie aussi les torchons, serpillières et essuie-meubles collectés dans le logement des Donald. Puis, durant tout le mois de mai, des agents ne cessent de fouiller le modeste local. On soulève le plancher. On découpe des pièces de linoléum. On transporte au laboratoire les déblais, fragments et poussières. On passe au crible le linge de cuisine, les balais, les seaux, les récipients, les matelas, les couvertures, les brosses à ongles et à dents, les gants de toilette. On vide et on inspecte le tuyau de l'évier. Finalement, le spécialiste médico-légal répertorie plus de deux cents types de fibres. Il les compare à celles extraites de l'étoupe du sac et trouve vingt éléments similaires. Par acquit de conscience, il s'assure du concours du chef du laboratoire de vérification des textiles de Bradford, Joseph Barr. Vers la fin du mois de juin, ce dernier confirme que le sac ayant servi à transporter le corps de la petite victime a séjourné avec certitude dans l'appartement des Donald.

Pour parachever sa démonstration, Smith espère encore que les bactéries du sang livreront la preuve décisive de la culpabilité de la suspecte. Estimant, une fois encore avec modestie, que ses connaissances personnelles ne sont pas suffisantes dans ce domaine, il transmet les sous-vêtements d'Helen Priestly et les traces de sang retrouvées sur son corps à Thomas Mackie, professeur de bactériologie à l'université d'Édimbourg. Mackie met en culture les prélèvements et confirme la justesse des thèses du légiste : le sang de l'enfant contient, en effet, des bactéries intestinales. Sa découverte ne s'arrête pas là. Ces bactéries appartiennent à une espèce extrêmement rare. Si rare que Mackie, qui a développé cent cinquante cultures différentes au cours de trente années de carrière, n'en a jamais rencontré d'analogue. Il ne reste plus au savant qu'à dépister la même bactérie sur le linge de cuisine de Jeannie Donald. C'est chose faite le 22 juin.

Le 16 juillet 1934, l'indignation et la colère suscitées par l'annonce de la culpabilité de la femme du coiffeur ayant entraîné une émeute des mères de famille d'Aberdeen, le procureur royal décide par prudence de faire traduire Jeannie Donald devant le tribunal d'Édimbourg. Dix femmes et cinq hommes doivent se prononcer sur le sort de l'inculpée. Tout au long des débats, Jeannie reste calme et indifférente. Comme si tout ce qui s'échangeait à la barre ne la concernait pas. À deux reprises seulement une vague lueur d'intérêt semble s'allumer dans son regard inexpressif. Lorsque Mary, sa fille de dix ans, est appelée à témoigner. Et lorsque le jury la déclare coupable de meurtre et la condamne à mort. Ayant bénéficié de la commutation de sa peine en détention à vie, Jeannie Donald est libérée après dix ans de réclusion.

En dépit de l'exemplarité de cette enquête, qui démontre pour la première fois que, pour être pleinement efficace, la médecine légale moderne doit désormais s'adosser aux disciplines scientifiques les plus diverses et faire appel à de nouveaux experts, une question lancinante demeure. Une question que juge et procureur n'ont pas cessé de poser à l'inculpée tout au long du procès :

– Pourquoi avez-vous tué la petite Helen ?

Jeannie Donald a toujours refusé de répondre à cette question. Durant l'enquête. Durant son procès et sa captivité. Et jusque sur son lit de mort, quand sa fille, alors âgée d'une cinquantaine d'années, l'a suppliée de lui dire la vérité et d'alléger son âme.

Pour tenter néanmoins d'apporter une réponse à cette énigme, nous reprendrons les conjectures formulées à l'époque par l'inspecteur Taylor et par le professeur Sydney Smith. Après avoir établi un profil psychologique de Jeannie Donald, dans lequel il apparaissait qu'elle souffrait de psychose paranoïaque, les deux hommes ont tenté de définir le mobile du crime et de reconstituer l'emploi du temps de la meurtrière au cours de la journée du 20 avril 1934.

Après avoir effectué une enquête de voisinage approfondie, Taylor et Smith ont d'abord eu confirmation qu'une aigre antipathie régnait entre Mmes Priestly et Donald. Les raisons de cette rivalité sont vraisemblablement à chercher du côté de la place qu'occupaient dans leurs cœurs leurs filles respectives. Comme nous le savons, Jeannie Donald sublimait Mary, cherchant à travers elle à s'affranchir des frustrations que lui procurait son existence misérable et médiocre. Rêvant d'en faire une ballerine célèbre, elle se désespérait des piètres résultats qu'obtenait sa fille en cours de danse. Chétive et étourdie, Mary ne possédait pas, de toute évidence, les qualités requises pour exercer son art au-delà d'une formation scolaire. En revanche, Helen, vive et bien bâtie, aurait pu davantage prétendre à une belle carrière, si toutefois ses parents avaient décidé d'y consacrer leurs faibles économies. Jeannie Donald avait-elle interprété cette différence entre les fillettes comme une injustice supplémentaire ? Ce sentiment avait-il exacerbé sa frustration, au point de la transformer en haine vis-à-vis d'Helen ? Nous savons à cet égard que la femme du coiffeur invectivait sa petite voisine à tout propos, quand elle la croisait dans la rue ou dans les parties communes de leur immeuble. En réponse aux insultes, la gamine se défendait en traitant à son tour Mme Donald de « noix de coco », sobriquet faisant allusion au casque de cheveux noirs et crépus qui coiffait la tête de la mégère.

Revenons maintenant au déroulement de la journée fatidique, telle que l'ont reconstituée les enquêteurs.

À son retour de la boulangerie, vers 13 h 35, Helen Priestly s'attarde un instant sur le palier du rez-de-chaussée de son immeuble. Face au logement des Donald, elle s'écrie comme à son habitude : « Noix de coco ! Noix de coco ! » Jeannie entend l'insulte à travers sa porte. Elle se précipite avec l'intention de corriger énergiquement la mal élevée. Elle l'attrape par les épaules et la secoue vigoureusement. Mais cette empoignade brutale produit chez l'enfant, fragilisée en raison de l'hypertrophie de sa glande thyroïde, un choc qui lui fait perdre connaissance. Épouvantée, Jeannie transporte le petit corps, apparemment sans vie, dans son appartement. Supposant que l'enfant a rendu l'âme, elle a l'idée de simuler un viol pour se disculper. Elle soulève la jupe d'Helen, déchire sa culotte et, se servant d'un ustensile quelconque, laboure son bas-ventre. La douleur atroce ranime Helen et lui arrache un cri déchirant. C'est ce cri qu'a entendu l'ouvrier qui couvrait le toit du magasin voisin. La panique gagne Jeannie. Elle s'affole. Dès lors, elle n'a plus d'autre choix que de tuer Helen pour de bon. Si elle la laisse en vie, comment justifiera-t-elle son agression sauvage ? Sans hésiter davantage, elle lui serre la gorge jusqu'à ce qu'elle suffoque. Elle enveloppe ensuite le corps dans le sac de jute que lui a apporté son frère quelques semaines plus tôt et le cache dans le coffre à charbon. Puis, elle essuie les traces de sang, de vomissures et d'urine avec une serpillière et des torchons, et attend le retour de sa fille pour l'emmener à son cours de danse. Peu avant 5 heures du matin, profitant du sommeil de son mari et de sa fille, elle dépose subrepticement le sac sous l'escalier.

Voilà vraisemblablement dans quelles circonstances s'est déroulé ce meurtre odieux. Du moins tel que sont parvenus à le reconstituer le policier et le médecin légiste, à l'aune de témoignages et des indices recueillis sur la scène de crime.

Une interrogation demeure cependant : si Helen Priestly n'avait pas apostrophé sa voisine une fois de trop, si elle ne l'avait pas traitée de « noix de coco » à ce moment précis, la vie lui aurait-elle été épargnée ? Aurait-elle survécu à sa prédatrice jusqu'à ce que, devenue adulte, elle quitte son immeuble sordide pour un lieu plus clément ?

Mémoire en miettes

Souffle court, genoux égratignés, Bob et Frida, trente ans à eux d'eux, gravissent un sentier, tracé jadis par les Indiens iroquois dans les monts Appalaches. Parvenus sur un promontoire, ils contemplent, émerveillés, l'immense forêt pourpre qui s'étend à perte de vue. Scott, leur labrador, s'affale à leurs pieds. Puis, il se dresse sur ses pattes, hume l'air frais, s'ébroue, et file comme une flèche sous un taillis. Ses jappements plaintifs finissent par agacer les adolescents.

– Va voir ce qu'il veut, suggère Frida.

– Vas-y toi-même, je suis crevé.

La fille se lève en maugréant et rejoint le chien.

– Qu'est-ce qu'il a trouvé ? demande Bob à la cantonade. Hérisson ou raton laveur ?

Frida réapparaît hors d'haleine et se plante comme un spectre devant son cousin. Le sang s'est retiré de son visage.

– Si j'étais toi, Bob, je bougerais mes fesses, lâche-t-elle, les yeux exorbités.

– Éloignez-vous, les jeunes, et ne touchez à rien, recommande l'officier de police Bailey Murphy.

Puis il s'adresse à une femme, qui, appareil photo en main, mitraille les alentours.

– Qu'est-ce que tu as, Cody ?

– Une chaussure de femme, genre escarpin, taille trente-six.

– Pratique pour randonner dans la montagne ! Quoi d'autre ?

– Une jupe en cuir en lambeaux. Des os. Un crâne. Le squelette est incomplet. Je vais collecter le tout pour l'étudier tranquillement à Concord.

– D'accord, approuve le policier. J'appelle l'hélicoptère.

De retour en fin d'après-midi dans la capitale du New Hampshire, Cody Flood, médecin légiste, répartit sa macabre moisson sur la paillasse de son laboratoire.

– C'est une femme. Le sacrum est court et évasé.

– L'escarpin et la jupe le confirment, ajoute Bailey Murphy dans son dos.

– De race caucasienne. Le crâne est haut et large, les pommettes peu saillantes.

– Une idée de l'âge qu'elle pouvait avoir ?

La légiste s'arme d'une loupe et examine les sutures des os du crâne, pas encore totalement calcifiées.

– Jeune, sans aucun doute. Je dirais entre dix-huit et vingt-quatre ans.

– Une Blanche d'une vingtaine d'années, vêtue d'une jupe en cuir et chaussée d'escarpins, résume Murphy. Une étudiante qui allait danser et qui a été kidnappée ? Une prostituée ? Que faisait-elle dans une tenue pareille au beau milieu des Appalaches ?

– Je crois qu'elle avait rendez-vous avec son meurtrier. Regarde, il y a une entaille dans l'omoplate, six dans les vertèbres et quatre ou cinq autres dans les côtes. Douze coups de couteau !

L'enquêteur fait la grimace.

– Son agresseur s'est acharné. Vengeance, crime passionnel, crise de démence ? Peux-tu dater la mort ?

– Difficilement. L'été a été torride. Le corps a dû se décomposer rapidement. De plus, la montagne grouille de prédateurs.

– Ça ne m'avance pas beaucoup pour consulter le fichier des personnes disparues.

– Il reste un peu de peau et une mèche de cheveux à l'arrière du crâne. Fais des recherches sur les six derniers mois, conseille le médecin.

– La fille a-t-elle été tuée sur place ou son cadavre a-t-il été transporté dans la montagne ?

– En me référant à la longueur et à l'épaisseur des tibias et des péronés, la victime devait mesurer moins de 1,60 mètre et peser environ quarante-cinq kilos. Deux hommes ou un homme seul mais athlétique a pu déplacer le corps sur une grande distance. Surtout s'il a été tronçonné en plusieurs morceaux.

– Est-ce le cas ?

– Je l'ignore. Je n'ai pas retrouvé les vertèbres lombaires.

– Pourquoi le meurtrier se serait-il compliqué la vie ? Ce ne sont pas les endroits isolés qui manquent dans la vallée pour cacher un cadavre, s'obstine Murphy.

En signe d'impuissance, Cody Flood secoue son épaisse tignasse de cheveux blancs. Puis elle reprend sa loupe et examine à nouveau les fragments d'os. Soudain, sa voix s'étrangle légèrement dans sa gorge.

– Attends une minute. C'est à peine croyable !

– Qu'est-ce que tu as trouvé ?

– La mâchoire inférieure est manquante.

– Rien d'extraordinaire. Elle a pu être emportée par un animal.

– Oui, mais les dents de la mâchoire supérieure ont été fracassées au ras des racines, sans doute à coups de marteau. Et, pour couronner le tout, les dernières phalanges des dix doigts ont disparu. Comme si elles avaient été sectionnées pour priver le cadavre d'empreintes digitales.

Murphy exhale l'air vicié du laboratoire qui lui a empli les bronches.

– Le meurtrier a pris toutes les précautions pour rendre le cadavre inidentifiable.

– C'est ce que je pense, soupire la légiste. Nous avons affaire à quelqu'un de très organisé, qui n'a rien laissé au hasard.

Et elle ajoute, en jetant ses gants en latex dans une poubelle :

– Bonne chance, inspecteur Murphy. Tu vas en avoir grand besoin.

La consultation du fichier des personnes disparues dans l'État du New Hampshire, tout comme l'analyse d'un échantillon d'ADN recueilli dans les cheveux de la victime, n'apportant aucune information, Bailey Murphy confie ce qui reste du crâne à Karen Taylor, sculptrice et spécialiste de la reconstruction faciale en trois dimensions. Une technique qui tient à la fois de l'art et de la science.

Dans le garage de sa maison, transformé en atelier, Karen Taylor pose délicatement le crâne de l'inconnue sur une sellette et l'examine de longues minutes en silence, donnant libre cours à son imagination.

– Voyons, ma belle, tu es petite, tes attaches sont fines, ta constitution frêle, murmure-t-elle d'une voix douce.

La femme caresse d'un doigt les contours du crâne. Puis, elle se recule et griffonne une première esquisse sur une feuille quadrillée.

– Je vais te gratifier d'un petit nez droit. Pourquoi pas légèrement retroussé ? Sachant que la longueur du nez correspond à celle des oreilles et sa largueur à la distance entre les coins intérieurs des yeux, ton minois ressemblerait à peu près à ceci. Avec les coins de la bouche tombant à l'aplomb des bordures internes de l'iris.

Parvenue à ce stade de son dessin, Karen soulève son crayon et l'agite dans les airs.

– Tu as les cheveux bruns, certes. Mais sont-ils courts ou longs ? Tu as une vingtaine d'années et, il y a six mois ou un an, tu suivais la mode comme la plupart des filles de ton âge. Ils sont donc courts sur le dessus et coulent en mèches dégradées sur la nuque.

Quand elle en a terminé, Taylor épingle son esquisse sur un tableau en liège et soupire bruyamment.

– Jolie gamine ! Passons maintenant aux choses sérieuses.

Au début des années 2000, avant que programmateurs et experts médico-légaux conçoivent des logiciels informatiques, la morphométrie, la méthode de reconstitution faciale alors la plus couramment utilisée, se fondait sur la connaissance des épaisseurs des tissus mous qui recouvrent chaque parcelle de la tête. Pour restituer ces épaisseurs variables, les sculpteurs retenaient généralement vingt-cinq à trente points clés, répartis plus particulièrement autour de la bouche et entre les yeux. Pour faciliter leur travail, des normes de mesure avaient été établies en fonction de l'âge, du sexe, de l'appartenance ethnique des victimes, et pour des configurations allant de la personne émaciée à l'obèse.

Dans la quiétude de son atelier, Taylor place les indicateurs d'épaisseur – de petites chevilles en bois – sur le crâne. Puis elle applique des bandes d'argile entre les chevilles, comble les vides, façonne le nez, la bouche, les oreilles, le menton, les joues et les yeux, sachant, par exemple, que le globe oculaire d'un humain a un diamètre moyen de deux centimètres et demi, la taille exacte d'une pièce américaine de 25 cents.

Au terme de trois jours d'efforts, il ne reste plus à la sculptrice qu'à parachever son œuvre, en dotant le modelage d'une expression finale. Pour ce faire, ses connaissances anatomiques ne lui sont d'aucun secours. Son intuition d'artiste, la relation secrète qu'elle s'est efforcée d'établir avec la défunte guident ses derniers gestes. Elle hésite.

– Dis-moi, beauté, avais-tu un sourire résigné ou mutin ? espiègle, malicieux ou coquin ?

Karen fronce légèrement vers le haut le coin des lèvres du visage d'argile. Elle n'ignore pas qu'à défaut d'une ressemblance parfaite, sa reconstruction a pour fonction de stimuler la mémoire de ceux qui ont connu la jeune femme. De réveiller leurs souvenirs et, dans le meilleur des cas, de permettre son identification et de relancer l'enquête.

Deux jours plus tard, accompagnée d'une brève notice explicative, une photo du visage reconstitué est publiée dans les quotidiens du New Hampshire. En fin de journée, le téléphone sonne une nouvelle fois sur le bureau de l'inspecteur. Murphy décroche. Une voix hésitante, détimbrée, bredouille à l'autre bout du fil :

– Je suis bien à la police de Concord ?

– Je vous écoute, madame.

– C'est au sujet de la photo qu'est passée dans le journal ce matin.

– Avez-vous reconnu cette jeune femme ? demande Murphy.

La voix grimpe dans les aigus à la limite du cri.

– Oui. Je crois… je crois bien que c'est ma fille, Belinda.

– Avez-vous de bonnes raisons de le croire ?

– C'est elle. Je l'ai reconnue tout simplement, gémit la femme en éclatant en sanglots.

– D'où m'appelez-vous ? demande Murphy.

– J'habite dans le Maine. Mais je suis de passage à Nashua. Je rends visite à ma tante Lucy.

– Donnez-moi son adresse. Je vous rejoins dès que possible.

Quand le policier se présente, il trouve deux femmes en pleurs, recroquevillées dans un salon modeste. La plus jeune, celle qui se présente sous le nom d'Abby Hamilton, a ouvert devant elle un album en plastique.

– Regardez, c'est Belinda.

Quand le regard de Murphy se pose sur les photographies, un frisson glacé lui secoue l'échine.

– Oui, c'est bien elle. Ça ne fait aucun doute.

À l'exception des yeux, que la sculptrice a choisi de colorer en bleu alors qu'en réalité ils étaient gris, le visage reconstitué semble, en effet, avoir été copié trait pour trait sur les photographies. Sourire malicieux inclus.

– Quel âge avait-elle ?

– Dix-neuf ans.

– Quand l'avez-vous vue pour la dernière fois ? demande Murphy.

– En octobre dernier, à Durham. Ça va faire neuf mois. Elle s'était inscrite à l'université du New Hampshire et j'avais tenu à l'accompagner le jour de la rentrée.

– À quand remonte la dernière conversation téléphonique que vous avez eue avec elle ?

Comme pour éviter de s'effondrer, Abby Hamilton croise brusquement les bras sous sa poitrine.

– Répondez-moi, je vous en prie, insiste Murphy.

– Sitôt après la rentrée universitaire, Belinda a rompu tout contact. Nous communiquions par l'intermédiaire de tante Lucy.

La femme qui hoquette dans un coin du salon confirme en battant des cils.

– Pour quelle raison ?

– Belinda me reprochait d'avoir chassé son père de la maison.

– Quand votre petite nièce est-elle passée vous voir pour la dernière fois ? demande le policier à la femme qui a gardé le silence.

– Le jour de mon anniversaire.

– C'est-à-dire ?

– Le 18 mai. Ensuite, le numéro de téléphone qu'elle m'avait donné ne répondait plus.

Le lendemain, Bailey Murphy se rend au secrétariat de l'université du New Hampshire. Il découvre que la victime a interrompu ses cours quelques mois seulement après son inscription.

– Belinda était une chouette fille, claironne l'étudiante qui partageait sa chambre. J'ai été secouée quand elle a disparu, sans me dire au revoir ni me donner d'explication.

– Parlez-moi d'elle, demande Murphy. Quels étaient ses projets ?

– Elle voulait devenir assistante dentaire ou secrétaire médicale. Un truc de ce genre.

– Avait-elle des habitudes, des manies ?

La blonde tournicote nerveusement une mèche rebelle entre ses doigts.

– Elle aimait la fête, la danse, la musique. Elle était douée.

– Autre chose qui vous aurait frappée ?

– Bel avait de gros besoins d'argent. J'ignore pourquoi. Mais elle se plaignait constamment de l'avarice de ses parents.

– Achetait-elle de la drogue ?
– Pas que je sache.
L'étudiante se ravise presque aussitôt :
– Bien que, certains soirs, ses pupilles étaient réduites à des têtes d'épingle.
– Parlez-moi de ses fréquentations.
– Elle sortait plus ou moins avec un étudiant en seconde année de pharmacie. Un grand mou inoffensif.
– Son nom ?
– Austin. Austin Lester.
Bailey Murphy localise l'ex-petit ami de la victime, alors qu'il quitte un amphithéâtre.
– Ça n'a pas duré longtemps entre nous, confesse d'emblée le garçon. Dommage !
– Pour quelle raison avez-vous rompu ?
– Belinda était, comment dire…, incontrôlable.
– Aviez-vous l'intention de la « contrôler » ?
– Excusez-moi, ma langue a fourché, rectifie Lester en rougissant. Je voulais dire qu'elle était imprévisible. Elle changeait tout le temps d'avis. Elle oubliait nos rendez-vous. Elle me laissait tomber sans explication au milieu d'une soirée. Elle a failli me rendre dingue, vous savez !
Le jeune homme grimace un sourire lourd de regret et de nostalgie.
– J'étais amoureux, inspecteur.
– Consommait-elle des substances illicites, héro ou cocaïne ?
– Cela aurait-il pu expliquer son comportement ?
– Je vous pose une question simple, réplique le policier en durcissant le ton. Répondez-moi. Vous n'êtes pas allongé sur le divan d'un psychanalyste.
– Je crois que oui. Occasionnellement
– Où se les procurait-elle ?
L'étudiant hausse les épaules et remonte machinalement le col de sa blouse.
– Je n'en sais rien. Mais elle me tapait régulièrement de 20 ou 30 dollars.

– Et vous en avez eu assez d'engraisser son dealer ?

Quand un groupe de professeurs s'approche, Lester baisse prudemment la voix.

– Elle ponctionnait mon argent de poche. J'étais sans cesse fauché. Pour me remettre à flot, j'ai même dû vendre ma vieille Harley pour une bouchée de pain.

– Une bonne raison pour larguer Belinda.

– Non, cette fille, je l'avais dans la peau. Nous nous sommes séparés quand elle a quitté la fac.

– Où est-elle allée ?

Le visage de Lester vire au gris. Ses mains tremblent. Il les fourre dans ses poches.

– La dernière fois que je l'ai vue, elle… elle travaillait dans une boîte de nuit.

– Comme serveuse ?

– Danseuse.

– Strip-teaseuse ?

– Artiste.

– D'accord. Le nom de la boîte ?

– Le Macadam Cow-boy, à la sortie de la ville. Je n'y suis allé qu'une seule fois. J'ai failli m'y faire défoncer le portrait par une bande de brutes avinées. Belinda n'a pas levé le petit doigt pour prendre ma défense. Suite à ça, je l'ai effectivement laissée tomber.

– À quand remonte cette délicieuse et dernière soirée ?

– Au début du mois d'avril.

– Merci.

Murphy tourne les talons et s'apprête à traverser l'amphithéâtre à grandes enjambées quand l'étudiant l'interpelle.

– Inspecteur !

– Qu'y a-t-il encore ?

– Belinda ? Ne me dites pas que… qu'elle est…

– Oubliez-la, Austin. Je vous souhaite d'épouser un jour une fille simple et gentille. Car même si vous aviez eu le cran d'aimer Belinda telle qu'elle était, je pense que son destin vous aurait tôt ou tard rattrapé.

Glauque, désespérante, en tout point semblable à des milliers d'autres, la banlieue de Concord s'étire sur des kilomètres entre centres commerciaux et stations-service. Après avoir roulé une vingtaine de minutes sur l'autoroute 393 en direction de Chichester, Bailey Murphy emprunte une bretelle de dégagement et gare sa Volvo sur un parking presque désert. Vu de l'extérieur, le Macadam Cow-boy est pire encore que ce que le policier avait imaginé : une fausse façade en planches mal équarries, la silhouette géante d'un vacher rigolard et, pour couronner le tout, l'inévitable enseigne en néon rouge à moitié déglinguée. Murphy frappe rudement à la porte. Après une attente interminable, un homme mal rasé se présente sur le seuil. Il examine la plaque du policier et avance une main molle dans sa direction.

– Alex King, propriétaire de l'établissement. Que puis-je pour vous ?

Sans y avoir été invité, Murphy pénètre dans la boîte. Il s'approche d'une lampe posée sur un coin du bar et tire de sa poche les photos que la mère de la victime lui a confiées.

– Belinda Hamilton, vous connaissez ?

Un éclair de gaieté s'allume soudain dans le regard du tenancier.

– Comment aurais-je pu l'oublier ? C'était la meilleure danseuse que j'aie jamais eue. Mes clients et mon tiroir-caisse étaient fous d'elle.

– Vous ne l'avez donc pas virée ?

– Vous plaisantez ! Je lui aurais volontiers signé un contrat de deux ans les yeux fermés si elle l'avait voulu.

Murphy se glisse sur un tabouret. Le miroir du bar lui renvoie une image trouble et fatiguée.

– Belinda a été assassinée à l'arme blanche, il y a cinq mois. Une partie de son squelette a été retrouvée dans les Appalaches. Je cherche à coincer son meurtrier.

La bouche de King s'ouvre et se referme mécaniquement. Comme celle d'un brochet en mal d'oxygène.

– Merde alors ! La pauvre gosse ne méritait pas ça !

– Aucune fille de vingt ans ne mérite d'être lardée de douze coups de couteau.

– Je comprends mieux pourquoi elle a disparu sans donner signe de vie.

– Au moment de sa mort, Belinda portait une courte jupe en cuir et des escarpins, poursuit Murphy. Ça vous dit quelque chose ?

– Bien sûr, c'était sa tenue standard. Son uniforme.

– Je veux maintenant que vous me racontiez en détail le déroulement de la dernière soirée qu'elle a passée ici.

– D'accord. Je vous sers un café ou un verre d'alcool ?

Murphy chasse l'air devant lui comme s'il se débarrassait d'un insecte nuisible.

– Ni l'un ni l'autre pour l'instant. Je vous écoute.

– Comme vous voudrez. Voyons, nous sommes en mai dernier. Un samedi soir. La boîte est pleine à craquer. Bel arrive comme d'habitude vers 21 heures. Elle file aussitôt dans sa loge pour se maquiller et se changer.

– En quoi consistait son costume de scène ?

– Où avez-vous vu que nous étions dans un campement scout inspecteur ? ronronne Alex King. Les affiches placardées à l'entrée sont pourtant explicites : « Danses expressives. Ambiance torride »

– Belinda vous avait-elle semblé contrariée ?

– Un peu tendue, peut-être. Elle était perfectionniste. J'avais beau lui dire de rester cool, elle mettait un point d'honneur à exécuter chaque soir son numéro en vraie professionnelle.

– Un rail de coke ou une prise d'amphétamines lui permettaient-ils de réduire la pression ?

King tripote l'énorme gourmette en argent qui pendouille à son poignet.

– Je sais qu'elle sniffait une ligne ou deux dans sa loge avant le spectacle. C'était malheureux. Je l'ai harcelée pour qu'elle y renonce. Sans succès. Que pouvais-je faire ? Elle était majeure et ne dealait pas.

– Vous ne lui fournissiez donc pas la marchandise ?

King s'offusque, toutes griffes dehors. Comme un chat qu'on dérange dans une sieste au soleil.

– Jamais de la vie ! Pour quelle raison aurais-je tué la poule aux œufs d'or ?

– Continuez.

– Bel faisait quatre prestations par soirée, à une heure d'intervalle. Les trois premières se sont déroulées sans incident. La dernière a été nettement plus agitée.

– Expliquez-moi.

– Disons pour faire simple que, ce soir-là, il y avait deux bandes rivales dans ma boîte. Un groupe de rock qui jouait sur scène par intermittence, et un groupe de motards. Apparemment Belinda en pinçait pour l'un d'eux depuis plusieurs jours. Les musiciens, qui se croyaient irrésistibles, ont mal pris la chose. Il y a eu une bagarre générale. J'ai dû appeler les flics. Quand ils ont rétabli le calme, vers 2 heures du matin, les motards et Belinda avaient disparu. Elle n'est jamais revenue travailler.

– En avez-vous déduit qu'elle filait le parfait amour avec le type en question ?

– C'était une explication logique. Je n'avais aucune raison de m'inquiéter pour elle.

– Savez-vous où crèchent les motards ?

– Los Bandidos, c'est comme ça qu'ils se faisaient appeler. Vous imaginez, los Bandidos ! Ils n'ont plus rôdé dans le coin depuis l'incident. Mais je sais qu'ils sévissaient dans les banlieues nord de Boston.

King dégringole du tabouret et se faufile derrière le bar.

– Je vous le sers, maintenant, ce café ou ce verre de gnole ?

– Allez-y. Double bourbon sans glace. Mais noyé dans de l'eau fraîche.

Dès son retour au commissariat, Murphy prend contact avec ses collègues de Boston. Il leur explique l'objet de sa recherche et leur faxe les photographies de Belinda. Trois jours plus tard, il obtient une réponse.

– On a coincé la bande en flag' dans un squat. Recel de marchandise volée, trafic de stupéfiants et, peut-être, viol en réunion. Mais la fille agressée est terrorisée et refuse de porter plainte.

– Bien joué !

– On a pu négocier avec les gars. Une peine légère contre le nom et l'adresse du suspect. Il s'appelle Walter Amstrong, race blanche, trente-cinq ans. D'après los Bandidos, il est aujourd'hui chauffeur routier à Los Angeles. L'entreprise de transport où il est employé s'appelle TAT pour Trans-America Trucking.

– Des infos sur la victime ? demande Murphy, en avalant difficilement la boule d'épines qui lui brûle la gorge.

– Après la bagarre dans la boîte, elle a passé quelques jours dans le squat avec la bande. Quand elle s'est volatilisée, Amstrong a aussitôt quitté Boston, sans demander son reste.

– Je vois.

– Autre chose, ajoute l'officier à l'autre bout du fil. Il est probable que Belinda était enceinte au moment de sa disparition.

– Vous avez dit Walter Amstrong ? demande Darryl Kennedy, le gérant de TAT, en glissant un crayon mâchouillé derrière son oreille.

– Il est employé chez vous depuis quelques mois.

Traversant la baie vitrée, le regard de Kennedy se noie un instant dans les nappes de brume qui recouvrent les faubourgs de Los Angeles. Puis il revient se poser sur le tableau de service déployé derrière lui.

– Au fait, savez-vous combien de kilomètres ma flotte de camions parcourt chaque année ?

– Aucune idée, grince Murphy, les nerfs à vif.

– Plus de treize millions. Soit l'équivalent de trois cent vingt-cinq fois le tour de la Terre. Pas mal, non ?

– Écoutez, je m'en bats l'œil, de vos camions. Où se trouve exactement Amstrong à l'heure actuelle ?

– Ne vous énervez pas. Il roule sur l'Interstate 70. Il traverse l'Utah en direction de Denver. Sa destination finale est Chicago.

– Avez-vous un moyen de le contacter ?

– Non. Par contre, je peux le localiser instantanément. Tous mes véhicules sont équipés d'un système de positionnement universel.

– Alors, actionnez votre GPS et vérifiez.

– Attendez-moi ici une minute.

Kennedy disparaît dans une pièce attenante. Quand il revient dans la salle de trafic, ses joues rebondies ont pris une teinte framboise.

– Bordel, c'est à n'y rien comprendre ! Amstrong s'est détourné sans raison valable. Il vient d'entrer dans l'Oregon et il se dirige à toute allure vers le Canada.

– Vite ! Faites-moi la description du camion et donnez-moi le numéro de sa plaque minéralogique.

L'avis de recherche prioritaire lancé par les policiers de Los Angeles est rapidement suivi d'effets. La vigilance aux péages des autoroutes est renforcée et des barrages routiers sont installés sur les routes secondaires. Vers 23 heures, grâce au GPS permettant sa localisation, le camion du fugitif est intercepté. Walter Amstrong se rend aux forces de l'ordre sans opposer de résistance. Il est aussitôt transféré par avion dans l'État du New Hampshire et placé en garde à vue. Muré dans le silence, il refuse obstinément de répondre aux questions de l'enquêteur.

En désespoir de cause, avec l'aide de ses collègues de Boston, Murphy prend alors contact avec los Bandidos. Muni d'un mandat d'amener, il menace d'arrêter la bande pour association de malfaiteurs et complicité de meurtre s'il n'obtient pas d'informations. Les motards tergiversent et donnent l'adresse d'un studio dans lequel Amstrong avait coutume de se réfugier et d'entreposer du matériel. Murphy procède à une perquisition. Outre un bric-à-brac de pièces détachées et d'objets hétéroclites, le local ne contient pas d'indices incriminant directement le prévenu. Le policier saisit néanmoins une liasse de papiers et une disquette informatique en carton. Une de celles qui circulaient encore à la fin du siècle dernier, avant d'être progressivement remplacées par des modèles en plastique, puis, plus tard, par des disques enregistrables et des clés USB. Murphy procède enfin dans son bureau à un ultime interrogatoire de l'assassin présumé.

– Quand Belinda a quitté le squat, je ne l'ai plus revue, persiste à répéter Amstrong.

Et le motard ajoute en ricanant :

– Vous perdez votre temps. Vous êtes incapable de prouver mon implication. Ma garde à vue s'achève ce soir. À minuit, je serai libre.

Tout en réfléchissant à la manière de procéder, Murphy retourne entre ses mains la disquette informatique.

– Qu'est-ce qu'il y a là-dessus ? demande-t-il à brûle-pourpoint au prisonnier.

– Des conneries.

– De quel genre ?

– Un jeu de merde que j'ai copié il y a longtemps.

Murphy repose la disquette.

– Je vérifierai ça.

À cet instant, Amstrong bondit de son siège. Avant que l'inspecteur n'ait le temps de réagir, il s'empare de la disquette et d'une paire de ciseaux qui traînait sur le bureau. Il recule de trois pas, se réfugie dans le coin le plus éloigné de la pièce et commence à découper frénétiquement le carré en carton qui contient la mémoire magnétique. Le policier se rue sur lui. Amstrong balance violemment sa chaise d'un coup de pied. Il interrompt une fraction de seconde son œuvre destructrice et menace le policier avec les ciseaux. Puis il taillade la disquette de plus belle. Des fragments de carton volent dans tous les sens.

– Garde ! Garde ! hurle Murphy en dégainant son revolver.

Bras tendus, arme pointée, doigt crispé sur la détente, il avance vers sa cible.

– Pose ce que tu tiens en main.

Amstrong s'exécute, sourire narquois aux lèvres. Des agents en uniforme entrent en trombe dans le bureau, ceinturent le détenu et le jettent en cellule.

Quand le calme revient dans la pièce, Bailey Murphy contemple à loisir l'ampleur du désastre. Le sol est jonché de débris. Prenant soin de ne rien déplacer, il téléphone aux agents de la police scientifique du New Hampshire. Puis, en attendant leur venue, il s'enferme dans son bureau pour ruminer son échec. « C'est pour détruire une preuve qu'Amstrong n'a pas hésité à se démasquer. Maintenant, de deux choses l'une : soit les experts parviennent à restaurer la disquette, soit, dans le cas contraire, le meurtrier m'échappe définitivement. »

Davis et Carrington, les spécialistes accourus sur place, recueillent les fragments de la disquette dans des boîtes en plastique et les transportent dans leur laboratoire pour les examiner. Les dégâts semblent irrémédiables. Après avoir considéré la difficulté sous tous ses angles, ils contactent des confrères du FBI. Avouant eux aussi leur impuissance, ces derniers les orientent vers un laboratoire privé qui restaure des programmes informatiques défectueux pour le compte de banques et de grosses entreprises. L'ingénieur consulté est d'emblée pessimiste.

– Sachez que nous n'avons encore jamais réussi à restaurer une disquette de ce genre. Essayer reviendrait à mobiliser une équipe complète d'informaticiens pendant plusieurs mois.

– À combien s'élèveraient les frais ? demande Davis, l'un des experts du New Hampshire.

– Comptez environ un million de dollars, sans garantie de résultats.

La longueur des délais, le coût exorbitant et le caractère aléatoire de l'opération dissuadent Murphy de donner son accord. Il n'ignore pas, par ailleurs, que le temps presse avant l'expiration de la garde à vue d'Amstrong.

– Débrouillez-vous comme vous voudrez avec les moyens du bord, finit-il par dire à Davis et Carrington. Si vous échouez, je ne vous en tiendrai pas rigueur. Si vous réussissez, vous pourrez vous targuer d'avoir fait mieux que le FBI et les grands labos techniques réunis.

Seuls et démunis, les experts envisagent une première approche.

– Je vais essayer de scotcher les morceaux ensemble, tout simplement, propose Carrington.

– Ça ne marchera jamais, répond l'autre. La disquette va se disloquer dès le premier essai.

– Lissons les parties froissées avec un fer à repasser. Découpons des lamelles de carton pour remplacer les morceaux endommagés et collons le tout avec de la bande adhésive.

Incapable de proposer une alternative à cette méthode périlleuse, Davis émet une objection du bout des lèvres.

– D'accord, mais limitons les risques. Testons ton idée sur une copie.

Les scientifiques lacèrent volontairement une disquette neuve. Après l'avoir restaurée avec du carton et du papier collant, ils l'introduisent dans le lecteur d'un ordinateur.

– Prêt ? demande Carrington.

– Prêt.

Le résultat ne se fait pas attendre. Après une série d'éructations, la machine recrache à l'autre bout de la pièce la disquette, déchiquetée en mille morceaux.

Sans se formaliser, Carrington ausculte méticuleusement les débris.

– L'adhésif était trop épais, s'esclaffe-t-il avec enthousiasme. Il est resté coincé dans la tête de lecture. Remplaçons-le et ça devrait fonctionner.

Les policiers se précipitent dans une papeterie et font l'acquisition d'un rouleau de bande collante fine et résistante. Puis ils réparent avec le plus grand soin la disquette originale détruite et, la peur au ventre, procèdent à un nouvel essai. L'ordinateur accepte cette fois de lire partiellement l'enregistrement, qui est aussitôt transféré sur le disque dur d'une seconde machine. Environ 80 % de son contenu est sauvé. Tandis que, sans préjuger du résultat, le laboratoire exigeait une brigade complète d'informaticiens, des mois de travail et un million de dollars, Davis et Carrington règlent le casse-tête en une demi-journée. En ne dilapidant que 59 dollars de l'argent public en fournitures diverses !

Bailey Murphy félicite ses hommes et se plonge fébrilement dans la lecture des dossiers miraculeusement restaurés. Il ne lui reste que quelques heures pour confondre le meurtrier présumé de Belinda Hamilton. Mais très vite, la déception cède le pas à l'accablement.

– À quoi rime ce fatras ?

De pleines pages de données techniques concernant des modèles de motos s'affichent sur l'écran de son ordinateur. D'autres font la part belle à un florilège de blagues salaces et à un répertoire d'organisations néo-nazies.

Murphy s'agace. Sa main s'agite sur la souris. Son regard se voile. Les lignes de texte dansent et se chevauchent. Il compulse les dossiers à toute vitesse, revient en arrière, s'embrouille. Et puis, tout à coup, là, dans un coin de l'écran, un symbole apparaît, sous lequel figurent deux lettres : B.H. Murphy clique dessus. Quand il parcourt les premières lignes, son cœur s'emballe. Amstrong a rédigé en style télégraphique le récit de sa courte et macabre liaison avec Belinda. Les yeux brûlants, le policier lit des extraits au hasard.

– « 9 mai. Touche avec la nana qui danse au Macadam Cowboy. Bien gaulée. Envie de me la faire. 20 mai. Baston dans la boîte. Emmené la fille dans le squat. Gin et coke. Elle est bonne. »

Comme s'il assistait à un film projeté en accéléré, le policier retrace au jour le jour le cauchemar de Belinda. Une descente aux enfers. Une chute libre. Un gouffre. Une nausée insupportable.

– « 25 mai. La salope veut plus coucher. Envie de la foutre sur le trottoir. »

Et puis, quelques lignes plus loin…

– « 28 mai. Balancé le corps dans la montagne avec Pedro. Rentrés crevés. Biture chez Joe. Bowling. Bonne rigolade. »

Murphy ferme les yeux. Un torrent d'images lui enflamme la tête. Un sentier dans les monts Appalaches. Une jupe en cuir, des escarpins. Un crâne dont les dents de la mâchoire supérieure ont été fracassées. Un visage d'argile au sourire malicieux. La piste de danse d'une boîte de nuit miteuse. Un gang de motards. Une jeune vie fauchée en plein apprentissage. Un écœurant gâchis...

Puis il compose lentement le numéro de téléphone du procureur.

Des balles et du sang

La femme qui pousse son caddy sur le parking du supermarché n'en croit pas ses yeux. A-t-elle rêvé ? Une vision a-t-elle surgi du cauchemar récurrent qui hante ses nuits depuis la mort de son mari ? Les monstres grotesques d'Halloween ont-ils prématurément envahi les rues de la ville ? La femme retire ses lunettes de soleil et scrute les alentours. Mais l'image a disparu. Elle réapparaît à d'autres passants, à la sortie du parking. Une petite fille hagarde et couverte de sang titube sur le bord d'un trottoir. Un lycéen, une ménagère et deux Aborigènes font maintenant cercle autour d'elle.

– Que t'est-il arrivé, mon cœur ? demande la femme en lui essuyant le visage.

– C'est grave. Elle est blessée, s'alarme le garçon. Elle a dû se faire renverser par une voiture. Il faut l'emmener à l'hôpital.

– Non. Conduisons-la d'abord au poste de police, tranche l'un des hommes avec autorité.

Il arrache l'enfant du sol et l'emporte prestement dans ses bras.

À peine informée de la situation, Ellen Brett, l'inspectrice principale du commissariat de Cairns, en Australie, se précipite à la réception. Quand elle découvre la fillette ensanglantée, elle compose aussitôt le numéro du service des urgences médicales. Puis elle tente de l'interroger à voix douce.

– Comment t'appelles-tu ?

L'enfant, prostrée, hoquette, tête baissée.

– Où est ta maman ? Où as-tu mal ? insiste l'inspectrice.

– Jade.

– Jade comment ? Tu dois me dire ton nom en entier et où tu habites. C'est très important pour que je puisse prévenir tes parents, tu comprends ?

Quelques minutes plus tard, un médecin réanimateur ausculte l'inconnue. Il rend bientôt un diagnostic réconfortant.

– Pas de traumatisme ni de trace de blessure apparents. Elle est en état de choc, épuisée, mais indemne. Le sang qui la recouvre n'est pas le sien.

– Est-il d'origine humaine ou animale ? demande l'inspectrice.

– Je ne suis pas équipé pour le déterminer. Je ferai faire un test sitôt arrivé à l'hôpital.

– D'accord, approuve Ellen Brett. J'appelle Kevin Henry, l'un de mes experts scientifiques, et je vous accompagne.

Pour spécifier la nature du sang, les sérologistes comparent un échantillon recueilli sur un suspect, une victime ou une scène de crime à une solution de référence. Le sang humain contient des antigènes qui réagissent aux anticorps de la solution à l'endroit où les flux entrent en contact. Il se forme alors une précipitation caractéristique de protéines. Faire passer un courant dans la solution accélère le résultat.

– Positif. Le sang est d'origine humaine, annonce un laborantin à l'issue du test.

Afin de s'assurer qu'elle n'a pas subi de lésions internes, l'urgentiste confie Jade à un radiologue qui la soumet à un examen IRM. Patientant dans un couloir de l'hôpital, Ellen Brett et Henry, l'expert scientifique, s'interrogent.

– Les gens sont incroyables ! s'insurge ce dernier, le rouge au front. Égoïstes. Indifférents aux malheurs des autres.

– Pourquoi dis-tu cela ? s'étonne l'inspectrice.

– La gosse a dû errer un moment dans les rues, avant d'être recueillie et conduite au commissariat.

– Comment peux-tu le savoir ?

– Étant rousse, sa peau est claire et fragile.

– C'est entendu.

– As-tu remarqué qu'elle avait attrapé un léger coup de soleil ?

– C'est vrai. Cela m'a d'ailleurs intriguée, car il n'est visible que sur la moitié droite du visage.

Henry poursuit son raisonnement.

– J'en conclus que, venant du sud, elle s'est dirigée vers le nord, sans changer de direction en cours de route.

– Voyons, récapitule la policière. Jade est âgée d'environ cinq ans. Elle erre seule dans la ville pendant un long moment. Elle est confuse. Pour quelle raison est-elle couverte de sang ? S'est-elle trouvée à proximité d'un accident ? L'un de ses proches s'est-il blessé ou a-t-il été blessé ?

L'expert se concentre, les yeux mi-clos.

– Elle est choquée. En état d'aphasie post-traumatique. Elle n'a été capable de te dire son nom qu'à une seule reprise. Elle a dû assister à une scène d'une grande violence.

– Une agression ? Un braquage ? Un cambriolage qui a mal tourné ?

– Un drame familial ?

– Retenons cette hypothèse. Maintenant, comment pouvons-nous localiser l'endroit où elle habite ?

– Seule Jade peut nous renseigner, concède Kevin Henry, découragé.

– Or elle est pour l'instant dans l'incapacité de s'exprimer !

L'expert brasse l'air moite qui stagne dans le couloir et empeste l'éther et le détergent.

– J'ai besoin de plus d'indices.

– Oui, mais où les trouver ?

– Ses vêtements ! Je vais les emporter au laboratoire et les faire analyser, s'exclame Henry. Peut-être nous fourniront-ils d'autres informations.

Deux heures plus tard, alors que Jade est toujours hospitalisée, l'expert rejoint Brett dans son bureau.

– Outre les taches de sang, j'ai prélevé des poils de chien, des traces de terre et d'herbicide sur le jean et le tee-shirt de la gamine.

– La famille de Jade possède un chien.

– Oui, en l'occurrence un bichon maltais. Mais un Australien sur deux ne possède-t-il pas un chien ?

– Et de la terre ?

– À base de latérite.

– L'herbicide ?

– J'ai détecté sur les chaussettes les traces d'un produit puissant en vente partout. Il sert à nettoyer la terre avant d'y planter du gazon.

Le visage de la policière s'éclaire d'une brève lueur d'espoir.

– Les parents de Jade habitent un pavillon doté d'un jardin, quelque part dans le nord de la ville.

– Et ils s'apprêtent à semer une pelouse, ajoute Henry. À Cairns, les meilleures périodes pour désherber sont mars ou octobre. Or, nous sommes en décembre.

– Tu as raison, c'est inhabituel. De ce fait, le jardin que l'on cherche doit être plus facilement repérable.

L'expert affiche une moue dubitative.

– Nous ne sommes que sept dans la brigade. Comment pourrons-nous passer au crible des centaines de maisons ? C'est mission impossible.

Volant à basse altitude, le pilote de l'hélicoptère quadrille méthodiquement les quartiers septentrionaux de la ville. À chaque rotation infructueuse, il hachure un secteur sur une carte d'état-major posée sur ses genoux. Puis l'appareil frôle à nouveau le toit des maisons et soulève l'eau écumante des piscines.

– Peter, j'ai quelque chose à trois heures, annonce Brett dans le micro de son casque.

L'hélicoptère bascule vers le Pacifique.

– Un pavillon délabré avec un jardin en friche sur le devant, constate le pilote.

– Des sacs verts sont entreposés près de la niche du chien.

– Un stock de désherbant ?

– Probablement. Pose-toi, je vais vérifier.

Dès que les patins effleurent la pelouse jaunie, la policière bondit hors de l'appareil. Elle court en s'arc-boutant vers la porte d'entrée. Quand elle distingue des traces de pas ensanglantés, elle sait déjà à quoi s'attendre. Mais ce qu'elle découvre à l'intérieur de la maison défie son imagination. C'est une hallucination. Un film d'horreur dont les effets spéciaux auraient été bâclés. Un cauchemar bien réel. Murs et planchers sont badigeonnés de sang.

Livide et flageolante, Brett alerte aussitôt son équipe. Quelques minutes plus tard, Kevin Henry la rejoint. Il est accompagné de Richard Schwartz, le médecin légiste, et de Brad Porter, un expert en balistique.

– C'est apocalyptique là-dedans, prévient la jeune femme. J'ai entrevu des cadavres dans les deux pièces du bas.

– Penses-tu qu'il y ait un lien entre Jade et la tuerie ? demande d'emblée Henry.

L'inspectrice confirme d'un hochement de tête.

– J'ai fait une enquête de voisinage en vous attendant. Une gamine de ce nom habite la maison. Et apparemment, elle ne figure pas au nombre des victimes.

Ellen tire un carnet de sa poche.

– Outre Jade, la famille Crawford se compose de Jack et Amy, les parents, environ trente-cinq - quarante ans. Alex, le fils aîné, seize ans. Sam, neuf ans. Et Dylan, un nourrisson âgé de quelques mois.

– Tous morts ? demande le légiste d'une voix blanche.

– Je n'ai pas eu le cœur de vérifier.

Kevin Henry s'avance vers sa collègue et lui attrape un bras avant qu'elle ne s'effondre.

– Les voisins ont-ils assisté à la scène ? Ont-ils vu s'enfuir le ou les agresseurs ?

– Pas que je sache. Ils prétendent ne s'être rendu compte de rien. Ils regardaient une série policière, le son de la télé à fond. Le fracas des détonations, fictives et réelles, a dû se confondre.

– Comment Jade a-t-elle échappé au massacre ? insiste l'expert.

– Ne sommes-nous pas là pour le découvrir ? répond Brett sèchement.

Richard Schwartz, le légiste, enfile une combinaison jetable et passe une paire de gants en latex.

– J'entre le premier.

Il ressort en courant quelques minutes plus tard.

– Appelez vite une ambulance ! hurle-t-il à la cantonade. Le père de famille est encore vivant. Sans doute plus pour longtemps.

Tandis que Crawford est évacué vers l'hôpital, le médecin esquisse un diagnostic :

– J'ai trouvé un fusil de chasse à portée de main du blessé.

– Le fusil appartient-il à un meurtrier venu de l'extérieur ? Ou Jack a-t-il retourné l'arme contre lui, après avoir tué sa femme et ses enfants ? demande l'inspectrice.

– Je vous le dirai quand j'aurai autopsié les corps et que les experts auront étudié la scène.

– Bien sûr.

Avant de s'adresser à ses hommes, Ellen Brett endigue les idées qui se bousculent dans sa tête.

– Limitons nos déplacements. Pendant qu'Henry fera les photos et la vidéo, j'établirai un plan détaillé des lieux, et toi, Porter, tu relèveras les empreintes digitales. Préservons le moindre indice. Je veux savoir avant ce soir qui a tiré sur qui.

À l'intérieur du pavillon, quatre corps gisent au rez-de-chaussée. Mme Crawford et Dylan, le nourrisson, ont été abattus dans la cuisine. Leurs visages sont réduits à un chaos de chairs labourées par la grenaille. Les autres sont morts dans le salon. Du sang, des traces de pas, des douilles et des impacts de chevrotine embrouillent et complexifient la scène de crime.

Deux heures plus tard, l'équipe se regroupe dans le jardin, sécurisé par des agents en uniforme.

– Tes premières impressions, Porter ? demande l'inspectrice.

– L'arme des crimes est le fusil semi-automatique Winchester, modèle Super X3 calibre 12 qui a été retrouvé sur les lieux. Une carabine ultramoderne. Très rapide. Onze cartouches ont été tirées. Il n'en reste qu'une dans le chargeur.

– Tu me communiqueras le numéro de série. Je vérifierai si l'arme a été enregistrée au nom de Jack Crawford ou si elle appartient à quelqu'un d'autre. Quoi d'autre ?

– Certains coups ont été tirés à bout portant, d'autres à distance.

– Comment imagines-tu le déroulement des événements ?

– Un détail me gêne.

- Lequel ?

– J'ai trouvé des résidus de poudre sur les doigts des fils, Sam et Alex.

Brett sursaute.

– Cela exclut-il la présence d'un tueur venu de l'extérieur ?

– Pas nécessairement. Mais les deux adolescents ont utilisé la carabine.

– Dans ce cas, pourquoi se trouvait-elle à côté de leur père ?

– Jack a dû s'en servir en dernier. J'irai à l'hôpital vérifier que les vêtements qu'il portait contiennent des résidus de tir.

– Donc deux, sans doute trois membres de la famille se sont entretués ? constate l'inspectrice avec un haut-le-cœur.

– Quand Crawford sortira du coma, peut-être nous fournira-t-il une explication.

– N'y comptez pas trop, prévient le légiste. Je doute qu'il survive à ses blessures.

– Que t'ont appris les traces de sang, retrouvées près des cadavres ? demande Ellen en s'adressant, cette fois, à Kevin Henry.

Mettre en évidence des taches de sang, même lavées à grande eau, différencier des taches causées par du sang ou par une tout autre substance, distinguer sang humain et animal relèvent de techniques qui ont fait progresser la science criminalistique à pas de géant, dès le début du XXe siècle. En 1901, un suspect ne peut déjà plus prétendre que le sang qu'il a sur les mains est celui du lapin ou du poulet qu'il a tué dans sa cuisine si ce n'est pas le cas ! Autre progrès : à la même époque, l'immunologiste Karl Landsteiner parvient à répertorier quatre types de sang en fonction des antigènes qu'ils contiennent. Si cette découverte permet aux enquêteurs d'affiner leurs analyses hématologiques sur les scènes de crime, elle est encore incapable de confondre un coupable, comme le feront des décennies plus tard les prélèvements d'ADN. Car, naturellement, des millions de personnes possèdent le même groupe sanguin. 45 % des Américains sont, par exemple, du groupe O !

Au cours des années 1930, le médecin écossais John Glaisner constate par ailleurs que la taille et la forme des traces de sang permettent de déterminer l'emplacement qu'occupait l'agresseur par rapport à sa victime, et de reconstituer le déroulement d'un crime. Il observe, en effet, que le sang qui goutte d'une faible hauteur forme sur le sol des gouttes larges et circulaires, alors qu'il produit de petites gouttes crénelées s'il s'échappe d'une artère tranchée d'un coup de couteau. Disposant peu à peu d'un véritable répertoire de taches, les experts apprennent à distinguer gouttes elliptiques, giclures, flaques, traînées et taches étalées Les premières apparaissent quand le sang tombe obliquement. Les secondes quand l'angle selon lequel le sang frappe une surface est inférieur à trente degrés. Les flaques indiquent généralement que la victime était statique et qu'elle s'est vidée de son sang au moment où son agresseur l'a frappée. Les traînées renseignent sur la direction du mouvement, tandis que les taches étalées suggèrent qu'un objet a été pressé contre la surface ensanglantée.

Traditionnellement, les spécialistes en marques de sang considèrent que les gouttes volent en ligne droite. C'est pourquoi ils utilisent des fils de couleur pour reconstituer et matérialiser le parcours des éclaboussures. Des programmes informatiques permettent maintenant d'automatiser les données et d'intégrer les distorsions dues à la force gravitationnelle. Avec ce procédé, les trajectoires sont légèrement arquées et donc plus réalistes.

Au milieu de la nuit, à la lueur des projecteurs, les policiers profitent d'un moment de répit pour faire un nouveau point et confronter leurs déductions. Avant d'interroger ses collaborateurs, Ellen Brett rend compte de ses propres découvertes. Pour appuyer sa démonstration, elle déplie le plan de la maison et du jardin des Crawford, qu'elle a établi sur du papier millimétré.

– J'ai relevé et référencé les empreintes des chaussures de tous les membres de la famille. En consignant les parcours des traces de pas ensanglantés, je me suis fait une assez bonne idée du déroulement des faits. Sans toutefois parvenir encore à établir un ordre chronologique. Je compte sur votre aide.

Le médecin légiste sort un calepin de sa blouse pour prendre des notes.

– Nous vous écoutons, Ellen.

– Première constatation : la famille s'est sans doute automassacrée. Sam, le fils âgé de neuf ans, est le seul à avoir quitté la cuisine avec du sang sous les semelles de ses baskets.

– Admettons qu'il soit le meurtrier de sa mère et du bébé, conclut Porter.

– Ses traces traversent le salon et s'arrêtent au pied du vieux fauteuil, face au téléviseur.

– Fauteuil dans lequel il est mort à son tour, intervient Henry. Le gamin baignait dans une flaque de sang.

– Blessure mortelle au ventre par arme à feu, précise le légiste.

Brett s'adresse à l'expert en balistique.

– Un commentaire, Brad ?

– Tir à bout touchant. Le canon de l'arme a été fermement appuyé contre l'estomac. Le tir a provoqué l'éclatement du vêtement et de la peau sous l'action des gaz d'explosion. La chaleur dégagée a brûlé l'orifice d'entrée et des résidus de poudre se sont concentrés tout autour.

– À ton avis, meurtre ou suicide ?

– Le suicide n'est pas à exclure. La Winchester Super X3 mesure soixante-six centimètres. Un enfant de neuf ans peut la tenir à bout de bras, s'enfoncer le canon dans le ventre et, en faisant un effort, presser sur la détente.

– Son père ou Alex ont pu tout aussi bien lui arracher l'arme des mains et faire feu, remarque Kevin.

– Naturellement, approuve la policière. Contentons-nous donc pour l'instant de ne retenir que l'hypothèse du double meurtre : Sam a tué sa mère et son frère cadet.

Ellen réajuste ses lunettes et se plonge à nouveau dans la lecture de ses notes.

– J'ai ensuite relevé les traces des semelles d'Alex et de Jade. Elles partent du salon, franchissent la porte d'entrée, traversent le jardin et conduisent à la niche du chien. Elles se séparent ensuite. Celles d'Alex retournent vers la maison, tandis que celles de Jade se dirigent vers le portail et s'estompent progressivement au fur et à mesure qu'elle s'éloigne vers le nord.

– Je me suis entretenu au téléphone avec la principale du collège, intervient fébrilement Kevin. Alex a quitté l'établissement à 16 heures, à la fin de ses cours.

– La tuerie avait-elle déjà commencé quand il est rentré à la maison ? s'interroge Schwartz.

– Supposons-le, tranche la policière. Quand il franchit la porte, Alex découvre le chaos. Jade est terrorisée. Se trouve-t-elle sous la menace de l'arme ? Quoi qu'il en soit, Alex se précipite. Il empoigne sa sœur et l'entraîne à l'extérieur pour la mettre à l'abri. Puis, plutôt que de prendre la fuite et alerter les voisins, il retourne courageusement dans le salon.

– Avec l'intention d'intervenir à nouveau, suggère le légiste. Veut-il sauver un autre membre de la famille qui se trouve en danger ?

– Mais lequel ? intervient Porter. Sam est-il en train de menacer son père avec le fusil ? Ou Jack s'en est-il emparé et s'apprête-t-il à faire feu sur son fils ? Dans l'hypothèse où Sam ne s'est pas suicidé, nous ignorons lequel des deux a touché l'autre le premier.

– D'autant que les traces des semelles s'embrouillent et se superposent, ajoute Brett.

– Supposons maintenant que Jack et Alex se disputent au milieu du salon, enchérit Henry.

– Sans doute pour la possession du fusil. Ce qui laisse entendre que Sam est déjà mort.

– Quelques instants plus tard, la bagarre s achève par la mort d'Alex…

– … Et par la blessure de Jack.

L'inspectrice replie son plan et l'empoche nerveusement.

– Nous avons avancé. Sans comprendre les causes du drame ni pouvoir déterminer les responsabilités imputables à chaque intervenant. Concentrons-nous sur les indices. Ils ont encore mille choses à nous apprendre.

Au milieu du XIXe siècle, la prolifération des armes à feu en Europe et aux États-Unis contribue à augmenter de façon exponentielle la criminalité. Face à ce phénomène alarmant, les policiers tentent d'inventer des outils fiables, capables de confondre rapidement les tireurs meurtriers. Leur tâche aurait été d'une extraordinaire difficulté si les armuriers n'avaient pas constaté qu'en rayant l'intérieur des canons, ils triplaient la portée et amélioraient la précision des armes à canon lisse qu'ils fabriquaient auparavant. Les rayures sont obtenues en introduisant dans le tube d'éjection une lame d'acier hélicoïdale plongée dans de l'huile. Comme celle d'un rasoir de barbier, elle s'émousse et doit être sans cesse aiguisée, changée et réajustée. Ainsi les gravures propres à chaque canon sont-elles fidèlement transmises à la balle, lorsqu'elle est violemment pressée contre la paroi et expulsée avec un mouvement de rotation sous l'effet des gaz d'explosion.

En 1913, Balthazard, professeur de médecine à Paris, remarque aussi que la douille peut être un indice précieux. Lorsque le tireur appuie sur la détente, le marteau frappe le percuteur, qui imprime une marque caractéristique à la base de la douille. Ces deux spécificités sont nettement détectables à l'aide d'un microscope comparatif. Agrandies par la photographie ou reproduite plus tard en trois dimensions par ordinateur, elles offrent la possibilité irréfutable d'associer une victime à l'arme dont l'assassin s'est servi contre elle.

D'abord répertoriées de façon empirique, les marques distinctives de chaque modèle d'arme font aujourd'hui l'objet de fichiers informatisés. Douilles et balles retrouvées sur les lieux d'un crime ou saisies chez un suspect alimentent, elles aussi, des bases de données sans cesse réactualisées. Les défauts visibles sur chaque projectile sont numérisés puis comparés presque en temps réel grâce à leurs algorithmes. Les systèmes CIBLE en France, Ibis et DrugFire aux États-Unis permettent ainsi d'élucider chaque année des centaines de meurtres commis par armes à feu.

Évaluer avec précision la distance entre le tireur et la victime est également une donnée fondamentale pour valider ou infirmer la thèse du suicide, établir la légitime défense ou l'homicide involontaire. Lorsque la balle sort du canon, la combustion de la poudre provoque un nuage de fumée et de gaz très chaud, qui prend feu au contact de l'air. Mais la poudre contenue dans l'étui de la cartouche ne brûle pas entièrement. Des résidus sont projetés vers l'extérieur et laissent des traces dans la zone avoisinant la bouche du canon. Les balisticiens font la distinction entre tir à bout touchant, à bout portant et à distance. Dans le premier cas, le canon de l'arme est pressé contre le corps de la victime, occasionnant des brûlures sur les bords de l'orifice d'entrée. Si l'arme n'est pas appuyée, les grains de poudre s'incrustent dans la peau ou l'étoffe du vêtement et forment une auréole. Si le tir est horizontal l'anneau sera circulaire, et ovale si l'arme a été braquée de biais. Au-delà d'un mètre, dans le cas d'un tir à distance, la présence de résidus de poudre n'est souvent plus décelable.

Les experts doivent également être capables de déterminer le chemin que parcourt un projectile avant d'atteindre sa cible. La première étape consiste à faire la différence entre orifices d'entrée et de sortie. Car, à partir de ces deux points, ils pourront établir une trajectoire, reconstituer la scène, et connaître la position du tueur. Dans ce but, les balisticiens utilisent sur le terrain des rayons laser portatifs. Précis et faciles à employer, ils remplacent avantageusement les ficelles colorées qu'ils tendaient autrefois en tous sens à travers la scène de crime. Puis le médecin légiste pratique une autopsie et introduit des baguettes en plastique dans les orifices pour vérifier les trajectoires. Enfin, si le doute persiste, un expert en balistique corrobore les angles et les distances des tirs, en se servant de l'arme du crime sur un mannequin de la taille et de la corpulence de la victime, et qui porte des vêtements à l'identique. Pour reconstituer la consistance de la matière cervicale et analyser les éclaboussures dues à l'impact d'une balle, certains experts anglo-saxons remplissent la tête du mannequin de nouilles et d'huîtres, auxquelles ils ajoutent de l'hémoglobine synthétique. Un cocktail peu ragoûtant mais, paraît-il, très efficace !

Deux jours plus tard, le médecin légiste et les experts disposent de suffisamment d'éléments pour se risquer à reconstituer le déroulement du drame. Kevin Henry apporte ses conclusions le premier.

– Sam tue sa mère et Dylan dans la cuisine. C'est une certitude bien que nous ignorions toujours sa motivation. Puis il se suicide quelques instants plus tard. Des résidus de poudre, visibles sur l'index de sa main droite, et l'absence de distance entre la plaie et la bouche du canon confirment cette hypothèse.

– Même conclusion, approuve Brad Porter. Pour tuer son fils, Jack aurait dû lui arracher le fusil des mains et faire feu à bout portant. Dans ce cas, le coup aurait été porté du haut vers le bas selon un angle d'environ quarante-cinq degrés. Or la peau du ventre est brûlée et des plombs se sont incrustés dans le visage jusqu'à la racine des cheveux, en pénétrant par le front et non par la voûte crânienne.

Le légiste intervient à son tour.

– Nous sommes tous d'accord sur ce point. Poursuivons : lorsque Alex rentre du collège, ne restent en vie que Jade et son père. Ce dernier a récupéré la Winchester. Il est en état de choc. Il gesticule. Il bredouille. Comment Alex peut-il interpréter cette attitude confuse ?

– Il pense, naturellement, que son père est l'auteur de la tuerie, souffle un expert.

La voix de l'inspectrice se noue.

– Et qu'il est sur le point de tuer sa petite sœur.

Henry et Porter interviennent ensemble, se coupant mutuellement la parole.

– Alors, sans réfléchir, il entraîne Jade à l'extérieur.

– Il la cache dans la niche et se rue à nouveau dans le salon…

– Pour neutraliser son père qu'il croit devenu fou…

– Ou pour lui régler son compte. Pour venger les autres membres de la famille assassinés.

– Jack s'embrouille dans ses explications. Il nie. Il jure ses grands dieux n'être pour rien dans le massacre. Il supplie son fils de l'écouter…

– Mais il brandit toujours la carabine de façon incohérente et menaçante.

– Alex est terrorisé. Il bondit sur son père.

– Jack se défend. Il comprend soudain que sa propre vie est en danger.

– Il réalise que son fils n'hésitera pas à l'abattre, s'il parvient à s'emparer du fusil.

– Ils luttent sauvagement. Un coup part. Sans doute accidentellement. Crawford est touché au bas-ventre.

– À bout portant, tir légèrement orienté de haut en bas, précise l'expert en balistique.

– Il se vide de son sang, bien qu'aucun organe vital ne soit touché, explique Schwartz.

– Alex se précipite vers la porte sans se retourner.

– Jack s'affale au milieu du salon. Avant de perdre connaissance, il presse la détente. Mortellement blessé au dos, Alex s'écroule.

– Cette fois le coup est tiré de bas en haut, et d'une distance de 2,60 mètres, ajoute Porter.

– Gerbe d'éclaboussures fines et dentelées sur le mur du fond.

– Cœur, foie, reins et poumons transpercés par la mitraille, ajoute le légiste. Alex succombe en quelques secondes.

– La carabine tombe à côté de Crawford. Il ne reste plus qu'une cartouche dans le chargeur.

– Quand le silence se fait dans la maison, Jade se glisse peureusement hors de la niche. Elle fait quelques pas dans le jardin, ouvre le portail et marche droit devant elle en chancelant.

– Environ une heure plus tard, des passants la remarquent enfin. Ils la réconfortent et la conduisent au commissariat.

– Fin de l'histoire, conclut Ellen Brett. Quel gâchis ! Quatre tués, un blessé et une orpheline âgée de cinq ans. Mais pourquoi ?

Dès qu'elle apprend que Jack Crawford est sorti du coma, l'inspectrice se rend à l'hôpital. Avant qu'elle ne pénètre dans le service de réanimation, un chirurgien la met en garde.

– Je vous conseille d'aller droit au but. Vous ne pourrez tirer que quelques mots du blessé. Il est dans un état critique. Les heures, voire les minutes lui sont comptées.

Une infirmière soulève le masque à oxygène qui recouvre le visage exsangue.

– Pour quelle raison Sam a-t-il tué sa mère et le bébé ? susurre la policière.

– C'est à cause de moi.

– Qu'avez-vous fait ?

L'agonisant cligne les yeux et aspire l'air goulument.

– Alex ?

– Il est mort, monsieur Crawford. Tué sur le coup. Le médecin prétend qu'il n'a pas souffert.

– Jade ?

– Elle est en vie. Saine et sauve. Elle est en observation ici, dans la chambre voisine.

Au prix d'un effort désespéré, Crawford se redresse.

– Amenez-la-moi, je vous en prie. Je veux l'embrasser une dernière fois. La serrer dans mes bras. Lui demander pardon.

– Je regrette. Elle est faible et choquée. Vous ne pouvez pas lui imposer cette épreuve.

L'infirmière applique à nouveau le respirateur sur le visage livide. Elle bredouille :

– Dépêchez-vous, il va nous quitter.

Elle retire le masque.

– Répondez-moi : pourquoi Sam a-t-il tué sa mère ? répète Ellen. Pourquoi dites-vous que vous êtes fautif ?

– Parce que tout était moche chez nous.

– Qu'est-ce qui était moche ?

– Notre vie.

L'inspectrice pose doucement une main sur celle de l'homme.

– Expliquez-vous.

– La maison pourrie impossible à payer. Les dettes qui s'accumulent. Le chômage. L'alcool. La honte. Les scènes, les cris, les coups, les pleurs. Les enfants malheureux… Il fallait en finir. Sam a pris la décision que je n'avais pas eu le courage de prendre.

Brett resserre doucement son étreinte.

– S'il vous tenait responsable de la situation, pourquoi Sam n'a-t-il pas tiré sur vous ?

Le buste du mourant se raidit. Des larmes jaillissent de ses yeux.

– Je n'en sais rien. Peut-être a-t-il voulu délivrer sa mère la première ? S'assurer qu'elle ne survivrait pas au cauchemar…

La tête de Jack Crawford retombe sans bruit sur l'oreiller.

Pour un riff de guitare

Comme des insectes laborieux, caparaçonnés d'éclats métalliques, les hommes gravissent une colline encore fumante. Parvenus au sommet, ils marquent une pause, chassent bruyamment l'air vicié qui leur brûle les poumons, s'épongent le front, et laissent leurs regards errer un instant sur un paysage de désolation.

– Si c'est pas malheureux, tout de même !

– Au moins cent hectares de garrigue partis en fumée, confirme le plus jeune des pompiers.

– Et la météo n'annonce rien de bon !

– Pas une goutte de pluie !

Le vétéran piétine les flammèches qui rampent sur la terre et lèchent la tige de ses bottes.

– Si le mistral se lève, on est bons pour y passer la nuit !

Les pompiers dégringolent une pente, contournent les souches roussies de ce qui, quelques heures plus tôt, était encore des chênes verts, et poursuivent leur progression vers le nord. Bientôt celui qui ouvre la marche stoppe net. Il tend machinalement le bras en direction de son jeune collègue, comme pour le protéger.

– Ne bouge pas, il y a quelque chose de bizarre.

Le pompier s'approche prudemment de la forme qu'il distingue en contrebas. Ses paupières s'écarquillent. Contre toute attente, le corps de l'homme qui gît sur le sol n'est pas carbonisé, et ses jambes nues forment un angle grotesque de quarante-cinq degrés par rapport au torse. Poussé par la curiosité, le jeune sapeur a rejoint son aîné. En dépit de la chaleur torride, un spasme glacé lui secoue les membres.

– J'ai jamais vu ça ! bredouille-t-il d'une voix étranglée.

L'inconnu est vêtu d'un maillot de bain, et les palmes de plongée sous-marine qu'il porte aux pieds sont pointées vers le ciel.

Une demi-heure plus tard, un hélicoptère de la gendarmerie de Marseille émerge des nappes de fumée grise. Quand ses patins effleurent le flanc de la colline, deux hommes et une femme jaillissent hors de la carlingue et courent, le dos courbé, vers les pompiers.

– Lieutenant Philippe Soustelle ! hurle le premier à travers le fracas du rotor.

– Serge Nicolo, médecin légiste.

L'hélicoptère reprend de l'altitude. Nicolo se penche sur l'homme étendu à ses pieds, pose deux doigts sur la carotide, et se redresse souplement.

– Mort.

La femme se présente à son tour.

– Agnès Cristobal, COCrim, coordinatrice de la criminalistique.

– Pas banal ! commente sobrement Soustelle, en examinant la posture et l'accoutrement du cadavre.

– Vraiment pas banal !

Le pompier le plus âgé anticipe une question.

– Le type est exactement dans l'état où on l'a trouvé. On n'a touché à rien.

Le regard du lieutenant balaye le sol cendreux.

– Pas de trace de pas ou de pneus. Le type n'a pas été déposé ici après l'incendie.

– Conclusion : il se trouvait sur les lieux avant le départ du feu, raille Cristobal. Brasse coulée dans la garrigue. Avec palmes de plongée et slip de bain !

– Puis nage sur le dos à travers les flammes, enchérit le médecin sur le même ton goguenard. Sans subir de brûlures ! Ce mec n'est pas seulement un original, c'est Superman !

Soustelle grimace un sourire et demande au légiste :

– Tu peux déterminer l'heure du décès ?

Nicolo s'agenouille à nouveau. Il effleure délicatement les paupières et les mâchoires du cadavre.

– Faible rigidité cadavérique. Je dirai que la mort est survenue entre 13 et 15 heures. Compte tenu de la chaleur ambiante, la température du corps ne nous apprendrait rien de plus.

Agnès Cristobal, la jeune criminologiste, s'adresse aux pompiers :

– À quelle heure l'incendie s'est-il déclaré ?

– Nous avons été mis en alerte vers 15 heures.

– Et quand, à votre avis, le feu a-t-il atteint cette zone ?

– Sans doute moins d'une heure plus tard.

Le médecin regarde furtivement sa montre.

– Soit il y a environ deux heures. Ça confirme mon diagnostic, mais on n'est pas avancés. Aidez-moi à retourner le corps, s'il vous plaît.

Les pompiers s'exécutent avec empressement, soulagés de ne plus avoir à jouer le rôle de simples figurants.

– Traces superficielles de brûlures, relève le légiste. Le sol était déjà calciné quand le type est tombé sur le dos.

– Donc après le passage du feu, s'entête le lieutenant. Quand il ne restait plus du maquis que des brindilles incandescentes.

– Et des plaques de cendres dispersées un peu partout, rappelle la COCrim. Or, nous l'avons constaté, il n'y a aucune empreinte de pas, de pneus, ou de palmes dans les environs.

– D'accord. Comment expliques-tu maintenant la position des jambes ? demande Soustelle au légiste.

– Je remarque une importante contusion à l'arrière du bassin. Le bas de la colonne vertébrale est pulvérisé. En miettes. Les ailes iliaques ont éclaté sous l'effet d'un choc d'une extrême violence, désarticulant du même coup les têtes fémorales.

– Les fémurs ont jailli hors des hanches pour prendre cet angle biscornu, traduit la criminologue. Comme si la victime avait été percutée par-derrière par un véhicule ou un engin lancé à grande vitesse. Elle a été disloquée comme un pantin.

– Non. L'absence d'hématomes sous-épidermiques indique que la percussion s'est produite post mortem.

Soustelle écarte les bras en signe d'impuissance.

– Ce qui signifie que…

Nicolo pointe un doigt au-dessus de sa tête.

– … que notre macchabée est tombé du ciel !

L'hélicoptère effectue une nouvelle rotation, emportant à son bord l'équipe de la gendarmerie et le cadavre de l'inconnu, suspendu dans une civière. À peine le corps a-t-il été transféré à la morgue de l'institut médico-légal de Marseille qu'Agnès Cristobal prélève ses empreintes digitales et les introduit dans le FAED, le Fichier automatisé des empreintes digitales, puis dans le TNR, le Fichier des traces non résolues. Sans succès. L'homme ne faisant pas partie des quelque deux millions de personnes répertoriées par les services de police et de gendarmerie. Le lieutenant Soustelle consulte, sans davantage de résultat, le Fichier des personnes recherchées, une base de données alimentée par les avis de recherche nominatifs.

Dans un bureau attenant à la morgue, Soustelle et sa collègue résument la situation.

– Nous avons une victime âgée de vingt-cinq à trente ans, trouvée dans une garrigue incendiée, à un kilomètre au nord-est de la D5, au-dessus de Martigues.

– Découverte survenue environ deux heures après la mort, poursuit la COCrim.

– L'homme portait des palmes de plongée sous-marine et était vêtu d'un slip de bain. Le visage et le torse présentent de profondes éraflures. Le bas de la colonne vertébrale et le bassin ont été fracturés après la mort.

– Pulvérisés, rectifie la femme. Ils ont été pulvérisés, a dit Nicolo.

– D'accord, pulvérisés. Des traces de brûlures sur le dos indiquent que l'homme se trouvait sur les lieux après le passage du feu. Le corps n'a pas été carbonisé. Par ailleurs, nous n'avons pas relevé de marques de pas, de pneus ou d'indices exploitables à proximité. Nous suspectons néanmoins qu'il s'agit d'un homicide.

Soustelle compose un numéro sur le cadran de son téléphone portable.

– J'appelle le procureur de la République.

– Dès que nous aurons obtenu son accord pour ouvrir une enquête préliminaire, je demanderai à Nicolo d'autopsier le cadavre.

Ici tout est blanc. Blanc, glacé et silencieux : les tables d'autopsie, les carreaux au mur, les bacs d'évier, les gants en latex, les bottes en caoutchouc et les tabliers de Serge Nicolo, le médecin légiste, et d'Arthur Varin, le photographe.

À 21 heures, deux agents d'amphithéâtre sortent un chariot d'un réfrigérateur, dont la température est maintenue à 4 °C. Ils le poussent devant eux, transfèrent la dépouille blafarde sur une table en inox, et placent un bloc en caoutchouc sous sa nuque. La poitrine du cadavre se soulève, ses bras et son cou s'abaissent. Le médecin enclenche un magnétophone relié à un micro, suspendu au plafond. Il fait un essai, rembobine la bande et s'adresse au photographe d'une voix fatiguée.

– Photos, s'il te plaît, Arthur.

Varin s'exécute. Une rafale de flashs crépite, rebondit, et éclabousse les carreaux en faïence.

– La victime est vêtue d'un maillot de bain noir. Nous le lui retirons.

Les agents tendent la pièce de tissu au légiste, après l'avoir roulée avec difficulté jusqu'aux pieds du cadavre.

– Marque Udy, taille quarante-deux, fabrication espagnole, précise Nicolo en glissant le slip dans un sac en plastique.

– La victime porte autour du cou une médaille plaqué or, retenue par une chaîne de même métal. La face antérieure représente l'effigie de la Vierge. Un mot est gravé – probablement en russe – sur la face postérieure.

Chaîne et médaille tombent au fond d'un autre sac. Le médecin poursuit son monologue.

– L'homme est de race caucasienne, de type méditerranéen. Il mesure 1,76 mètre et pèse soixante-douze kilos. Cheveux noirs mi-longs. Je fais un prélèvement. Les iris sont noirs, les cristallins opacifiés. Je fais un prélèvement.

L'aiguille de la seringue traverse la cornée et l'iris, et le siphon ponctionne de l'humeur vitrée.

– Photo, s'il te plaît. Détails des plaies.

Le moteur du Reflex bourdonne. Les zébrures blanches du flash annulaire s'impriment une fraction de seconde sur la peau bleutée. Les joues et la poitrine du mort sont marquées de griffures effilées. Elles ressemblent aux scarifications rituelles que pratiquent certains peuples africains.

– Profondes éraflures post mortem sur le visage et le thorax, commente le légiste. Le nez a été fracturé il y a plusieurs mois, provoquant une déviation de la cloison nasale. Les os se sont recalcifiés, sans que le sujet ait subi de rhinoplastie. Double trace d'hématomes sur la tempe droite. Les vaisseaux capillaires, éclatés autour de la lésion, indiquent que les coups ont été portés ante mortem avec un objet plat et contondant. Prélèvement de tissu.

Le médecin ajuste le scialytique. Il disjoint avec difficulté les mâchoires du mort, et les maintient entrouvertes avec des écarteurs.

– L'état bucco-dentaire est mauvais. L'hygiène et l'alimentation laissaient à désirer. Absence de soins. Caries multiples.

Nicolo glisse des films souples dans la bouche de la victime, retire les écarteurs, et réalise une série de radiographies panoramiques. Enfin, il ausculte attentivement l'intérieur de la bouche avec un miroir de dentiste en plastique.

– Traces métalliques sur la face antérieure des incisives. J'effectue un prélèvement.

Nicolo interpelle les agents de la morgue. Assis dans la pénombre, ils disputent en silence une partie d'échecs.

– J'aurais besoin d'un coup de main, les gars. Maintenez-lui la bouche ouverte, s'il vous plaît.

Deux dents sanguinolentes échouent bientôt dans une pochette.

– Les ongles des doigts de la main droite sont longs, taillés en pointe, et recouverts d'une épaisse couche de vernis. J'effectue un prélèvement.

La pince à os tranche le pouce et l'index du cadavre. Le photographe fait un bon en arrière et ravale un haut-le-cœur.

Après avoir méticuleusement ausculté la face postérieure du corps, Serge Nicolo abaisse le heaume de son masque en plexiglas. À l'aide d'un scalpel, il pratique sur le thorax et l'abdomen une incision en Y, des épaules au pubis. Il retire le plastron, et sectionne les côtes à la pince pour accéder aux grands organes. Il est 22 h 15 quand un sourire satisfait s'affiche enfin sur son visage.

Le lendemain matin, Cristobal, Soustelle et Nicolo se retrouvent dans un bistro du vieux port. Lorsque le médecin tire un paquet de tabac de sa poche et commence à rouler une cigarette avec une exaspérante lenteur, les deux autres respectent le rituel. Rongeant leur frein, ils patientent jusqu'à ce que le légiste aspire une première bouffée, longue et voluptueuse.

– Nous avons beaucoup d'éléments. À vous de faire le tri et d'en tirer des conclusions, commence Nicolo, en dévisageant les gendarmes, comme s'il s'étonnait soudain de leur présence dans le café.

Soustelle pose stylo et carnet sur la table.

– Votre type a été frappé à la tête à deux reprises et il s'est noyé. Sa mort résulte de la combinaison des deux événements simultanés. J'ai trouvé de l'eau dans les poumons et l'estomac, mais aucune trace de sang. J'en déduis qu'il ne s'est pas débattu, qu'il n'a pas tenté désespérément de remonter à la surface pour reprendre son souffle.

– Était-il inconscient ? demande Cristobal.

– Groggy, partiellement assommé. Nous avons un trauma crânien doublé d'une asphyxie.

– Selon toi, le type se trouvait-il sur une plage ou dans un bateau ? demande Soustelle.

– Dans une barque, vraisemblablement. L'arme du crime peut être une rame en bois. Les diatomées, retrouvées dans les poumons, et les tissus des plaies nous l'apprendront après analyse.

– Dans une barque ! répète la criminologue, pensive. Alors comment expliques-tu que le cadavre se soit retrouvé dans une garrigue en feu, à deux kilomètres du bord de mer ?

– Tu n'as pas une petite idée ?

Cristobal fait la moue, entortille une boucle blonde sur son front. Soustelle tapote son stylo sur le bord de la table. Puis il lève un doigt comme un collégien.

– Je crois avoir trouvé.

– Je t'écoute.

– Ce type a été happé par un Canadair. L'avion l'a largué avec sa cargaison d'eau, quand l'incendie était partiellement maîtrisé. Ça explique les balafres sur le visage et sur le torse, les os du bassin explosés après la chute, et les brûlures légères sur le dos.

Le légiste s'esclaffe. Il tapote le bras du lieutenant comme pour le réprimander gentiment.

– Allons, Philippe !

– J'ai dit une connerie ?

– Épargne-nous la légende des Canadair mangeurs d'hommes ! Sur les bombardiers d'eau, les valves de remplissage des réservoirs latéraux sont de la taille d'un carton à chaussures. Tout juste capables d'avaler des sardines !

Soustelle se renfrogne.

– Admettons. Tu as une autre explication ?

– J'y ai réfléchi une partie de la nuit. J'ai une théorie, mais vous devrez la vérifier auprès de la Sécurité civile. À Istres ou à Marignane.

– Nous sommes tout ouïe, docteur, intervient Cristobal, d'un air pincé.

– S'il est impossible à un homme d'être happé dans les soutes d'un avion, je pense que, s'il flotte entre deux eaux, il peut être cueilli par un *Bambi Bucket* de grande taille.

Le lieutenant plisse le front douloureusement.

– Un *Bambi* quoi ?

– *Bucket*. Un *Bambi Bucket*. C'est le nom donné aux seaux circulaires en toile renforcée qui équipent les hélicoptères bombardiers d'eau. Les modèles les plus récents doivent être assez vastes pour pêcher un homme et l'emporter.

Le médecin s'adresse au lieutenant.

– Excepté le mode de transport du macchabée, ton explication tenait la route.

– Donc, les éraflures post mortem…

– … causées par les sangles métalliques, qui relient le seau à la carlingue de l'appareil.

– Et, naturellement, le type s'est fracassé la colonne vertébrale, après avoir été largué avec la cargaison d'eau.

– Oui, il s'est écrasé sur un rocher d'une altitude d'environ cinquante mètres, et il a rebondi plus loin. J'ai extrait des fragments de quartzite incrustés dans la peau de son dos.

– D'accord, d'accord, nous avons progressé. Nous supposons maintenant que le lieu du crime était l'étang de Berre, bougonne Cristobal, agacée de ne pas avoir trouvé elle-même l'explication.

– Je demanderai à la Sécurité civile de me fournir les horaires de rotation des hélicos et la configuration exacte de leurs *Bambi* truc, intervient Soustelle, ragaillardi.

– Si ce scénario se confirme, il faut passer les berges de l'étang de Berre au peigne fin pour essayer de retrouver la barque, conclut la COCrim.

Quand Serge Nicolo plonge à nouveau les doigts dans sa blague à tabac et semble s'isoler du reste du monde, les gendarmes échangent un regard amusé et font mine de s'intéresser aux consommateurs qui déambulent dans le café. Bientôt le médecin tire avec délice sur sa cigarette et déplie devant lui un bout de papier chiffonné.

– J'ai encore deux ou trois choses susceptibles de vous intéresser. Il y a, tout d'abord, ce mot écrit sur une face de la médaille de la Vierge, que la victime portait autour du cou.

Plus rapide que son collègue, Cristobal s'empare du papier. Mais elle le repousse aussitôt, l'air déçu.

– Désolée, je ne lis pas le serbo-croate.

– C'est du russe. Je l'ai fait traduire par une amie. « Спасибо» : ça se prononce *volia*, et ça signifie « liberté ».

– Le type serait russe ?

– Aucune certitude. Juste un mot gravé sur une médaille.

– Quoi d'autre ? demande la criminologue, en griffonnant la traduction du mot sur son calepin.

– Le maillot de bain que portait la victime est de marque et de fabrication espagnoles.

– Comme des milliers d'autres portés partout en France.

– J'ai plus excitant, dit Nicolo. J'ai découvert des traces métalliques à l'arrière des incisives. Et les ongles de la main droite, longs et pointus, étaient recouverts d'un épais vernis. Dents et doigts sont au labo.

– Le métal est peut-être lié à une activité professionnelle, s'empresse de déduire Cristobal. Les pêcheurs coincent fréquemment leurs hameçons entre leurs lèvres. Et n'oublions pas que le type se trouvait dans une barque.

– Pourquoi pas ? concède Nicolo, sans grande conviction. Mais les dents des musiciens qui jouent d'un instrument à vent en métal peuvent aussi présenter cette particularité.

– Tout comme les tapissiers, qui ont la bouche pleine de clous du matin au soir, enchérit Soustelle.

– Attendons que les échantillons soient passés au spectromètre de masse, tranche le médecin. Nous saurons s'il s'agit de laiton, de cuivre, d'acier, ou de Dieu sait quoi.

– Tu as dit aussi que les ongles du type était longs et vernis ? demande la criminologue.

– Uniquement ceux de la main droite. Ceux de la gauche étaient coupés courts, crasseux, et sans vernis.

– Des indices ?

– Des traces métalliques sous les ongles les plus longs. Un métal apparemment différent de celui trouvé derrière les dents.

Soustelle regarde ses mains, esquisse des gestes désordonnés, et se redresse brusquement.

– Un guitariste ! Le type était un guitariste ! Il grattait les cordes de la main droite et les pinçait avec les doigts de la main gauche.

– Et les couches de vernis servaient à lui durcir les ongles ! s'écrie aussitôt la femme.

– Vous avez sans doute raison, intervient le médecin. Je pense comme vous que le type était musicien. Outre de la guitare, il pouvait jouer de la trompette ou du trombone.

– De l'harmonica !

– Ou de la guimbarde !

L'enthousiasme retombe d'un coup et un long silence s'installe soudain autour de la table. Comme si chacun concentrait ses idées en retenant son souffle. Comme si chacun essayait de capter les pensées secrètes des deux autres. Puis Soustelle empoche ostensiblement carnet et stylo, Cristobal fait mine de relire ses notes, et Nicolo se lève lourdement de sa chaise.

– Je rentre terminer mon rapport. Je vous l'envoie par mail dans deux heures. Ciao !

En début d'après-midi, le rythme de l'enquête s'accélère. Philippe Soustelle contacte, à Istres, la base aérienne de la Sécurité civile. Il demande à parler au responsable du trafic aérien. Au bout de quelques minutes, il obtient la confirmation qu'un hélicoptère Super Puma AS 332 a bien effectué des rotations entre l'étang de Berre et la garrigue incendiée, à l'heure de la mort supposée de l'inconnu. L'appareil était équipé d'un *Bambi Bucket* pouvant contenir quatorze tonnes d'eau. Donc suffisamment profond pour recueillir le cadavre d'un homme flottant entre deux eaux. Le lieutenant dépêche aussitôt deux de ses gendarmes avec pour mission d'inspecter les berges de l'étang.

– Si vous découvrez quoi que ce soit : vêtements abandonnés, voiture suspecte, barque à la dérive… ne touchez à rien et prévenez-moi.

Il rejoint ensuite Serge Nicolo dans son laboratoire. En présence d'Agnès Cristobal, il termine une analyse toxicologique.

Quand il aperçoit le lieutenant, une ombre de contrariété assombrit son visage.

– J'ai peu de choses à t'offrir. Le type était clean : pas de drogue ni d'alcool dans le sang. Présence ancienne de cannabis dans les cheveux, mais à faible dose. Les organes étaient sains. Pas de pathologie significative. Son dernier repas, pris deux heures avant la mort, se composait d'huîtres, beurre, pain de seigle, et verre de vin.

– Et les traces métalliques ? demande Soustelle.

– L'hypothèse du musicien se confirme. J'ai trouvé des paillettes de cuivre à l'arrière des dents et des copeaux d'acier microscopiques sous les ongles. Instrument à vent et cordes de guitare.

– Le vernis à ongles ?

– Un durcisseur banal, en vente dans toutes les parfumeries.

– Le type était musicien. C'est probable et c'est, pour l'instant, notre seule piste d'identification. Quoi d'autre ?

– La victime s'est effectivement noyée dans l'étang de Berre. Un ingénieur de la centrale hydraulique EDF de Saint-Chamas m'a fourni la composition chimique de l'eau. Les diatomées, les 2 % d'azote et de phosphore correspondent à l'échantillon récupéré dans les poumons.

Cristobal tapote le clavier d'un ordinateur portable et une image en couleur apparaît sur toute la surface d'un écran plasma.

– C'est une écharde vue au microscope électronique à balayage, explique Nicolo. Je l'ai extraite des plaies temporales de la victime. Du frêne, le bois dur le plus utilisé pour la fabrication des rames.

– Nous voilà en présence de l'arme du crime.

– On avance lentement.

– Quoi de neuf de ton côté ?

– La Sécurité civile de la base d'Istres a confirmé l'histoire de l'hélicoptère et du *Bambi* machin. J'ai consulté à nouveau le Fichier des personnes recherchées. Pas de Russe, d'Espagnol, ni d'homme âgé de vingt-cinq à trente ans signalé disparu hier soir ou ce matin. Victime toujours non identifiée.

La criminologue éteint l'ordinateur et arpente la pièce de long en large. Puis elle se campe devant Soustelle.

– Publions un avis de recherche dans la presse locale, avec une photo du type.

Soustelle secoue la tête avec agacement.

– Non, c'est trop tôt. Je ne tiens pas à ce que la brigade soit mobilisée pendant deux jours pour vérifier des centaines d'appels bidon. Deux de mes hommes cherchent des indices sur les berges de l'étang. Attendons encore.

– Comme tu voudras, se renfrogne Cristobal. Moi, j'ai épuisé mes ressources. Alors, à plus ! Appelle-moi quand tu auras besoin d'un coup de main.

La femme roule sa blouse en boule, la jette sur une paillasse, et quitte le laboratoire.

– Beau travail, Agnès, murmure Soustelle pour lui-même, quand une porte claque au bout d'un couloir.

À 20 heures la sonnerie du téléphone grésille, alors que le lieutenant épluche le rapport d'autopsie que lui a fait parvenir le légiste.

– Adjudant Lebreton à l'appareil, mon lieutenant.

- Vous avez trouvé quelque chose ?

– Négatif. Nous avons ratissé le rivage. De Martigues en direction d'Istres. RAS jusqu'aux Quatre-Vents. Mais il y a une multitude de petites voies qui mènent à l'étang. Un vrai labyrinthe. Et maintenant, la nuit tombe.

– Combien de temps vous faudra-t-il pour en faire le tour ?

La respiration de Lebreton s'accélère à l'autre bout du fil.

– Quatre ou cinq jours. Disons une petite semaine. J'ai une carte sous les yeux. La zone est immense. L'étang mesure cent cinquante-cinq kilomètres carrés.

L'adjudant hésite. Il s'éclaircit la voix.

– Sauf votre respect, mon lieutenant, je pense qu'une exploration des berges serait plus efficace en bateau qu'en voiture.

– J'y réfléchirai, répond Soustelle. Vous pouvez rentrer, Lebreton. Fin de mission jusqu'à nouvel ordre.

Le lendemain, le soleil est à peine levé quand un hélicoptère de la gendarmerie, dans lequel Philippe Soustelle et Agnès Cristobal ont pris place, bascule au-dessus de l'étang de Berre. Un vol d'oiseaux blancs se déploie en formation serrée, et la lumière nacrée irise les toits de tuiles et les piscines.

– Que cherche-t-on exactement ? demande le pilote dans le micro de son casque.

– Rien de précis, admet Soustelle. Peut-être une barque abandonnée. Volez le plus bas possible au-dessus des plages. Insistez sur les ports de pêche et de plaisance.

Amarrée à son siège, engoncée dans un anorak, Cristobal frissonne devant une porte ouverte de l'appareil. Quand elle scrute le rivage, armée d'une paire de jumelles, des bourrasques s'engouffrent dans la carlingue.

– Une aiguille dans une botte de foin !

Soustelle s'est chargé d'inspecter les voies d'accès à l'étang. Parvenu dans l'axe de Saint-Mitre-les-Remparts, l'hélicoptère prend la direction du nord. À la sortie d'Istres, il est sérieusement chahuté par des turbulences, puis il vire à l'est, à la verticale de Saint-Chamas.

– Inutile de vous attarder sur les agglomérations, indique le lieutenant au pilote. Concentrez-vous sur les coins isolés, les plages polluées, les criques peu fréquentées.

Aux bois de cyprès et d'oliviers succèdent des serres, des cultures maraîchères et des langues de sable.

– Nous volons au sud, vers Berre-l'Étang, informe le pilote. Je prendrai ensuite vers Rognac et Vitrolles. Ensuite, je contournerai la zone de l'aéroport de Marignane, et nous aurons alors bouclé la boucle.

– Tu pensais *vraiment* qu'on allait trouver quelque chose ? marmonne la COCrim à travers le fracas étourdissant des pales et du moteur.

Le pilote enfonce le clou.

– On est en l'air depuis une heure et demie, mon lieutenant. Qu'est-ce que je fais maintenant ?

– Retournez vers Martigues. Faites un ultime passage jusqu'à Istres. Si on ne repère rien, on rentre à la base.

– Bien reçu.

L'hélicoptère pique du nez et se stabilise à une vingtaine de mètres au-dessus des vaguelettes blanchies par le vent. Il file maintenant le long du rivage à vitesse réduite. Le cœur de Soustelle bat la chamade. Soudain, une zébrure argentée attire son attention. Quand il cligne les yeux, l'éclair a disparu.

– Faites demi-tour, vite ! Je crois avoir aperçu quelque chose.

L'appareil effectue un virage à cent quatre-vingts degrés, n'offrant plus à Soustelle la possibilité d'observer à nouveau les berges de l'étang.

– Prends le relais, Agnès. J'ai vu une lueur bizarre dans un bouquet d'arbres.

– Oui, je la vois, crie la jeune femme. Descendez plus bas.

Sa voix traduit bientôt la déception.

– Fausse alerte ! Ce n'est que le reflet d'une vitre de voiture. Le reflet du soleil sur le coffre arrière d'une vieille Renault 5.

– Je dégage, annonce le pilote.

– Non, attendez ! Le coffre est ouvert et on dirait qu'il y a des vêtements éparpillés près de la voiture, insiste Cristobal.

– On y retourne, ordonne le lieutenant.

L'hélicoptère s'approche d'une plage desservie par un chemin en terre battue, à moitié dissimulé par des figuiers sauvages. Personne. Pas de baigneurs à proximité. La voiture semble abandonnée. Des pièces de tissu sont éparpillées tout autour.

– Posez-vous le temps que j'y jette un coup d'œil, enjoint Soustelle au pilote.

Un patin de l'hélicoptère tâte le sable avec précaution.

– Le sol n'est pas stable ! Vous devrez sauter d'une cinquantaine de centimètres.

Soustelle arrache son casque, défait son harnais de sécurité et s'élance hors de la carlingue. Il fait le tour de la voiture, examine les sièges en prenant soin de ne pas toucher aux vitres, regarde à l'intérieur du coffre. Bientôt, il agite les bras et revient en courant vers l'hélicoptère.

– Passe-moi tes valises et descends ! crie-t-il à Cristobal. Dis au pilote de rentrer à la base et de nous envoyer une voiture !

Quand la stridence des grillons a remplacé le fracas du rotor, la criminologiste s'inquiète.

– Si tu n'es pas sûr de ton coup, on va croupir dans ce cul-de-sac toute la matinée !

Les traits du visage de Soustelle se sont durcis. Comme si une douleur fulgurante, longtemps endormie, l'irradiait soudain. Il essuie d'un revers de main les gouttes de sueur qui perlent à son front.

– Il y a une guitare cassée dans le fond du coffre, dit-il d'une voix sourde.

Avec l'aide du lieutenant, Agnès Cristobal transporte deux grosses valises en aluminium en bordure du bosquet de figuiers. Elle en ouvre une, extrait des combinaisons blanches en Tyvek et deux paires de gants jetables.

– Tu veux bien faire les photos pendant que je prépare mon matériel ? demande la criminologue.

– Une minute. J'appelle d'abord le fichier des immatriculations. On sera peut-être fixés sur le propriétaire de la voiture.

Téléphone portable en main, Soustelle déambule le long de la plage. Il échange des propos animés avec plusieurs interlocuteurs, puis claque le cadran de son mobile et esquisse un signe d'impuissance.

– Chou blanc ! La R 5 a appartenu à un certain Gabriel Marlet, retraité. Il a préféré la donner à une décharge, il y a trois mois, plutôt que de la vendre à un ami pour 1 euro symbolique. Selon lui, sa voiture était encore en état de marche quand il s'en est débarrassé, mais moteur et embrayage à bout de souffle. J'ai parlé au casseur. Il affirme ne pas l'avoir vendue.

– Admettons pour l'instant que cette poubelle soit la voiture de la victime.

– Oui, admettons.

Après avoir enfilé sa combinaison et une paire de gants, Soustelle s'approche avec précaution de la voiture et la mitraille sous tous les angles, faisant alterner gros plans et vues d'ensemble. La Renault 5 abandonnée est une antiquité pleine de plaies et de bosses. Ailes avachies, sévèrement redressées à coups de marteau, bas de caisse rouillé, peinture éraflée, pneus usés jusqu'à la corde.

– Le type roulait sans carte grise, en se fichant pas mal du contrôle technique !

La criminologue vaporise du DFO sur les poignées des portières, un réactif trois fois plus efficace que la ninhydrine. Quand des empreintes digitales apparaissent sur le métal devenu pourpre, elle les prélève délicatement avec du ruban adhésif, les étiquette, et les archive dans une boîte en plastique. Elle répète l'opération sur les vitres et le volant.

L'intérieur de la Renault contient un bric-à-brac d'objets crasseux. Partitions en loques couvertes de sable, canettes de bière vides, cassettes de musique éventrées d'où s'échappent des bandes magnétiques entortillées traînent pêle-mêle sur le tapis de sol. Cristobal isole chaque objet dans des pochettes en plastique. Puis son regard s'attarde sur les dossiers des sièges.

– Peut-être mon jour de chance ! souffle-t-elle.

Un long cheveu noir, qui pourrait avoir appartenu à la victime, est fiché dans le tissu. La COCrim s'en empare à l'aide d'une pince brucelles et le classe méticuleusement parmi ses échantillons.

– Quand tu auras un moment, tu viendras par ici ! crie le gendarme à sa collègue. On a des empreintes de pneus en creux !

– Celles d'une seconde voiture ?

– Oui, un véhicule plus lourd, les marques sont profondes. Son conducteur l'a garé derrière la R 5.

– Merde ! Sans générateur d'électricité statique, je vais devoir faire des moulages à l'ancienne, avertit Cristobal. Avec de la cire et du plâtre. J'en ai pour un moment.

– On a aussi des empreintes plantaires et des empreintes de semelles.

Soustelle pose une règle graduée sur le sol, le long des traces, et photographie le tout, en plaçant des filtres de couleur devant l'objectif de son appareil.

Il est près de 10 heures quand l'estafette de la gendarmerie, envoyée par le pilote de l'hélicoptère, se présente. Assis côte à côte sur une souche d'olivier, Philippe Soustelle et Agnès Cristobal sont épuisés mais satisfaits. Leur butin est entreposé sur le sable devant eux.

– Belle récolte ! constate le lieutenant. Voyons, nous avons un cheveu et des empreintes digitales…

– … Des moulages de pneus et de pas…

– … Une guitare espagnole cassée.

La criminologue poursuit l'énumération.

– … La photo d'une jeune fille…

– … Photo que tu as dénichée derrière le pare-soleil…

– … Un jean et un tee-shirt usagés…

– … Et, cerise sur le gâteau, s'exclame Cristobal, un téléphone portable !

– Découvert dans une poche du jean que portait la victime présumée.

Trois jours plus tard, casque et lunettes d'aviateur vissés sur la tête, Philippe Soustelle chevauche à vive allure sa vieille Yamaha 250 CC en direction de Port-de-Bouc. Il fait nuit. La D9 est vide. Le ciel est constellé et une bise venue du large frissonne dans les branches des palmiers. Une foule d'idées enflamme le cerveau du lieutenant.

Dans le fouillis de son laboratoire, Cristobal a abattu un remarquable travail d'expertise. Et les résultats ont dépassé toutes ses espérances. Le cheveu et les empreintes digitales, prélevées sur la guitare et la voiture, ont confirmé que la victime conduisait la Renault 5 volée. Les moulages des traces de pieds nus, se dirigeant sans retour vers le rivage, correspondaient, eux aussi, aux pieds du cadavre. Grisé de vitesse et de liberté, Soustelle liste mentalement les nouveaux indices dont il dispose désormais. « Des empreintes digitales non répertoriées dans le fichier, des traces de chaussures de sport, taille quarante-quatre, des traces de pneus usagés. » Le gendarme palpe machinalement sa poche poitrine. « La photo d'une belle inconnue, sans doute la petite amie. » La moto avale un virage. Le pot d'échappement écorche le bitume et libère un jet d'étincelles. Le pilote coince à nouveau la manette des gaz.

« Et, bien sûr, le portable appartenant à la victime. Son empreinte digitale, retrouvée par Cristobal sur la carte SIM, le prouve. » Avec l'accord du procureur de la République, Soustelle a facilement retracé les appels passés et reçus par le propriétaire du mobile durant les deux semaines qui ont précédé sa mort. Un numéro est apparu douze fois. Celui du Papagayo, un night-club de Port-de-Bouc. Une boîte de nuit réputée mal famée, devant laquelle Philippe Soustelle met pied à terre.

Comme si le propriétaire des lieux s'était efforcé de ne pas déroger aux conventions, la décoration du Papagayo est une calamité. Filets de pêche entremêlés de guirlandes lumineuses, ampoules cramoisies emprisonnées dans de fausses amphores, tables basses crasseuses et musique trop forte.

Soustelle s'assied au fond de la salle enfumée. Autour de lui, la clientèle est bigarrée. Une bande de jeunes, avachis dans un coin, s'ennuie avec ostentation. Une poignée d'hommes entre deux âges sont accoudés au comptoir, derrière lequel officie un sexagénaire épais au crâne chauve. Soustelle hèle l'une des trois serveuses, une jolie blonde virevoltante. Une fille qui cache difficilement son accent slave sous celui de Marseille. Il lui commande une bière, en avale deux gorgées à même la bouteille, et se dirige vers le bar.

– Marcel Privat ? demande le gendarme au patron du Papagayo, en présentant discrètement sa carte tricolore.

– Marcel Brouillard pour les amis.

– Pourquoi Brouillard ?

– Parce que, pendant trente ans, j'ai bourlingué sur les canaux belges : Bruges-Ostende, Bruxelles-Charleroi, et compagnie.

– Batelier ?

– Oui, mon gars. Que puis-je faire pour la « grande muette » ?

Soustelle sort une photo de la victime, prise à la morgue.

– Je cherche à identifier cet homme. Il vous a téléphoné à douze reprises ces dernières semaines.

Privat se fige. Il attrape la photo et l'examine de plus près.

– Merde, il est mort ?

– Je veux son nom.

– Lorca. Pablo Lorca, bredouille l'homme. Qu'est-ce qu'il lui est arrivé ?

– Comment le connaissiez-vous ?

– Il venait souvent ici jouer de la guitare et de l'harmonica pour mes soirées flamenco. Il était très bon.

– Quand l'avez-vous vu pour la dernière fois ?

L'homme passe une main grassouillette sur son crâne.

– Samedi dernier. Ça fera une semaine demain. Il a joué jusqu'à 4 heures du matin. Un tabac ! J'ai fait plus de 2 000 euros de recette !

Bien que connaissant la réponse, Soustelle demande :

– Vous a-t-il contacté depuis cette soirée ?

– Non.

– Où étiez-vous lundi dernier, vers 15 heures ?

– Je ravitaillais la cambuse. J'étais chez Métro, à Marseille. Je faisais le plein de whisky et de pastis pour la boîte. J'ai la facture quelque part si vous voulez.

– Venez par ici. Passez de l'autre côté du comptoir.

– Quoi ?

– Faites ce que je vous dis. Tout de suite.

Privat roule plutôt qu'il ne marche vers le lieutenant.

– Retirez une de vos bottes.

– Vous êtes cinglé ou quoi ?

– Allez !

L'homme s'accoude au bar et s'exécute, en équilibre instable sur une jambe. Soustelle examine la botte : taille quarante-deux. Il la rend à Privat.

– Parlez-moi de Lorca.

– Espagnol. Fauché. Idéaliste et bourré de talent.

– Pourquoi idéaliste ?

– Don Quichotte se battait contre les moulins à vent. Pablo, lui, se battait contre la mocheté de la vie !

– Expliquez-vous.

– Il voulait assainir le cœur des hommes. Planter des orchidées sur de la merde.

– Militant écologiste ?

Privat éclate de rire.

– Pas le moins du monde. Il roulait dans une poubelle qui polluait plus qu'une centrale thermique et se foutait pas mal de l'environnement.

– Idéaliste dans quel genre, alors ?

– Dans le genre cœur d'artichaut.

Soustelle extrait de la poche de son blouson la photo de la jeune fille, retrouvée derrière le pare-soleil de la Renault 5. Il la brandit sous les yeux de Privat.

– À propos de cette fille, par exemple ?

– Tout juste.

– Sa copine ?

– Sa muse plutôt. Son amour inaccessible.

– Ils n'étaient pas ensemble ?

Privat hausse les épaules et fait mine de s'éloigner.

– J'ai du boulot, moi. J'ai répondu à vos questions avec beaucoup de gentillesse, monsieur le gendarme. Maintenant, foutez-moi la paix.

– Restez ici et finissons-en. Ou je vérifie sur-le-champ l'identité de vos serveuses, et je vous coffre pour proxénétisme. Je veux le nom de la fille.

– Irina.

– Irina comment ?

– Sais pas.

– Russe ?

La grosse tête de Marcel Brouillard oscille. Comme le ferait une boule de billard, en se stabilisant au coin du tapis.

– Elle est russe, c'est bien ça ? insiste Soustelle.

– Oui, une escort-girl, comme on dit. Une pute de luxe. Elle participe à des parties fines, que la bourgeoisie de Marseille s'offre de temps à autre dans les villas de l'arrière-pays.

– Elle travaillait pour vous ?

– Jamais de la vie ! Elle jouait en première division, moi je suis en nationale.

– Quel rapport avait-elle avec Lorca ?

– Le gosse était fou d'elle. Je ne sais pas pourquoi il s'était mis dans la tête qu'il parviendrait à l'affranchir.

– À la sortir de la prostitution ?

– Oui, à la racheter à son mac. Pour l'épouser et lui faire des gosses, j'imagine. Je vous ai dit que Pablo était un rêveur.

– Que s'est-il passé ?

– Pablo était fauché. Il piquait dans ma caisse pour se procurer de l'argent. Je m'en suis aperçu. Je l'ai piégé et je l'ai corrigé. Fin de l'histoire.

– Vous l'avez corrigé en lui cassant le nez ? demande Soustelle.

Marcel Brouillard ouvre des yeux ronds et rit de nouveau.

– Dites-moi, on dirait que vous en connaissez un rayon sur mon compte.

– Lorca vous vole de l'argent et vous lui cassez la gueule. Pour autant, il continue à cachetonner chez vous. Bizarre, non ?

– Je ne suis pas rancunier et il triplait mon chiffre d'affaires quand il jouait ici, le samedi soir.

– Le souteneur d'Irina a-t-il tué Lorca ? demande Soustelle à brûle-pourpoint.

– Aucune idée.

– Où puis-je le trouver ?

– Sais pas. Mais ça doit être un Russe.

– Où est la fille ?

À peine Marcel a-t-il ébauché un geste d'impuissance que le lieutenant compose déjà un numéro sur son portable.

– J'appelle mes hommes pour qu'ils viennent vous coffrer, vous et vos jolies serveuses.

– C'est bon, c'est bon. Je crois qu'Irina traîne parfois, le soir, au bar de l'Holiday Inn, à Marseille.

Soustelle frappe le comptoir du plat de la main.

– Je reviendrai vous voir, Marcel Brouillard.

Quand le lieutenant s'éloigne du bar, Privat l'interpelle.

– Au fait, Pablo il est mort comment, mon général ?

– En faisant de la plongée sous-marine sur une colline, pendant un incendie. C'est radical.

Le lendemain soir, engoncé dans un costume fripé, col de chemise ouvert, cheveux gominés, Philippe Soustelle sirote une bière, assis face à la porte à double battant du Club, le bar de l'hôtel Holiday Inn. À l'exception d'un couple qui chahute dans l'obscurité et d'une grappe de Japonais glapissants, l'endroit est désert.

À 22 h 30, une blonde légèrement titubante pénètre dans l'établissement. Dès qu'elle constate que la plupart des tables sont inoccupées, la déception se peint sur son visage. Avant de s'éteindre, son regard croise celui du lieutenant. Il s'y attarde, soupçonneux, hésite, soupèse l'espérance de gain. Soustelle l'encourage à le rejoindre d'un signe de tête imperceptible. D'une démarche chaloupée, la fille s'exécute. Elle s'assied à sa table, examine attentivement ses mains, sa montre et sa chemise. Puis elle lui fait une offre dans un anglais assez rudimentaire.

– *It's 500 euros for full night. I am very good in bed, you know*[1].

– Tu parles français ?

– Un peu.

– Une fille, une Russe comme toi, m'a laissé un bon souvenir autrefois. Je la cherche. J'aimerais la revoir.

Soustelle tire discrètement un billet de 50 euros de sa poche.

– Quelle fille ? s'agace l'autre en caressant le billet du bout des doigts.

– J'ai oublié son nom, mais je l'avais prise en photo. Regarde.

L'image d'Irina atterrit sur la table.

– Tu la connais ?

– Possible.

– Tu peux lui transmettre un message de ma part ?

1. C'est 500 euros la nuit. Je suis bonne, tu sais.

La fille repousse le billet avec dédain.

Soustelle se soulage d'une seconde coupure.

– Vas-y, donne-moi ton message, dit la fille.

En ouvrant la porte de son appartement, à 2 heures du matin, Philippe Soustelle découvre que la ravissante jeune fille qui se tient adossée au chambranle semble beaucoup plus jeune que celle qui figure sur la photo. Comme une sœur cadette. Quand elle le voit, Irina fait un bond de côté, déjà prête à dévaler l'escalier.

– Je ne vous connais pas.

Le gendarme lui agrippe un bras et la tire avec douceur à l'intérieur.

– Entrez. N'ayez pas peur. Je ne vous veux aucun mal. Je vous ai préparé du thé et un gâteau.

Petite, svelte, cheveux d'encre coupés au carré, celle qui ressemble à une collégienne se love à contrecœur dans un canapé fatigué. Le lieutenant prend place à ses côtés. Il remplit les tasses, en ralentissant exagérément ses gestes.

Le regard de la fille virevolte dans la pièce, comme s'il cherchait à emmagasiner le maximum d'informations. Deux chats vautrés sur un tapis, des piles de livres et de revues éparpillées sur les meubles la rassurent.

– Quel âge, avez-vous, Irina ?

– Vingt et un ans, ment la mineure. Qui êtes-vous ? Anna m'a dit que vous me connaissiez, qu'on s'était déjà vus. Vous lui avez menti.

– Disons que je suis votre ami. Je vais tout vous expliquer. Mais buvez d'abord votre thé.

La fille se lève brusquement.

– Écoutez, si je ne vous plais pas, ce n'est pas grave. Donnez-moi quelques euros pour mon taxi, et vous ne me reverrez plus.

– Je vous trouve très jolie au contraire, mais la question n'est pas là.

– Alors quelle est la question ?

Soustelle soulève un journal et dévoile la médaille de la Vierge, retrouvée au cou de Lorca. Quand elle la voit, la fille blêmit. Par réflexe, elle la retourne et une plainte d'enfant meurtri s'échappe de ses lèvres.

– *Volia !*

– Oui, « liberté ! » en français ! Vous aviez fait graver ce mot parce que Pablo cherchait à vous aider, n'est-ce pas ? Il se battait pour que vous retrouviez votre liberté.

– Où est-il ?

Lentement, avec mille précautions, comme s'il redoutait d'effaroucher un animal craintif, Soustelle révèle à Irina son identité et lui confesse tout ce qu'il sait des circonstances de la disparition tragique de son ami. Il omet juste de mentionner sa visite au Papagayo. Puis il pose la question qui lui brûle les lèvres depuis le début :

– Quel est le nom de celui qui vous protège à Marseille ?

– Je travaille pour mon compte, gémit Irina. Pour sauver mes parents. Mon père était un « exterminateur ». Il faisait partie de ceux qui ont colmaté la brèche après l'explosion de la centrale nucléaire de Tchernobyl, en 1986. Il a été irradié, bien sûr, comme les autres. Je suis née trois ans après la catastrophe, avant que la leucémie ne terrasse mon père sur un lit d'hôpital. Ma mère et mon petit frère vivent seuls à Moscou, sans ressources. Je leur envoie de quoi vivre et, peut-être plus tard, de quoi acheter un appartement. Pour eux, je suis hôtesse d'accueil au palais des Congrès. Je sais que ma mère ne le croit pas. Ses lettres sont toutes tachées de larmes.

– Moi non plus, je ne vous crois pas quand vous dites que vous travaillez pour votre compte, murmure Soustelle. Sinon, pourquoi auriez-vous fait graver « liberté » sur la médaille de Pablo ? Et pourquoi aurait-il pris le risque de voler de l'argent, alors que vous en gagnez dix fois plus que lui ? Il faudra bien, tôt ou tard, que vous me donniez un nom, insiste Soustelle.

Une heure après, épuisée, tête basculée sur l'accoudoir, lèvres entrouvertes, mèche noire flottant sur les yeux, Irina s'est endormie avec la fraîcheur et l'innocence d'une gamine. Le lieutenant lui déplie les jambes et les recouvre d'une couverture.

Puis il se rend dans la cuisine préparer du café. Les rues du Vieux-Port s'animent peu à peu. Quand la rumeur lointaine d'un camion de la voirie se mêle aux messages publicitaires, que crache la radio des voisins, les premières lueurs du jour filtrent à travers les persiennes.

Placée par le procureur de la République dans un foyer pour jeunes filles mineures en difficulté, Irina se mure dans un silence têtu. Soustelle lui rend visite chaque jour. Il lui parle sans relâche, s'efforce de la mettre en confiance, et lui offre des babioles à l'occasion. Rien n'y fait. La jolie Russe refuse obstinément de lui révéler le nom de son protecteur. Rétive, suspicieuse, terrorisée, elle se morfond dans la chambre qu'elle partage avec deux Marocaines pleines d'entrain.

Ne sachant plus comment faire progresser son enquête, Soustelle s'entretient de ses difficultés avec Agnès Cristobal et Serge Nicolo.

– Si elle dénonce son maquereau, Irina se condamne à mort, analyse la COCrim avec bon sens.

– Je lui ai assuré que si elle collaborait, elle bénéficierait d'une protection policière jusqu'à l'arrestation du type, se défend Soustelle.

– Oui. Mais dans ce cas, elle passera pour une balance dans son milieu, et elle veut pouvoir reprendre ses activités pour envoyer de l'argent à sa mère.

Soustelle rabroue vertement sa collègue.

– Arrête de délirer ! Irina est une fille formidable. Elle pourrait trouver un boulot normal n'importe où si elle était libre de ses mouvements. Elle est mignonne, intelligente, et elle parle français, anglais et italien.

– Tu ne serais pas tombé amoureux, toi, par hasard ? se moque la criminologue.

Quand Nicolo ouvre sa blague à tabac et roule une cigarette, la querelle entre gendarmes cesse aussitôt.

– Je crois avoir une petite idée, finit par lâcher le légiste. J'ai une amie d'enfance, Alexandra Viachnikof. C'est elle qui a tra duit le mot inscrit sur la médaille de Pablo. C'est l'arrière-arrière-petite-fille du chirurgien du tsar Nicolas II. C'est du moins ce qu'elle affirme après avoir sifflé trois verres de vodka. Elle parle un russe impérial et connaît Moscou comme sa poche.

– Penses-tu qu'elle serait capable de délier la langue d'Irina ? demande Soustelle, qui comprend où veut en venir le médecin.

– Entre femmes, on se comprend mieux. Fais admettre mon amie dans le foyer à titre d'éducatrice ou d'assistante sociale, on verra bien.

La connivence spontanée qui s'établit entre les deux femmes donne rapidement des résultats. Le partage de la langue russe opère comme un charme. Comme si elle livrait ses secrets à une sœur aînée compatissante, Irina déverse dans le giron d'Alexandra son trop-plein d'angoisse et de frustration. Bientôt, après avoir évoqué le drame qui a frappé les siens, la jeune fille mentionne par inadvertance le nom d'un certain Boris, un cousin maléfique lié à la mafia. Boris lui avait fait miroiter un emploi d'interprète au festival de Cannes. Avant de la livrer à la jet-set dépravée de la Côte d'Azur. Pour ne pas éveiller les soupçons de la mère d'Irina, Boris lui expédiait chaque mois quelques centaines d'euros, accompagnés d'une lettre de sa fille, dictée sous la menace.

Au fil des jours, encouragée par sa nouvelle amie, Irina se livre davantage. Après chacune de ses visites, encore bouleversée par les confidences qu'elle vient de recueillir, Alexandra expédie à Soustelle un rapport détaillé, sous forme d'e-mail. Quand le lieutenant dispose de suffisamment d'informations, il met en place une souricière. Gendarmes et policiers interpellent bientôt les membres du réseau russe. Déception : Boris Pestel, le cousin maudit, et ses deux adjoints ne figurent pas au nombre des personnes arrêtées. Renseignements pris auprès d'Interpol, les trois proxénètes ont été arrêtés et incarcérés à Moscou, dix jours avant le meurtre de Pablo Lorca. Des interrogatoires serrés, des alibis solides disculpent les autres à leur tour. Accusés néanmoins d'« exploitation sexuelle par la prostitution », ils sont mis sous écrou.

Deux semaines d'enquête s'achèvent ainsi presque en pure perte. Philippe Soustelle doit reprendre de zéro tous les éléments dont il dispose. Estimant qu'Irina demeure pour l'instant son meilleur atout pour percer le mystère de la mort du musicien, il demande à Alexandra Viachnikof de continuer à questionner habilement la jeune fille.

– Essayez de savoir comment Irina a connu Lorca. Que faisaient-ils ensemble ? Avaient-ils des rituels, des habitudes, des amis communs ?

Un soir, Alexandra adresse un e-mail au gendarme : « Le nom d'un certain Ricky est revenu à plusieurs reprises dans la conversation. Il semblerait qu'il soit musicien. Irina a fait allusion à un différend qui l'aurait opposé à Pablo. Elle a aussi parlé d'une boîte de nuit dans la région. Malheureusement, elle est incapable de se souvenir de son nom, ni de l'endroit où elle se trouve. J'ignore si ces détails peuvent vous être d'une quelconque utilité. Cordialement. Alexandra. PS : Irina ne s'opposerait pas à ce que vous passiez lui rendre visite, un jour ou l'autre. »

– Parlez-moi de Ricky.

– Un grand con vindicatif.

Affalé dans une chaise longue, un verre d'anisette glacée à portée de main, Marcel Privat dit Brouillard se prélasse au soleil, dans le jardinet qui jouxte le Papagayo.

– Trop vague, réprimande Soustelle.

– D'accord. Un gitan des Saintes-Maries-de-la-Mer. Un gars ordinaire, qui barbote des autoradios sur les parkings et vivote de la gratte.

– Il connaissait Pablo ?

– Oui, ils jouaient de la guitare ensemble, de temps en temps.

– Dans votre boîte ?

– Rarement. Ça a dû se produire une fois ou deux, mais j'ai vite arrêté les frais.

– Pour quelle raison ?

– Rivalité de coqs ébouriffés. Les deux gars se tiraient la bourre devant le public.

– Lequel des deux était le meilleur ?

– Autant comparer Django Reinhardt à un type qui fait ses gammes dans le métro !

– Je repose la question : lequel des deux était Django ? demande Soustelle en perdant son calme.

Marcel Brouillard éclate de rire, en faisant tintinnabuler les glaçons dans son verre.

– Lorca, bien sûr ! Il dominait l'autre de la tête et des épaules. Il aurait pu aller loin, faire un disque, être engagé par les Gipsy Kings.

– Où puis-je trouver Ricky ?

– Il traîne dans le coin au volant d'une Mercedes pourrie, c'est tout ce que je sais.

Philippe Soustelle se rend aussitôt aux Saintes-Maries-de-la-Mer. Durant la matinée, il interroge les familles de la communauté tsigane. En vain. Le nom de Ricky n'évoque rien à personne. Furieux, il regagne Marseille et se précipite dans le foyer où réside Irina.

– Maintenant, vous devez me dire la vérité. Racontez-moi ce qu'il s'est réellement passé entre Pablo et Ricky.

– Nous aurions pu passer une journée magnifique, si les choses n'avaient pas dégénéré, murmure la jeune Russe.

– Quelle journée ?

– Celle du 24 mai dernier. Boris, mon cousin, m'avait exceptionnellement accordé une journée de liberté.

– Il ne craignait pas que vous profitiez de l'occasion pour prendre la fuite ou le dénoncer ?

– Il avait menacé de tuer mon frère, si je faisais le moindre écart.

– Que s'est-il passé ?

· Pablo m'a emmenée aux Saintes-Maries-de-la-Mer pour assister à la grande fête annuelle des gitans. Il était fou de joie de m'avoir à ses côtés car, le soir sur la plage, il devait participer au concert en l'honneur de sainte Sara.

– Pourquoi les choses ont-elles mal tourné ?

– En fin de soirée, un certain Ricky, un grand type pas sympathique, a joué seul pendant dix minutes. Il se débrouillait bien. Les gens tapaient dans leurs mains pour l'encourager. Il a obtenu un beau succès. Et puis, Pablo a été invité à faire son solo de guitare.

Le regard d'Irina chavire.

– Pablo a immédiatement envoûté le public, comme si la grâce tombait sur lui. Tout le monde retenait son souffle. Des femmes se sont mises à pleurer en silence. De vieux gitans mordillaient leurs chapeaux. Les yeux des enfants pétillaient de stupeur. Il a joué pendant une demi-heure. Ses doigts couraient sur l'instrument à une vitesse impressionnante. Comme par magie. On aurait cru qu'il ne pouvait plus s'arrêter. Que le Saint-Esprit avait pris sa place.

Soustelle effleure l'épaule de la jeune fille.

– Qu'est-il arrivé ensuite, Irina ?

– Ricky a tout gâché. Il a rompu le charme. Il a pris sa guitare et a joué n'importe quoi. Pour empêcher Pablo de continuer. Bien sûr, les gens ont réagi. Ils l'ont sifflé, insulté. Quand ils ont menacé de le corriger, Ricky s'est arrêté. Mais c'était trop tard. Le ciel et la mer étaient redevenus noirs comme de la cendre. Alors, Pablo m'a pris la main et nous avons marché sur la plage. Au petit matin, je lui ai donné la médaille que j'avais fait graver pour lui avec le mot « liberté ». Et je ne l'ai plus jamais revu.

Le lendemain, Philippe Soustelle organise des barrages routiers sur les routes de Camargue, et l'hélicoptère de la gendarmerie est réquisitionné. L'efficacité du dispositif ne se fait pas attendre. Une Mercedes démodée et une barque échouée sont rapidement repérées près d'une cabane de pêcheur. Des hommes armés convergent et neutralisent le secteur. Ricky est arrêté sans opposer de résistance. Pour Agnès Cristobal, établir la preuve de sa culpabilité est un jeu d'enfant. Tous les indices le confondent. Ses empreintes digitales correspondent à celles retrouvées sur les vitres de la Renault 5 abandonnée. Les sculptures des pneus de sa voiture sont identiques aux moulages, tout comme celles des semelles de ses chaussures de sport. L'analyse du bois de la rame et des traces de sang, découvertes sur le platbord de la barque, accable définitivement le musicien.

– Comment avez-vous attiré Pablo Lorca dans votre traquenard ? demande Soustelle à Ricky dans les locaux de la gendarmerie de Marseille, après qu'il a avoué le meurtre. Comment l'avez-vous mis en confiance ?

– Pablo était doué, mais naïf et amoureux, confesse le gitan. Deux gros défauts. Je lui ai tout d'abord présenté mes excuses. Bien sûr, je n'en pensais pas un mot. Ensuite, je l'ai amadoué en lui payant une douzaine d'huîtres et un verre de vin dans un bistrot du coin. Et puis, je lui ai dit que j'avais une combine pour qu'il aille jouer à Paris, au Petit Journal, une boîte connue. Pablo avait besoin d'argent pour dédouaner sa pute. Il a mordu à l'hameçon.

– Vous êtes un beau salaud. Continuez.

– Pour fêter la bonne nouvelle, je lui ai proposé d'aller partager un joint dans ma barque. Il faisait chaud. Lorca a voulu se baigner. J'ai sauté sur l'occasion. Je lui ai prêté mes palmes de plongée pour qu'il soit gêné dans ses mouvements. Pour qu'il ne puisse pas se défendre quand je lui casserai la tête, quand on naviguerait sur l'étang.

Ricky s'esclaffe, soudain pris de démence.

– Je me souviens. Du côté de Martigues, la garrigue avait pris feu. Les Canadair passaient en rase-mottes pendant que je cognais Pablo avec la rame. C'était super !

– Vous avez tué un homme parce que vous étiez jaloux de son riff de guitare, c'est bien ça ? demande ingénument le gendarme.

– Exact. Parce que le riff de Lorca, celui qu'il a donné aux Saintes-Maries, croyez-moi, il valait bien vingt ans de taule !

Le jour de ses dix-huit ans, Irina a quitté le foyer pour jeunes filles en difficulté. En attendant que d'autres opportunités se présentent, elle est vendeuse dans une boutique de luxe où ses talents linguistiques font merveille auprès de la clientèle russe et italienne. En économisant sur son salaire, elle parvient à envoyer régulièrement quelques billets à sa mère. Les mauvaises langues chuchotent aussi qu'on l'aperçoit parfois escalader les falaises qui tombent dans la mer, à l'est de Marseille. Solidement encordée à un homme qui, de loin, peut faire penser à un gendarme..

Une odeur de souris

– Ça n'en finira donc jamais ! se lamente Justine, en carafant frénétiquement du vin de Moselle dans la cuisine enfumée du château.

– C'est la cinquième réception que donnent nos maîtres depuis le début du mois, je les ai comptées, s'esclaffe Jeanne, le front ruisselant de sueur, les mains rougies par les eaux de vaisselle.

– En voilà des fortunes jetées par les fenêtres !

– Alors que la comtesse refuse toujours d'augmenter nos gages, renchérit Virginie.

Engoncées dans leurs uniformes, coiffées de bonnets qui furent blancs quelques heures plus tôt, les soubrettes, épuisées, s'activent sans désemparer. Aux huîtres, salades et terrines succèdent maintenant viandes et gibiers. Les filles dressent les plats à la hâte et les emportent, jambes flageolantes, à l'autre bout du château. Dans la salle d'apparat, une dizaine de couples virevoltent avec nonchalance, anesthésiés par les liqueurs. Un orchestre de cuivre, qui aurait eu sa place dans un bastringue de Bruxelles, ressasse à plein volume des airs populaires.

Vêtu d'une redingote chamarrée, un jeune homme éméché préside la fête. Âgé d'à peine trente ans, le maître des lieux, le comte Hippolyte Vissard de Bocarmé, encourage ses commensaux à donner libre cours à leurs débordements. Se tenant à ses côtés, frêle et élégante, Lydie, son épouse, s'égosille en battant la mesure à l'aide d'un couteau encore maculé de quelques gouttes de sang.

– Viens, allons saluer ton frère. Nous l'avons injustement délaissé, murmure Bocarmé à l'oreille de sa femme.

Bras dessus bras dessous, le couple se dirige vers la salle à manger. Assis en bout de table à l'écart du brouhaha, Gustave Fougnies se délecte d'un cuissot de chevreuil. Amputé d'une jambe, il ne se déplace qu'en fauteuil roulant ou à l'aide de béquilles.

– Que ne t'amuses-tu avec les autres ? l'apostrophe Bocarmé, en l'étreignant avec effusion.

– À défaut de danser la gigue, tu aurais pu te joindre au chœur de nos invités, ricane son épouse.

L'homme interrompt sa dégustation et s'essuie la bouche. Puis, sans prendre la peine de relever le trait que lui a décoché sa sœur, il répond, sourire aux lèvres :

– J'ai une nouvelle extraordinaire à vous annoncer et je veux vous en accorder la primeur. Venez vous asseoir un instant à mes côtés.

Une ombre ternit le visage du comte. Il avale machinalement un verre de vin qui traîne sur la table.

– Nous sommes tout ouïe, mon cher beau-frère. Quel est donc ton secret ?

– Eh bien voilà.

Fougnies marque une pause, savourant son effet.

– Je m'apprête à convoler en justes noces.

– Toi ?

– Oui, moi, se rengorge l'invalide. Mlle Isabelle de Dudzech m'a donné sa promesse pas plus tard qu'hier soir.

– Votre engagement est-il irrévocable ? demande Lydie, désemparée.

Sans la moindre pudeur, le regard de la femme glisse sous la table et s'attarde pesamment sur la jambe vide du pantalon.

– Ta santé est précaire, Gustave. Ne t'engage pas à la légère.

Fougnies répond aux objections de sa sœur par un rire débonnaire.

– Avant de tirer ma révérence, j'entends bien goûter, moi aussi, au bonheur conjugal.

– Quand as-tu dit que la noce aurait lieu ? demande Bocarmé, sans cesser de flatter l'échine de son beau-frère.

– Dans quelques semaines, avant la fin de l'année.

Sous un prétexte futile, les Bocarmé s'éloignent. Puis ils s'isolent dans un coin obscur du salon.

– Tu as entendu ? Il n'y a plus à hésiter, marmonne la comtesse, les traits du visage durcis par la colère.

– Tu as raison, activons notre plan sans tarder. D'ailleurs ton frère ne nous laisse pas le choix.

En cette nuit du 22 novembre 1850, comment Gustave Fougnies peut-il imaginer qu'en annonçant innocemment son projet de mariage à ses proches, il signe son arrêt de mort ?

Fils d'un gouverneur hollandais de Java et d'une Belge, Hippolyte Vissard de Bocarmé est né à bord de la frégate *Erimus Marinus*, au cours d'une traversée de l'océan Indien. Adolescent, il accompagne son père aux États-Unis, alors que celui-ci tente vainement de faire fortune dans le négoce du tabac. De retour sur le vieux continent, inculte, sachant à peine lire et écrire, le garçon se découvre un intérêt immodéré pour les sciences naturelles et l'agriculture. Perfectionnant ses connaissances en autodidacte, il parvient à prendre en main l'administration des terres de Bitremont, un domaine situé en Belgique, entre Mons et Tournai. Peu après, désirant améliorer l'état de ses finances, il épouse, en 1843, Lydie Fougnies, la fille d'un pharmacien aisé de Bruxelles. Mais la fortune de son beau-père s'avère plus modeste que prévu. D'autant que chasses, bals, banquets fastueux et concerts se succèdent au château sur un rythme effréné. Au fil des ans, les caisses se vident, les dettes s'accumulent, les créanciers menacent de saisies. Face au désastre annoncé, le couple se déchire en disputes violentes, chaque réconciliation passionnée donnant lieu à une nouvelle débauche de luxe et de dépenses. Et la mort du père de Lydie ne change rien à l'affaire. Gustave hérite de la pharmacie et du gros de sa fortune. En 1849, la situation prend une tournure catastrophique. Au point qu'un seul espoir éclaire encore l'horizon des Bocarmé : que Gustave décède à son tour et cède la totalité de ses biens à sa sœur, son unique héritière. Affecté de graves maladies, amputé d'un membre, Fougnies semble en effet voué à une mort prématurée. Mais son projet d'union avec Mlle de Dudzech ruine brusquement les espoirs secrets des sulfureux châtelains.

Quinze jours plus tard, alors que la nuit endeuille le parc du château et que des rafales de vent s'engouffrent en sifflant dans les étables, Lydie de Bocarmé franchit le seuil de l'office, poussant devant elle ses deux fillettes frigorifiées.

– Ce soir, les enfants souperont avec vous, annonce-t-elle aux domestiques blotties autour de l'âtre. Prenez soin d'elles. Leur repas pris, vous les mettrez directement au lit, sans davantage me déranger.

Virginie, l'une des soubrettes, ébauche une révérence pataude.

– Nous y veillerons, madame.

– Autre chose, poursuit la comtesse, je m'occuperai seule du service. Je ne veux voir personne traîner dans la salle à manger, c'est bien compris ?

Les servantes acquiescent craintivement.

Après avoir avalé leur soupe en silence, les enfants regagnent leur chambre. Restées seules dans la cuisine, les jeunes filles s'inquiètent de l'attitude extravagante de la comtesse.

– Quel nouveau jeu nos maîtres ont-ils encore inventé ? s'interroge Justine.

– Pourquoi madame veut-elle nous tenir à l'écart ? dit une autre.

– A-t-elle invité à dîner quelqu'un dont l'identité doit rester secrète ? spécule Jeanne en sautillant nerveusement d'un pied sur l'autre.

– Un noble étranger, peut-être ?

– Ou un espion, un assassin recherché par les gendarmes ?

– Cessez de jacasser comme des pies, je vais voir de quoi il retourne, propose Virginie, la plus délurée des domestiques.

– Si madame te surprend, elle te chassera comme une voleuse, prévient en vain Justine.

Quelques instants plus tard, embusquée dans l'encoignure d'une porte, Virginie épie les faits et gestes de ses maîtres. Effectuant de furtifs allers-retours entre l'office et le couloir, elle rapporte aux autres le fruit de ses observations.

– M. Gustave vient d'arriver. Il clopine sur ses béquilles comme à l'accoutumée, mais il semble d'humeur joyeuse. Monsieur le cajole. Il l'a fait asseoir dans un fauteuil et s'apprête à lui offrir une liqueur.

– M. Gustave ? Pourquoi faire tant de mystère de sa présence au château ?

Tandis qu'entre servantes les spéculations vont bon train, Lydie de Bocarmé entre en trombe dans la cuisine.

– Il est temps. Je vais servir le potage.

La comtesse s'éloigne rapidement vers la salle à manger, une soupière fumante entre les mains. Les minutes s'égrènent. De retour auprès de ses amies, la guetteuse poursuit son compte rendu. Cette fois la déception se peint sur son visage.

– Alors, que se passe-t-il ? lui demandent les autres avec excitation.

– Gustave et nos maîtres ont pris place à table. Ils causent tranquillement à voix basse.

– N'as-tu rien remarqué d'inhabituel ?

– Non.

– D'étrange ?

– Non.

– Quelque chose qui expliquerait le mystérieux comportement de la comtesse ?

– Non, rien. Tout est normal, confesse Virginie en haussant les épaules.

Dix minutes plus tard, un hurlement de bête blessée déchire le silence et se répercute en échos sinistres à travers les murs du château. Il est aussitôt suivi du fracas d'un corps qui chute lourdement. Le sang des trois soubrettes se fige dans leurs veines.

Bravant les consignes, Virginie se rue hors de l'office. À peine a-t-elle franchi la porte qu'elle se heurte violemment à la comtesse.

– Vite, préparez-moi une cuvette d'eau fraîche ! hurle cette dernière. M. Gustave s'est trouvé mal. Il suffoque.

Alors que Jeanne s'empresse de répondre à la demande pressante, la comtesse, bouleversée, somme ses domestiques.

– Virginie, viens avec moi. Les autres allez chercher le cocher. Dites-lui de remonter du vinaigre de la cave et de nous rejoindre.

Le corps inerte de Gustave gît de tout son long sur le plancher. En proie à une grande agitation, le comte de Bocarmé tourbillonne dans la pièce comme une guêpe. Sa femme vient juste de déposer la cuvette d'eau sur un coin de la table, et il y plonge les mains et les frotte vigoureusement. Virginie observe que l'eau se teinte d'une couleur rosâtre.

– Gustave a fait une apoplexie. Je crains qu'il ne soit mort, explique Hippolyte à la servante, qu'effraie l'horrible grimace qui défigure le gisant.

Quand le cocher arrive à son tour sur les lieux du drame, Bocarmé lui arrache des mains sa cruche de vinaigre et en verse une généreuse rasade dans le gosier de son beau-frère.

– Déshabillez-le, Gilles, et aspergez son corps avec le reste du vinaigre. C'est notre dernier espoir de le ranimer.

Le postillon s'exécute. Mais bientôt force est de constater que le pharmacien a rendu l'âme. Tandis que Lydie Bocarmé se prend la tête à deux mains et sanglote bruyamment, le comte et le cocher transportent le corps du défunt dans une chambre. Ils l'étendent sur un lit et le recouvrent d'un drap. Livide, fébrile comme s'il était pris de boisson, Hippolyte s'adresse ensuite au personnel, rassemblé solennellement au pied du grand escalier.

– Que chacun regagne sa chambre et s'y enferme à double tour. Dès l'aube, j'irai informer les gendarmes du décès de mon beau-frère.

Puis, brassant l'air d'un geste d'une ampleur exagérée, il ajoute :

– Demain, tout sera rentré dans l'ordre.

Les soubrettes et le cocher s'égaillent en pépiant dans les étages. Feignant de se claquemurer dans sa chambre, Virginie patiente quelques minutes. Puis elle retourne à pas de loup dans le couloir qui mène à l'office. Après s'être assurée que personne ne l'a vue, elle se cache dans la buanderie pour observer de loin la suite des événements. Et les scènes qu'elle entr'aperçoit lui glacent le sang. Elle constate tout d'abord que la comtesse roule en boule les vêtements de son frère, comme si elle s'apprêtait à les emporter au lavoir. Puis, changeant brusquement d'avis, elle les jette dans un baquet d'eau bouillante et les saupoudre de cristaux de soude. Elle retourne ensuite dans la salle à manger, s'empare des béquilles de l'invalide et commence à les nettoyer avec un torchon imbibé d'essence. N'y parvenant pas, elle les met au feu sans autre formalité. Puis elle achemine une noria de bassines d'eau chaude pour laver le sol à l'endroit où s'est affalé Gustave. Quand elle a terminé son épuisante besogne, son époux prend le relais. À l'aide d'un couteau, il récure frénétiquement les lames du parquet de la salle à manger. Cette fois, c'en est trop. Virginie quitte son abri. Elle gravit l'escalier en catimini et gratte à la porte des chambres de ses compagnes.

– Habillez-vous et suivez-moi sans bruit, souffle-t-elle d'une voix blanche.

Se glissant dans le parc par une porte dérobée, les trois filles et le cocher quittent subrepticement le château. Quand ils se retrouvent sur la route de Bruxelles, ils courent jusqu'au presbytère et réveillent le curé.

– Que M. Gustave soit décédé d'un mal mystérieux est une chose que je suis prêt à croire. Mais que le comte et la comtesse aient pris part à ce drame en est une autre, déclare sévèrement le prélat après avoir patiemment écouté le récit de Virginie. Je crains, mes filles, que vos lectures frivoles ne vous dérangent l'esprit.

Alors que, dépitées, les soubrettes tournent déjà les talons, le cocher intervient à son tour.

– S'ils n'avaient rien à se reprocher, dites-moi pour quelle raison nos maîtres ne m'ont pas envoyé vous chercher pour que vous administriez à M. Gustave les derniers sacrements, quand ils se sont aperçus qu'il allait succomber.

Interloqué par la question, le curé lisse pensivement son crâne chauve.

– Soyez sans crainte, je prierai pour l'âme du malheureux. Maintenant, retournez au château. J'alerterai demain les autorités.

Le lendemain, 5 décembre 1850, le juge d'instruction Van Beuren, accompagné de trois gendarmes et des médecins Marouze, Zoude et Cosse, arrivent à Bitremont. Hippolyte de Bocarmé fait annoncer qu'il est souffrant et ne recevra personne. Au bout d'une heure d'attente, le magistrat s'impatiente. D'autant que sa méfiance a été mise en alerte par les détails troublants qu'il a notés dans la salle à manger. En effet, tout autour de la table, le parquet a été recouvert de copeaux de bois frais et la cheminée est remplie de cendres où apparaissent des restes calcinés de papiers et de livres.

Les traits du visage tirés, les yeux caves, les poings enfoncés dans les poches de sa redingote, le comte daigne enfin apparaître. Il salue sèchement ses visiteurs et les conduit dans la chambre où repose le cadavre. Se plaignant de l'obscurité, les médecins exigent qu'on ouvre les volets. Mais Bocarmé s'y oppose catégoriquement.

– Mon beau-frère est mort dans d'atroces souffrances, explique ce dernier pour justifier son refus. Je ne supporterai pas de revoir son visage en pleine lumière.

Agacé et suspicieux, Van Beuren ordonne qu'une autopsie du corps soit réalisée sur-le-champ. Les médecins transportent la dépouille dans une remise et, deux heures plus tard, rendent compte au magistrat des résultats de leur examen.

– Le cerveau est en bon état, déclare le docteur Cosse. Il ne peut être question d'une apoplexie.

– La bouche, la langue, la gorge et l'estomac portent de nombreuses traces de brûlures, poursuit Marouze.

– Nous supposons donc que l'absorption d'un liquide extrêmement caustique, probablement de l'acide nitrique, a entraîné la mort, conclut le troisième praticien.

– Avez-vous un moyen d'identifier le produit toxique ? demande Van Beuren, en épiant à la dérobée les réactions de Bocarmé.

– Nous devons prélever les organes du défunt et analyser leur contenu, explique le docteur Zoude. Ôter la langue, le larynx, le foie, l'estomac et les intestins, et les conserver dans de l'alcool pur pour les étudier ensuite dans un laboratoire.

– C'est entendu, faites-le avec soin. Je poserai moi-même les scellés sur les récipients.

Tandis que les médecins se remettent au travail, le magistrat signifie au comte et la comtesse de Bocarmé qu'étant suspectés du meurtre de Fougnies, ils sont en état d'arrestation jusqu'à ce que l'enquête soit bouclée. Faisant fi de leurs protestations véhémentes, les gendarmes les poussent à l'intérieur d'une calèche qui attend devant les grilles du château.

En début d'après-midi, Van Beuren se présente rue des Champs, à Bruxelles. L'homme fluet et nerveux qui entrouvre timidement sa porte se nomme Jean-Servais Stas. Docteur en médecine, chercheur passionné, doué de fulgurantes intuitions et de connaissances scientifiques hors du commun, il est professeur de chimie à l'École militaire depuis 1840. À l'âge de quinze ans, déjà bachelier, ce génie précoce avait installé un laboratoire dans les combles de la maison de ses parents. Là, au milieu d'un bric-à-brac d'appareils de sa fabrication, il avait conçu la première balance permettant des pesées précises au milligramme près. Quelques années plus tard, invité à Paris pour suivre les travaux de Gay-Lussac et d'Arago, il était parvenu à déterminer le poids de l'atome de carbone. Ensuite, bien qu'auréolé d'une réputation d'excellence et réclamé par les meilleures universités d'Europe, le jeune savant avait préféré regagner sa patrie pour y approfondir ses recherches, notamment en matière de toxicologie et de médecine légale.

Après avoir brièvement expliqué au chercheur dans quelles circonstances est intervenu le décès, le juge Van Beuren lui confie les prélèvements effectués sur le cadavre.

– Les médecins qui ont réalisé l'autopsie estiment que la mort a été provoquée par une absorption d'acide nitrique. J'aimerais en avoir confirmation.

Stas débouche un flacon au hasard et hume l'odeur qui s'en dégage. Le juge précède la question que le chimiste s'apprête à poser.

– Selon des témoins, l'assassin présumé a versé du vinaigre dans la gorge du défunt et lui en a badigeonné le corps.

Stas referme précipitamment le récipient.

– Il a sans doute voulu supprimer les traces qui nous auraient permis d'identifier le poison. L'air et la chaleur altèrent la présence d'alcaloïdes. Je vais devoir analyser les échantillons dans des appareils fermés hermétiquement.

– Cela va-t-il compliquer vos examens ? s'inquiète Van Beuren.

– Grandement, mais le cas m'intéresse.

Le juge se confond en remerciements. Puis, sans perdre une seconde, il se rend dans la maison d'arrêt pour interroger une nouvelle fois le couple des suspects.

Dès qu'il se retrouve seul dans son laboratoire, Jean-Servais Stas aligne sur une paillasse les bocaux d'échantillons des organes de Fougnies et répertorie le matériel dont il va avoir besoin pour effectuer ses analyses. Au fur et à mesure de l'avancée de ses préparatifs, la fièvre le gagne. Des questions se bousculent dans sa tête. Des hypothèses s'échafaudent. Quand il entrevoit enfin la méthode qu'il décide d'appliquer, c'est dans un état proche de la transe qu'il fait appel à sa nièce, Ninon, étudiante en médecine, pour venir l'assister.

– Dans un premier temps, tu vas séparer en deux le contenu des prélèvements, explique Stas à la jeune fille, qui s'est enveloppé le visage de gaze pour le protéger d'éventuelles éclaboussures dangereuses. Nous en conserverons une partie pour des expériences ultérieures.

– Bien, mon oncle.

Le contenu de l'estomac, des intestins et de la vessie, conservé dans l'alcool, a l'apparence d'une bouillie. Quand l'assistante a terminé l'opération, Stas procède à des lavages successifs. Il filtre, chauffe et distille la solution obtenue jusqu'à ce qu'elle se transforme en un liquide brun teinté de rouge. L'échantillon, distillé à nouveau, prend ensuite l'aspect d'un sirop épais qui dégage une forte odeur de vinaigre. Lorsque le médecin ajoute à la décoction une dose d'hydrate de potassium, un léger relent de souris, caractéristique de la conicine, un poison violent extrait de la ciguë, se répand dans le laboratoire.

– As-tu identifié, toi aussi, la nature de l'émanation ? demande Stas.

– Oui, mon oncle. Rat ou souris. Je dirais souris.

– Seuls deux alcaloïdes trahissent cette odeur : la conicine et la nicotine.

– La nicotine ? s'exclame Ninon, interloquée.

– Oui, cette molécule extraite du tabac est extrêmement toxique. Cinquante milligrammes, absorbés en une seule fois, suffisent à tuer un homme en l'espace de quelques minutes.

– C'est entendu. Mais j'ignorais que la nicotine puisse être isolée en laboratoire

– Tu as raison, elle est réputée indétectable.

Tel un gamin surexcité, le savant caracole dans le laboratoire et s'empare maintenant d'un flacon d'éther. Il en verse quelques gouttes sur l'extrait obtenu par les filtrages précédents. Une fois l'éther évaporé, les parois du récipient se couvrent d'une légère couche de couleur brune, qui exhale l'odeur caractéristique du tabac.

Ninon assiste à l'expérience, les yeux écarquillés.

– Êtes-vous parvenu à identifier des molécules de nicotine ? bredouille la jeune femme, incrédule et émerveillée. Si c'est le cas, ce serait la première fois dans l'histoire de la toxicologie.

– Peut-être. Je vais m'en assurer.

Avec précaution, Stas goûte une dose infime du nouveau mélange. Sa réaction est immédiate. La bouche et la gorge en feu, il se jette sur un verre d'eau qu'il avale d'un trait. Puis il tousse et s'étrangle, tandis que sa nièce lui martèle le dos en riant.

Ne se satisfaisant pas de ce résultat, pourtant encourageant, Stas multiplie les manipulations. Il constate ainsi qu'au contact d'un morceau de verre trempé dans l'acide chlorhydrique, la nicotine produit une dense vapeur blanche. Et que sous l'effet de l'acide nitrique, elle se transforme en une épaisse masse jaunâtre. Puis il soumet de la nicotine pure à l'action d'agents chimiques les plus divers. Il note les effets produits – formation de dépôt et de cristaux, changement de couleur – et procède aux mêmes expériences avec les décoctions du contenu de l'estomac, des intestins et des poumons de Gustave. Chaque fois, les réactions sont identiques.

Au bout d'un mois d'examens ininterrompus et après un nombre incalculable de nuits de travail, Ninon, épuisée, perd patience.

– Vous avez identifié le poison qui a servi à tuer Fougnies. N'est-ce pas suffisant, mon oncle ? Que cherchez-vous encore à prouver ?

– Le sort des Bocarmé dépend de mon expertise, la réprimande affectueusement le médecin. Voudrais-tu envoyer des innocents à l'échafaud, sans prendre la précaution de vérifier les indices dans leurs moindres détails ?

Après en avoir fini avec l'analyse des organes de la victime, Stas demande au juge d'instruction de lui faire porter les vêtements qu'elle portait le soir du meurtre, ainsi que des lames du parquet de la salle à manger, enlevées à l'endroit où le corps a chuté. L'analyse des vêtements, lavés par la comtesse dans de l'eau additionnée de soude, donne un résultat négatif. Par contre les lames du parquet portent, elles, des traces incontestables de nicotine. Pour les obtenir, Stas racle soigneusement la surface du bois en copeaux très fins qu'il fait bouillir dans une cornue. Puis il distille six fois de suite la décoction afin d'obtenir quelques gouttes de liquide essentiel. Soumis au test de l'éther, les parois de la cornue se couvrent d'un voile brun et dégagent une légère odeur de tabac.

Enfin, le 27 février 1851, Stas entreprend une dernière série d'expériences. Il fait avaler de la nicotine à deux chiens. Puis, après leur mort, il verse dans la gueule de l'un d'eux du vinaigre. Tandis que le museau du premier reste intact, celui du second présente les mêmes marques de brûlure que celles constatées par les médecins légistes dans la bouche de Fougnies. Tous ces détails permettent au savant de reconstituer le déroulement du crime. Ayant précipité Gustave à terre, le comte l'a maintenu de force, tandis que son épouse versait dans sa gorge le contenu d'une fiole de nicotine. Au cours de la lutte, le poison s'est répandu un peu partout. Pour faire disparaître les traces de l'alcaloïde, les Bocarmé ont déshabillé le pharmacien, ont rempli sa bouche de vinaigre, lui en ont aspergé le corps, puis ont lavé ses vêtements à grande eau.

Au rapport détaillé de son expertise, Stas joint un flacon contenant un peu de liquide noirâtre. Puis il colle dessus une étiquette sur laquelle il écrit : « Nicotine trouvée dans les organes de Gustave Fougnies. »

Le sort des châtelains n'est pas pour autant scellé. Car le juge doit encore prouver que le comte et la comtesse étaient en possession de nicotine le soir du meurtre. Or ce poison, extrêmement rare à l'époque, est introuvable dans le commerce.

Dans la geôle de Bruxelles où ils sont enfermés séparément, les Bocarmé persistent à clamer leur innocence, en dépit des conclusions accablantes du savant.

– Vous étiez aux abois, ruinés, harcelés par vos créanciers, argumente Eric Van Beuren, le juge d'instruction. En convolant, Gustave vous privait de son héritage. Aussi n'avez-vous pas hésité à le faire disparaître de la plus odieuse façon. Avouez !

Amaigrie, apeurée, frileusement blottie dans un coin de sa cellule, la comtesse nie farouchement sa participation au meurtre de son frère. Dépité par le mutisme de la femme, le magistrat poursuit son interrogatoire dans le cachot voisin, où se morfond son époux.

– Comment expliquez-vous les blessures que j'ai constatées sur vos mains, le lendemain du crime ?

– Gustave découpait sa viande, couteau en main, quand il s'est trouvé mal. En s'effondrant sur le sol, il m'a blessé involontairement.

– Gustave mangeait-il sa soupe avec un couteau ? interroge Van Beuren.

– Que voulez-vous dire ?

– Le témoignage des domestiques est formel : au moment du drame, le plat de viande n'avait pas encore été servi.

– Les domestiques se trompent, se défend mollement Hippolyte.

– Très bien. Alors, dites-moi pourquoi, alors que Gustave suffoquait, vous lui avez versé du vinaigre dans la bouche, au risque de précipiter son agonie.

– Mais pour le tirer du coma où il sombrait, pardi ! s'offusque le châtelain.

– N'était-ce pas plutôt pour dissimuler l'odeur de la nicotine que vous lui aviez administrée ?

Alors que le comte feint l'accablement, le magistrat enfonce le clou.

– Dernière chose : tandis que votre beau-frère gisait, raide mort, vous vous êtes acharné à gratter le parquet pendant des heures. Sans même songer à appeler un prêtre ou un médecin.

– En rendant l'âme, comment dire… Gustave avait libéré des flux malodorants. Je me suis empressé de les nettoyer.

– Et votre épouse est, elle aussi, une maniaque de la propreté, je suppose. Puisqu'elle a brûlé les béquilles de son frère et lavé son linge à la soude caustique.

À bout d'arguments, Bocarmé se recroqueville sur sa paillasse.

– J'aimais tendrement mon beau-frère, croyez-moi. J'aurais été incapable de lui vouloir du mal.

En enquêtant auprès du personnel du domaine, Van Beuren découvre qu'un certain Jacques Bontemps, palefrenier, a quitté le château quelques semaines avant le meurtre. Les livres de comptes font apparaître que, le jour de son départ, le comte lui a octroyé une forte somme. Ce détail intrigue naturellement le magistrat. Alors que ses caisses sont désespérément vides, pour quelle raison le châtelain s'est-il montré si généreux ?

Retrouver la trace de Bontemps ne prend aux gendarmes que quelques jours. L'homme, qui est employé maintenant dans un cirque itinérant, répond de bonne grâce à la convocation du juge.

– Pourquoi avez-vous été licencié du domaine de Bitremont ? demande Van Beuren.

– Je l'ignore.

– Pourquoi le comte de Bocarmé vous a-t-il versé l'équivalent d'un an de gages quand il a décidé de se passer de vos services ?

– Je l'ignore.

– Vous n'avez vraiment aucune explication à me donner ? insiste le juge.

L'homme, un paysan rustaud, se gratte pensivement la tête.

– Non, aucune.

– En dehors de vous occuper des chevaux, aviez-vous d'autres occupations au château ?

Le regard de Bontemps s'illumine soudain d'un éclat naïf.

– Ah oui ! J'aidais M. le comte à préparer son eau de Cologne.

– Expliquez-moi ça.

– M. le comte entretenait ce qu'il appelait son « jardin secret » dans un coin isolé, à l'arrière du parc. Il y avait planté de grandes plantes qu'il s'était fait envoyer d'Amérique, je crois. Je l'aidais à les moissonner à la fin de l'été. Ensuite, M. le comte les faisait cuire dans la cave pour confectionner son parfum.

– Savez-vous quelle était la nature de ces plantes ? demande le juge, en dissimulant avec difficulté son émotion.

– Non. Elles étaient plus hautes qu'un homme et dotées de très grandes feuilles.

Le juge se lève d'un bond, attrape son chapeau et se précipite déjà vers la porte.

– Venez, suivez-moi, nous allons au château.

Dans le jardin en friche du domaine, Van Beuren découvre quelques plantes ratatinées sous une couche de givre. Il prélève des échantillons de feuilles et les fait porter à la faculté des sciences. Le verdict d'un éminent botaniste confirme son intuition : il s'agit bien de plants de tabac.

Si la provenance de la nicotine a maintenant trouvé une explication, le laboratoire dont a fait mention le palefrenier demeure introuvable. À l'exception de provisions et de barriques de vin, les caves du château sont vides. Néanmoins, excité par sa récente découverte, Van Beuren réunit, une fois encore, le personnel du domaine et l'interroge sur l'activité clandestine de leur maître. Gilles, le cocher, se souvient.

– J'avais conduit M. le comte à Gand, il y a un an ou deux. Il voulait y rencontrer un professeur de chimie.

– Quel est son nom ? Où habite-t-il ? demande Van Beuren.

Comme les souvenirs du cocher sont imprécis, le juge interroge tous les chimistes connus de la ville et finit par identifier et localiser le professeur Loppers qui enseigne à l'École industrielle.

– Oui, je me souviens parfaitement de M. Bérant, confirme le vieil homme.

– M. Bérant ?

– Un original. Figurez-vous qu'il était venu m'interroger sur les problèmes liés à l'extraction de la nicotine des feuilles de tabac.

Le chimiste glousse comme un gamin.

– Il m'avait dit qu'il était d'origine américaine et qu'il avait laissé ses parents dans son pays natal. Or ces derniers, aux prises avec les Indiens, vivaient dans la peur continuelle des flèches empoisonnées à la nicotine. Bérant voulait donc étudier les effets que provoque cet alcaloïde sur l'organisme. Il cherchait notamment à savoir si le poison laisse des traces sur les victimes.

– C'est effectivement une démarche très originale, approuve en souriant Van Beuren. L'avez-vous aidé à résoudre son problème ?

– Bien sûr. Je lui ai donné tous les renseignements qu'il désirait Puis je lui ai conseillé de s'adresser au chaudronnier Vandovre et au pharmacien Dedecker, à Bruxelles, pour se procurer les appareils nécessaires à ses expérimentations. Bérant a acheté, je crois, une bonne centaine de récipients et d'ustensiles divers.

– C'est passionnant. L'avez-vous revu ensuite ?

– Oui, deux fois. En mai dernier, il est venu me montrer un échantillon de nicotine préparé par ses soins. Ce n'était pas très réussi. Quand il est revenu, six mois plus tard, ses progrès étaient manifestes. M. Bérant était parvenu à obtenir de la nicotine pure, qu'il avait testée avec succès sur des chats et des canards.

Ayant collecté suffisamment d'indices et de témoignages incriminant les Bocarmé, il ne reste plus à Van Beuren qu'à faire passer le château de Bitremont au peigne fin. Une fouille systématique des combles permet bientôt aux gendarmes de découvrir le laboratoire dans lequel le comte préparait en secret son « eau de Cologne ».

Trois mois plus tard, le 27 mai 1851, le procès du comte et de la comtesse de Bocarmé s'ouvre devant la cour d'assises de Mons. Le procureur dispose de tant de preuves matérielles que le sort des accusés semble réglé d'avance. Dans l'espoir de sauver leur tête, les accusés se rejettent mutuellement la responsabilité du meurtre. La comtesse prétend que son mari l'a contrainte d'agir sous la menace. Son époux affirme pour sa part avoir confectionné l'extrait de nicotine dans le seul but de l'expédier ensuite à ses parents américains ; le jour de la visite de Gustave, au lieu de lui offrir une liqueur avant de passer à table, Lydie l'a volontairement empoisonné dans le but d'hériter seule de tous ses biens ; s'apercevant que tout effort serait vain pour sauver le malheureux, le comte n'a eu d'autre choix que d'aider sa femme à maquiller son crime. Le procureur balaie ces arguties, en s'appuyant notamment sur l'expertise de Jean-Servais Stas. Après une heure de délibération, les jurés déclarent Bocarmé coupable. La comtesse est acquittée à l'indignation générale, les jurés n'ayant, semble-t-il, pas osé associer à un crime sordide une « dame de la bonne société », de surcroît mère de famille.

Dans la nuit du 19 juillet 1851, à la lumière des torches, le comte Hippolyte Vissard de Bocarmé s'avance vers l'échafaud. Mains entravées, col de chemise largement échancré, bandeau sur les yeux, le condamné, tête baissée, est béni par un prêtre.

Après avoir longuement hésité, les soubrettes du domaine de Bitremont ont finalement décidé d'assister à l'exécution.

– Quelle triste fin. M. le comte est si jeune, frémit Justine en ravalant un sanglot.

Bocarmé est poussé sur une planche verticale. Elle bascule en grinçant. Le supplicié est maintenant allongé sur le ventre, le cou enchâssé dans la lunette.

– N'oublions pas qu'il a quand même trucidé son beau-frère, la rabroue Jeanne à mi-voix.

Le bourreau actionne une manette, placée sur le montant gauche de la machine. Le couperet et son lest sont libérés d'un coup.

– Les aristocrates à la lanterne, grince Virginie, la plus délurée des trois jeunes filles.

La tête de Bocarmé roule dans une bassine en zinc. Un rapide souffle d'air frais effleure sa nuque à vif.

Le fantôme mexicain

En Basse-Californie, dans la nuit du 15 au 16 juin 1992, Alberto Lopez roule à bonne allure au volant de son camion chargé d'agrumes. À la recherche de fraîcheur, il quitte l'autoroute côtière et s'engage sur une route de montagne, en direction de Tijuana. S'il n'est pas immobilisé trop longtemps au poste frontière par l'inspection de sa cargaison, il escompte atteindre Los Angeles en fin d'après-midi.

À la sortie d'un virage, une lueur insolite attire son attention. Quand il s'en approche, Lopez comprend aussitôt qu'un véhicule brûle en contrebas. Redoutant une explosion, il gare son camion à bonne distance. Le cabriolet blanc, qu'il distingue à travers la fumée, s'est transformé en boule de feu. Combien de passagers se trouvent-ils à bord ? Un chauffeur solitaire ? Un couple ? Une famille ? Privé d'émetteur radio et d'extincteur, le camionneur assiste, impuissant, à la destruction complète et fulgurante de la voiture. Quand elle est réduite à une carcasse fumante, Lopez, bouleversé, reprend la route, gagne les faubourgs de Tijuana, trouve enfin une *cantina* ouverte, et prévient la police.

Deux jours plus tard, non loin du lieu du drame, Jerry Carter se présente à la porte d'une villa, lovée sur le flanc d'une colline couverte d'agaves. Une jeune femme, vêtue de jeans et d'un tee-shirt immaculé, vient lui ouvrir.

– Madame Allison Anderson ? demande le visiteur, en anglais.

– En quoi puis-je vous être utile ?

– Jerry Carter, expert à Wepler Life, assurance-vie. J'arrive tout droit de Los Angeles.

La femme hésite un instant. Elle secoue sa crinière blonde et ravale un sanglot douloureux.

– Vous venez au sujet de Mick, je suppose ?

Carter tend une grosse main couverte de poils roux.

– Je suis navré. Veuillez accepter mes sincères condoléances.

D'antiques poupées indiennes et une collection de masques mortuaires en carton bouilli décorent avec goût les murs chaulés du salon. Carter loge son immense carcasse au fond d'un fauteuil et croise les doigts comme s'il priait en silence.

– Ma mission est délicate, madame Anderson. Comme toujours en pareilles circonstances.

– Posez-moi toutes les questions que vous voudrez, j'y répondrai, pleurniche la femme, en s'humectant le coin des lèvres.

– Quel âge avait votre mari ?

– Trente et un ans.

– La police locale vous a-t-elle communiqué des détails sur les circonstances de l'accident ?

– « La voiture a fait une sortie de route. Elle a percuté un rocher et a pris feu. Du conducteur, il ne restait que des cendres », c'est à peu près ce que dit le rapport de police, sanglote Allison.

– C'est épouvantable. Pour quelle raison votre mari conduisait-il, vers 23 heures, sur une route de montagne réputée dangereuse ?

– Il se rendait à l'aéroport de Tijuana pour y accueillir un ami.

– Pouvez-vous me donner le nom de cet ami, madame Anderson ? demande l'expert.

– Gordon Crumley. Pourquoi ?

Carter prend des notes sur un carnet microscopique.

– En provenance de… ?

– De San Francisco. Gordon venait passer quelques jours de vacances à la maison.

– Mick avait-il bu de l'alcool ou pris une substance quelconque avant de conduire ?

En levant les bras au ciel, Allison fait tinter les bracelets d'argent qui ornent ses poignets.

– Oh mon Dieu, non ! On voit bien que vous ne le connaissiez pas ! Mick s'interdisait même de boire du café, c'est vous dire.

– Votre époux était-il déprimé, neurasthénique ?

– Pas le moins du monde.

La femme se rembrunit, soudain offusquée.

– Faites-vous allusion à un suicide ?

Les sourcils broussailleux de Carter se froncent comme deux points d'interrogation.

– Oubliez vite cette hypothèse. Elle est inconcevable et indécente.

– Excusez-moi. Mike avait-il des ennemis au Mexique ?

– Pas que je sache. Nous menions une vie monastique, fuyant sorties et mondanités.

– Et de l'autre côté de la frontière ?

– Mon époux avait été trader dans une banque d'affaires, à Los Angeles. Il en avait démissionné, mais était resté en très bons termes avec ses anciens employeurs.

– D'accord, passons à autre chose. Quelle est la marque de la voiture que conduisait Mike ?

– Une Chevrolet Corvette cabriolet.

– Année de mise en circulation ?

– 1991. Elle était presque neuve.

– Possédez-vous un second véhicule ?

– Oui, une Jeep Cherokee. Elle se trouve dans le garage, derrière la maison.

Jerry Carter referme son carnet. Après s'être extrait de son fauteuil, en secouant comiquement ses cent vingt kilos, il s'incline respectueusement.

– Désolé de vous avoir importunée, madame Anderson.

– Je vous raccompagne.

Parvenu au centre du salon, l'expert marque une pause.

– Ah ! J'oubliais. Disposez-vous de personnel de maison : cuisinière, femme de chambre, chauffeur, jardinier ?

– Nous avons à notre service un cuisinier et deux femmes de ménage.

– Se trouvaient-ils dans la villa la nuit de l'accident ?

Allison Anderson fait mine de réfléchir.

– Non, je ne crois pas.

– Vous ne croyez pas ? s'étonne Carter.

– Non, en fait, j'étais seule. Le samedi soir le personnel est de repos.

– Une dernière chose : puis-je vous emprunter une photo récente de votre mari ?

Définitivement agacée, la femme défait de son cadre la première photo qui lui tombe sous la main. Elle représente un homme jeune et souriant, allongé négligemment sur le pont d'un yacht.

– J'y tiens beaucoup. Je compte sur vous poui me la rendre.

– Le temps de la faire dupliquer et je vous la rapporte.

Carter traverse un jardin où abondent bougainvilliées et roses trémières.

– Vous comprendrez que Wepler Life veuille vérifier certaines informations.

– C'est bien naturel. N'ai-je pas coopéré ?

L'expert marque un temps. Un sourire imperceptible plisse ses bajoues.

– Surtout lorsque Wepler Life s'apprête à verser un capital de 10 millions de dollars. Car, dois-je vous le rappeler, vous êtes l'unique bénéficiaire de l'assurance-vie récemment souscrite par votre défunt mari.

De retour en ville, Jerry Carter téléphone à son assistante pour lui demander de vérifier si un certain Gordon Crumley a voyagé sur le vol San Francisco-Tijuana, le 15 juin au soir. Puis il contacte Claudio Suarez, le policier mexicain chargé de l'enquête. Ayant obtenu l'adresse de la fourrière dans laquelle a été entreposée l'épave de la Corvette, il y donne rendez-vous à l'inspecteur, une heure plus tard.

Ancien officier de la police scientifique de Los Angeles, Carter aurait pu consacrer ses années de retraite à taquiner le saumon en Alaska ou à gâter plus que de raison ses cinq petits-enfants. Au lieu de quoi, à peine avait-il rendu sa plaque qu'il offrait ses services à Wepler Life en qualité d'expert. Son énergie débordante, son insatiable curiosité avaient eu raison des protestations véhémentes de son épouse.

– On dirait que la Chevrolet a rôti dans un immense four à micro-ondes, remarque l'inspecteur Suarez, en examinant la carcasse carbonisée.

– Vous avez raison, je n'ai jamais vu une destruction par le feu aussi radicale, avoue Carter.

De l'élégante voiture de sport, il ne reste rien. Les vitres ont fondu. La peinture blanche métallisée a laissé apparaître l'acier rouillé. Une partie du toit amovible, amollie par l'extrême chaleur, s'est affaissée. Même spectacle de désolation à l'intérieur du véhicule : métal fondu, ressorts de sièges et armatures déformées.

– Avez-vous une explication ? demande Suarez, qui connaît la réputation d'excellence de l'ancien flic américain.

Carter tourne avec précaution et gourmandise autour du squelette noirci. Comme le ferait un ours autour d'une ruche.

– Il y a quelque chose qui cloche. Avez-vous passé des éléments de la Corvette au renifleur ?

Le renifleur est un détecteur de vapeurs d'hydrocarbures. Pour découvrir et identifier les éventuels accélérateurs de combustion, on chauffe des échantillons de métal récupérés dans les décombres, puis on analyse les émanations qui s'en dégagent, en employant la chromatographie gazeuse couplée à la spectrométrie de masse.

– Cet appareil est trop sophistiqué pour Tijuana, s'excuse Suarez. Seul le département de la police scientifique de Mexico en possède un.

– Leur labo pourrait-il examiner un bout de tôle, prélevé sur le bas du coffre, par exemple ?

– Si vous soupçonnez un acte criminel, je pourrais intercéder auprès de mes supérieurs.

– Merci. Je crains, en effet, que nous ayons affaire à un incendie volontaire. Vous savez comme moi qu'en dehors du contenu du réservoir, du tapis de sol, du rembourrage des sièges et de leur revêtement, un véhicule renferme peu de produits combustibles, explique Carter. Or, dans le cas qui nous intéresse, le « chargement de combustible », pour employer l'expression consacrée, est disproportionné par rapport à la violence et à la rapidité de l'incendie.

– Nous sommes bien d'accord. Les voitures explosent et brûlent en un clin d'œil uniquement dans les séries télévisées américaines, plaisante Suarez. Dieu merci, au Mexique, nous sommes dans la vraie vie !

Un rire débonnaire secoue le géant de Wepler Life.

– Et dans la vraie vie, pour transformer les véhicules en torches, on emploie des accélérateurs de combustion !

Carter ausculte maintenant l'avant de la Chevrolet.

– Avez-vous aussi remarqué que le pare-chocs est à peine endommagé ? Comme si l'impact frontal avait été de faible intensité.

– Alors que le coffre est totalement désagrégé, souligne le Mexicain. Pensez-vous que la Corvette ait pu être percutée à l'arrière par un camion ou un 4 x 4, puis éjectée hors de la route ?

– Dans ce cas, vous auriez constaté des traces de freinage significatives sur le lieu de l'accident. Or, votre rapport ne les mentionne pas.

Claudio Suarez feuillette la liasse de photographies qu'il transporte dans une mallette.

– C'est exact. Il n'y avait aucune marque de pneus sur l'asphalte.

– Donc, pour l'instant, tenons-nous-en à la thèse de l'incendie provoqué. Dans quel état avez-vous trouvé le cadavre du conducteur ?

– Le corps était réduit à un tas de cendres grises. Le médecin légiste n'a pu en extraire qu'un fragment de mâchoire, une montre, et un bracelet médical. Vous les examinerez à l'institut médico-légal, quand nous en aurons fini ici.

– Avec plaisir.

Carter règle le faisceau lumineux d'un projecteur de chantier pour éclairer violemment l'intérieur de l'épave. Puis il enfile une combinaison blanche en papier, se colle un masque sur le nez, enfile des gants en latex et s'accroupit pour fouiller avec d'infinies précautions l'épaisse couche de cendres et de plastique fondu. Au bout d'une dizaine de minutes, il se redresse, le front ruisselant de sueur, et s'empare de son appareil photo.

– Je crois avoir trouvé un fragment d'os.

Armé d'un pinceau et d'une fine truelle, il dégage l'indice et fait une nouvelle série de clichés.

– Regardez, c'est un morceau incurvé d'environ huit centimètres carrés.

Tandis que Suarez écarquille les paupières, Carter poursuit la description :

– Vous noterez avec intérêt la consistance spongieuse de l'une des faces. Cet os appartient au sommet du crâne. Nous pouvons d'ores et déjà en tirer deux conclusions. La première est que le corps a dû brûler à l'intérieur du véhicule.

– Par conséquent, les os d'un cadavre n'ont pas été déposés après coup. Quelle est votre seconde déduction ? demande le Mexicain, un peu vexé de n'avoir pas découvert cet indice capital avant l'expert.

– La surface interne, concave, a brûlé complètement après l'éclatement du crâne. Alors que la surface externe, convexe, qui correspond au sommet de la tête, est presque intacte. Aussi bizarre que cela puisse paraître, la victime a brûlé la tête en bas, pressée contre le tapis de sol.

– Or la voiture n'a pas fait de tonneau, intervient Suarez. Nous en avons la certitude.

– Puisque la Corvette est restée sur ses roues, le conducteur, étourdi par le choc, aurait dû brûler assis dans son siège.

– Oui. Même s'il n'avait pas bouclé sa ceinture, l'impact aurait dû être assez fort pour déclencher l'airbag et limiter ses mouvements, poursuit le policier.

– Nous sommes bien d'accord. En aucun cas le conducteur n'aurait dû se trouver dans cette position.

– À moins que, mort ou vivant, on l'ait jeté la tête en bas à l'intérieur du véhicule, avant d'y mettre le feu, bredouille Suarez d'une voix blanche.

N'ayant pas trouvé d'autres éléments significatifs dans l'épave de la voiture, les deux hommes se rendent au centre de médecine légale de Tijuana. Rafael Ruiz, le légiste, accueille l'expert avec respect, sa réputation ayant d'évidence franchi la frontière.

– Commençons par les objets, si vous voulez bien, propose-t-il, en exhibant deux sachets en plastique.

Le premier contient une montre luxueuse. Elle n'est pas suffisamment carbonisée pour rendre illisible l'inscription qui se trouve gravée au dos : « À Mick, en gage d'amour. Allison. » Carter soupèse la Rolex. Puis il la repose, pensif, sur la paillasse du laboratoire, sans faire de commentaire. Le second sac renferme un bracelet médical en acier inoxydable orné d'un caducée en émail bleu. Le bracelet informe en anglais que celui qui le portait au poignet est allergique à la pénicilline.

– Il est à peine brûlé, constate le médecin. Juste noirci par endroits, et l'émail n'a pas fondu dans la fournaise.

– Si Mick Anderson avait voulu prouver à la police qu'il se trouvait bien dans sa voiture au moment de l'incendie, il ne s'y serait pas pris autrement, raille Carter. Il vous a mâché le travail. Mais à vouloir trop en faire, on finit par commettre des erreurs.

– Pourquoi n'a-t-il pas laissé son passeport en évidence pendant qu'il y était, coincé sous l'essuie-glace ? enchérit Suarez avec agacement. Ce type nous prend pour des imbéciles !

Virevoltant dans une blouse trop grande pour lui, le légiste extrait d'une pochette des bouts d'os calcinés.

– Sur cette rotule, je note des traces d'attaches musculaires robustes.

Armé d'une forte loupe, l'expert de Wepler Life examine l'indice.

– Que voit-on ici, docteur ?

– Ça ressemble à de l'arthrite, me semble-t-il.

– Bizarre. Passons au fragment de mâchoire.

Quelques dents sont restées accrochées à la mandibule : trois incisives et une molaire. Deux des incisives sont cariées et aucune trace de plombage n'est visible. La molaire est très usée.

– Ce n'est pas le genre de dentition qu'on s'attend à trouver dans la bouche d'un trader américain, note aussitôt Carter.

– Tout à fait, approuve le légiste. La molaire me fait davantage penser à celle d'un homme préhistorique, nourri de grain écrasé à coups de pierre, qu'à celle d'un cadre californien. Je devrais pouvoir prélever de l'ADN dans la moelle.

– Les incisives sont larges et plates, avec une lisière en forme de U, et leur usure semble indiquer un mode de mastication bien particulier, s'étonne Carter.

– On appelle ça « érosion occlusale », dit Ruiz. Elle est produite par le frottement des dents du haut et du bas les unes contre les autres. Dans ce cas, incisives supérieures et inférieures s'entrechoquent. Les Européens d'origine n'ont pas cette façon de mastiquer.

– Je l'ignorais. Qui d'autre mastique de cette façon ? demande Carter.

– Les gens d'origine mongoloïde : Asiatiques, Esquimaux, Amérindiens.

– Autrement dit, ces dents pourraient appartenir à un citoyen mexicain.

– À un paysan mexicain, habitué à broyer des racines et des grains de maïs, rectifie le légiste.

– Maintenant, pouvons-nous réexaminer ensemble le fragment du crâne, que j'ai trouvé dans la voiture ?

Le légiste place l'indice sur une feuille de papier noir et augmente la puissance de la lampe. Carter l'observe un long moment puis demande à la cantonade :

– Poussez-vouz confirmer que Mike Anderson était bien âgé de trente et un ans ?

Suarez et Ruiz répondent en chœur par l'affirmative.

– C'est curieux. Chez un homme de cet âge, les sutures en zigzag du crâne ne devraient pas être complètement soudées ?

– Oui, surtout du côté concave.

– Or, sur cet os, elles sont à peine perceptibles. On ne distingue plus que de légères saillies osseuses

Le visage du médecin s'empourpre comme celui d'un gamin pris en faute.

– Vous avez raison. L'homme auquel nous avons affaire était beaucoup plus âgé qu'Anderson. Je dirais qu'il devait avoir entre cinquante et soixante ans.

– Ce qui nous amène à la conclusion suivante..., dit Carter avec un sourire satisfait.

– L'homme qui a brûlé dans la voiture était un paysan mexicain âgé d'une cinquantaine d'années, répond avec fébrilité Claudio Suarez.

– Et non un jeune banquier yankee, murmure le légiste.

– J'ai une bonne et une mauvaise nouvelle à vous annoncer, dit Jerry Carter, en pénétrant à nouveau, tard dans l'après-midi, dans le luxueux salon d'Allison Anderson. Par laquelle voulez-vous que je commence ?

Le visage livide de la jeune femme se crispe.

– Épargnez-moi votre humour de démarcheur et venez-en aux faits. Je n'ai d'ailleurs pas de temps à vous consacrer. Je dois organiser les funérailles de mon mari.

– Je commencerai donc par la bonne nouvelle : Mick n'est pas mort. Du moins ce n'est pas lui qui a brûlé dans la Corvette.

La femme s'effondre théâtralement dans un sofa en étouffant un cri. « Mauvaise comédienne ! » ne peut s'empêcher de penser l'expert, qui épie les moindres réactions de la « veuve ».

– Mais alors, qui était dans la voiture ?

– Un vieux paysan mexicain. La police ignore encore son identité. Tout comme elle ignore pourquoi et comment il se trouvait derrière le volant de la Corvette, à la place de votre époux.

Allison Anderson roule des yeux fous à travers le salon, à la recherche d'un hypothétique soutien.

– Où est Mick ? Que lui est-il arrivé ? J'exige des explications.

– Je n'en ai pas la moindre idée, madame Anderson. Mais si ce n'est déjà fait, Mick ne tardera pas à vous contacter.

Tête rentrée dans les épaules, les mains lui couvrant le visage, hébétée, la jeune femme geint bruyamment comme un animal blessé.

Carter observe Allison à la dérobée. Les minutes s'égrènent.

– Après la bonne, j'en viens maintenant à la mauvaise nouvelle, dit l'expert. En l'absence du cadavre de l'assuré, Wepler Life ne pourra pas vous dédommager. J'en suis, croyez-moi, sincèrement désolé.

Comme un diable sautant hors de sa boîte, la femme, soudain ragaillardie, vient se camper devant l'expert.

– Vous abusez de ma détresse ! Vous êtes ignoble ! Wepler Life empoche les primes de ses souscripteurs et les abandonne en cas de malheur ! Vos procédés sont méprisables !

L'Américaine agite un doigt menaçant sous le nez de Carter.

– Mais je ne me laisserai pas dépouiller par des gens comme vous. D'ailleurs, j'appelle sur-le-champ mon avocat, à Los Angeles.

Longuement, méthodiquement, Jerry Carter débite d'une voix neutre les étapes détaillées de son expertise. Il tend ensuite à la femme un double du rapport de police.

– Lisez ! Tout ce que je viens de vous dire est consigné là-dedans.

Ensuite, baissant la voix, l'ex-policier modifie habilement sa stratégie.

– Nous nous trouvons devant une alternative. Soit votre mari est vivant, ce dont nous nous réjouissons tous, et il ne tardera pas à se manifester. Soit, en dépit de ce que révèlent les indices, il a péri dans l'accident. Dans cette seconde hypothèse, une seule chose pourrait invalider nos conclusions.

La femme se radoucit. Elle éponge avec un mouchoir en baptiste les larmes imaginaires qui ont coulé sur ses joues, avale un verre d'eau et demande d'une voix troublée :

– Laquelle ?

– Que les parents de Mick consentent à fournir un échantillon de leur ADN, afin qu'il soit comparé à celui contenu dans les os du cadavre. S'ils sont identiques, nous admettrons que Mick Anderson a succombé dans sa voiture. Et, naturellement, je débloquerai le capital de 10 millions de dollars de l'assurance.

Allison semble soupeser la proposition.

– Mes beaux-parents vivent à Santa Ana, dans la banlieue de Los Angeles. Je leur poserai la question, mais je doute fort qu'ils acceptent de coopérer.

– Pour quelle raison ?

– Par conviction religieuse. Ils sont pentecôtistes, néoconservateurs. Ils refusent prises de sang et analyses biologiques.

Carter secoue la tête avec bonhomie.

– Allons, madame Anderson. Compte tenu de l'enjeu, je suis sûr que vous saurez les convaincre de déroger à leurs principes. J'ajoute que prélever quelques cellules à l'intérieur des joues est une opération parfaitement indolore. Mais indispensable pour écarter les doutes et clore cette affaire. D'une manière ou d'une autre.

– J'insisterai auprès d'eux, promet la jeune femme.

Soudain, elle frémit des pieds à la tête. Comme si un coup de blizzard venait de s'engouffrer dans le salon.

– La police mexicaine va-t-elle venir m'interroger ?

– Attendez-vous à recevoir, dès demain matin, la visite de l'inspecteur Suarez, et je crains pour vous qu'il n'ait pas ma patience.

– En avons-nous fini ? demande la femme, visiblement à bout de nerfs.

– Je ne vous dérange pas plus longtemps. Pour terminer cet entretien, j'aimerais cependant vous poser une question un peu provocatrice.

– Dites toujours, soupire Allison.

– Avez-vous participé à la mise en scène de l'accident, ou votre mari a-t-il agi seul et à votre insu ?

Un frisson de détresse secoue à nouveau la jeune femme. Elle titube, prête à s'effondrer, et hurle d'une voix suraiguë :

– Dirigez-vous vers la porte sans vous retourner, monsieur Carter ! Et, surtout, ne dites plus un mot !

Au cours des semaines suivantes, Allison Anderson est interrogée à maintes reprises par l'inspecteur Suarez. Pour sa défense, elle nie en bloc toutes les accusations dont elle fait l'objet. Elle affirme n'être impliquée dans aucune machination. Elle n'a pas fomenté avec son mari une tentative d'escroquerie à l'assurance. Elle est sans nouvelles de lui depuis l'accident. Et elle ignore tout de l'identité du Mexicain, incinéré dans la voiture. Amaigrie, épuisée, dépressive, elle plaide sa bonne foi avec l'énergie du désespoir.

– Ne comprenez-vous pas, inspecteur, que dans ce drame j'ai tout perdu ? Mon époux et… le capital de son assurance-vie. Je suis doublement lésée. À qui profite le crime ? Pas à moi, en tout cas ! Je n'ai pas retiré le moindre avantage de cette tragédie. Vous harcelez une victime, au lieu de poursuivre les auteurs de cette mascarade, macabre et incompréhensible.

De guerre lasse, incapable de soutirer à l'Américaine le moindre aveu et de prouver son implication dans le faux accident, Suarez abandonne la partie. Il lui restitue son passeport et l'autorise, si elle le souhaite, à se rendre à nouveau aux États-Unis. Allison brade aussitôt sa luxueuse villa à un homme d'affaires mexicain.

À peine s'est-elle installée dans une banlieue résidentielle de Los Angeles qu'épaulée par une équipe d'avocats aguerris, elle intente un procès à Wepler Life. S'appuyant sur les expertises de Jerry Carter et de Rafael Ruiz, le médecin légiste mexicain, la compagnie d'assurances rejette la demande de versement du capital décès, puisque « le décédé n'est pas l'assuré ». Lors du procès, les avocats d'Allison Anderson plaident le doute sur la validité des indices recueillis dans l'épave de la voiture. Arguant que les fragments d'os du cadavre aient très bien pu y être déposés intentionnellement pour nuire à leur cliente, insistant sur l'absence d'échantillon d'ADN, ils parviennent, dans un premier temps, à déstabiliser en leur faveur les membres du jury.

Appelé à la barre, Jerry Carter contre-attaque vigoureusement. Les preuves qu'il fournit sont soigneusement étayées. Les analyses, réalisées à Mexico à partir des tôles calcinées de la Corvette, prouvent sans ambiguïté l'usage d'un accélérateur de combustion. La thèse de l'accident étant écartée, Carter rappelle aux jurés que les parents de Mick Anderson ont refusé de se soumettre à un test ADN, et que par conséquent ils ont fait obstruction au bon déroulement de l'enquête.

Au nom du premier amendement de la Constitution américaine, qui stipule que « le Congrès ne fera aucune loi qui touche l'établissement ou interdise le libre exercice d'une religion », les défenseurs d'Allison rejettent cet argument avec véhémence. Les parents de Mick ont refusé le test par conviction morale et religieuse, et non pour protéger leur fils. Puis viennent les plaidoiries. L'avocat de la Wepler Life se contente d'énumérer sobrement les preuves accumulées par Carter. Mick Anderson n'étant pas la victime, la compagnie d'assurances n'est pas tenue de dédommager une veuve fictive. Face à ce plaidoyer technique et rébarbatif, l'avocat d'Allison choisit pour sa part de faire vibrer la corde sensible.

– Regardez cette pauvre femme, s'époumone-t-il à travers le prétoire, en pointant un doigt vers Allison, qui, vêtue de noir de la tête aux pieds, ses mèches blondes soigneusement dissimulées sous une voilette, se tient recroquevillée.

Soudain la voix de l'avocat se brise net. Il susurre plus qu'il ne parle.

– La vie ne s'est pas contentée de briser son bonheur, une compagnie d'assurances mercantile lui a planté un couteau en plein cœur !

Le jury se retire pour délibérer. Après deux heures d'âpres discussions, il prononce un verdict en faveur de la « veuve » éplorée. Le juge, sans doute moins impressionné par les arguments démagogiques du défenseur, rend un jugement de Salomon. Il ne concède à Allison que 10 % du capital de l'assurance-vie souscrite par son mari. Soit, néanmoins, la somme rondelette de un million de dollars.

Rendu furieux par cette décision, qui discrédite son travail d'expert, Jerry Carter décide, sans en avertir ses supérieurs, de poursuivre seul son enquête. Spéculant sur le fait que, tôt ou tard, Mick Anderson reprendra contact avec ses parents, il monte, un week-end sur deux, une surveillance discrète devant leur maison.

En 1997, l'économie californienne est en pleine effervescence. L'explosion des nouvelles technologies, la prolifération de start-up Internet et la fusion des industries de divertissement créent une éclosion de nouvelles sociétés. Parmi celles dont l'avenir s'annonce le plus prometteur, Golden Star s'est spécialisée dans les effets numériques destinés à la publicité et au cinéma. Après avoir gravi rapidement les premiers échelons de la hiérarchie, profitant de la dynamique de son entreprise, Steve Robbins est appelé à occuper maintenant le poste de directeur général. D'une redoutable efficacité professionnelle, il mène la vie trépidante des cadres californiens, trouvant le temps de surfer à l'aube sur les vagues du Pacifique, puis de s'enfermer jusqu'à la nuit dans son bureau climatisé. Avant que ses nouvelles fonctions ne lui donnent librement accès aux comptes et aux chéquiers de l'entreprise, les membres du conseil d'administration décident de confier à un cabinet d'audit le soin d'effectuer une enquête de routine sur les antécédents de leur futur directeur. En épluchant son passé, un détective privé découvre que le postulant est bardé de diplômes universitaires et de références prestigieuses. Robbins est par ailleurs marié à une femme charmante, il possède en copropriété un bel appartement à Santa Monica, et, argument non négligeable aux yeux de ses employeurs, il vote pour un candidat républicain à chaque élection. Seule une anomalie jette une ombre légère sur ce tableau idyllique : pourquoi Steve Robbins conduit-il un véhicule tout terrain immatriculé au nom d'une certaine Allison Anderson ? S'agit-il du 4 x 4 appartenant à une maîtresse ou, plus grave encore, s'agit-il d'une voiture volée ? Le détective décide d'éclaircir cette énigme, avant de rendre son rapport au conseil d'administration de Golden Star.

Samedi 11 mai 1998. Le soleil plombe le ciel de Los Angeles. Le quartier Santa Ana est calme. Des joggeurs ruisselant de sueur croisent des retraités paisibles, attelés à leur chien. Si deux hommes n'étaient pas rivés depuis des heures au volant de leur voiture en stationnement, à quinze mètres de distance, rien dans John Dos Pasos Street ne pourrait attirer l'attention. À 10 h 15 précises, une jeep se gare sur le bord du trottoir, devant le numéro 1108. Un homme, jeune et alerte, traverse une pelouse à grands pas et sonne à la porte d'un coquet pavillon. Le premier homme embusqué dans sa voiture griffonne une note dans son carnet. Le second repose une paire de jumelles et compare le visage de l'homme qu'il vient de voir entrer à celui qui figure sur une photo, posée sur le siège passager. Quand le visiteur quitte le pavillon, une heure plus tard, les deux guetteurs quittent leur véhicule pour se dégourdir les jambes. Ils font quelques pas sur le trottoir et esquissent gauchement des mouvements d'assouplissement. Soudain le plus jeune siffle entre ses dents et trottine vers l'autre.

– Carter, nom d'un chien, qu'est-ce que tu fais là ?

– Petite planque matinale, répond l'autre, guilleret. Heureux de te revoir, Peter, ça fait un sacré bail.

Le géant presse sur sa plantureuse bedaine son ancien collègue de la police criminelle.

– Quelle coïncidence ! Je planquais là moi aussi.

– Comment s'appelle ton client ? demande Carter.

– Steve Robbins, de la Golden Star. Et le tien ?

– Mick Anderson, soi-disant mort et disparu depuis cinq ans, mais qui vient de ressusciter sous mes yeux.

Peter Valentino se trouble.

– Ton mec est-il celui qui est entré au 1108 ?

– Tout juste. Et il en est ressorti à 11 h 17.

– Mais ce type s'appelle Robbins, pas Anderson. Et la maison dans laquelle il est entré est celle de ses parents.

Au terme d'un bref conciliabule, les deux anciens policiers acquièrent la certitude que l'homme qu'ils traquent chacun de leur côté est Anderson, alias Robbins. Ils se précipitent au bureau local du FBI faire part de leur découverte.

Arrêté et interrogé par des agents fédéraux, celui qui prétend se nommer Steve Robbins nie farouchement avoir le moindre lien avec un certain Mick Anderson. Naturellement, sa dénégation ne fait pas long feu. Passées au fichier central, ses empreintes digitales correspondent à celles relevées par la police mexicaine dans la villa de Tijuana, et la photographie d'Anderson, confiée par Carter aux enquêteurs, confirme son identité. Confirme l'une de ses identités, devrait-on dire. Car, à la stupeur générale, Anderson-Robbins se nomme en réalité Patrick Darryl. Condamné à payer un important arriéré d'impôt majoré de pénalités, Darryl avait pris la fuite au Mexique, en 1991, où il s'était réfugié sous un faux nom.

Inculpé par le gouvernement de double falsification d'état civil, de fraude fiscale, et d'escroquerie à l'assurance, Darryl plaide coupable et il est condamné à cinq ans de prison, la peine maximale encourue pour ces délits multiples.

Une question a continué de se poser néanmoins à l'issue du procès : qui a été incinéré à la place de Darryl dans la Chevrolet Corvette, dans la nuit du 15 au 16 juin 1992 ? Muré dans le silence, l'inculpé a refusé obstinément de s'en expliquer. Sous la pression des enquêteurs, Allison Anderson, de son vrai nom Alice Darryl, son épouse, a prétendu que son mari s'était introduit par effraction dans un monument funéraire, pour y prélever son remplaçant. Incapable de préciser dans quel cimetière s'était déroulée cette manipulation macabre, cette version des faits n'a jamais pu être vérifiée. Si elle est exacte, on peut s'interroger sur la malchance de Darryl. En effet, si la crypte avait hébergé un mâle de type caucasien d'une trentaine d'années, au lieu d'un paysan amérindien quinquagénaire, le stratagème aurait vraisemblablement berné les experts. Et rendu le couple d'escrocs plus riche de 10 millions de dollars !

Chèque en blanc pour un faussaire

20 avril 1945. L'Apocalypse s'est mise en marche. Irrémédiablement. Il suffit aux incrédules de lever les yeux au ciel pour s'en convaincre. Comme dans un opéra de Wagner brusquement détraqué, lumières et ténèbres se pourchassent dans un chaos indescriptible. Dans les rues broyées, parmi les squelettes des immeubles vacillants, des fantômes errent sans but, la peur au ventre. Ultimes sacrifiés d'une armée allemande en déroute, enfants soldats et vieillards hébétés assistent, impuissants, à l'effondrement du Reich. Six mille blindés et trois corps d'armée soviétiques assiègent Berlin. Les Américains sont à Leipzig, à Nuremberg, à Magdebourg. Les Français en Forêt-Noire. Les bombardiers anglais pilonnent sans relâche Brême et Hambourg.

Dans le bunker construit sous la Chancellerie, à l'abri de la cacophonie hallucinante des déflagrations, la poignée des derniers fidèles s'est réunie autour d'Hitler. Ces hommes au teint cireux arborent pour la dernière fois sans doute leurs uniformes de grands dignitaires du régime nazi. Il y a là Himmler, Goering, Goebbels et Bormann. Une femme blonde, vêtue d'une robe noire boutonnée jusqu'au menton, se tient timidement en retrait. C'est Eva Braun.

– Bon anniversaire, *mein Führer*, s'exclame sans joie le chœur improvisé des hommes.

Dédaignant de jeter un regard sur le gâteau préparé en son honneur, Hitler se tourne vers Bormann, général des SS, responsable de la Chancellerie, confident et dauphin désigné.

– Où en est-on de l'opération « Sérail » ?

C'est sous ce nom de code que des avions de l'escadrille du Führer acheminent depuis quelques jours déjà hommes et matériel de Berlin à Salzbourg et à Munich, en prévision du déménagement du quartier général à Berchtesgaden. Si aucun officier présent ne mise sur les chances de réussite d'un tel projet, Hitler hésite encore. Il a déclaré deux jours plus tôt au général Ferdinand Schörner que sa place était dans la capitale du Reich, mais Bormann n'a pas perdu espoir de le faire revenir sur sa décision, afin qu'il reprenne depuis le « nid d'aigle » la direction des opérations. Toutefois, qu'il parte ou qu'il reste à Berlin, une chose obsède désormais le dictateur bientôt déchu : préserver des souillures de l'ennemi les archives secrètes du Reich et les carnets confidentiels, qu'il noircit nuit après nuit depuis treize ans.

– L'évacuation se poursuit, *mein Führer*, informe Bormann d'une voix morne. Mais le temps presse. J'apprends à l'instant que les trois premiers blindés soviétiques viennent de pénétrer à Mahlsdorf, dans les faubourgs de la ville.

À 16 heures, après le départ précipité d'Himmler et de Goering, Hitler fait appeler auprès de lui les deux plus anciennes de ses quatre secrétaires, Johanna Wolff et Christa Schröder. Il leur annonce que dans une heure elles quitteront Berlin dans une colonne motorisée, en compagnie de quelques ministres et de quatre-vingts autres employés de la Chancellerie. Quelques instants plus tard, contre-ordre : les routes vers le sud sont déjà coupées. Les secrétaires devront être évacuées plus tard par avion.

– Tout est fini, murmure Hitler à Johanna Wolff en guise d'adieu.

Bormann et Goebbels, décident, eux, de ne pas quitter le bunker. À 17 heures, Hans Baur, le chef de l'escadrille d'Hitler, donne l'ordre à dix appareils de se tenir prêts à décoller des aérodromes civils et militaires de la capitale. Au même moment, des hommes de la garde SS de la Chancellerie pénètrent dans la chambre d'Hitler et vident l'armoire blindée qui s'y trouve.

Haute d'environ 1,60 mètre, large de 0,75 mètre, elle est pleine à craquer de papiers, dossiers, lettres entassés dans le plus grand désordre. On y trouve pêle-mêle la liste des bailleurs de fonds du Parti nazi, les déclarations de soutien des partisans de l'étranger, des lettres personnelles de Mussolini, de Franco et d'Eva Braun.

– Ne touchez pas à ces carnets, je m'en charge personnellement, ordonne le lieutenant SS Wilhelm Arndt, vingt-trois ans, le valet d'Hitler à la Chancellerie.

Arndt enferme dans une mallette une soixantaine de carnets de format 21 x 27. Sur des couvertures en cuir de couleur bleu nuit, les initiales dorées A.H. ont été gravées en caractères gothiques. Sur d'autres est apposé le sceau en cire rouge du Troisième Reich.

À 21 heures, les sirènes retentissent à Schönwalde, un petit aérodrome équipé d'une simple piste en herbe, situé au nord-ouest de Berlin : attaque aérienne, l'une des dernières des trois cents que la ville aura à subir avant d'être réduite en cendres.

Trois heures plus tard, un convoi de camions, chargés de passagers venant de la Chancellerie et des ministères, bringuebale à travers la ville détruite et privée d'éclairage. Les caisses d'archives, stockées sur le sol, tressautent à chaque chaos. Assis à l'avant du camion de tête, Wilhelm Arndt serre entre ses jambes sa précieuse mallette.

À 2 heures du matin, sur l'aéroport de Schönwalde, deux trimoteurs Ju 352 sont tirés hors des abris par des attelages de bœufs. Les pilotes des appareils, le commandant Gundlfinger et le lieutenant Schultze, s'entretiennent sur le tarmac rudimentaire.

– Je volerai à très basse altitude, dit le premier. Au ras de la cime des arbres. C'est la meilleure chance de se protéger des chasseurs ennemis. J'ai toujours procédé ainsi.

Face à son supérieur, qui totalise plus de deux mille heures de vol et d'innombrables victoires en combats aériens, Schultze hésite à avouer qu'il a opté pour un plan de vol radicalement différent.

– Qu'envisagez-vous, Schultze ? insiste Gundlfinger.

– Le jour sera levé bien avant que nous ne nous soyons posés à Ainring. Sauf votre respect, mon commandant, je volerais pour ma part à haute altitude et je profiterais du moindre nuage.

Gundlfinger grimace un sourire. Le jeune officier qui se tient face à lui ressemble trait pour trait à son fils, chasseur alpin tombé à Stalingrad.

– Faites comme bon vous semble. Après tout, vous serez seul maître à bord.

À 4 heures, le convoi motorisé atteint enfin l'aérodrome. Gundlfinger fait charger plusieurs tonnes de matériel dans son Junker et ordonne à seize passagers d'y prendre place. Arndt se glisse à l'arrière du cockpit, sans se départir de sa mallette. Les trente passagers restants et le surplus d'archives trouvent à se loger dans l'autre appareil. Alors que les chargements s'éternisent, Gundlfinger s'adresse à Schultze :

– Inutile de nous attendre. Le premier qui sera prêt partira.

À 5 heures, le Ju 352 immatriculé KT-VC s'arrache de la piste en cahotant. Le nez proéminent de l'appareil, dans lequel est planté un énorme moteur, disparaît dans la nuit étoilée.

Après une heure de vol, Schultze remarque que l'alimentation de son réservoir gauche est coupée, et qu'il ne pourra pas atteindre Ainring dans ces conditions. Il décide de faire escale à Prague, qui est encore occupée par les troupes allemandes. Sitôt la réparation effectuée, le personnel au sol le presse de continuer sa route. L'avion de Gundlfinger devrait le suivre de près. Ne percevant aucun bruit de moteur à l'horizon, Schultze redécolle à 7 h 10. Son escale a duré trente-cinq minutes.

Moins d'une heure plus tard, à Börnesdorf, un village de haute Bavière, Helga Fries, aubergiste, sort de chez elle et arpente son jardin emperlé de rosée. Soudain un bourdonnement rapproché lui fait dresser la tête. Elle se fige. Doit-elle se ruer vers la cave pour se mettre à l'abri d'une attaque aérienne ? Alors qu'elle hésite, un avion en feu surgit à basse altitude. Des croix gammées se détachent sur la peinture de camouflage bleu clair du fuselage. L'avion survole le village, frôle la crête des arbres et disparaît dans la forêt, traînant un panache de fumée noire. Portant une main à son front, Helga Fries constate avec horreur que le ventre de l'appareil accroche le faîte des chênes. Transformé en boule de feu, le moteur de l'aile droite se détache. L'avion se retourne. Il pique maintenant d'une hauteur de quinze mètres. Encore quelques secondes, un dernier sursaut au-dessus des arbres, et le pilote aurait atteint les prairies dégagées, qui s'étendent de part et d'autre de la route. Au moment où une formidable déflagration couvre les huit coups qui sonnent au clocher du village, Helga étouffe un cri et détourne les yeux.

Sous l'effet du choc, l'appareil se disloque instantanément. Pur produit de la guerre, le Junker 352 possède une carlingue en tissu tendu sur une carcasse en tubes métalliques, des ailes en bois, un plancher recouvert de contreplaqué. Seuls le cockpit, les nacelles, les bords d'attaque des ailes et l'empennage sont en métal.

Les premiers à arriver sur les lieux de la catastrophe sont des prisonniers de guerre soviétiques et français qui travaillent aux champs. La fournaise est telle qu'il leur est impossible de s'approcher de l'épave. Des caisses de munitions continuent d'exploser. Des hurlements désespérés se répondent à travers les flammes. Un instant plus tard, un homme halluciné, le visage brûlé, rampe sous les débris. Il se redresse, retombe, puis se traîne à quatre pattes vers les ouvriers.

– Qu'attendez-vous pour venir nous aider, bande de lâches ?

Cet homme, Franz Westermaier, vingt-quatre ans, le mitrailleur de bord, est le seul survivant du crash.

Abandonnant leurs occupations, les habitants de Börnersdorf accourent maintenant de toute part. Alors que les dernières flammèches lèchent ce qui reste des structures métalliques, le spectacle est atroce : jambes et bras calcinés se sont détachés des corps. Eduard Grimme, un paysan, charge sur une charrette à bras les chairs carbonisées et les transporte jusqu'à la chapelle du cimetière du village.

Deux heures plus tard, une compagnie de SS arrive en camion de Salzbourg. Les soldats sécurisent la zone sinistrée, trient des débris les documents épargnés par le feu et les emportent en Autriche.

En apprenant la destruction du Junker et la mort d'Arndt, le jeune lieutenant auquel il avait confié ses précieux carnets, Hitler entre dans une rage hystérique dont il est coutumier.

– Ces papiers étaient d'une valeur exceptionnelle ! hurle-t-il à l'adresse de Bormann. Ils devaient porter témoignage de mes actes pour la postérité !

Dans le courant de l'après-midi, alors que le bunker vacille sous les obus soviétiques, le Führer donne à Schaub, son aide de camp, l'ordre de détruire le contenu des cinq armoires blindées encore entreposées dans son bureau. Neuf jours avant le suicide du dictateur, les dernières archives secrètes du Troisième Reich viennent-elles de disparaître à jamais ?

15 mars 1980. Le *Carin-II*, un élégant deux-mâts, se balance sur les eaux grises du port de Hambourg. C'est l'ancien yacht d'Hermann Goering, un cadeau de 1,3 million de marks que l'industrie automobile allemande avait fait au *Reichsmarschall*, en 1937. Bien à l'abri à Berlin dans un hangar, gardé en permanence par trois soldats en armes, le bateau a survécu, intact, à l'anéantissement de l'Allemagne. En 1945, il est saisi par les Anglais et devient la propriété de la famille royale d'Angleterre. Rebaptisé *Prince-Charles*, il accueille à son bord d'éminents invités, tels que la reine des Pays-Bas, le roi des Belges ou le chancelier Adenauer. En 1960, le yacht est restitué à Emmy, la veuve de Goering. Treize ans plus tard, Gerd Heidemann, un journaliste d'investigation de l'hebdomadaire *Stern*, le rachète 160 000 marks à un imprimeur de Bonn. Pour se procurer la somme, Heidemann vend sa maison de Hambourg. Son intention est de restaurer le navire à l'identique et de le revendre avec profit à un collectionneur américain.

Alors que le ciel se charge d'orage et que la houle forcie, la vingtaine d'invités montée à bord se presse autour d'un buffet luxueusement garni. Une brochette d'hommes âgés se tient un peu à l'écart. Comme si leur passé les avait marqués au fer rouge. Parmi eux se trouvent l'ex-général SS Karl Wolff, l'adjoint direct d'Himmler, Wilhelm Mohnke, le dernier commandant du régiment de la Chancellerie du Reich, Otto Günsche, l'aide de camp qui avait surveillé l'incinération des corps d'Hitler et d'Eva Braun après leur suicide, et enfin Konrad Kujau, un historien amateur qui fait commerce d'objets du Troisième Reich. Le champagne coule à flots. Rires et conservations vont bon train. Doté d'une insatiable curiosité, avide d'informations, Gerd Heidemann passe d'un groupe à l'autre. Une bribe de phrase, échangée entre Wolff et Mohnke, attire soudain son attention.

– Oui, bien sûr qu'Himmler m'avait informé du déroulement de l'opération « Sérail », pérore Wolff, en se cramponnant au bastingage.

Le journaliste du *Stern* s'approche. Mohnke le saisit par le bras.

– Et vous, cher Gerd, connaissez-vous cet épisode rocambolesque de la fin de la guerre ?

Comme Heidemann affiche une moue dubitative, Mohnke évoque avec moult détails la manière dont, en avril 1945, Hitler avait ordonné l'évacuation de ses archives confidentielles en vue de leur sauvegarde dans le nid d'aigle de Berchtesgaden. Le reporter, qui n'a pas perdu une miette du récit, demande, intrigué :

– Savez-vous ce que sont devenus les documents embarqués à bord des avions ? Ont-ils été saisis par les forces soviétiques ou américaines après la débâcle ?

Mohnke rabat sur ses tempes la mèche de cheveux blancs qui virevoltait au-dessus de sa tête et réajuste machinalement son nœud papillon.

– Non, pas à ma connaissance.

Pris d'une brusque intuition, Heidemann poursuit à voix basse.

– Alors, savez-vous où ils se trouvent ?

Adoptant à son tour le ton de la confidence, Wolff répond :

– Hans Baur, l'homme qui a écrit *J'étais le pilote d'Hitler*, raconte dans son livre que l'avion transportant les dossiers les plus précieux a été abattu au-dessus de la Bavière.

– Le fait est avéré, approuve Wolff. Dans leur enquête, publiée sous le titre *Les Catacombes*, deux écrivains, James O'Donnell et Uwe Bahnsen, prétendent avoir recherché l'épave de l'avion dans des villages proches de la frontière suisse.

Le journaliste note mentalement les titres des ouvrages pour se les procurer ultérieurement. Il insiste :

– L'ont-ils trouvée ?

Les anciens généraux nazis secouent la tête comme deux automates.

– Peut-on imaginer que les documents n'aient pas tous été détruits dans le crash de l'avion ? demande encore Heidemann, feignant l'ingéniosité.

– Nous savons que les SS en ont récupéré un certain nombre pour les mettre à l'abri, dit Mohnke.

Wolff vide sa coupe de champagne et émet un rire de crécelle.

– Les nôtres sont arrivés quelques heures après la catastrophe. Si bien qu'un paysan du coin a très bien pu dérober une caisse ou deux et les cacher dans le grenier de sa ferme.

Est-ce la surprise ou l'effet de la houle qui agite le yacht, mais le reporter vacille légèrement sur ses jambes.

– Les archives secrètes du Reich, entreposées dans une ferme bavaroise ! C'est à peine croyable !

– Ce n'est là qu'une supposition, bien sûr. Une simple hypothèse.

Mohnke balaie d'un geste de la main la forêt de mâts et de grues qui hérisse le port à perte de vue.

– Vous êtes un fin limier, Gerd. N'avez-vous pas consacré beaucoup de temps à essayer de retrouver la trace de notre ami Bormann aux quatre coins du monde ?

– En effet. Avant d'obtenir confirmation qu'il s'était suicidé à Berlin, en 1945, en croquant une capsule de cyanure. Alors que Simon Wiesenthal prétendait qu'il s'était caché quelque part en Amérique du Sud.

– C'est exact, glousse Mohnke. Si la recherche des archives du Führer vous intéresse vraiment, faites-le-moi savoir. J'interrogerai les membres de notre réseau.

– Je n'y manquerai pas, répond le journaliste en s'éloignant, le crâne fourmillant d'idées.

À l'arrière du bateau, un homme massif, vêtu d'un costume blanc, est accoudé au bastingage. Heidemann se coule à ses côtés.

– Quels nouveaux trésors avez-vous amassés ces derniers mois, Konrad ?

Une morbide passion commune lie les deux hommes : celle de collectionner les objets nazis et les reliques du Troisième Reich. Konrad Kujau en fait commerce dans une discrète officine de Stuttgart, et Heidemann est l'un de ses plus fidèles clients.

– J'ai en ma possession une pièce exceptionnelle, répond l'autre. Le poignard d'apparat du maréchal Rommel.

Heidemann se frotte le pouce contre l'index.

– Vous me mettez l'eau à la bouche, mais je ne suis qu'un modeste employé du *Stern*. Pas le PDG de Mercedes-Benz.

– J'ai mieux encore, susurre Kujau mystérieusement, comme si la remarque d'Heidemann le laissait indifférent. Mais je ne peux pas vous en parler ici. Trop d'oreilles indiscrètes. Pourquoi ne viendriez-vous pas me voir à Stuttgart, dans le courant de la semaine prochaine ? Je vous garantis que vous n'aurez pas à le regretter.

Trois jours plus tard, dans un luxueux salon remplis de livres anciens, le reporter contemple, ébahi, ce que le collectionneur dévoile sous ses yeux avec mille précautions : un carnet relié en cuir bleu. Il porte sur la couverture le sceau nazi et, en caractères gothiques, les lettres A.H. dorées à la feuille.

– Qu'est-ce que c'est ? bredouille Heidemann, déconcerté.

– Un recueil de notes rédigées de la main d'Hitler.

L'homme du *Stern* s'empare de l'objet en tremblant légèrement et feuillette quelques pages au hasard. Des larmes d'émotion jaillissent brusquement au coin de ses yeux. L'écriture, fine et régulière, est légèrement inclinée vers la droite.

– Le journal intime d'Hitler ! C'est sensationnel ! Ahurissant ! Quelle est la teneur du texte ?

Kujau reprend délicatement le carnet des mains du journaliste.

– Ce passage, par exemple, fait allusion à la Nuit de cristal. Écoutez plutôt : « Les manifestations contre les juifs dépassent la mesure. J'en ai déjà parlé avec Goering, le docteur Goebbels et Lutze. Il n'est pas admissible, avec tout ce verre brisé, que notre économie, à cause de quelques têtes brûlées, perde des millions et des millions. On m'a rapporté que certaines attaques regrettables ont été commises par des hommes en uniforme et que par endroits des juifs ont été battus, que d'autres ont été poussés au suicide. Est-ce que ces gens-là sont devenus fous ? Que doit-on penser à l'étranger ? Je vais donner immédiatement les ordres nécessaires. »

Kujau repose le carnet et ajoute :

– C'est signé Adolf Hitler et daté du 10 novembre 1938.

Sous le coup de l'émotion, Heidemann presse son interlocuteur de questions.

– Comment vous l'êtes-vous procuré ? Avez-vous la preuve qu'il est authentique ? Seriez-vous prêt à le vendre au *Stern* ? À combien l'estimez-vous ?

Kujau éclate d'un rire sonore et lève les bras au ciel en signe d'apaisement.

– C'est trop de questions à la fois. Un peu de patience, mon ami. Tout d'abord, je l'ai obtenu de Konrad Fischer, un général de la garde frontière de l'Allemagne de l'Est.

– Ce qui reste des archives de la Chancellerie serait donc passé à l'Est à la fin de la guerre ?

– Pas nécessairement. Fischer est extrêmement soupçonneux. Il a refusé de me révéler la provenance des carnets. Mais il prétend qu'il en existe une soixantaine, semblables à celui-ci. Selon lui, ils couvrent la période 1932-1945.

– Soixante carnets d'Hitler inédits ! gronde Heidemann. Pour le *Stern*, ce serait le scoop du siècle !

– À l'heure actuelle, je ne possède que cet exemplaire, temporise Kujau. J'ignore encore où se trouvent les autres. Mais ils existent. C'est une certitude.

Deux jours plus tard, de retour à Hambourg, Gerd Heidemann reçoit un appel téléphonique de Wilhelm Mohnke, l'ancien général SS avec lequel il s'était entretenu à bord de son yacht.

– Je me suis renseigné pour vous. Le nom du village près duquel l'avion s'est abattu s'appelle Börnersdorf. Le Junker était piloté par le commandant Gundlfinger. L'équipage et les passagers ont péri dans l'accident.

– Comment le savez-vous ? demande Heidemann.

– Nous autres, anciens compagnons du Führer, formons une confrérie très efficace. En Allemagne comme ailleurs, se contente de répondre laconiquement Mohnke, avant de raccrocher.

En novembre 1980, accompagné de Thomas Walde, le responsable des enquêtes du *Stern*, Gerd Heidemann se rend dans le village dont le nom a été mentionné par l'ex-nazi. La première initiative des enquêteurs est de visiter le cimetière. Après quelques déboires, ils découvrent, sidérés, que l'information de Mohnke est fondée. Seize tombes de soldats sont alignées dans l'angle sud-ouest. Noyées dans les fougères et les broussailles givrées, elles sont surmontées de croix en bois polies par les intempéries. L'une des plaques émaillées porte une inscription : « Friedrich Gundlfinger, pilote, 1900-1945 ». Sur une autre apparaît le nom de Wilhelm Arndt, le domestique dont le sort préoccupait tant Hitler. Sans perdre un instant, les reporters se précipitent à l'hôtel de ville et demandent à être reçus par le bourgmestre. Ce dernier accepte d'autant plus volontiers de leur parler que le *Stern* jouit d'un prestige inégalé à travers l'Allemagne.

– À la mort de mon père, en 1971, j'ai pris sa succession à la tête du village, informe Erwin Göbel, un paysan jovial au teint rouge et au cou de taureau.

– Votre père était-il présent à Börnersdorf, le 21 avril 1945, lorsque l'avion en provenance de Berlin s'est écrasé ? demande Heidemann, en contrôlant avec difficulté son excitation.

– Naturellement. Il avait la charge de diriger les opérations de secours. Du moins jusqu'à l'arrivée des militaires.

– Quel souvenir vous a-t-il transmis ?

– Celui de la chair carbonisée. L'odeur ignoble du porc grillé. Je pense que cette puanteur lui est restée collée au cerveau jusqu'à la fin de ses jours.

– Je veux bien l'imaginer, approuve le journaliste, en affectant la compassion. J'ai cru savoir aussi que les passagers du Junker avaient tous péri dans l'accident, est-ce exact ?

– Non. Un officier en était sorti vivant, mais couvert de brûlures de la tête aux pieds : Franz Westermaier. Pendant trente-cinq ans, il est venu se recueillir ici, sur les tombes de ses camarades, à la date anniversaire de leur mort.

– Est-il venu cette année ?

– Oui, pour la dernière fois. Westermaier est décédé d'une tumeur aux reins, le 24 avril dernier.

– Votre père vous a-t-il confié autre chose concernant le crash ?

Göbel passe une main calleuse sur ses joues mal rasées.

– Il m'a dit qu'après avoir compris que l'avion transportait de hautes personnalités du Reich, il avait rassemblé en hâte les papiers qui traînaient autour de l'épave…

Les journalistes retiennent leur souffle.

– … et qu'il les avait brûlés quelques semaines plus tard, avant l'arrivée des Soviétiques.

Sous le coup de la déception, les traits du visage d'Heidemann s'affaissent. Il articule avec difficulté :

– Y a-t-il encore au village des témoins de l'événement ?

– Richard Elbe, un éleveur. À l'époque, il surveillait les ouvriers soviétiques qui travaillaient aux champs.

Puis, comme si une fulgurance lui traversait l'esprit, le bourgmestre se frappe le front.

– Attendez une minute. Mon père m'a dit avoir dressé le procès-verbal de l'accident. Il doit se trouver quelque part dans la cave, parmi les archives de la commune. Je vais vous le chercher.

Quelques minutes plus tard, Göbel réapparaît, un dossier poussiéreux entre les mains. Les reporters s'en emparent avidement. Dans un style administratif et maladroit, le constat révèle la présence probable de deux femmes à bord de l'avion. Deux femmes dont les corps n'ont pas pu être identifiés. Il mentionne aussi qu'en examinant le contenu partiellement carbonisé de plusieurs valises, le père de Göbel en avait conclu que les passagers de l'avion appartenaient tous à la Chancellerie du Reich. Enfin, dernière information, capitale celle-ci : des caisses renfermant des lingots d'or et des documents marqués « top secret » avaient été emportées par les SS, dépêchés sur les lieux quelques heures après la catastrophe.

Âgé de soixante-douze ans, Richard Elbe est un solide gaillard, dont le regard pétille derrière des lunettes rondes cerclées d'acier. Il entraîne les reporters dans un hangar en bois rempli de foin.

– Regardez là-haut, près de la poutre en chêne : ce sont des hublots que j'ai récupérés sur le Junker.

Heidemann tapote familièrement le dos du fermier et tente de plaisanter.

– Bravo ! Mais avez-vous votre brevet pour piloter la grange ?

Puisque Elbe rit de bon cœur, Heidemann poursuit :

– Au fait, avez-vous prélevé d'autres souvenirs sur l'épave ?

Devenu suspicieux, Elbe consulte le bourgmestre du regard. Comme si, dans son cerveau, méfiance grégaire et fierté enfantine se livraient un rapide combat.

– Tu n'as rien à craindre, Richard, l'encourage Göbel. Montre ce que tu as trouvé à ces messieurs. Tu n'auras pas d'ennui, je m'en porte garant.

– J'ai bien conservé quelques bricoles dans ma chambre à coucher, mais…

Dans une armoire à linge, les journalistes découvrent trois reliques soigneusement dissimulées sous une pile de draps : le projet manuscrit du programme du Parti national-socialiste allemand en vue de sa création, le 22 février 1920. Sans rien y laisser paraître, Heidemann reconnaît instantanément l'écriture fine et penchée d'Hitler ; une croix de fer datant de la Première

Guerre mondiale, probablement celle qui fut décernée au futur chancelier ; et une petite peinture à l'huile qui représente, dans le style expressionniste, une scène de combat. Au premier plan, un soldat, facilement reconnaissable à sa moustache, dégoupille une grenade. Et l'on peut lire au dos du tableau : « Échec d'une attaque de chars dans les Flandres. 28.9.1918 ». Abasourdi face à ces trésors, inestimables pour un collectionneur, Gerd Heidemann demande à s'asseoir. Lorsque les martèlements qui lui broient la poitrine s'apaisent, sa décision est prise. Quel qu'en soit le prix, il se consacrera désormais à la découverte des carnets secrets d'Adolf Hitler. Il ne s'accordera aucune faiblesse avant d'avoir réalisé le scoop du siècle.

Dès lors convaincu que l'objet de sa quête se trouvait à bord du Ju 352, le reporter du *Stern* épluche les archives officielles, recoupe ses informations, effectue des recherches en République fédérale, en RDA, en Autriche, en Suisse, en Espagne et en Amérique du Sud. Pendant deux ans, il traque la moindre piste, interrogeant le plus souvent d'anciens nazis tels que l'ex-colonel Klaus Altmann, alias Barbie. En 1983, un coup de tonnerre interrompt brusquement son enquête. Konrad Kujau l'informe que le général Fischer, l'officier est-allemand qui lui a vendu le premier carnet d'Hitler, est parvenu à s'approprier la totalité du lot et qu'il est prêt à le lui rétrocéder pour la somme de 9 millions de marks, soit près de 4 millions d'euros. Heidemann organise aussitôt une rencontre entre Kujau et l'équipe dirigeante du *Stern*. Les deux parties parvenant à se mettre d'accord, Fischer, Kujau et Heidemann se partagent le bénéfice astronomique de la transaction.

Le lundi 25 avril 1983, le magazine *Stern* organise, à Hambourg, une conférence de presse. Des fuites volontaires, puis une rumeur habilement orchestrée ont transformé un banal point d'information en événement planétaire. Les envoyés spéciaux des grands médias internationaux et des historiens spécialistes du Troisième Reich sont accourus du monde entier pour y assister. Ils se bousculent maintenant pour occuper la meilleure place. Au bout d'une demi-heure d'agitation, lorsque le silence retombe dans la salle, que les projecteurs sont braqués sur l'estrade, et que tournent déjà les caméras de télévision, Peter Koch, le rédacteur en chef, dévoile le numéro qui vient à peine de sortir de l'imprimerie. La photographie de couverture représente une pile de quatre carnets. Sur celui du dessus, les lettres A.H. figurent en caractères gothiques, et un énorme titre, « Le journal intime d'Hitler a été découvert », barre tout le bas de la page. Passé un instant de stupeur, des questions fusent de toutes parts.

– Que contiennent ces cahiers ?

– Comment vous les êtes-vous appropriés ?

– Avez-vous la preuve qu'ils sont authentiques ?

Koch impose le silence et se lance sans plus attendre dans un long préambule :

– Hitler ! À l'énoncé de ce seul mot jaillit aussitôt dans toutes les mémoires comme un geyser de feu, de sang et de nuit. Des historiens, innombrables, ont écrit l'histoire du Troisième Reich. Des biographies ou des proches du Führer ont essayé de nous aider à cerner sa personnalité. Des psychologues, des psychanalystes, des médecins se sont efforcés de promener leur lanterne à travers les ténèbres du personnage. Travaux inouïs. Recherches immenses auxquelles « quelque chose » manquait : la vision, par Hitler lui-même, des événements qu'il déchaîna, les opinions qu'il portait sur ceux qui, jusqu'au bout, le servirent dans sa chevauchée infernale, des détails intimes de sa vie dessinant son autoportrait. Restait à entendre, en somme, la voix la plus secrète d'Hitler à travers le journal qu'il tenait au jour le jour.

Constatant que plusieurs journalistes commencent à manifester des signes d'impatience, le rédacteur en chef abrège sa présentation.

– La quantité d'informations contenues dans ses carnets est stupéfiante. Rien que pour l'équipée de Rudolf Hess en Angleterre, Hitler a rempli, par exemple, deux carnets entiers. Dans les prochains numéros du *Stern,* nos lecteurs pourront suivre le récit de la prise du pouvoir par les nazis, le début de la terreur organisée et du boycott des Juifs, l'incendie du Reichstag, l'élimination de Röhm, et la mise au pas de la Reichswehr. Assurément, les plus passionnants seront les carnets consacrés à la guerre contre l'Union soviétique, à Staline et à la bataille de Stalingrad.

Des hôtesses apparaissent brusquement aux quatre coins de la salle et commencent à distribuer des exemplaires du magazine, dont l'encre est encore fraîche. Quelques journalistes les leur arrachent des mains. Les agenciers se ruent vers des téléphones pour transmettre à leur rédaction une première dépêche. La tension devenant palpable, Peter Koch conclut brièvement :

– Le prodigieux ensemble que *Stern* va présenter à ses lecteurs durant les prochains mois est un événement d'une importance sans égale dans l'histoire de la presse allemande et internationale.

Le rédacteur en chef présente ensuite les deux hommes qui trônent sur l'estrade à ses côtés.

– Gerd Heidemann, de la rédaction du *Stern*, et Konrad Kujau, collectionneur d'objets historiques, les découvreurs des carnets. Ils sont prêts à répondre à vos questions.

Des mains s'agitent de toutes parts. Heidemann en désigne une au hasard.

– Par quel canal *Stern* s'est-il procuré ces documents ?

– Vous comprendrez aisément qu'il nous est impossible de dévoiler nos sources. Sachez seulement que nos recherches ont nécessité trois ans d'investigation et l'investissement de fonds considérables.

– Avez-vous fait expertiser les carnets avant publication ? demande une femme surexcitée.

– Bien entendu. Lord Dacre, ici présent, historien de Cambridge, spécialiste d'Adolf Hitler, a examiné les carnets, répond Heidemann, en désignant un homme assis au premier rang. Comme vous le savez sans doute, Lord Dacre est l'auteur du livre *Les Derniers Jours d'Hitler*, compte rendu des investigations dont il fut chargé par l'Intelligence Service sur les circonstances de la mort du Führer, survenue dans son bunker en 1945.

Heidemann s'interrompt un instant.

– D'abord sceptique quand il s'est plongé dans les carnets, Lord Dacre a changé d'avis et les a formellement authentifiés. Ce qui l'a le plus frappé, je crois, c'est le volume énorme des manuscrits découverts.

– Cela ne prouve rien, argumente un historien américain. Aucun membre de l'entourage d'Hitler n'a jamais mentionné l'existence d'un journal intime. D'autant qu'après avoir été blessé pendant la Grande Guerre, le chancelier souffrait, à partir de 1943, d'une paralysie accompagnée de tremblements. Ce qui l'empêchait d'écrire correctement.

Déconcerté par cet argument inattendu, Heidemann se tourne vers Kujau, à la recherche d'un soutien.

– Personne n'ignore qu'Hitler était un insomniaque. Nous savons aujourd'hui qu'il rédigeait son journal la nuit, à l'abri des regards.

L'historien tente vainement de reformuler sa question, mais un journaliste lui a déjà coupé la parole.

– Avez-vous fait procéder à une analyse graphologique ?

Heidemann s'approche du micro.

– Trois experts graphologues, l'Américain Ordway Hilton, spécialiste de l'analyse des documents historiques, le professeur Huebner des Archives fédérales de Coblence et le docteur Max Frey-Zuler, chef du service scientifique de la police de Zurich, ont comparé des spécimens de l'écriture d'Hitler, conservés aux archives d'Allemagne fédérale, avec l'écriture des carnets. Leurs conclusions ont levé toute ambiguïté.

À cet instant, l'homme âgé assis au premier rang bondit sur ses pieds.

– Je suis Lord Dacre. Écoutez-moi ! s'écrie-t-il d'une voix forte.

Le brouhaha s'apaise d'un coup.

– Je reviens sur les conclusions de ma première évaluation. Depuis hier, j'ai radicalement changé d'avis.

– Que voulez-vous dire ? balbutie Heidemann en dardant sur l'historien des yeux écarquillés.

– Après ma première expertise, réalisée en hâte, *Stern* m'a accordé un délai de quarante-huit heures pour examiner les carnets plus en détail. J'ai maintenant la conviction que leur authenticité est plus que douteuse. Certes, je ne suis pas graphologue, mais j'ai constaté que les entrées du journal correspondaient toutes à des dates données dans le livre de Max Domarus, *Discours et proclamations d'Hitler*, publié en 1963.

Une effervescence, un tumulte, un tonnerre d'exclamations secouent la salle quand Lord Dacre achève son raisonnement.

– Pire encore, les notes soi-disant attribuées à Hitler reprennent la plupart des erreurs contenues dans l'ouvrage de Domarus.

Cette fois, une clameur d'indignation se répercute d'un bout à l'autre de la pièce. Pour les responsables du *Stern*, la conférence tourne au cauchemar. On vocifère. On gesticule. On s'apostrophe.

– Faussaires !

– Manipulateurs !

– C'est un scandale ! hurle un correspondant. Je me suis déplacé de New York pour assister à une mascarade.

– Combien *Stern* espère-t-il gagner dans cette opération ? glapit un autre, en expédiant son exemplaire au visage d'Heidemann.

– Vous discréditez toute la presse ! beugle un troisième.

Peter Koch tente d'endiguer le raz-de-marée.

– Silence ! Silence ! Un peu de calme, je vous prie. *Stern* a publié les carnets en toute bonne foi. Et je suis persuadé pour ma part qu'ils ont été écrits de la main d'Hitler. Toutefois, pour dissiper les doutes de certains d'entre vous, je m'engage à soumettre l'ensemble des textes à des expertises scientifiques. Dans les jours qui viennent et dans la plus grande transparence. Dès qu'ils seront connus, nous vous communiquerons les résultats.

Ainsi, pour mettre fin aux spéculations, *Stern* confie-t-il les soixante volumes litigieux à l'Institut fédéral d'investigation scientifique de Berlin. Le docteur Julius Grant, un chimiste, détermine rapidement que le papier, l'encre et la colle entrant dans la fabrication des cahiers sont postérieurs à 1945. Le papier contient un agent blanchissant, le blankophor, inventé en 1954. Et l'encollage révèle des traces de polyester, un produit de synthèse conçu au lendemain de la Seconde Guerre mondiale. Un spécialiste en écriture mécanique prouve ensuite que les étiquettes, censées avoir été tapées en 1943, présentent les mêmes défauts que celles qui leur sont antérieures de neuf ans. Si une unique machine à écrire avait été utilisée par une secrétaire d'Hitler de 1932 à 1943, ce qui est peu vraisemblable, l'usure des touches aurait dû, de toute façon, être accentuée.

Le constat s'alourdit encore lorsque l'expert graphologue américain Kenneth Rendell, attaché au laboratoire central du FBI, met en lumière des différences très nettes sur les lettres capitales E, H et K sur les échantillons connus et authentifiés de l'écriture du dictateur. D'autres preuves de contrefaçon tombent bientôt de tous côtés.

Deux semaines à peine après la publication, l'ampleur du scandale atteint un degré inimaginable. D'autant que d'autres magazines ont acquis à prix d'or les droits de reproduction des carnets et ont commencé à les diffuser à grand renfort de publicité. Notamment *Paris-Match* pour la France, *Newsweek* pour les États-Unis, et le *London Sunday Times* pour la Grande-Bretagne.

Au terme de sa troisième livraison, admettant avoir été escroqué, *Stern* interrompt la publication de la série, adresse des excuses ampoulées à ses lecteurs et Peter Koch, le rédacteur en chef, démissionne de son poste sans percevoir d'indemnités. Une question reste posée : Heidemann et les responsables du journal de Hambourg ont-il été abusés par Kujau ou se sont-ils, d'une manière ou d'une autre, associés à la fraude ? Il semble que Gerd Heidemann ait rapidement compris que les carnets étaient faux. Mais au mépris de toute déontologie, il a poursuivi les transactions par appât du gain. Par ailleurs, en boycottant *Stern* dans les kiosques et en résiliant leur abonnement, des dizaines de milliers de lecteurs expriment clairement leur sentiment à l'égard de la direction du journal.

Deux jours plus tard, Gerd Heidemann et Konrad Kujau sont arrêtés pour faux, usage de faux et escroquerie. Alors que Heidemann clame son innocence sans parvenir à convaincre le juge, Kujau avoue sous la pression être l'auteur des carnets apocryphes. Spécialisé dans la fabrication de faux objets du Troisième Reich, il a consacré deux ans de sa vie à apprendre à imiter avec talent l'écriture d'Hitler et à rédiger des milliers de pages, en s'inspirant de la reconstitution de l'éphéméride du dictateur, publié avec des erreurs par Max Domarus, comme l'avait pressenti avec clairvoyance Lord Dacre lors de la conférence de presse. Autre détail cocasse : le mystérieux général Fischer, celui qui serait parvenu à retrouver les carnets en RDA, n'était autre que le frère de Kujau, un obscur garde-barrière à la retraite.

Reconnus coupables, Kujau et Heidemann sont condamnés à une peine d'emprisonnement de quatre ans et demi et sommés de rembourser les 9 millions de marks versés par *Stern*. Les deux hommes purgent l'intégralité de leur peine, mais la plus grande partie de l'argent de la fraude s'est mystérieusement volatilisée. Sans doute a-t-elle été placée sur des comptes numérotés dans des banques suisses et luxembourgeoises.

Cette histoire ne serait pas complète si vous ignoriez qu'à peine rendu à la liberté, Konrad Kujau ouvrit une galerie d'art dans laquelle il proposait à une clientèle huppée des toiles d'artistes aussi prestigieux que Chagall ou Dali. Bien que vendus à prix d'or, tous les tableaux n'étaient que des copies exécutées par Kujau lui-même. Par précaution, le faussaire les marquait d'une double signature : la sienne et celle de l'auteur du chef-d'œuvre original. Ce qui lui valut la clémence de la justice et un surcroît de célébrité.

Enfin, en 1998, deux ans avant sa mort, ce faussaire de génie fut à son tour victime d'un imposteur. Publié sous son nom et intitulé *L'Originalité de la falsification*, un livre de cent vingt pages fut tiré en Allemagne à trois mille exemplaires. Mis en accusation par Kujau, Stefan Majetschak, l'éditeur, argua avoir reçu le manuscrit par la poste. « L'accord a été conclu par téléphone et par courrier, comme il est d'usage dans l'édition scientifique, se défendit ce dernier. Il n'y a d'ailleurs rien d'explosif dans cet ouvrage. C'est un livre ardu et très bien documenté sur la relation entre l'original et la copie. » Protestant de sa bonne foi et affirmant avoir subi une perte de 10 000 euros, l'éditeur retira l'ouvrage de la vente, avant d'ajouter non sans humour : « M. Kujau a peut-être été abusé par l'un de ses confrères. À moins qu'il n'ait lui-même organisé la supercherie, adressant ainsi, à sa manière, un dernier salut à tous ceux qui avaient admiré sa virtuosité à confectionner les faux carnets d'Hitler. Assurément le plus grand scandale qu'ait jamais connu la presse allemande ! »

Le cimetière des innocents

Vautrés sur des chaises branlantes, les quatre garçons s'observent en chiens de faïence.

– À toi de faire, dit Clint Mae, dix-neuf ans, à l'adresse de son frère cadet. Et cette fois pas d'entourloupe, je t'ai à l'œil.

À travers l'unique fenêtre de la cabane enfumée, on voit le clair de lune qui éclaire la frondaison des épicéas. Le sol est jonché de mégots et de bouteilles vides. Quelques verres sales et des coupures de 5 dollars traînent, çà et là, sur la table. Terry Mae distribue les cartes maladroitement.

– Tu peux pas faire attention, crétin ! braille Zac, un adolescent teigneux, monté en graine. J'ai vu. Tu t'es donné le roi de carreau. Ramasse le tout et recommence.

– Tu nous gonfles vraiment, approuve Luis, le quatrième de la bande.

– Ça va, ça va, vous énervez pas !

Terry, un imposant gaillard aux longs cheveux filasses, rassemble les cartes. Il les brasse grossièrement et refait la distribution avec lenteur. Les traits de son visage poupin expriment une extrême concentration. Dix minutes plus tard, tandis que Zac et Luis ont abandonné la partie, les frères Mae surenchérissent, aucun d'eux ne voulant céder.

– Tu dois avoir du jeu, frérot, raille Clint, une grimace au coin des lèvres. Tu n'es pas du genre à faire de l'esbroufe avec une paire de sept.

Son adversaire se contente de sourire timidement.

– Je suis servi. Tu ferais peut-être mieux de renoncer.

– Tu as raison, voilà de quelle façon je renonce.

Clint Mae pousse devant lui une petite liasse de billets crasseux.

– Tapis. Maintenant montre-moi ton jeu.

Terry étale avec fierté quatre cartes sur le bord de la table.

– Carré de valets.

– J'ai mieux ! hurle Clint. Suite à l'as.

Terry dévisage son frère avec consternation.

– Mais non ! Dans ce cas, le carré l'emporte. Ne dit-on pas qu'on « fait poker » ?

– Tu plaisantes ou quoi ? La suite est supérieure. On a toujours joué comme ça.

Le ton monte brusquement. Les autres interviennent, hargneux et rigolards.

– Discute pas, Terry, aboule ton fric. Ton frère a gagné, admets-le.

Le visage congestionné, les mains tremblantes, Terry Mae s'extirpe de sa chaise avec difficulté et se redresse de toute sa taille, menaçant.

– Vous êtes des tricheurs. Mais cette fois, je ne me laisserai pas faire.

En un éclair, un petit pistolet argenté a jailli dans le poing de Clint. Une langue de feu. Une détonation sèche. Un cri. Un brouhaha de chaises renversées. L'énorme carcasse de Terry bascule en arrière et s'écrase contre la paroi de la cabane. La tache noire, qui macule le devant de sa chemise à carreaux, ne cesse de s'agrandir.

Ralentie par la masse graisseuse, la balle de calibre 22 s'est logée à la périphérie du cœur. Le chirurgien décide de l'y laisser, estimant que tenter une intervention pourrait être fatal à son patient. Dès lors fragilisé, condamné à vivre en sursis, Terry Mae soulage les élancements chroniques qui lui broient la poitrine en se gavant d'analgésiques. Il réduit ses activités et interrompt des études secondaires, de toute façon peu prometteuses.

À vingt ans, il rend de menus services dans la ferme que possèdent ses parents. À quarante, ayant pris leur succession, il s'est transformé en colosse lymphatique perclus de douleurs. Un matin, Fanny Lou, sa compagne, le découvre couché sans vie au pied d'un arbre.

Pour satisfaire aux dernières volontés de son frère, Suzy Mae organise une cérémonie religieuse à sa mémoire. Elle charge par ailleurs une entreprise de pompes funèbres de procéder à l'incinération du cadavre. Le coût de ces prestations s'élève à 3 110 dollars. Quelques jours plus tard, un employé du crématorium apporte à la famille deux sacs en plastique contenant les cendres du défunt. Suzy transfère leur contenu dans une urne en cuivre et la remet à Fanny Lou. Cette dernière l'expose bien en vue sur le bord de la cheminée du salon de la ferme.

Un an et demi plus tard, le 23 août 2003, la famille Mae est réunie pour le dîner. Affalés sur la moquette râpée ou renversés dans des fauteuils, les uns et les autres picorent des saucisses miniatures et grignotent des parts de pizza. Le téléviseur déverse une ultime salve de messages publicitaires. Puis un présentateur annonce les grands titres du journal national. Les bruits de mastication cessent aussitôt. « Macabre découverte dans un crématorium du Montana où des dizaines de corps ont été découverts en état de décomposition avancée. »

– Le Montana, mais c'est chez nous ! glapit un enfant, la bouche pleine.

– Tais-toi une minute, lui ordonne sa mère, les yeux rivés sur l'écran.

Après le passage en revue des autres nouvelles, le journaliste revient sur sa première information.

« Comme je vous le disais en titre, un charnier a été découvert par la police, à proximité d'un crématorium, dans le Montana. Mais voyez plutôt notre reportage. John McClure et Ian Potovy se sont rendus dans la banlieue d'Alzada. »

Dans la lumière crue de l'après-midi, un jeune homme en chemisette s'égosille dans un micro, à l'orée d'un vaste jardin en friche. « C'est Tim Sharp, le chauffeur routier venu livrer du gaz propane à la société funéraire Triangle d'or, qui a fait, mardi dernier, la tragique découverte. » Pivotant de quelques degrés sur la droite, la caméra inclut dans le champ un homme rougeaud, vêtu d'une salopette, et tenant à la main une casquette de base-ball.

« Qu'avez-vous vu exactement, Tim ?

– Un crâne humain. Il gisait dans l'herbe juste là, derrière le bâtiment. »

Sharp fronce le nez de façon expressive.

« Il devait s'y trouver depuis un bon bout de temps.

– Qu'avez-vous fait ensuite ?

– Ben, j'en ai causé au patron de la boîte, M. Flin. Je lui ai demandé ce qui se passait chez lui. Il m'a dit que c'était pas mes oignons. Que j'avais qu'à remplir sa cuve et disparaître. J'ai suivi son conseil. Mais j'en ai quand même touché deux mots au shérif, sur la route du retour. »

La caméra revient sur le visage du reporter et le cadre en plan serré. « Mis en alerte, le shérif Johnson s'est immédiatement rendu sur les lieux, en compagnie de son adjoint. Les deux hommes ont alors découvert avec stupeur que ce n'était pas seulement un crâne, mais des dizaines de cadavres en décomposition qui jonchaient le jardin de la propriété. Certains étaient entassés dans des caves blindées. Et d'autres encore ont été retrouvés empilés comme du bois mort. »

La caméra s'attarde ensuite sur une armada de policiers qui s'activent en tous sens derrière des rubans de sécurité. Le journaliste poursuit son compte rendu. « M. et Mme Flin, les propriétaires de la société Triangle d'or, ont été interpellés. Ils se trouvent actuellement dans les locaux du shérif d'Alzada pour y être interrogés. Tandis que des inspecteurs de l'Agence de protection de l'environnement et des agents du Bureau d'investigation du Montana effectuent le décompte des corps, une question est aujourd'hui sur toutes les lèvres : ces cadavres, pour la plupart méconnaissables, étaient-ils destinés à être dignement incinérés selon le souhait de leurs familles ? Ou proviennent-ils d'une morgue de la région ? Je ne manquerai pas de vous tenir informés dans les heures qui viennent. »

Dans le salon des Mae, les reliques du repas gisent, éparses, sur la moquette. Chacun s'est rencogné en silence dans le fond de son siège, abasourdi par la nouvelle.

– Oh mon Dieu !

La voix cristalline de Suzy tire la famille de sa torpeur.

– Terry a été incinéré par Triangle d'or, si je ne me trompe ?

– C'est vrai, confirme Orson, son mari.

D'un coup de menton, il désigne l'urne funéraire contenant les cendres de son beau-frère, posée en évidence sur le linteau de la cheminée.

– Inutile de te faire du mauvais sang.

– Oui, tu as raison, suis-je bête ! dit la femme.

Son regard erre de longues minutes sur le réceptacle en cuivre, qui brille dans la lumière du soir. Puis, comme si un pressentiment l'assaillait soudain, ses yeux se voilent et une larme glisse sur sa joue.

Le lendemain, les journaux locaux et nationaux consacrent unanimement leurs gros titres au scandale. On apprend ainsi, au fil des colonnes, que Triangle d'or est une société familiale prospère, fondée en 1980 par Fred et Eva Flin. Elle doit son nom à sa situation géographique proche des frontières communes aux États du Montana, du Dakota du Sud et du Wyoming. Tout en pratiquant des tarifs modérés, nettement inférieurs à ceux de la concurrence, Triangle d'or se charge de l'enlèvement des corps à domicile et de la livraison des cendres. Durant les huit premiers mois de l'année 2003, l'entreprise a incinéré plus de trois mille deux cents corps à l'entière satisfaction de sa clientèle. Jusqu'à ce qu'un chauffeur routier découvre par hasard un crâne humain, abandonné dans un jardin en friche…

Tandis que Fred et Eva Flin sont inculpés de « vol par abus de confiance », pour avoir facturé des services non suivis d'exécution, le gouverneur du Montana décrète l'état d'urgence dans le comté d'Alzada. Pour passer au peigne fin les locaux, les dépendances et les alentours, des forces considérables ont été mobilisées. Aux shérifs locaux, aux agents du FBI, aux inspecteurs des services sanitaires s'ajoutent bientôt les bénévoles de D-Mort, une organisation dépendant du ministère de la Santé des États-Unis. Cet acronyme qui signifie en français « Équipe de réaction opérationnelle aux désastres mortuaires » contribue habituellement à identifier les victimes des catastrophes naturelles ou aériennes. Elle s'est également illustrée en fouillant les décombres des tours du World Trade Center. Ne comptant dans ses rangs que des bénévoles, D-Mort est animée par des dresseurs de chiens sauveteurs, des anthropologues, des experts dentistes, des spécialistes des reconstitutions faciales, et quantité d'autres professionnels de la médecine légale.

Mat Martin, un coroner fraîchement émoulu des facultés de droit et de médecine, est convoqué par l'organisation pour prêter main-forte à l'équipe en charge de répertorier et d'identifier les cadavres du crématorium d'Alzada. À peine arrivé sur les lieux, il constate que des forestiers débroussaillent les sous-bois à la tronçonneuse. Dans un vacarme ahurissant, ils abattent des arbres, défrichent, dégagent des souches au bulldozer. La chaleur est caniculaire, l'odeur pestilentielle. Vêtu d'une combinaison jetable, un masque sur le nez, Martin erre, hagard, sur la zone dévastée. Retournée en tous sens, la propriété évoque un cauchemar intemporel surgi d'une toile de Jérôme Bosch. Un enfer médiéval peuplé de visages grimaçants. Des corps, il y en a partout et dans tous les états. Les uns, rabougris et caoutchouteux, semblent maudire l'espèce humaine, doigts fossilisés pointés vers le ciel. D'autres, recroquevillés sous des lambeaux de carton et de matière plastique, ont attiré une sarabande grouillante d'insectes nécrophages. Par colonnes rampantes, des larves travaillent les bouches et les orbites. Plus loin, un cadavre boursouflé, prêt à dégorger ses sucs, enlace une branche d'arbre et semble téter goulûment sa sève.

Mat Martin vacille. Sa combinaison ruisselante de sueur lui colle à la peau. Sa respiration est saccadée. Son cœur s'affole. Une chape le paralyse. Fuir ! Grimper dans sa voiture et rouler, fenêtres ouvertes, jusqu'aux confins de la ville. Extirper ces visions d'horreur. Interdire à la folie de lui griller la tête. Peine perdue : ses jambes n'ont soudain plus la force de le porter. Il s'écroule, arrache son masque et vomi par saccades. Un instant plus tard, une main légère lui flatte l'épaule.

– Courage, camarade.

Mat s'ébroue. Des yeux couleur pervenche sourient derrière de grosses lunettes de protection.

– La mort n'est-elle pas une transition toute naturelle ? Le passage obligé d'un état à un autre. Tu es poussière… Tu connais la suite ?

La frêle apparition avance une main gantée de blanc.

– Salut. Moi, c'est Jenny Shark, anatomopathologiste.

– Martin, grogne le garçon, en se massant les côtes. Mat Martin. Coroner. À moins que je ne rende mon tablier dès ce soir.

– Veux-tu qu'on fasse équipe ? propose la fille. À deux, on pourra mieux affronter ça.

Mat bredouille quelques mots d'acquiescement et se remet péniblement sur pied.

Les jeunes gens se dirigent maintenant vers le bâtiment principal. Quand ils croisent un corbillard abandonné, les quatre pneus à plat, un tourbillon de mouches leur saute au visage. Jenny s'approche et déverrouille la porte arrière avec précaution. Des cadavres ont été entassés pêle-mêle à l'intérieur, les yeux blancs, les membres enchevêtrés. Un brouet verdâtre et gluant dégoutte sur le sol. Instinctivement, Mat fait un bond de côté. Jenny frissonne comme si une pluie d'épingles lui brûlait la nuque. Elle chasse l'essaim de mouches d'un revers de main.

– On s'y colle ?

Le visage du garçon vire au gris. Il a un haut-le-cœur et flageole à nouveau. Jenny agrippe son bras et l'écarte de la cargaison des suppliciés.

– Tu as raison, ça peut attendre. Allons plutôt inspecter les abords du four.

Après avoir quadrillé une zone fraîchement dégagée, des hommes vêtus de blanc auscultent le sous-sol à l'aide de sondes à gaz. Quand leurs compteurs électroniques émettent des sifflements, ils plantent des drapeaux de couleur pour délimiter la zone qui renferme une poche de méthane. Ainsi, même enveloppés dans du plastique, les corps en décomposition peuvent être localisés.

– Il y a une bonne trentaine de macchabées là-dessous ! leur crie un bénévole. Venez vous en occuper quand vous aurez un moment !

– C'est complètement dingue ! croit bon d'ajouter un autre, en se vissant un doigt sur la tempe.

Plus loin, le long d'une grange en ruine, une frise de têtes humaines émerge d'un entrelacs de racines et de branches cassées. Des membres jonchent le sol. Un visage de Christ, tatoué sur la peau d'un bras solitaire, grimace dans l'herbe. Après avoir contourné une clôture, sur laquelle des lambeaux de vêtements sont éparpillés, les médecins débouchent sur le bâtiment qui abrite le four crématoire. Comme Martin hésite sur le seuil, sa consœur franchit la porte et s'éclipse seule dans un labyrinthe de couloirs et de caves voûtées. Quand elle réapparaît, toute la jeunesse de son visage s'est fanée d'un coup.

– C'est inimaginable.

Ravalant un sanglot, elle vrille son regard dans celui de Mat.

– Écoute-moi bien, je vais te raconter une histoire. À la fac, mon prof d'anatomie commençait son cours par une question rituelle : « Voulez-vous *vraiment* être médecins légistes ? » nous demandait-il. « Oui, oui », braillions-nous comme des gamins. Alors, avec le plus grand sérieux, le prof répliquait invariablement : « D'accord, mais je vous préviens, si vous ne supportez pas les fantômes, vous n'aurez rien à faire dans les maisons hantées. »

Martin dévisage la jeune femme avec stupéfaction.

– Que dois-je comprendre ?

– Que si tu ne m'accompagnes pas *maintenant* à l'intérieur de ce bâtiment, je te plante là et tu te débrouilleras avec tes fantômes pour le restant de tes jours.

Au soir de sa cinquième journée de travail, l'équipe de D-Mort a comptabilisé trois cent trente-neuf corps. Soixante-quinze d'entre eux, les cadavres « frais », ont pu être identifiés. Les autres, les deux cent soixante-quatre autres doivent être expertisés. Au lieu d'avoir été réduites en cendres pour être ensuite pieusement conservées, ces centaines de dépouilles ont pourri, stockées pêle-mêle dans l'enceinte du crématorium ou abandonnées aux quatre vents pendant des mois, voire des années. En attendant que des échantillons d'ADN soient prélevés sur les cadavres non identifiés et comparés aux leurs, les parents concernés s'interrogent anxieusement.

– L'urne que l'on m'a remise après les funérailles contient-elle les cendres de Terry, ou celles de quelqu'un d'autre, ou bien est-elle remplie d'un vulgaire mélange de poussière ou de Dieu sait quoi ? ne cesse de ressasser Suzy Mae, en regardant avec suspicion la boîte en cuivre posée sur le linteau de la cheminée du salon.

Pour en avoir le cœur net, elle dépose plainte contre la société Triangle d'or. Puis elle mandate un avocat, Dick Sloane, pour suivre l'affaire et coordonner les informations qui émanent quotidiennement des différentes sources policières. Ce dernier charge à son tour Mat Martin d'expertiser le contenu de l'urne supposé contenir les restes de Terry Mae.

Dans un coin du laboratoire mis à sa disposition par l'institut médico-légal du comté, Mat commence par procéder à la pesée des cendres. Il constate avec étonnement que leur poids – 1 650 grammes – est nettement inférieur à la normale, qui est de 2 895 grammes pour un homme adulte. Comment expliquer cette différence ? Qu'ont fait les employés de Triangle d'or de la moitié excédentaire ? L'ont-ils jetée au rebus comme un déchet insignifiant ? S'en sont-ils débarrassés pour n'avoir à utiliser qu'une urne de petite dimension, donc moins chère ? La question ne fait qu'effleurer le médecin, tant la réponse semble contenue dans les visions d'horreur qui hantent encore ses nuits.

Mat poursuit méthodiquement son analyse. En tamisant les résidus à l'aide d'un écran métallique aux mailles de quatre millimètres, il obtient une collection disparate de fragments et de poussières diverses. Les os humains sont facilement identifiables. Cet éclat lisse et courbe provient d'une tête de fémur. Ces osselets blancs sont des morceaux de métatarse. Ces autres encore, plus grands, sont des résidus de tibias ou d'humérus. Martin les étiquette avec soin et les range dans des boîtes en plastique transparent.

Lors de la crémation, les tissus organiques et les molécules à base carbonée se consument intégralement, rendant impossible toute recherche d'ADN. C'est pourquoi le légiste doit se contenter de vérifier la teneur des cendres, afin de s'assurer qu'elles sont bien d'origine humaine.

Un minuscule reflet doré attire soudain son attention. Il le sépare du reste et comprend qu'il s'agit d'une agrafe métallique. Le premier étonnement passé, il en conclut qu'elle devait relier entre elles les épaisseurs du carton de transport, que les employés des crématoriums utilisent pour introduire la dépouille dans le four et la brûler. L'opération effectuée, ils les retirent ensuite à l'aide d'un aimant. Martin constate que, dans le cas présent, cette précaution a été négligée.

Le tamis a également retenu des éclats de bois et d'infimes lambeaux de tissu. Sachant que la température d'un four crématoire peut être poussée à plus de 1 500 °C lorsque le cadavre est corpulent, les matières textiles auraient dû se calciner dès la mise à feu. Par ailleurs, la présence de microscopiques billes blanches, légères et impalpables, est encore plus insolite. De quoi s'agit-il ? Est-ce une matière synthétique destinée à augmenter le volume des cendres ? Enfin, dernier élément paradoxal, un pourcentage important du contenu de l'urne est constitué d'une fine poudre grise, qui ne semble pas être d'origine organique. Dans le but d'économiser le gaz propane, en limitant le nombre des crémations, les propriétaires de Triangle d'or ajoutaient-ils un ersatz minéral aux restes humains ? Pour la débarrasser de ses impuretés, Mat tamise cinq fois une pincée de la poudre suspecte. Quand, mise en contact avec une goutte d'acide chlorhydrique, la substance provoque une brutale effervescence, le légiste en déduit qu'il a affaire à du carbonate de calcium. De la pierre à chaux pulvérisée. Du vulgaire ciment.

Martin décide ensuite de confier aux laboratoires universitaires de sa connaissance des échantillons de ses prélèvements. Quelques jours plus tard, les premiers résultats lui parviennent. Les gros éclats de bois à demi calcinés proviennent d'une plaque de contreplaqué. Ce n'est pas vraiment une surprise. Pour éviter qu'ils ne s'éventrent, surtout si des fluides corporels ont déjà suinté, le fond des cartons dans lesquels on transporte et brûle les cadavres est généralement renforcé à l'aide de ce matériau.

L'expert en textiles apprend ensuite à Mat Martin que les mystérieuses billes blanches et légères sont du polypropylène, une matière plastique présente dans un nombre incalculable d'objets usuels. Étant donné que ce matériau fond vers 150 °C, il a de toute évidence été ajouté aux cendres après la crémation.

Le compte rendu d'analyse réserve au légiste une ultime et dernière bonne raison de manifester son indignation. Soumis à un test spectrographique, un échantillon des cendres contient plus de 15 % de silicone. Or le corps humain, constitué essentiellement d'eau, de calcium et de carbone, n'en possède pas plus de 1 %. À moins que Terry ne se soit nourri de sable durant les derniers mois de son existence, comment expliquer ce taux anormalement élevé ? Sinon, une fois encore, par le fait qu'une substance étrangère a été utilisée pour augmenter le volume des restes de la combustion.

Il ne reste plus, dès lors, à Mat qu'à informer avec mille précautions la sœur du défunt du résultat de ses travaux. Quand elle apprend la vérité, Suzy Mae fulmine :

– Comment ces crapules ont-ils osé faire une chose pareille ?

Décontenancé, le légiste fixe un vague point derrière l'épaule de la femme. Celle-ci l'interroge alors à brûle-pourpoint.

– Savez-vous combien coûte le mètre cube de gaz propane ? Je veux parler naturellement de celui dont se servaient les employés de Triangle d'or pour alimenter leur four crématoire ?

– Je n'en ai pas la moindre idée, confesse humblement le médecin.

– Les frais des funérailles de Terry m'ont été facturés 3 110 dollars. Sur cette somme, que représente, à votre avis, la part du gaz ?

– Je l'ignore, madame Mae. Quelques dizaines de dollars tout au plus.

Une bouffée de colère submerge Suzy.

– Et c'est pour les grappiller que ces monstres ont laissé pourrir des centaines de cadavres, sans leur accorder d'obsèques dignes de ce nom ? Et c'est pour se les fourrer dans les poches qu'ils ont ajouté des saloperies aux cendres de nos morts ?

Quelques jours plus tard, Dick Sloane, l'avocat de Suzy Mae s'entretient avec Martin.

– Je vous résume la situation, docteur. Les restes de Terry viennent d'être identifiés parmi les deux cent sept dépouilles encore entreposées à la morgue du comté. Les échantillons d'ADN fournis par la famille correspondent à ceux d'un corps répertorié par le FBI sous le numéro 188.

– Ce qui prouve que les fragments humains, que j'ai isolés dans les cendres de l'urne, appartenaient à un autre défunt.

– À Dieu sait qui, en effet.

– Je suppose qu'à présent, Mme Mae va organiser une nouvelle crémation et tourner la page.

– Elle va s'y employer. Mais pas dans l'immédiat.

– Pour quelle raison ?

L'avocat change brusquement de ton.

– Dites-moi, docteur, est-il possible que deux individus aient la même empreinte génétique, possèdent des structures ADN en tous points semblables ?

Martin lève les bras au ciel. Comme si cette question froissait sa sensibilité de scientifique.

– En théorie, c'est effectivement possible. Dans la réalité, les chances de similitude sont infimes, voire nulles.

– Y a-t-il, par exemple, une chance sur cent millions pour que le cas puisse se présenter ?

– Une probabilité sur des milliards serait plus proche de la réalité. À l'exception des vrais jumeaux, il n'existe pas à ma connaissance deux personnes biologiquement identiques sur cette planète.

– C'est en effet ce que j'ai lu quelque part, se rassure Sloane. Il n'y a donc aucune raison de douter de la fiabilité des tests réalisés par le FBI. Le corps de Terry a bien été retrouvé et identifié.

– Je peux demander à un laboratoire indépendant de procéder à une contre-expertise, si cela peut tranquilliser votre cliente.

L'avocat balaie la proposition d'un geste du poignet.

– Non, c'est inutile.

Il marque un temps.

– Néanmoins…

– Néanmoins ? répète Martin.

– Comme vous avez pu le constater, Mme Mae n'est pas sortie indemne de cette tragédie. Elle est sous le choc, bouleversée et incrédule. Elle n'accorde plus aucune confiance aux entreprises de pompes funèbres. C'est pourquoi elle souhaiterait qu'à partir d'aujourd'hui, vous preniez personnellement en charge la dépouille de son frère.

Une ombre de désarroi brouille le visage du légiste.

– Que voulez-vous dire par « prendre en charge la dépouille de son frère » ?

– Que vous autopsiiez le cadavre dans les règles de l'art. Que vous organisiez une crémation dans des conditions analogues aux prestations qu'aurait dû normalement fournir Triangle d'or. Enfin, que vous remettiez à ma cliente les cendres de Terry. Bref, que vous supervisiez l'ensemble du processus. De A à Z.

Comme le médecin déglutit avec difficulté, Sloane insiste.

– Puis-je compter sur vous, docteur Martin ?

– D'accord. Je vais m'y employer.

– Merci. C'est la seule façon pour Mme Mae de faire paisiblement le deuil de son frère.

Pour l'aider à s'acquitter de sa nouvelle mission, Mat Martin s'adjoint le concours de Jenny Shark. Cette dernière accepte avec enthousiasme et échafaude aussitôt un plan d'action.

– Prenons d'abord contact avec l'entreprise qui a fabriqué le modèle d'incinérateur dont se servait – ou plutôt dont aurait dû se servir – Triangle d'or.

– Tu as raison, approuve Martin, gagné par l'énergie contagieuse de sa coéquipière.

– Ensuite, quand nous aurons trouvé une société qui possède un modèle de four analogue, nous y acheminerons le corps de Terry Mae.

– Nous procéderons à l'autopsie, puis à la crémation.

– Et pour finir, tu remettras triomphalement les cendres du défunt à sa sœur et tu auras gagné tes galons de coroner, conclut la jeune femme avec espièglerie.

Soucieuse de redorer son image de marque entachée par le scandale, la société MEE (Mortuary Engineering Equipment), qui fournit des incinérateurs industriels à travers le pays, propose aux médecins de mettre à leur disposition un appareil neuf, récemment acquis par une compagnie de pompes funèbres, implantée dans l'État voisin. Deux jours plus tard, munis d'autorisations, Shark et Martin convoient les restes de Terry en fourgon mortuaire jusqu'à l'établissement.

La pièce, dont les murs sont recouverts de carreaux en faïence, baigne dans une agréable fraîcheur. Un sac en plastique blanc a été déposé sur une paillasse. Jenny s'en approche, abaisse la visière de son masque de protection et tire vers elle une longue fermeture éclair. L'écho de sa voix enjouée rebondit sur les parois lisses du crématorium.

– Prêt à prendre des notes et des photos, Mat ?

– Prêt.

– J'enclenche le magnétophone.

Martin met en charge le flash de son appareil photo numérique.

– Les vêtements du défunt ayant voyagé dans un sac séparé, nous les examinerons ultérieurement, signale la jeune femme en guise de préambule.

Puis elle extrait la carcasse du sac.

– Le corps du sujet, de couleur noirâtre, est en grande partie réduit à l'état de squelette. Des feuilles et des aiguilles de pin adhèrent, çà et là, à des lambeaux de chair. L'absence de terre dans les cavités nasales et auriculaires prouve que le cadavre n'a pas été enfoui. Plusieurs longues mèches brunes recouvrent la tête, qui est séparée du reste du corps. Manquent le pied droit et la mâchoire inférieure.

Martin s'approche du micro, suspendu au plafond.

– Probablement emportés par des charognards.

– J'isole une poignée de blattes mortes, poursuit Jenny, en glissant les insectes dans une pochette transparente. Le crâne est large et volumineux. Présence d'une bosse proéminente à la base occipitale.

– Ce qui indique clairement que le sujet est de sexe masculin, précise Mat, en multipliant les prises de vue.

– Masculin et de race blanche, corrige Shark. Les sutures crâniennes montrent un degré de fusion caractéristique d'un homme âgé d'une quarantaine d'années.

– Nous allons maintenant procéder au prélèvement d'un échantillon sur le fémur gauche, afin de réaliser un test d'ADN mitochondrial, dit Martin, prenant de court sa consœur.

Jenny s'arme d'une scie Stryker et pratique dans l'os une incision d'un centimètre sur deux. Les dents de cet instrument, plus fines que celles d'une scie à métaux, oscillent d'avant en arrière sur une très courte longueur. Elles mordent sans hésiter lorsqu'elles sont au contact d'un matériau solide, mais ne provoquent qu'un chatouillement inoffensif quand elles s'attaquent à un corps mou. Le bras dénudé d'un enfant, par exemple.

– Pour plus de précautions, je prélève également une phalange sur la main droite, commente Jenny, en cisaillant l'index du mort.

– Nous en avons terminé, conclut Martin, satisfait du travail accompli. Examinons maintenant le contenu du sac de vêtements.

Si le squelette était à peu près inodore, le linge dégage, par contre, une odeur fétide. Il se compose d'une paire de jeans loqueteuse, de sous-vêtements méconnaissables et d'un morceau de chemise écossaise noir et rouge, qui semble en tout point identique à celle que portait Terry Mae quand sa dépouille avait été confiée aux bons soins de Triangle d'or.

Les lumières mordorées du soleil couchant se retirent des pelouses quand Shark et Martin font la connaissance d'Antanas Visniak, l'employé que l'entreprise de pompes funèbres a mis à leur disposition pour procéder à la crémation.

– Faites exactement comme d'habitude, recommande Jenny.

– Et expliquez-nous le protocole au fur et à mesure. Ça nous sera utile, ajoute Mat, qui est resté légèrement en retrait.

L'incinérateur est logé dans une pièce dont les dimensions intérieures ne dépassent guère la taille d'un homme adulte.

– Le processus se déroule en trois phases, commente Visniak. Un ventilateur se met d'abord en marche. Il propulse un puissant courant d'air à travers le four principal jusqu'à la chambre de sortie.

L'opérateur actionne ensuite une minuterie qui contrôle l'électrode d'allumage et règle le temps de combustion.

Pour éviter qu'un changement de température trop rapide n'endommage les parois, un premier brûleur réchauffe l'intérieur du four. Puis, un second se déclenche automatiquement du plafond et projette vers le bas de puissants jets de flammes.

Le carton dans lequel est enfermé le cadavre s'embrase en quelques secondes à moins de 300 °C. La température grimpe ensuite et se stabilise aux environs de 1 000 °C.

Trois heures se sont écoulées lorsque Antanas Visniak déverrouille enfin le lourd battant métallique de la porte. Une bouffée de chaleur saute aux visages des trois jeunes gens. À travers le faisceau d'une lampe torche, ils distinguent la forme du squelette toujours reconnaissable. Les os des bras et des jambes se sont fracturés, mais ils ont conservé leur structure. Quand, à l'aide d'une pelle à long manche, l'employé effleure la cage thoracique, la carcasse entièrement calcinée tombe en poussière. Il ne lui reste plus qu'à recueillir les restes et à les réduire en une fine poudre granuleuse à l'aide d'un broyeur industriel.

Au cœur de la nuit, Mat et Jenny regagnent Alzada. Bercés par un récital de Joan Baez qui s'échappe de la radio de bord, ils ruminent leurs pensées en silence. Les deux sacs de cendres mortuaires sont logés dans le coffre arrière de la voiture.

Les résultats des nouveaux tests ADN, effectués à partir des échantillons de l'autopsie, corroborant ceux réalisés par les biologistes du FBI, il ne subsiste plus aucun doute sur l'identité du cadavre, abandonné en pleine nature durant plus d'un an et demi. Cependant, avant de remettre à Suzy Mae les cendres de son frère, les légistes décident de les soumettre à un ultime examen radiologique.

Empaquetée en galettes et passée aux rayons X, la poudre grise révèle la présence d'un objet rond de la taille de 1 cent, mais cinq fois plus épaisse. Un disque métallique presque parfait. Une fois les cendres tamisées, l'objet est isolé et analysé. C'est une pièce en plomb. Un projectile compacté de calibre 22 long rifle. Celui qui avait traversé la poitrine de Terry et s'était écrasé à la périphérie du cœur, vingt-cinq ans plus tôt. La preuve irréfutable de la provenance du cadavre incinéré.

Le lendemain matin, les médecins remettent solennellement l'urne funéraire à Suzy Mae. Elle la dépose sur le linteau de la cheminée du salon et place à côté le fragment du projectile. Puis elle contemple longuement les deux reliques. Ses yeux rêveurs passent de la balle à l'urne. De l'urne à la balle qui a blessé son frère et abrégé ses jours. La balle qui, un soir d'hiver, dans une cabane isolée, a mis un terme à une querelle d'adolescents. Comme s'il essayait de percer les mystères d'une enfance à jamais révolue, le regard de la femme se brouille peu à peu.

Requiem pour des Miss

À peine la Ford Mustang modèle 1977 s'est-elle garée sur le parking que Pat Ferguson s'arrache du siège passager. Elle claque nonchalamment la portière et se dirige vers la salle des fêtes sous le regard ébahi d'une trentaine de familles. Tandis qu'elle agite une main gantée de soie, quelques gamines frigorifiées notent furtivement que la nouvelle venue porte un short en cuir Levi Silvertab sur un débardeur pailleté Hanes, sur lequel pendouille un pull raglan signé Prada. Elles constatent par la même occasion que ses bottes sont des Banana Republic et que le blouson rose fluo qui lui balaie les hanches est, naturellement, la dernière création de North Face. Enfin, comment pourraient-elles douter que les boucles d'oreilles en plaqué or, qui scintillent sous sa crinière blonde tirée sur la nuque, sont des Robert Lee Moris ?

Evelyn Ferguson, la femme qui l'accompagne, se glisse à sa hauteur.

– Marche plus lentement, ma chérie. Redresse la tête et montre tes belles dents blanches.

Pat ralentit aussitôt son allure. Elle serre quelques mains alentour et entre dans le bâtiment, sa mère sur les talons.

Nous sommes le samedi 22 décembre 2002 à Hyannis Port, dans l'État du Massachusetts, sur la côte Est des États-Unis. Il est 18 h 17 et, selon une rumeur qui court en ville, Pat Ferguson, onze ans et demi, est la candidate la plus sérieuse au titre annuel des Christmas Mini-Miss.

Alors que Patricia disparaît dans les coulisses, happée par Craig Preston, l'entrepreneur de travaux publics qui organise l'événement, Evelyn se glisse à l'intérieur de la salle des fêtes. Dès qu'elle l'aperçoit, Daisy Clark lui fait signe de venir la rejoindre au premier rang.

– Pat est en beauté, s'esclaffe la femme d'une voix aiguë. Si je ne t'avais pas vue à ses côtés, je ne l'aurais pas reconnue.

– Tu parles, j'ai passé la journée à essayer de l'arranger. Cette gosse est une vraie tête de mule.

– Elles sont toutes pareilles à cet âge, approuve l'autre en réajustant sa tignasse permanentée.

– Qu'as-tu fait de Gladys ? demande Evelyn.

– Elle est dans une espèce de loge, derrière la scène. J'espère que la maquilleuse ne va pas trop forcer sur le mascara. Je n'aimerais pas que mon bébé ressemble à une pute. Même si ça doit me rapporter les 10 000 dollars du concours !

Evelyn hennit en malaxant l'avant-bras de sa voisine.

– Maintenant, que la meilleure l'emporte, comme on dit.

Pendant deux heures, qui semblent interminables aux pères venus soutenir leur progéniture, les vingt préadolescentes sélectionnées exécutent leur numéro à tour de rôle. Ayant choisi le registre féerique, quelques-unes se sont attifées en Blanche-Neige et paradent sans grâce. Puis une petite Hispanique vêtue d'un survêtement informe se déhanche avec entrain sur un air de rap préenregistré. Enfin, passés les clones de Madonna et des Spice Girls, vient le tour de Gladys Clark. Résolument moderne, la brunette s'est incarnée en Lara Croft. Moulée dans une casaque en vinyle, pistolet laser pointé vers la salle, elle gambade gaiement sous un flot d'éclairs stroboscopiques.

Evelyn Ferguson babille à l'oreille de Daisy, le regard braqué sur la scène :

– Gladys est tout bonnement époustouflante.

– Tu crois ? demande l'autre en essuyant discrètement la larme qui a roulé sur sa joue. Tu crois vraiment ?

Pour finir, c'est dans la peau d'une starlette surannée que Pat Ferguson fait son apparition. Caracolant sur une Harley-Davidson à sa taille, braillant dans un casque à micro, ébouriffant ses cheveux, la fillette invite ses fans à venir la rejoindre dans le monde merveilleux du show-business.

Daisy se penche à son tour vers sa voisine.

– Quelle prestance ! C'est du jamais-vu. On dirait que Pat a fait ça toute sa vie.

– Elle s'entraîne dur, tu sais, répond modestement la mère de l'intéressée. Elle se prive de tout pour être la meilleure.

– Oui, bien sûr, acquiesce Daisy d'un air pincé.

Au terme de la première partie de la compétition, huit candidates restent en lice pour emporter le titre des Christmas Mini-Miss, dont Gladys et Pat. Estimant qu'endurer un nouveau tour de piste est au-dessus de leurs forces, quelques pères de famille quittent discrètement la salle et vont griller une cigarette dans leur voiture, chauffage poussé à fond et radio branchée sur des stations de jazz ou de musique classique.

Une heure plus tard, alors que les finalistes ont reproduit leur prestation à l'identique, le jury, composé de commerçants et des édiles de la ville, se réunit pour élire la championne. Comme trois gamines se partagent les voix à égalité, les jurés votent à nouveau, Craig Preston, le président du comité, se réservant le droit de les départager.

Dans l'attente du verdict, les concurrentes s'égaillent dans la salle et se congratulent mutuellement. Sur les genoux de leurs mères, Pat et Gladys se chamaillent gentiment.

– Le numéro de Gladys était réglé comme du papier à musique, susurre Evelyn. Attends-toi à palper le gros lot.

– Ta-ta-ta, fait l'autre. C'est Pat qui était géniale.

Elle hésite une seconde.

– Mais dis-moi, ses fringues ont dû te coûter bonbon.

– Tu plaisantes ou quoi ? Je les achète en solde par correspondance. Je mettrai d'ailleurs ma main à couper que le pull Prada, qui m'a coûté 19,99 dollars, est une copie *made in China*.

– En tout cas, vu de loin, on n'y voyait que du feu, la rassure Daisy, en tapotant les joues de sa fille.

Quand les amplis, disposés de part et d'autre de la scène, déversent les premières mesures de la musique du film *Rocky*, Craig Preston émerge des coulisses et s'approche d'un micro, en feignant de s'éponger le front.

– Mesdames et messieurs, je ne souhaite à personne d'être à ma place ce soir. Croyez-moi, choisir la lauréate parmi nos huit championnes est une tâche plus difficile que de construire un immeuble de vingt étages au centre-ville !

Quelques rires polis fusent çà et là. Daisy et Evelyn se sont figées, le cœur au bord des lèvres.

– Mais rassurez-vous, je n'aurai par la cruauté de vous faire lambiner. C'est pourquoi je vous annonce officiellement que la lauréate du concours Christmas Mini-Miss 2002 est… Pat Ferguson. Viens vite me rejoindre, ma chérie.

Sifflets et hurlements des fans accueillent le verdict. Preston pointe un doigt vers le public.

– Car je sais que tu es là, quelque part dans cette salle.

Alors que des employées de la mairie déploient le fac-similé en carton d'un chèque géant sur lequel est créditée la somme de 10 000 dollars, Pat grimpe sur la scène et le correspondant de la télé locale se précipite à sa rencontre, caméra DVD au poing.

– Quelles sont tes premières impressions, Pat ? demande-t-il.

– Ben, j'suis contente d'avoir gagné.

– Très bien. Dis-moi, que veux-tu faire plus tard ?

– Je voudrais être chanteuse ou top model. Si je n'y arrive pas, je voudrais être coiffeuse, comme maman.

Vingt minutes plus tard, parents et enfants s'agglutinent autour du buffet qui a été dressé dans le hall. Tandis que les adultes entrechoquent mollement des gobelets en carton remplis de sangria, que les jeunes se gavent de pop corn, et que les candidates se saluent poing contre poing, Evelyn Ferguson se retrouve un instant seule et désemparée. Son regard balaie l'assemblée. Son pouls s'accélère. Sa tête bourdonne. Quand sa respiration s'emballe, elle interpelle ses voisins.

– Vous n'auriez pas aperçu Pat, par hasard ? Elle discutait encore avec ses copines, il y a un instant.

Il est 22 h 11 quand le marshal Gus Keller, qui a assisté au concours, grimpe sur une chaise et ordonne que chacun fasse silence.

– Écoutez-moi une minute, s'il vous plaît. Pat s'est éclipsée. Elle n'est sans doute pas loin. Mais je voudrais m'en assurer. Faites le tour du bâtiment et ramenez-la à sa mère qui commence à s'inquiéter.

Pendant que les uns et les autres abandonnent leur verre avec regret et se dispersent aux quatre coins du hall, Mme Ferguson se rend sur le parking désert pour s'assurer que sa fille ne l'attend pas dans la Mustang. Dans la nuit anthracite, des bourrasques glacées venues de l'océan agacent les branches dénudées des sycomores. Evelyn revient sur ses pas et étouffe un sanglot. Une seconde plus tard, quand une bouffée d'angoisse lui dessèche la gorge, elle a l'intuition fulgurante que sa fille a disparu à tout jamais.

À 2 heures du matin, les recherches n'ayant rien donné, Gus Keller et Sam Patrick, son adjoint, autorisent à contrecœur les personnes présentes à rentrer chez elles, après avoir décliné leur nom et leur adresse.

– Demain matin, avec des renforts et des volontaires, nous passerons la ville au peigne fin, explique le policier à la mère de la petite disparue. En attendant, nous allons vérifier qu'elle ne traîne pas sur le port, les plages, les parcs et les aires de jeu. Je vous téléphonerai dès que j'aurai du nouveau.

Lorsque Evelyn Ferguson bascule enfin dans un sommeil hanté de mauvais rêves, les premières lueurs de l'aube lèchent la pelouse de son jardin. Et son téléphone n'a toujours pas sonné.

À travers les fenêtres de leur bureau, les marshals regardent distraitement le ferry qui quitte le port en direction de l'île de Nantucket. Quand les mouettes se réduisent à des points gris virevoltants sur l'horizon, Gus Keller pose un chapeau tyrolien de guingois sur son crâne et comprime sa carcasse d'athlète dans une veste canadienne. Sous l'effet de la fatigue et du manque de sommeil, sa peau sombre a pris des reflets bleus.

– Je file voir Mme Ferguson. Renseigne-toi auprès des prisons du comté et des asiles psychiatriques pour savoir si des détraqués sexuels ont été relâchés ces dernières semaines.

– Après avoir reçu son prix, la gamine a pu péter les plombs, hasarde Sam Patrick.

– Tu penses à une fugue ?

L'adjoint du marshal hausse-t-il les épaules ou un frisson glacé lui secoue-t-il l'échine ?

– De toute façon, on sera fixés bien assez tôt.

Le rimmel en déroute, les yeux gonflés, la bouche tiraillée de tics, Evelyn Ferguson invite le policier à prendre place dans un fauteuil rafistolé.

– Pat s'est entraînée comme une dingue pendant un an pour décrocher le titre, pourquoi aurait-elle fugué ? C'est pas logique Et puis où serait-elle allée ? Nous n'avons aucune famille.

– Les gosses de cet âge sont imprévisibles. Tenez, moi, j'en ai cinq, dont quatre filles encore au collège, confesse Keller. Eh bien, quand je rentre à la maison, si ma femme n'est pas là, j'ai l'impression de débarquer sur une nouvelle planète.

– Patricia est ma fille unique, c'est différent, chuchote Evelyn en ravalant ses larmes.

– Qui est son père ?

– Joe Willey, dit Don le Foireux. Que Dieu ait son âme.

– Décédé récemment ?

– Tombé de sa grue il y a huit ans, avec deux grammes de gin dans le sang. Pat n'en a gardé aucun souvenir.

– Désolé de vous poser la question, mais y a-t-il un homme dans votre vie ?

– Rien de sérieux. Des gars qui passent.

– L'un d'entre eux aurait-il pu s'en prendre à Pat ?

– Non. Je cloisonne. Je n'amène personne à la maison. Y a les motels du coin pour faire des galipettes.

– Pourrais-je jeter un coup d'œil dans la chambre de Pat ? demande Keller, en se levant sans attendre la réponse.

– Ne vous gênez pas. Première porte à droite, en haut de l'escalier. Je ne me sens pas la force de vous accompagner.

Rose. Tout est rose bonbon dans la chambre de Patricia. Papier peint, rideaux, dessus-de-lit, tapis. Rose aussi la collection de poupées Barbie et l'énorme peluche Groovy Girl qui monte la garde sur une étagère. Keller ouvre les portes de la penderie où ne sont accrochés que des vêtements dégriffés. Puis il fouille des tiroirs, secoue des livres de classe, compulse ce qui ressemble à un journal intime mais qui ne renferme que des dessins faits au marqueur. Son regard s'attarde enfin sur un ordinateur posé sur une table en bois blanc. Il presse une touche pour le faire démarrer, mais il se heurte à un mot de passe. Pour gagner du temps, plutôt que de dévaler l'escalier, il compose le numéro d'Evelyn sur le clavier de son portable. Quand la femme décroche le combiné du rez-de-chaussée, sa voix se réduit à un filet d'angoisse.

– C'est Keller. Je suis navré, s'excuse le marshal, réalisant trop tard son erreur. Connaissez-vous le mot de passe du Mac de votre fille ?

– Elle ne s'est pas cassé la tête. Elle s'est contenté d'entrer sa date de naissance.

– Mais encore ?

Evelyn Ferguson ricane nerveusement.

– C'est vrai, vous n'êtes pas devin. C'est le 08 10 1991.

– Merci. Je vérifie quelque chose et je redescends vous voir dans une minute.

Le policier ouvre la messagerie Outlook. Et ce qu'il redoutait lui saute brusquement aux yeux. Une vingtaine d'e-mails salaces ont été archivés dans la boîte de réception. Et Pat a apporté une réponse appropriée à chacun d'entre eux.

Dans le laboratoire d'expertises scientifiques de la police de Providence, un informaticien a connecté le disque dur du Mac de Patricia à un puissant ordinateur en partie désossé. Il a aussi imprimé la totalité des messages grivois.

– Où en es-tu ? lui demande Keller.

– Le correspondant opère depuis un cybercafé du centre-ville de Hyannis Port, le Sweety Net. Il change à chaque fois de machine, mais ça ne veut rien dire.

– À quand remonte le dernier envoi ?

– À hier après-midi, 17 h 49.

– Soit moins d'une heure avant le début de l'élection.

– Si on envisage qu'il y ait une relation entre les mails du pervers et le concours des Mini-Miss.

– Oui. Peux-tu définir un profil psychologique, en te basant sur le style et la teneur des textes ?

– Nous avons affaire à un homme immature, possédant sans doute un QI faible. On dirait qu'il a recopié des formules toutes faites dans une revue porno. En les saupoudrant au passage de fautes d'orthographe.

– Dangereux ?

– Ses messages ne contiennent pas de menace directe, en tout cas.

– Et les réponses de Patricia ?

– Elle s'amuse à l'aguicher. Elle se prête au jeu, rien de plus

L'expert remonte ses lunettes sur le haut de son front.

– Gus, cette gamine n'a que onze ans et demi !

– Je sais. C'est exactement l'âge de l'une de mes filles.

Fernando Fernandez, le plus jeune policier de la brigade, a été choisi pour infiltrer le Sweety Net. En survêtement, les cheveux gélifiés, il s'est planté devant un ordinateur dans le fond de la salle, face à la porte d'entrée, et fait mine de participer furieusement à un jeu en ligne. Naturellement, à intervalles réguliers, son regard quitte l'écran et scrute à la dérobée les internautes qui l'entourent. Un mini-casque fiché dans son oreille le relie aux techniciens dissimulés à l'intérieur d'une camionnette banalisée, garée de l'autre côté de la rue. À l'aide de matériel sophistiqué, ils contrôlent en temps réel l'activité de tous les ordinateurs du cybercafé.

Deux heures s'écoulent. À l'exception d'un homme entre deux âges au comportement bizarre, Fernandez ne remarque rien d'anormal, la plupart des usagers étant des lycéens habitant le quartier. Une voix grésille enfin dans son casque.

– Cible repérée. Je répète : cible repérée sur la machine n° 5. Les renforts sont prêts à intervenir. Terminé.

Feignant de ramasser sa souris tombée par terre, Fernandez note mentalement le numéro de la cabine qui est en face de lui. Puis il calcule le nombre des places occupées, en partant de la gauche.

– Merde !

Personne. Aucune tête ne dépasse de l'emplacement n° 5.

– Le type a foutu le camp. Il a dû nous repérer, chuchote le policier dans son micro.

– Négatif. Il continue d'émettre.

Le policier écarte un pan de sa veste de survêtement et déverrouille le cran de sûreté de son Glock 19. Puis il contourne une rangée de cabines, afin de se faufiler dans le dos du suspect.

– Merde !

L'internaute, arc-bouté sur le clavier et dissimulé derrière l'écran, est un rouquin d'une quinzaine d'années. Après avoir lu par-dessus son épaule la première ligne du message qu'il rédige à toute vitesse, Fernandez exhibe sa plaque.

– Lève-toi et suis-moi dehors sans faire d'histoire.

Gus Keller a les nerfs en pelote lorsqu'il accueille le duo sur le trottoir.

– Alors, c'est toi le pervers du Web ?

– J'm'amuse, m'sieur. Y a pas de mal à ça, proteste le gosse sans manifester la moindre gêne.

– T'étais où samedi soir, vers 22 heures ?

– Chez ma grand-mère.

– Tu peux le prouver ?

– Envoyez-lui un SMS, vous verrez bien.

– Donne-moi son numéro de téléphone et son adresse, au lieu de faire le mariole.

Renseignements pris, le garçon est mis hors de cause dans la disparition de Patricia Ferguson. Néanmoins, un juge le condamne en comparution immédiate à une peine de trente heures de travaux d'intérêt général pour « incitation à la débauche » et « propagation de matériel pornographique auprès de personnes mineures ».

– Tu ramasseras les feuilles mortes dans les jardins publics, tous les week-ends pendant deux mois, ordonne le magistrat. Tu comprendras vite que le maniement d'un manche à balai peut être un excellent dérivatif aux obsessions sexuelles.

Le dimanche soir, la situation est inchangée. Policiers en tenue, pompiers, brigade canine, scouts et volontaires ont ratissé la ville sans succès. Dans son bureau, Gus Keller, les traits tirés par la fatigue, consulte une nouvelle fois la liste de tous ceux qui étaient présents dans la salle des fêtes, lors de l'élection des Christmas Mini-Miss.

– Au fait, qu'ont donné tes recherches auprès des prisons et des hôpitaux ? demande-t-il à son adjoint.

– Après avoir purgé une peine de quatre ans pour exhibitionnisme et tentative de viol, un certain Jack Sitbon a été libéré de la prison du comté une semaine avant le concours.

Keller lisse machinalement son épaisse moustache poivre et sel.

– Et ?

– Quelques heures après sa sortie, une patrouille de sécurité l'a cueilli dans un supermarché, le manteau entrouvert.

– Il avait récidivé ?

– Oui. Il dévoilait ses batteries aux caissières, si je peux dire. Il a été immédiatement remis en taule.

– Personne d'autre susceptible de nous intéresser ?

– Non.

Keller s'approche d'une fenêtre et laisse un instant son regard errer sur l'océan. Au loin, un doigt de lumière incandescent accompagne un ferry de retour des îles. Puis le policier s'empare avec délicatesse de son chapeau et le dépose comme une couronne impériale à l'arrière de son crâne.

– On fait un break. Demain, on ira fouiner du côté des Mini-Miss. Je veux interroger les parents des candidates malchanceuses.

– Tu penses à une vengeance de mauvais perdants ?

– Tout est possible quand des parents exhibent leurs filles comme des chevaux de cirque !

Vêtu d'un costume trois pièces étriqué, les cheveux rares et filasses ramenés sur le front, Craig Preston, le plus riche entrepreneur de la ville, et par ailleurs président du comité pour l'élection des Christmas Mini-Miss, dépose des gobelets de café devant les policiers.

– Les 10 000 dollars du prix, octroyé à la lauréate par le syndicat des commerçants, comptent peu en comparaison du bonheur que lui procure le titre. Vous l'avez sans doute constaté en assistant à la compétition, inspecteur.

– En effet, consent Keller de mauvaise humeur.

– C'est un peu délicat, ajoute son adjoint, mais…

– Parlez librement, encourage Preston. Dans cette affaire, je suis, naturellement, du côté de la police.

– Parmi les parents des concurrentes, certains ont-ils des antécédents psychiatriques ?

Preston secoue ses bras maigres en signe d'impuissance.

– Comment pourrais-je le savoir ? J'ai de bonnes relations avec la plupart d'entre eux. Pour autant, je n'exige pas de consulter leur dossier médical avant d'inscrire leur fille à la compétition.

– Parlons de comportements agressifs, si vous préférez, rectifie Keller. De parents qui auraient contesté le verdict.

– Pas à ma connaissance.

– Qui auraient pu professer des réflexions désobligeantes à l'issue du vote ?

L'entrepreneur s'incline vers les policiers et baisse le ton. Comme s'il pénétrait dans un confessionnal.

– Sans être véritablement une marginale, Mme Ferguson a un mode de vie… comment dire ? que réprouvent la plupart des bourgeoises de cette ville. De ce fait, elle a peu d'amis. La seule avec laquelle elle entretient des relations suivies est Mme Clark, la mère de Gladys. D'ailleurs, pour désigner la championne – et surtout que ceci ne sorte pas de cette pièce –, le jury a longuement hésité entre Gladys et Pat, avant de se décider en faveur de cette dernière.

– Mme Clark a-t-elle su que sa fille aurait pu gagner ? demande Sam Patrick.

– Uniquement si un membre du jury a lâché le morceau. Ce qui serait une violation flagrante de notre règlement.

Durant les jours qui suivent, les marshals interrogent les membres du jury. N'ayant obtenu aucune information susceptible de relancer l'enquête, ils orientent leurs recherches en direction des mères des candidates. Il s'avère, comme l'a suggéré Craig Preston, que la réputation de séductrice de Mme Ferguson ne lui attire pas que des sympathies au sein de la communauté. Par ailleurs, les femmes insistent sur un point : les relations qui lient Evelyn et Daisy sont amicales mais souvent orageuses.

– Pendant qu'Evelyn épluche les oignons, Daisy pleure, résume à sa manière l'une d'entre elles.

Le lendemain, plutôt que d'aller à sa rencontre, Gus Keller convoque Daisy Clark au commissariat.

– Pourquoi aurais-je fait du mal à Pat ? pleurniche la femme, en s'épongeant les joues à grand renfort de mouchoirs en papier. J'ai été sa baby-sitter pendant des années. Je la considère comme ma fille de cœur.

– Où étiez-vous pendant la réception qui a suivi la remise du chèque ? demande Keller. Personne ne vous a vue papoter autour du buffet.

Daisy secoue la tête vigoureusement. Sa chevelure frémit comme une créature improbable issue du monde marin.

– Je le dirai pas.

– Vous avez attiré Pat à l'écart ?
– Non.
– Vous l'avez entraînée à l'extérieur ?
– …
– Vous l'avez assommée. Puis vous avez fourré son corps dans le coffre de votre voiture, c'est bien ça ?
– Non ! hurle Daisy en martelant la table à coups de poing rageurs. J'étais dans les toilettes, recroquevillée contre la cuvette.
C'est au tour de Keller d'écarquiller les yeux.
– Vous étiez souffrante ?
– Je pleurais toutes les larmes de mon corps, si vous voulez savoir.
– Pour quelle raison ?
– Quand Pat a gagné, j'ai lu un tel désespoir dans les yeux de ma fille que j'en ai eu le cœur brisé. Alors je suis allée pleurer tout mon saoul dans les w-c. En me jurant que Gladys ne participerait plus jamais à une connerie de ce genre.
Désarmé par la candeur de Mme Clark, le policier l'écarte provisoirement de la liste des suspects.

Dès l'annonce de la disparition de Patricia, les enquêteurs ont retenu trois théories, comme il est de coutume en pareille circonstance : soit la fillette a fugué, mais dans ce cas, selon les statistiques du FBI, elle aurait dû réapparaître moins de trois jours plus tard ; soit elle a été enlevée, mais aucune demande de rançon n'est parvenue à sa mère qui, d'ailleurs, aurait été bien en peine de réunir la moindre somme ; enfin, dernière conjecture, sous un prétexte quelconque, un prédateur a réussi à entraîner l'enfant hors de la salle des fêtes. Deux solutions sont dès lors envisageables : Pat est séquestrée quelque part ou bien le kidnappeur l'a exécutée et fait disparaître son corps. En ressassant ces hypothèses, Gus Keller conclut que chaque jour qui passe joue en faveur du pire des scénarios.
Le marshal Sam Patrick cesse brusquement de tournicoter dans le bureau.

– Quelle impression t'a faite Mme Ferguson, quand tu l'as rencontrée ?

– Elle était anéantie, pourquoi ? répond Keller avec lassitude. Elle surinvestissait dans sa gamine, comme la plupart des femmes qui élèvent seules un enfant.

– …

– À quoi penses-tu ?

– Nous savons qu'Evelyn change d'amant comme de couleur de cheveux. Elle vient d'empocher 10 000 dollars. Une belle somme pour une femme habituée à tirer le diable par la queue, et qui rêve sans doute de repartir de zéro avec un prince charmant. Dans certains cas, la présence d'un enfant peut être un handicap.

Keller dévisage son adjoint. Comme s'il venait de débarquer d'un vaisseau spatial.

– Tu la soupçonnes ?

– Je n'ai pas dit ça.

L'inspecteur principal se rencogne dans son fauteuil pivotant et observe l'autre à la dérobée pendant de longues minutes. Puis il secoue sa carcasse et enfile sa veste fourrée à contrecœur.

– Après tout, nous n'avons rien à perdre.

Sam Patrick se lève à son tour et s'enfonce un bonnet en laine sur la tête.

– On passe au collège rencontrer les profs et les copines de Patricia, prévient Keller.

– D'accord.

– Puis on va fouiner dans le salon de coiffure où sa mère est employée.

– Elle ne travaille pas le mercredi, je me suis renseigné.

– Je sais, gros malin.

Après avoir abrité un couvent de sœurs franciscaines, au début du XXe siècle, le collège Sainte-Claire est une austère construction vaguement coloniale. Comme si le temps s'était pétrifié, la directrice ressemble à une religieuse d'un autre âge.

– Certes Mme Ferguson n'est pas une bonne chrétienne, selon les critères que nous partageons, pépie Mlle Snawson, en réponse à une question du marshal Keller. Ajoutez à cela que je dois la harceler chaque mois pour qu'elle s'acquitte des frais de scolarité de sa fille.

– Vous ne semblez pas la porter dans votre cœur.

Le regard de la directrice s'allume derrière ses lunettes rondes cerclées d'acier.

– J'exagère. Je pense que Mme Ferguson est, finalement, une bonne mère. Une bonne mère avec tous ses défauts, naturellement.

– Les relations mère-fille sont souvent conflictuelles, se risque timidement Sam Patrick.

– Elles peuvent l'être lorsqu'une mère flatte la vanité de sa fille, plutôt que de l'orienter vers des activités plus constructives, répond sèchement Mlle Snawson.

Une décharge électrise son chignon gris.

– Ces compétitions sont une honte ! Autant mettre directement les gamines sur le trottoir, si on a l'intention de les prostituer ! Avez-vous des enfants, inspecteur Keller ?

– Cinq.

– Des filles ?

– Quatre.

– Les faites-vous participer à ces pseudo-concours de beauté ?

– Non. Cela ne me viendrait pas à l'idée, bredouille le policier, conscient d'avoir perdu le contrôle de la situation.

Sam Patrick fait une ultime tentative pour éviter le naufrage.

– Auriez-vous noté quelque chose de particulier dans le comportement de Patricia, juste avant sa disparition ?

– La fréquence de ses absences avait encore augmenté.

– Pour quelle raison ?

– En dépit des apparences, Pat est une fillette de santé fragile. Il ne se passait guère de mois sans que sa mère ne la conduise à l'hôpital.

– Souffrait-elle d'une maladie chronique ?

– Pas que je sache.

Après s'être entretenus avec des professeurs et des camarades de la disparue, les enquêteurs obtiennent confirmation que cette dernière était une habituée du service des urgences de l'hôpital du comté. Ils s'y rendent et demandent à rencontrer Steven Leeper, le pédiatre habituellement en charge de la fillette.

– Patricia souffrait d'affections diverses. Cela allait de la simple « bobologie » à des symptômes plus sérieux.

– Lesquels ? s'enquiert Keller

– Éruptions cutanées, fièvres, diarrhées, saignements de nez…

– Avez-vous diagnostiqué l'étiologie de la maladie ?

Leeper sourit.

– Je crois, inspecteur, qu'il est temps que je prononce les deux mots magiques qui ont le don d'agacer les policiers : secret médical.

Le marshal sourit à son tour.

– Il est donc temps pour moi de répondre aux mots magiques par la formule rituelle : j'enquête sur la disparition d'une mineure qui a peut-être été assassinée. Avec le mandat d'un juge, je peux vous obliger à me donner accès à son dossier médical.

Prolongeant son sourire, le jeune médecin entre dans le jeu.

– Parvenu à ce point de la confrontation, deux solutions s'offrent à moi : soit je tourne les talons d'un air offusqué et je disparais dans ce couloir en secouant la tête ; soit j'accepte gentiment de coopérer.

Leeper fait mine de soupeser le choix qui s'offre à lui.

– Venez, suivez-moi dans mon bureau.

Les marshals ont à peine le temps de s'installer dans une pièce encombrée de jouets et de peluches que Steven Leeper extrait déjà d'un rayonnage une volumineuse enveloppe en papier kraft.

– Tout est là : suspicion de Munchausen par procuration !

– Munchausen, le baron ? demande naïvement Sam Patrick.

– Non, le syndrome.

– Expliquez-moi. Je ne suis qu'un policier du Massachusetts.

– Le syndrome de Munchausen par procuration est une forme grave de sévices à enfant.

– Evelyn Ferguson ?

– Sévices au cours desquels l'adulte qui en a la charge provoque chez lui, de manière délibérée, des problèmes de santé sérieux et répétés, afin de pouvoir le confier aux bons soins d'un médecin.

– Evelyn Ferguson maltraitait-elle sa fille ?

– Sans doute inconsciemment. Selon Roy Meadow, le confrère anglais qui a décrit cette maladie en 1977, les femmes concernées présentent un comportement stéréotypé de bonne mère. Elles sont très attentionnées à l'égard de leur enfant et extrêmement présentes lors de leurs séjours à l'hôpital.

– Pourquoi n'avez-vous pas dénoncé Mme Ferguson pour la faire cesser ? s'insurge Keller.

– Parce que c'est une décision qui ne se prend pas à la légère, se défend Leeper. Si j'avais porté plainte, la garde de Patricia lui aurait été retirée et la gamine aurait été placée en foyer ou en famille d'accueil. Or, je n'ai jamais pu établir la preuve formelle de maltraitance.

Abasourdi et incrédule, Sam Patrick feuillette au hasard le dossier médical de la fillette, sans rien comprendre au jargon médical.

– Comment Mme Ferguson s'y prenait-elle pour parvenir à ses fins ?

– J'imagine qu'elle faisait ingérer à sa fille des médicaments inappropriés. Ainsi les saignements de nez devaient-ils être provoqués par la prise d'anticoagulants. Les vomissements et les diarrhées par d'autres produits destinés à soigner des pathologies qui n'affectaient pas Patricia.

– C'est monstrueux !

– Comprenez qu'en agissant de cette manière, Mme Ferguson ne cherchait pas à martyriser sa fille délibérément. Son but se limitait à passer aux yeux de l'équipe soignante pour une mère admirable. Une femme zélée et responsable.

– Vous ne m'enlèverez pas de l'idée que cette forme de sadisme est insupportable ! s'exclame Keller avec colère.

– Elle l'est, inspecteur, confirme le pédiatre. Mme Ferguson souffre vraisemblablement de carences affectives. Je ne serais pas étonné qu'elle ait elle-même subi des sévices au cours de son enfance.

– Patricia n'a-t-elle jamais soupçonné sa mère de l'empoisonner ?

– Les enfants maltraités dénoncent rarement leurs parents de peur d'être abandonnés. Et puis la tendresse que Mme Ferguson témoignait à sa fille était bien réelle. Excessive, maladive, mais bien réelle.

Gus Keller change brusquement de ton.

– Je crois que nous avons bien compris la situation. Je veux maintenant que vous me répondiez sans tergiverser.

– Je ferai de mon mieux, promet Leeper, soudain mal à l'aise.

– Mme Ferguson a-t-elle pu tuer Patricia ?

– Le syndrome de Munchausen est à l'origine de 8 à 20 % des morts subites du nourrisson.

– J'ai dit : sans tergiverser, glapit Keller. On ne parle pas ici de nourrisson mais d'une préadolescente !

– Je ne suis pas psychiatre.

– Répondez-moi.

– Supprimer l'objet de sa fixation reviendrait, pour Mme Ferguson, à se priver en partie de sa raison de vivre.

– C'est oui ou non.

Dans son bureau rempli de jouets, Steven Leeper agite les mains devant lui. Comme s'il cherchait désespérément à se raccrocher à des cordes invisibles.

Keller et Patrick décident de ne pas intervenir dans l'immédiat. Ayant obtenu l'autorisation d'un juge, ils placent la ligne téléphonique de la suspecte sur écoute. Quinze jours s'écoulent. Outre des conversations interminables et anodines avec Daisy Clark, Evelyn fixe, de temps à autre, des rendez-vous à des hommes dans des motels miteux, à la périphérie de la ville. Si les policiers la soupçonnent de s'adonner à la prostitution occasionnelle, ils n'obtiennent aucune information susceptible de la relier au drame qui a frappé sa fille.

Puis une épidémie de cambriolages se propage dans le quartier résidentiel de Hyannis Port. Elle accapare pendant un mois l'attention des marshals. Au printemps, le souvenir de la disparition de Patricia s'est lentement effacé dans les mémoires.

Au début de l'été, des hordes de vacanciers envahissent Cape Code. Familles de campeurs, bourgeois de Boston se réappropriant leurs villas, grappes de surfeurs déjà bronzés et artistes en résidence se pressent sur les plages. Située à sept kilomètres des côtes, la base nautique du lac Wequaquet est noire de monde. Après avoir patienté une demi-heure, la famille Gibson prend enfin place dans la barque à fond plat qu'elle a louée pour l'après-midi. Tandis que les parents se calent à l'arrière et s'emparent des rames, Darryl et Annie, les enfants de neuf et sept ans, s'installent à la proue et dirigent la manœuvre en hurlant de bonheur. Une brise fraîche irise les flots. Souquant avec entrain, les parents décident, par prudence, de ne pas trop s'éloigner des berges. Une heure plus tard, alors qu'une agréable torpeur s'est emparée de l'équipage, le cri de Darryl le met brusquement en alerte.

– Regarde, papa !

Le major Ray Gibson se retourne. Ce qui ressemble à un fragment d'os d'une quinzaine de centimètres est resté accroché au milieu d'un bouquet de cératophylles.

– Ce n'est qu'un os, constate Annie avec une pointe de mépris. Qu'est-ce que ça a d'extraordinaire ?

– Un animal a dû venir mourir sur la rive, ajoute sa mère.

– Attends une minute, propose Gibson, constatant la mine dépitée de son fils. Je vais essayer de l'attraper.

Il allonge sa rame et cueille délicatement l'objet, qu'il ramène à bord de l'embarcation. Mais alors qu'il s'apprête à le donner à son fils, il marque une courte hésitation. Médecin de l'armée de l'air, Gibson n'a pas tout oublié de ses lointaines leçons d'anatomie.

– C'est curieux.

– Quoi donc ? demande sa femme.

– On dirait un humérus. Un os humain.

– Remets-le vite à l'eau. Tout d'un coup, ce truc me fait peur.

– Mais non, voyons, je ne peux pas faire ça.

En glissant le fragment d'humérus sous le siège de la barque, Ray Gibson vient de priver sa famille d'une agréable fin d'après-midi.

Ensuite, les événements s'enchaînent rapidement. Le médecin militaire remet sa trouvaille au directeur de la base nautique, qui la confie prudemment à son responsable de la sécurité, qui téléphone au commissariat de Hyannis Port. En fin d'après-midi, Gus Keller et Sam Patrick examinent l'os à leur tour.

– Montrez-moi l'endroit où vous avez fait votre découverte, monsieur Gibson. Nous allons nous y rendre en hors-bord, et je le pointerai sur mon GPS.

Le lendemain, des plongeurs de la brigade nautique de la police ratissent la zone sensible du lac et passent au tamis plus de trois tonnes de vase. Ils recueillent quatre cent quarante-huit fragments humains qui viennent s'ajouter au morceau d'humérus. Si certains sont facilement identifiables par le médecin légiste qui s'est rendu sur place, les autres, de la taille d'un ongle, doivent être expertisés par un anthropologue. En dépit de la persévérance des hommes-grenouilles, le crâne du squelette est resté introuvable.

– Qu'en déduisez-vous ? demande Keller au légiste, en détaillant les os soigneusement étalés sur une bâche en plastique.

– Nous avons ici un bout d'os pelvien, dense et lisse. De toute évidence, la victime est de sexe féminin. D'après la taille et la structure de l'os, il s'agit d'une fillette.

Keller échange un regard lourd de sens avec son adjoint.

– Je crois, Sam, que notre enquête est relancée.

D'un geste du bras, Patrick désigne l'ossuaire avec circonspection.

– Quand il a plu sur une scène de crime, on dit que l'assassin rigole doucement. Mais que fait-il quand il laisse derrière lui quatre cent quarante-neuf morceaux d'os dans le fond d'un lac ?

En examinant les fragments osseux au microscope, le légiste relève d'innombrables marques de scie. Il extrait des échantillons d'ADN de la moelle de l'humérus et les compare au modèle biologique fourni par Evelyn Ferguson. Il obtient ainsi confirmation que les résidus du squelette appartiennent bien à Patricia, la Christmas Mini-Miss 2002, l'enfant disparue six mois plus tôt. Keller contacte aussitôt John Mecas, le meilleur spécialiste des traces de scie de la côte Est des États-Unis, pour le charger de les expertiser.

Au lieu du laboratoire blanc et aseptisé qu'ils s'attendent à trouver, les marshals découvrent que le docteur Mecas s'est terré dans un endroit invraisemblable : une grange à foin transformée en atelier, nichée à l'abri du vent derrière une dune. L'anthropologue qui officie à l'intérieur n'en est pas moins extravagant. Trentenaire, vêtu d'un tee-shirt vert fluo et d'un jean taillé en short, une gerbe de cheveux blonds lui balayant les reins, Mecas accueille les policiers avec chaleur et les invite à s'asseoir. Puis, il se dirige vers un juke-box, dans lequel tourne à pleine puissance un disque en vinyle.

– *That Old Feeling*. Chet Baker, le Blanc le plus dépressif de l'histoire du jazz.

Mecas baisse le son.

– Bon choix, approuve Keller en inspectant la pièce avec stupéfaction.

Des scies, il y en a partout, de toutes sortes. Accrochées sur des râteliers, ordonnées sur des étagères, posées à même le sol ou fixées sur des établis, elles occupent tout l'espace et rendraient jaloux le chef de rayon d'une grande surface spécialisée dans l'outillage.

L'expert anticipe les premières questions de ses visiteurs.

– Vous savez mieux que moi que les armes à feu laissent des empreintes. Les percuteurs marquent les douilles, les rayures hélicoïdales des canons marquent les balles.

– Mais les lames possèdent-elles une signature spécifique ? demande Patrick.

– Naturellement. C'est la réflexion que je me suis faite quand j'étais doctorant en anthropologie légale à l'université de Boston. On affirmait à l'époque que chaque coup de scie effaçait ses propres traces. Je m'efforce depuis cinq ans de démontrer le contraire.

– Vous vous êtes lancé dans un travail de Titan, constate Keller.

– J'ai d'abord étudié la collection Cleveland. Depuis la minuscule scie de bijoutier jusqu'à l'énorme scie à opérateurs multiples des anciens scieurs de long.

– Puis vous avez constitué votre propre stock ? anticipe Sam Patrick, incrédule.

– J'ai acheté...

Comme un gamin facétieux, l'anthropologue met une main en cornet devant sa bouche.

– ... et j'ai volé tout ce que j'ai pu trouver dans ce domaine. Et vous n'imaginez pas le nombre de modèles disponibles.

– J'avoue n'avoir jamais pris le temps de me pencher sur la question, répond Keller.

– Écoutez bien : scies à déligner, à sauter, à ruban, à cadre, à chantourner, à guichet, égoïne, bocfil, japonaise. Scies Sterling, circulaires, à dos, à onglet, à tronçonner, à placage, à lame rétractable, à araser, à métaux. Scies passe-partout..

– Assez, n'en jetez plus ! supplie le marshal en riant

L'expert désigne d'un geste l'ampleur de son insolite collection.

– Il y a là tout un monde d'indices potentiels à explorer et à déchiffrer. J'expérimente, j'analyse, je consigne, j'archive sur disques durs.

– Quel genre d'os utilisez-vous pour vos expériences ?

– Humains quand la faculté de médecine m'en rétrocède. Ou de porcs, que je trouve dans les abattoirs. Leurs textures sont assez proches.

– Et ensuite ?

Mecas s'assoit à même le sol, face aux policiers.

– Je scie toutes sortes d'os avec toutes sortes de scies. J'observe mes spécimens de traces à travers un microscope opératoire de chirurgien. Je découvre quantité de détails en trois dimensions. Des dentures régulières, des crêtes, des canyons, des falaises déchiquetées, des accidents de parcours, gravés dans la masse osseuse. Je distingue tractions et poussées de la lame, faux départs, hésitations, maladresses. J'accumule les impressions sur plâtre ou sur résine Je scanne les photos macroscopiques en haute définition et je les stocke dans une batterie d'ordinateurs.

– Vous… vous êtes ce qu'il est convenu d'appeler un passionné, conclut bêtement Patrick.

– Un obsédé, rectifie l'anthropologue. Je ne suis jamais parvenu à retenir une fille plus d'une quinzaine de jours. Aucune ne supporte mon mode de vie.

Gus Keller résume les circonstances dans lesquelles les restes de Pat Ferguson ont été retrouves. Puis il confie à l'expert deux sacs en plastique où reposent les quatre cent quarante-neuf fragments d'os enrobés séparément.

Sans perdre une minute, John Mecas se met au travail. Il commence par étudier le fragment le plus volumineux, en le fixant sur un étau. Comparant les marques à celles présentes sur d'autres os, il constate très vite qu'une seule et même scie a servi à débiter le corps de Patricia. Les traits sont nets, les sections lisses, presque poncées. Peu d'esquilles à chaque entrée ou sortie de la scie. Il existe, malgré tout, de nombreuses traces de faux départs. Peut-être parce que la scie ayant été souillée de sang, sa lame a sauté hors de sa voie, obligeant l'assassin à recommencer. Certaines de ces fausses manœuvres ont entaillé les os très profondément, de part en part. L'opération, conclut Mecas, porte la marque d'un instrument électrique puissant. Quand on se sert d'une scie à main et qu'elle saute hors du sillon, on ne redémarre pas à côté, on réintroduit la lame dans le trait déjà tracé et on continue.

Les fausses manœuvres, la largeur uniforme du sillon, les surfaces polies et la courbure des entailles révèlent à l'expert que le cadavre de la fillette a été débité par une scie circulaire d'un diamètre de dix-huit centimètres ou davantage. Ce genre d'instrument est d'un usage courant aux États-Unis. Mais la plupart des scies circulaires laissent une voie d'environ trois millimètres. Or la scie qui a été utilisée a laissé une empreinte de deux millimètres, ce qui est très inhabituel. En réalisant une recherche dans son fichier informatisé, Mecas découvre qu'il pourrait s'agir d'une vieille scie de la marque McGraw-Edison, qui n'est plus en vente depuis une trentaine d'années. L'anthropologue effectue aussitôt des tests comparatifs avec le modèle identique qu'il possède dans sa collection. Lorsqu'il a confirmation qu'il s'agit bien de l'outil qui a servi à mutiler la victime, il transmet l'information aux marshals.

Dès qu'il en a connaissance, Sam Patrick se prend la tête à deux mains.

– Pour dénicher la scie, il ne nous reste plus qu'à obtenir du juge des mandats pour perquisitionner les maisons des huit mille quatre cent six foyers de Hyannis Port, si tant est que l'assassin l'ait conservée chez lui. Fouiller caves, greniers, garages, cabanes de jardin, hangars à bateaux, niches à chien… et j'en passe. C'est impossible !

– Espérais-tu que John Mecas te livre le nom du meurtrier sur un plateau ? lui répond sèchement son supérieur.

Faute de mieux, dans l'espoir qu'un lecteur, un auditeur ou un téléspectateur ait connaissance de quelqu'un utilisant un modèle de scie analogue à celui recherché, les policiers transmettent aux médias une photo de l'outil. Bien que cette tentative ne donne aucun résultat, une nouvelle extraordinaire relance brusquement l'enquête.

– Nous tenons votre assassin ! s'égosille Bret Todd au téléphone.

Après avoir repris son souffle, le correspondant du FBI, attaché à l'ambassade américaine de Bangkok, en Thaïlande, s'explique :

– Alex Lewis, trente-deux ans, un pédophile notoire, a été arrêté ici la semaine dernière. Son procès va s'ouvrir dans les jours qui viennent.

Le cœur de Gus Keller bat la chamade.

– Et ?

– Il vient de se dénoncer du meurtre de Patricia Ferguson.

– Avez-vous la certitude que Lewis se trouvait sur la côte Est, au moment du crime ?

– Je ne peux pas l'affirmer. Par contre, les visas qui figurent dans son passeport prouvent qu'il était bien rentré aux États-Unis.

– Vos collègues de Boston peuvent-ils enquêter à ce sujet ? demande Keller, dont l'enthousiasme est retombé d'un coup.

– Je leur transmets le dossier.

Le marshal s'apprête à raccrocher, lorsqu'une idée lui traverse l'esprit.

– Lewis allait-il être condamné ?

– Les preuves retenues contre lui sont accablantes. Il a abusé d'une demi-douzaine d'enfants sur les plages de Pattaya.

– Quelle peine encourt-il ?

De cinq à huit ans de prison.

– À purger dans les geôles thaïlandaises, je suppose ?

L'agent du FBI croit avoir mal compris.

– Que dites-vous ?

– Je vous demande si Lewis va être incarcéré à Bangkok ?

– Naturellement, puisque les agressions ont été commises en Thaïlande.

Les idées se bousculent maintenant dans la tête de Keller.

– La presse américaine est-elle facilement accessible là-bas ?

– Vous prenez les Asiatiques pour des demeurés ? CNN, Fox News, quotidiens et magazines sont présents dans les hôtels fréquentés par les touristes américains.

Bret Todd ajoute d'une voix nasillarde :

– Les Thaïlandais se passionnent par tout ce qui concerne les États-Unis. Ils ne nous détestent pas encore comme la majorité des habitants de cette planète.

– C'est bien ce que je craignais, lâche Keller dans un souffle.

– Seriez-vous l'un de ces anarchistes crachant sur l'Oncle Sam ?

– Non, s'énerve Keller. Ce que je veux dire, c'est que Lewis a pu avoir vent de mon enquête et de mon appel à témoins par la presse ou la télévision. S'il est innocent du meurtre de la gamine, il se dénonce dans l'espoir d'être extradé, afin d'échapper aux prisons thaïlandaises dont la réputation est épouvantable.

Un long silence ponctue la réflexion du policier. Agacé, l'agent spécial abrège la conversation.

– On verra bien. Quoi qu'il en soit, j'alerte le bureau de Boston.

Quinze jours plus tard, les supputations de Gus Keller se confirment. Le pédophile retenu à Bangkok n'est en rien impliqué dans le meurtre de la fillette.

Durant les mois qui suivent, l'enquête est au point mort. Sans oser encore l'avouer à Evelyn Ferguson, les policiers ont perdu l'espoir d'identifier et d'arrêter un jour l'assassin de sa fille. Après un été caniculaire et un automne flamboyant, les frimas de l'hiver engourdissent Cape Code. Chacun se prépare frileusement à fêter Noël. Et l'élection de la Christmas Mini-Miss 2003 est l'événement local qui mobilise toute l'attention. Renonçant aux résolutions qu'elle avait prises l'année précédente, Daisy Clark cède aux caprices de sa fille et l'inscrit à nouveau à la compétition. À l'issue du concours, qui se déroule selon un rituel immuable, Gladys emporte les suffrages à l'unanimité. Mais à peine élue, la nouvelle championne disparaît à son tour mystérieusement. Le drame secoue la ville comme un coup de tonnerre. Les grands médias du pays dépêchent sur place des envoyés spéciaux. Gus Keller sollicite l'intervention du FBI, puisque le kidnapping est un crime fédéral. En vingt-quatre heures, agents spéciaux, équipes cynophiles, hélicoptères, vedettes rapides de gardes-côtes quadrillent la ville et les rivages environnants. Étangs, plages et ruisseaux sont passés au crible. Des plongeurs fouillent sans relâche les berges du lac Waquaquet à la recherche du moindre indice, alors qu'un sous-marin de poche explore le fond vaseux. Deux jours plus tard, des renforts viennent compléter le dispositif. Sans succès. Une semaine s'est écoulée et la fillette n'a donné aucun signe de vie. La psychose s'installe. Les magasins d'armes à feu sont rapidement dévalisés. Les parents d'élèves accompagnent leurs enfants jusqu'à la porte de leurs établissements. D'autres s'organisent en brigades mobiles et patrouillent la nuit dans les quartiers résidentiels.

Le 17 janvier, une découverte insupportable stoppe net les recherches. Un joggeur aperçoit un objet insolite sur le bord d'un chemin vicinal. Il s'agit d'un cube en ciment d'environ un mètre de hauteur dans lequel pointent des protubérances. Il s'en approche et pense défaillir. Une main d'enfant putréfiée, enchâssée dans le ciment, est braquée dans le vide. Comme si elle désignait l'ombre improbable de son bourreau. Un fémur et un cubitus émergent également du sinistre bloc.

L'élite des experts scientifiques du FBI quitte aussitôt le siège de Washington pour se rendre à Hyannis Port. Des prélèvements d'ADN confirment que la victime est Gladys Clark. John Mecas certifie à son tour que les marques de la scie, utilisée pour fractionner son cadavre en quinze morceaux, sont identiques à celles qui ont mutilé le squelette de Pat Ferguson. La scène de crime est épluchée, filmée, photographiée, dessinée. Les empreintes de pas, relevées sur le chemin, sont moulées dans de la résine et transmises au Sicap, la base de données qui répertorie des milliers de semelles de chaussures. Les traces de pneus sont transférées en trois dimensions grâce à l'imagerie informatique et comparées aux modèles des fabricants. Ce qui reste du cube est pulvérisé sous vide dans un laboratoire. Chaque minuscule fragment est ensuite analysé au microscope électronique à balayage et passé au chromatographe gazeux, relié à un spectromètre de masse. Au terme des analyses d'échantillons, qui ne contiennent ni fibres ni indices, il s'avère que le ciment employé appartient à la marque leader sur le marché.

Un mois après le drame, la fièvre retombe. Les agents fédéraux se retirent de la station balnéaire par petits groupes discrets. Les journalistes espacent leurs interventions puis regagnent leurs rédactions. Les parents cessent leurs rondes nocturnes, et un semblant de vie normale se réorganise. Le mode opératoire du meurtrier excluant les femmes des suspects potentiels, les policiers n'inquiètent pas les mères des deux fillettes assassinées. Elles se réconfortent mutuellement, en se terrant chez elles en compagnie d'une bouteille de mauvais whisky.

L'enquête sur la mort de Daisy s'étant ajoutée à celle de Pat sur la liste des affaires irrésolues, Gus Keller envisage une ultime stratégie pour démasquer le tueur en série : attendre la prochaine élection des Christmas Mini-Miss, puisque cet événement constitue, avec les marques de scie, le seul lien qui relie les deux crimes.

Le 20 décembre 2004, le marshal vérifie une dernière fois son dispositif.

– Quinze officiers en civil, inconnus à Hyannis Port, seront dispersés dans la salle des fêtes, explique Keller à son adjoint. Pour éviter qu'ils ne se fassent repérer, il y aura autant d'hommes que de femmes. Les plus jeunes sortiront de l'académie de police, les plus âgés seront des retraités volontaires. Dès que le concours commencera, des agents du FBI boucleront la ville, bloquant les voies de communication. Un second cordon rapproché prendra position dans les maisons proches du bâtiment où se déroulera l'élection, prêt à intervenir.

À l'aide d'une baguette, le marshal désigne une demi-douzaine de villas sur un plan mural.

– Nos collègues seront en liaison avec le quartier général mobile, installé dans un camion banalisé, garé sur le port. Les liaisons radio seront sécurisées, afin qu'elles ne puissent pas être interceptées par un scanner. Enfin, deux hélicoptères décolleront en cas d'alerte.

– Et nous ? demande Patrick, le cœur battant. Quand et comment interviendrons-nous ?

– J'assisterai à l'élection, comme je le fais tous les ans. Ma fonction m'y oblige et je ne veux surtout pas déroger à mes habitudes.

– D'accord.

– Quant à toi, j'ai obtenu du maire que tu fasses partie du jury. Tu seras donc aux premières loges pour surveiller et, éventuellement, protéger les gamines.

– Penses-tu que le tueur va récidiver ?

– Je n'en ai aucune idée. Mais s'il le fait, il multipliera les précautions.

Trois jours plus tard, la compétition s'ouvre dans une atmosphère lugubre. Bien que chacun ignore les dispositions prises par le marshal, une vague d'angoisse plombe la salle des fêtes. Instinctivement, les parents des candidates se blottissent les uns contre les autres et jettent autour d'eux des regards inquiets. Les policiers infiltrés feignent, eux aussi, l'anxiété. Mais la feignent-ils vraiment ? Enfin, quand Craig Preston annonce le nom de la nouvelle championne, la tension monte encore d'un cran. Comme à l'accoutumée, après la cérémonie de remise du chèque, le public est invité à gagner le hall pour partager une collation.

Tendu, aux aguets, Keller se joint aux autres. À cet instant, son oreillette grésille.

– Gus ?

– Je te reçois, Sam.

– Je… je n'y comprends rien.

– Que se passe-t-il ?

– Sheila. Sheila Pratt, la lauréate…

– Tu ne l'as pas quittée des yeux, j'espère.

– Non. Ou plutôt si. Elle est entrée dans une loge pour se rafraîchir et déposer son bouquet de fleurs.

– Tu l'as attendue devant la porte ?

– Bien sûr.

– Et alors ? s'agace Keller.

– Elle a disparu.

– …

– Au bout d'une minute ou deux, ne la voyant pas ressortir, j'ai utilisé mon passe pour entrer. La loge était vide. La fillette s'est volatilisée.

Keller modifie aussitôt la fréquence de son micro émetteur et donne l'alerte à l'ensemble du dispositif de sécurité. Les agents du FBI se déploient et bouclent la ville. Les officiers, embusqués dans les maisons environnantes, convergent vers la salle des fêtes, et prennent position, armes au poing, devant les accès. Un hélicoptère décolle. Le faisceau blafard de son projecteur balaie bientôt la façade du bâtiment. Au moment où la nouvelle de la disparition de Sheila Pratt se répand dans le public comme une traînée de poudre, le hall d'entrée est brusquement plongé dans l'obscurité. La panique s'empare de tous. Quand la lumière revient, Keller intime à chacun l'ordre de garder son calme.

– Que les parents de Sheila Pratt viennent me rejoindre immédiatement.

Un jeune couple, le visage décomposé, se fraye péniblement un passage à travers la foule.

– Avez-vous un vêtement qui appartient à Sheila ?

La femme hésite avant de remettre au policier la veste en laine qu'elle tient serrée contre son cœur. Keller s'en empare.

– Je veux que l'équipe canine me rejoigne dans le hall. Tout de suite ! hurle-t-il dans son micro.

Ayant flairé la pièce de tissu, le chien conduit son maître dans la loge où la gamine a disparu. Puis il gratte furieusement le sol. On cherche, on s'active, on gesticule. On déplace un tapis. On trouve une trappe. On l'ouvre. Recroquevillée en position fœtale, Sheila Pratt gît dans le fond de la fosse, inconsciente. Un médecin est appelé d'urgence.

– Je reconnaîtrais cette odeur entre toutes, constate-t-il aussitôt. C'est celle du chloroforme. L'agresseur en a fait respirer à Sheila. Elle a dû le métaboliser en oxyde de carbone. Elle est en dépression cardiaque et respiratoire. Si la dose était supérieure à une vingtaine de grammes, nous risquions de la perdre.

Le chien a, lui aussi, reniflé le corps pantelant. Il s'ébroue, éternue, puis tire sur sa laisse et bondit à travers un couloir qui donne sur le hall, bousculant tout sur son passage. Son maître le retient avec difficulté lorsqu'il s'apprête à sauter à la gorge de Craig Preston.

Interrogé par les marshals, le président du comité des Mini-Miss nie tout en bloc.

– J'ai examiné la loge et j'ai reconstitué votre mode opératoire, lui dit Keller, en maîtrisant la colère qui le gagne. Vous avez drogué Sheila. Vous l'avez précipitée dans la fosse qui était autrefois une réserve de décors, avant que le théâtre municipal ne soit transformé en salle des fêtes. À l'exception du directeur et du gardien, je sais que vous êtes le seul à en connaître l'existence. Ensuite, supputant qu'un policier veillait sur la sécurité de Sheila, vous vous êtes caché dans la penderie où les gamines entreposent leurs costumes. Puis vous avez coupé le courant électrique. Profitant de la panique que vous aviez provoquée, vous avez gagné le hall et repris votre place devant le buffet. L'opération ne vous a pris que quelques minutes. Sheila a dû se débattre au cours de l'agression et du chloroforme a souillé votre veste, ce qui a permis au chien de vous identifier.

– Votre théorie est absurde. Elle est purement spéculative, ricane l'entrepreneur.

– Ensuite, poursuit Keller, si nous ne vous avions pas neutralisé, vous seriez revenu enlever votre proie au milieu de la nuit.

– Votre imagination est, décidément, sans limite.

Keller frappe le suspect du revers de la main. Ses lèvres éclatent et du sang jaillit sur ses chaussures.

– Dites-moi ce que vous avez fait de Pat Ferguson et de Daisy Clark. Avez-vous abusé d'elles ? Les avez-vous torturées ? Les avez-vous découpées vivantes à la scie électrique ? Avouez !

Un frisson imperceptible secoue l'échine de Craig Preston.

– Vous bluffez. Vous m'accusez parce qu'il vous faut un coupable. Mais vous n'avez aucune preuve pour étayer vos divagations.

– Je vais vous lire vos droits, tranche Keller. Sachez que le flacon de chloroforme, récupéré dans la penderie, est en cours d'analyse. Et que j'ai obtenu un mandat pour perquisitionner votre domicile et vos bureaux.

Le jour se lève sur la station balnéaire en état de choc. Les agents de terrain et les techniciens du laboratoire mobile du FBI ont travaillé sans répit. Le résultat de l'analyse des empreintes digitales confirme que Preston a bien manipulé la fiole de chloroforme. Par ailleurs, une vieille scie électrique de la marque McGraw-Edison a été découverte, cachée dans son garage. Mais la lame est introuvable. Entrepreneur de travaux publics, Preston avait à sa disposition autant de ciment qu'il en désirait pour confectionner un sarcophage et couler à l'intérieur les restes de Gladys Clark. Quant au chloroforme, s'il n'est plus utilisé comme anesthésique depuis longtemps, il sert encore de solvant dans l'industrie du bâtiment, pour dissoudre les graisses, les huiles et les résines.

Six mois plus tard, le procès du tueur en série présumé s'ouvre devant un grand jury. Pour assurer sa défense, Preston s'est entouré d'une pléiade d'avocats prestigieux venus de Boston et de New York. Ces derniers mettent en exergue la faiblesse des indices matériels recueillis lors des perquisitions. Après tout, arguent-ils, des dizaines de milliers de scies du modèle incriminé sont encore en circulation à travers le pays. Le fait que Preston en possède un exemplaire n'est pas une preuve suffisante de sa culpabilité.

Estimant que le procès risque de s'achever par un non-lieu, Gus Keller sollicite une nouvelle fois l'aide du FBI. Six plongeurs sont réquisitionnés pour fouiller à nouveau les berges et le fond du lac Waquaquet. Contre toute attente, profitant d'une décrue des eaux due à une vague de chaleur, ils parviennent à remonter à la surface une lame usagée. John Mecas établit la preuve qu'elle s'adapte parfaitement à la scie que possède Preston. Mieux encore : les traces d'usure des dents correspondent exactement à celles observées sur les os des deux petites victimes. Bien que niant obstinément les faits, Preston est condamné à la réclusion à perpétuité, avec une période incompressible de vingt-cinq ans.

Épuisé, abattu, nauséeux au terme du procès, Gus Keller regagne son domicile. À peine a-t-il poussé la porte qu'il est assailli par la nuée tourbillonnante de ses enfants. Il s'effondre dans un fauteuil et se défend mollement contre les assauts taquins de ses filles. Le regard du marshal s'attarde un instant sur chacune d'entre elles. Il murmure leur nom à voix basse.

– Elles sont vivantes, bon sang, bien vivantes.

Puis des images atroces le submergent et lui broient le cœur.

Quand la science traque le crime

Le 23 mai 1992, Giovanni Falcone, son épouse et des gardes du corps se rendent à Palerme, en Sicile. Depuis qu'il a organisé, six ans plus tôt, un procès retentissant où ont comparu cent soixante-quinze mafiosi, le célèbre juge est la cible d'innombrables menaces de mort. C'est pourquoi des mesures de sécurité exceptionnelles accompagnent dorénavant chacun de ses déplacements. Quittant le jet mis à sa disposition par le président du Conseil italien, le magistrat anti-mafia prend place à bord d'une voiture blindée qui fonce en convoi, sirènes hurlantes, vers le centre-ville.

À 17 h 58, une explosion gigantesque pulvérise le véhicule qui ouvre le cortège, tuant sur le coup ses trois passagers. La voiture dans laquelle se trouve Falcone bascule dans le cratère créé par l'explosion. Grièvement blessés, sa femme et lui décèdent dans l'ambulance qui les conduit à l'hôpital.

Supputant que la bombe a été placée par les hommes de la Camorra dans une canalisation passant sous la chaussée, et actionnée à distance par radiocommande, les enquêteurs ratissent la colline qui surplombe l'autoroute. Pour seuls indices de la présence éventuelle des tueurs, ils découvrent un sac en papier et des mégots de cigarettes. Avec l'aide du FBI, les experts du service scientifique des carabiniers analysent les traces de salive qui ont humecté les mégots. Ils obtiennent la carte génétique de l'un des fumeurs.

Un an et demi après le drame, un mafioso, Santino Di Matteo, est arrêté sur dénonciation. Son empreinte ADN est comparée à celle recueillie sur les bouts de cigarettes. Elles sont identiques. Di Matteo avoue sa participation à l'attentat perpétré contre le juge Falcone et livre à la police les noms des commanditaires et des autres exécutants.

Dans les années 1920, Anna Anderson, une femme âgée d'une vingtaine d'années, prétend être la grande-duchesse Anastasia Romanova, fille cadette de Nicolas II, dernier tsar de toutes les Russies. Elle affirme à qui veut bien l'entendre avoir miraculeusement survécu à l'extermination de sa famille par les bolcheviks, dans la nuit du 16 au 17 juillet 1918. Comme le doute est permis, l'affaire fait grand bruit et va tenir en haleine trois générations de journalistes et d'historiens.

Quatre-vingt-dix ans plus tard, des fragments des dépouilles mortuaires de la famille impériale sont retrouvés et exhumés dans la banlieue de Moscou. Des analyses biologiques réalisées sur les ossements sont comparées à l'ADN mitochondrial du duc Philip d'Édimbourg, petit-neveu de l'impératrice Alexandra, la mère d'Anastasia. Le résultat est positif.

Anna Anderson décède pour sa part dans un hôpital américain, en 1984. Par chance, l'établissement hospitalier a pris la précaution de conserver des échantillons de ses tissus. En 2007, trois laboratoires indépendants comparent l'ADN qu'ils contiennent aux empreintes génétiques des Romanov. L'analyse établit, cette fois, qu'Anna Anderson n'était pas celle qu'elle avait prétendu être sa vie durant, mais se nommait Franzisca Shanzkowska, une malade mentale affabulatrice.

Le 8 juin 1985, Aperino Figueirinha, un ouvrier portugais habitant un village de l'Oise, disparaît sans fournir d'explication. Folle d'inquiétude, Julia, son épouse, alerte les gendarmes. Ils ouvrent une enquête de routine. Pour quelle raison Figueirinha a-t-il choisi de se volatiliser au moment où il s'apprêtait à regagner définitivement le Portugal avec sa femme et ses enfants ? Six mois plus tard, Julia reçoit une lettre tapée à la machine. Elle a été envoyée par son mari qui avoue l'avoir abandonnée pour une autre, implore son pardon et lui demande de l'oublier. D'autres lettres analogues suivent à quelques mois d'intervalle. Au fur et à mesure qu'elle les reçoit, Julia les apporte, éplorée, à la gendarmerie.

L'étrangeté de la situation finit par intriguer un officier enquêteur. En juin 1992, il confie le courrier au laboratoire scientifique de la gendarmerie. Un spécialiste analyse les résidus de cellules buccales présentes dans la salive qu'il recueille sur le bord collant des enveloppes, et les compare avec des échantillons génétiques prélevés sur les enfants du couple. Le test révèle qu'Aperino Figueirinha n'est pas l'auteur des lettres. Elles ont été écrites par un certain Daniel Acen, l'amant de Julia. Il s'est débarrassé de son rival pour empêcher le retour au pays de sa maîtresse. Arrêté, accusé du meurtre, Acen reconnaît les faits et indique aux gendarmes la décharge dans laquelle il s'est débarrassé de la dépouille, sept ans plus tôt.

Des policiers québécois enquêtent sur le meurtre d'une jeune femme. Certes, un suspect est mis en garde à vue, mais rien ne le relie à la victime et les indices manquent cruellement pour le confondre. Avant de le relâcher sous la pression de son avocat, un inspecteur, Jacques Laroute, reprend une dernière fois son interrogatoire.

Tandis que l'homme refuse obstinément de s'expliquer, le policier remarque qu'une puce a sauté sur une manche de sa veste. Il s'en empare prestement, l'enferme dans une boîte en plastique et la confie au laboratoire du service scientifique. Puis, arguant être en possession d'une preuve matérielle, il obtient du juge un prolongement de la garde à vue. Le temps de permettre aux experts d'analyser le sang retrouvé dans l'estomac de la puce et de comparer son ADN à celui contenu dans le sang de la victime. Géniale intuition ! Les empreintes génétiques sont identiques. La puce a piqué la jeune femme et s'est gorgée de son sang, avant de se réfugier sur le vêtement de son agresseur. Un lien irréfutable est dès lors établi entre victime et suspect qui, confondu, avoue être l'auteur du meurtre.

Ces affaires criminelles complexes, sélectionnées parmi des milliers d'autres, ont toutes un point commun : aucune d'entre elles n'aurait pu aboutir sans l'apport de Jim Watson et de Francis Crick, un biologiste américain et un physicien britannique. En découvrant, en 1953, la structure de la molécule d'acide désoxyribonucléique (ADN), ces deux jeunes savants, futurs prix Nobel de médecine, ont en effet permis pour la première fois d'isoler le support du patrimoine génétique des êtres vivants. Cette découverte majeure a expliqué les origines de la vie, révolutionné la biologie moléculaire, ouvert la voie à une foule d'applications thérapeutiques. Et bouleversé les méthodes d'investigation des polices scientifiques !

Chaque homme possède environ cent mille milliards de cellules, réparties dans l'ensemble de son organisme. À l'exception des globules rouges, les cellules humaines contiennent un noyau constitué de quarante-six chromosomes, eux-mêmes composés de filaments d'ADN, identique dans toutes les cellules. La molécule se présente comme une fibre à double hélice, très mince, enroulée sur elle-même à la manière d'une pelote. Si on le déroule, le ruban d'ADN mesure un à deux mètres, pour un micromètre d'épaisseur. Mis bout à bout, l'ADN de toutes les cellules d'un individu adulte atteint une longueur équivalant à la distance qui sépare la Terre de la Lune.

En 1984, approfondissant les recherches de ses prédécesseurs, Alec Jeffreys, un généticien britannique, met au point une technique qui permet une représentation visuelle des séquences non codantes de l'ADN. Ressemblant à des codes-barres, elle figure sous la forme de deux colonnes de barres parallèles de différentes épaisseurs qui correspondent aux chromosomes hérités du père et de la mère. C'est la signature, l'empreinte génétique de celui qui a fourni l'ADN.

L'apparente simplicité de cette méthode provoque un retentissement considérable dans la communauté scientifique. Mais est-elle réellement fiable ? Pour s'en assurer, les services de l'immigration demandent à Jeffreys de la tester sur un adolescent ghanéen qui vit en Afrique avec son père et demande à rejoindre sa mère au Royaume-Uni. Puisque les autorités soupçonnent la femme de n'être que la tante du requérant, Jeffreys compare ses empreintes génétiques à celles des autres enfants de la famille. Et établit avec certitude sa filiation.

Deux ans après ce premier succès, le chercheur est sollicité pour intervenir, cette fois, dans une affaire criminelle. Le corps dénudé et sans vie d'une jeune fille, Dawn Ashworth, est retrouvé près de Leicester. L'émotion est d'autant plus vive qu'une autre adolescente, Lynda Mann, a été elle aussi violée et assassinée trois ans plus tôt dans la même ville et dans des conditions similaires. Un suspect, un aide-cuisinier qui rôdait sur les lieux, est arrêté. Durant son interrogatoire, il avoue être l'auteur du meurtre de Dawn Ashworth puis se rétracte. Jeffreys établit son empreinte génétique et la compare à celle qu'il extrait du sperme qui a souillé la première victime, et qui a été congelé. Le résultat des analyses est négatif. Le généticien pratique ensuite une seconde expertise à partir des prélèvements recueillis sur la dépouille de Dawn Ashworth. La signature génétique du prédateur est identique dans les deux cas, mais elle ne correspond pas à celle du suspect. L'aide-cuisinier est aussitôt innocenté.

Pour démasquer le coupable toujours en liberté, les policiers décident de soumettre à une prise de sang tous les jeunes hommes de la ville, Jeffreys se chargeant d'établir leur signature génétique. Cinq mille prélèvements sont réalisés sans succès. Alors que des rumeurs commencent à circuler sur l'inefficacité de la méthode, un certain Colin Pitchfork se vante publiquement d'avoir échappé à l'enquête, en envoyant un ami à sa place pour subir la prise de sang. L'information parvient à la police. Arrêté, Pitchfork avoue les assassinats des deux jeunes filles. Peu après, le généticien confirme ses aveux, en apportant la preuve biologique de sa culpabilité.

La résolution spectaculaire de cette affaire vaut à Alec Jeffreys une réputation internationale. Les policiers disposent désormais d'un instrument fiable qui permet de confondre les criminels ou d'innocenter les suspects sans risque d'erreur, et en se dispensant le cas échéant de leurs aveux. Car, dans 99, 986 % des cas, à l'exception des jumeaux monozygotes, donc issus du même œuf, chaque individu possède une signature génétique qui lui est propre. Mieux encore : à la différence des empreintes digitales, facilement dégradables et transmises uniquement par quelques centimètres carrés de peau, l'ADN est présent partout. Dans les fluides que secrète le corps (sang, urine, salive, sueur, larmes, sperme…) et dans les excrétions (poils, cellules de peau raclées par un gant de toilette ou une brosse à dents).

Outre leur abondance et la diversité de leur provenance, les traces d'ADN ont une longévité bien supérieure à celle des empreintes digitales. N'a-t-on pas réalisé des prélèvements sur les momies égyptiennes vieilles de plusieurs milliers d'années ?

Autre avantage : l'ADN ne se mélange pas. Sur une scène de crime, les taches de sang proviennent souvent de plusieurs individus, notamment l'agressé et l'agresseur. Or si la victime est, par exemple, du groupe A et le meurtrier du groupe B, l'échantillon de leurs sangs mêlés pourrait suggérer la présence d'une seule personne de type AB. Dans ce cas, seule l'analyse d'un échantillonnage d'ADN permettra de les différencier.

Enfin, étant hérité des deux parents à part égale, l'ADN permet de définir avec une fiabilité proche de 100 % les liens de parenté entre individus.

L'usage élargi des empreintes génétiques à l'enquête policière soulève néanmoins des questions : la signature ADN peut-elle supplanter les autres techniques d'investigation ? La biologie est-elle la panacée capable de traquer le crime sans risque d'erreur ? Si, dès la fin des années 1980, le gouvernement britannique conçoit un fichier sur le modèle de celui créé trente ans plus tôt avec les empreintes digitales, les autorités judiciaires des autres pays hésitent encore à valider la méthode. Des faits divers, survenu aux États-Unis et en Allemagne, sont à l'origine d'une controverse qui alimente encore les prétoires des tribunaux.

En 1987, une femme et sa fille d'origine hispanique sont poignardées à New York dans leur appartement. Leur voisin, José Castro, est soupçonné du double meurtre, car une minuscule goutte de sang a été trouvée sur sa montre. L'échantillon et des prélèvements de sang provenant des victimes sont analysés et comparés par les techniciens d'un laboratoire privé. Le diagnostic révèle que le sang de la montre présente les mêmes caractéristiques génétiques que celui de l'une des femmes assassinées. Le risque d'erreur étant de un pour cent quatre-vingt-dix millions, le suspect est déclaré coupable. Cependant, se référant à une jurisprudence de 1923, qui préconise le débat contradictoire lorsque l'accusation s'appuie sur une découverte scientifique, les avocats de Castro exigent qu'un laboratoire concurrent pratique une contre-expertise. Le juge accède à la requête. Le biologiste mandaté par la défense souligne que plusieurs négligences ont été commises dans les analyses sanguines et soulève le risque d'une contamination bactérienne. Le doute s'installant, le juge rejette la preuve fournie par l'accusation.

En 1992, le suspect d'un viol commis à Hanovre est arrêté et inculpé sur la base d'une expertise génétique de son sperme, prélevé sur la victime. Contre toute attente, la Cour suprême allemande prononce un non-lieu, arguant que la preuve fournie par l'ADN du prévenu étant commune à 0,014 % des individus mâles, la marge d'incertitude est trop élevée pour le condamner sans risque d'erreur. En effet, dans cette ville de cinq cent mille habitants, une dizaine d'hommes peuvent statistiquement posséder une signature chromosomique proche de la sienne.

Ces affaires déstabilisent les partisans du « tout génétique ». Plusieurs années seront encore nécessaires pour affiner la fiabilité des tests et les crédibiliser devant un tribunal.

Aujourd'hui, une trentaine de pays dont vingt en Europe ont constitué des banques de données. En France, le FNAEG (le Fichier national automatisé des empreintes génétiques) a vu le jour en 1998 après l'arrestation du tueur en série parisien Guy Georges, identifié par une empreinte effectuée sans fondement légal. S'accroissant de plus de trente mille nouveaux dossiers chaque mois, le FNAEG comptait en 2008 sept cent dix mille profils génétiques. Compte tenu de son ampleur, le fichage en masse de la population soulève néanmoins une controverse au nom des libertés individuelles. La Ligue des droits de l'homme dénonce notamment la perméabilité accrue du fichier depuis sa mise en réseau avec ceux d'autres organismes, comme les agences du renseignement américain. Elle s'inquiète aussi d'éventuelles dérives, les informations contenues dans le FNAEG pouvant être utilisées à des fins ayant peu de rapport avec la recherche des criminels.

En dépit de quelques dérapages inévitables, la biologie moléculaire est devenue l'alliée privilégiée de la police scientifique. Un fait divers, qui défraya la chronique en France en 2008, en apporte la preuve. Et marque des limites.

À n'en pas douter, les fées scandinaves se sont penchées sur le berceau de Vera Lindgren. Âgée de dix-neuf ans, cette ravissante Suédoise, intelligente et sympathique, incarne la jeunesse au féminin. Une fois son bac en poche, elle quitte Stockholm et choisit de s'installer à Paris. Bien qu'elle parle notre langue presque sans accent, elle s'inscrit à la Sorbonne dans le but de parfaire ses connaissances pour devenir plus tard journaliste ou avocate. Pour s'acquitter du loyer de l'appartement qu'elle partage avec une compatriote, elle travaille à mi-temps à l'Alto Café, le bistro d'un grand magasin parisien. Le 18 avril, pour fêter l'arrivée en France de deux amies suédoises, Vera décide de s'accorder une folle soirée à La Scala, une discothèque huppée de la rue de Rivoli. À 4 h 30, à l'aube du 19 avril, elle quitte la boîte pour aller fumer une cigarette sur le trottoir.

– Je suis crevée, dit-elle au copain français qui l'accompagne. Je vais rentrer dormir un peu. Je dois être au boulot à 9 heures.

Le garçon acquiesce et scrute la rue à la recherche d'un taxi. Au bout d'un moment, un monospace blanc aux vitres teintées fait une embardée et vient se garer le long du trottoir dans un crissement de pneus.

– Bonne nuit, Vincent, lance l'étudiante en s'engouffrant à l'arrière de la Ford Galaxie. On s'appelle.

– À plus !

Vera indique son adresse au chauffeur, s'écroule sur le siège et ferme les yeux. Une immense lassitude la submerge. Elle a trop dansé et les deux verres d'alcool qu'elle a bus au bar bourdonnent dans sa tête. La voiture file à vive allure dans les rues désertes. Quand la passagère émerge de sa torpeur, elle s'étonne que le taxi n'ait pas emprunté le boulevard des Italiens et la rue La Fayette pour se diriger vers l'est de la capitale, puisqu'elle habite dans le 18e arrondissement.

– Pourquoi sommes-nous avenue des Ternes ? demande-t-elle d'une voix ensommeillée.

– Je prends le périphérique, explique l'autre. Ce sera plus rapide.

Le regard las de l'étudiante glisse sur le rétroviseur. Quand il croise celui du chauffeur, un frisson glacé lui secoue l'échine.

– Comme vous voudrez, concède-t-elle timidement. Mais vous auriez pu couper à travers Paris. À cette heure, il n'y a aucune circulation.

– Faites-moi confiance, ma belle, je connais mon métier. Relaxez-vous. Dans une dizaine de minutes, vous serez rendue.

Pour dissiper le malaise qui l'envahit, Vera tire de sa poche son téléphone portable et rédige fébrilement un SMS en suédois, qu'elle expédie aussitôt à sa colocataire : « 4 h 45. Je suis dans un taxi, le chauffeur a l'air louche. »

Peu après, la monospace plonge dans un tunnel et franchit le boulevard périphérique sans s'y engager. Puis il se dirige obstinément vers le nord. L'étudiante agrippe la poignée de la portière. Des gouttes de sueur empoissent ses mèches blondes. Quand le chauffeur se retourne et braque sur elle un objet brillant, son cœur se bloque et elle pousse un cri de terreur.

À 6 heures du matin, un automobiliste signale aux pompiers un feu dans la forêt de Chantilly. Deux heures plus tard, une étudiante suédoise alerte le commissariat de son quartier pour l'informer de la disparition de sa colocataire. Elle mentionne le contenu du court message que cette dernière lui a adressé à bord du taxi qui la ramenait, à l'aube, à leur appartement. Pompiers et policiers enregistrent les appels sans intervenir. Ce n'est qu'en fin de matinée qu'un promeneur découvre un corps partiellement carbonisé sur un chemin d'Avilly-Saint-Léonard. Des policiers accourus sur place constatent que le cadavre est celui d'une jeune femme âgée d'une vingtaine d'années. Vêtue d'un jean et d'un tee-shirt noirs, elle gît sur le ventre, les mains entravées dans le dos par une paire de menottes. Tandis que le parquet est saisi de l'affaire, l'enquête est confiée à la brigade criminelle de la police judiciaire de Paris. Aussitôt, entre trente et quarante policiers sont mobilisés. Au cours de l'autopsie, le médecin légiste relève que la victime a été frappée, mortellement poignardée, puis a reçu post mortem quatre balles de calibre 22 long rifle dans la tête. Un rapprochement s'établit assez vite entre l'inconnue assassinée et l'étudiante qui a disparu. Contactées pour reconnaître le corps, la mère et la grand-mère de Vera Lindgren se déplacent de Stockholm. Elles confirment l'identité de la dépouille et, éplorées, regagnent aussitôt la capitale suédoise.

Le 23 avril, les policiers établissent que le suspect a retiré 100 euros avec la carte bancaire de Vera dans le distributeur automatique d'une banque de Senlis. Bien que les images vidéo soient quasiment inexploitables, ils obtiennent des informations sur sa corpulence et sa tenue vestimentaire.

Le meurtre rappelle par ailleurs aux enquêteurs une affaire survenue deux mois plus tôt. En février, une autre Suédoise avait été retrouvée vivante dans le département des Yvelines, après avoir été violée par un chauffeur de taxi. Troublant parallèle : en plus d'être des compatriotes, les deux victimes ont été abandonnées en forêt, en retrait des grands axes de circulation. L'hypothèse d'un tueur en série opérant à bord d'un faux taxi n'est donc pas à écarter. Les amis de Vera, le personnel et des clients de La Scala sont entendus comme témoins. Une femme se souvient avoir été importunée, il y a peu, à la sortie du nightclub par un présumé chauffeur de taxi au volant d'un monospace blanc. Dès lors l'enquête s'accélère.

Les policiers passent au crible les enregistrements des caméras de vidéosurveillance des péages de la région parisienne pour retrouver la Ford Galaxie. Sans succès. Le service en charge de la répression des taxis clandestins fournit ensuite une liste d'environ cinquante suspects récemment interpellés. Un certain Francis Coutance sort du lot en raison de son passé de voyou et de pervers sexuel. Autre élément fondamental : sur les photos anthropométriques, prises début 2008, Coutance apparaît avec un pull de camionneur identique à celui reconnaissable sur les images de la caméra de surveillance de la banque de Senlis. Deux groupes de la brigade criminelle se mobilisent aussitôt dans l'espoir de l'appréhender, mais l'homme est introuvable.

Quelques jours plus tard, un relevé bancaire permet de découvrir que le fuyard a passé la nuit suivant le crime dans un hôtel de la porte de Clichy. En possession de sa nouvelle adresse, l'antigang investit le studio de la femme qui l'héberge à Paris. Coutance n'y est pas réapparu depuis une semaine. Les policiers apprennent néanmoins que le faux chauffeur de taxi est employé dans une société de transport de Gennevilliers et qu'il circule dans un monospace blanc de marque Ford. L'étau se resserre.

Coutance est enfin repéré et pris en filature. Le 26 avril en début d'après-midi, il achète une pelle et creuse trois trous dans un endroit isolé du bois de Boulogne. Il déterre un pistolet automatique du même calibre que celui utilisé par le tueur de Vera. Les hommes de l'antigang l'interpellent à Bougival. Dans le coffre de sa voiture, ils découvrent trois paires de menottes, un lot de cartouches de calibre 22 et un sac en plastique avec la mention « Vera 377 » marquée au feutre. Les preuves à charge étant accablantes, Coutance est mis en examen et incarcéré préventivement dans la maison d'arrêt de Fleury-Mérogis dans l'attente de son procès.

Cette enquête, apparemment exemplaire, soulève néanmoins une polémique dans la presse et au sein du ministère de l'Intérieur. Car elle fait apparaître un grave dysfonctionnement dans la gestion du Fichier des empreintes génétiques des assassins et des violeurs récidivistes Pour bien comprendre la gravité de cette erreur, voici un bref mais terrifiant résumé du parcours criminel de l'accusé.

Francis Coutance est condamné une première fois à la prison ferme pour vol à main armée, alors qu'il n'est âgé que d'une quinzaine d'années. Trois ans plus tard, en 1976, il purge une nouvelle peine de six ans d'emprisonnement pour enlèvement, séquestration et viol d'une femme de vingt-deux ans. Après une courte période de calme relatif, il replonge pour le rapt et le viol d'une fillette de douze ans. Interpellé en 1985, Coutance reconnaît les faits et admet également avoir violé une autostoppeuse, avant de l'abandonner, nue et ligotée, en forêt de Rambouillet. Condamné à dix-huit ans de réclusion, il purge une partie de sa peine dans le quartier de haute sécurité, tente de s'évader, nourrit des relations belliqueuses avec ses codétenus, ce qui lui vaut de se faire poignarder à trois reprises dans la prison de Bois-d'Arcy.

Le récidiviste n'en poursuit pas moins son activité criminelle dès sa remise en liberté. Nouvelle condamnation, en 2005, à trois ans de détention pour le braquage d'une épicerie du Chesnais. À cette occasion, Coutance est soumis à un prélèvement d'ADN qui, traité par un laboratoire de Garches, est transmis au siège de la police scientifique et technique d'Écully, dans les faubourgs de Lyon. Là, une tentative d'inscription au FNAEG intervient début 2006. Sans succès. Selon les résultats d'une enquête administrative, le profil aurait été rejeté par l'ordinateur « en raison d'une anomalie du code-barres », puis retourné au service enquêteur. Dès lors, le dossier Coutance se perd dans les méandres de l'administration. Pour expliquer ce grave manquement, le ministère de l'Intérieur explique piteusement qu'un tel dysfonctionnement ne serait plus possible aujourd'hui, puisque tout enquêteur désireux d'obtenir l'inscription d'un profil ADN au FNAEG doit saisir sa demande dans la base informatique Cheops, qui la rejette automatiquement si l'ensemble des données n'est pas correctement formulé.

Pour autant, les méprises policières et judiciaires ne s'arrêtent pas là. En août 2007, huit mois avant le meurtre de Vera, Coutance est à nouveau condamné à huit mois de prison dont six avec sursis pour exercice illégal de la profession de chauffeur de taxi. À peine saisie de l'enquête sur l'assassinat de la jeune Suédoise la juge d'instruction demande à son collègue juge d'application des peines de lui transmettre un rapport sur le comportement du suspect depuis sa remise en liberté, le 3 octobre 2007. Au titre du sursis qui lui a été accordé, Coutance est en effet tenu de justifier d'un domicile et d'un emploi. De surcroît, il doit s'abstenir de fréquenter les abords de l'aéroport de Roissy, où son interpellation au volant d'un taxi clandestin lui a valu sa condamnation. Or, le 1er avril, Coutance est contrôlé par la police de l'air et des frontières de l'aérogare. Sans que cette nouvelle infraction remette en cause sa liberté conditionnelle. Et sans qu'aucune corrélation soit établie entre son casier judiciaire de violeur multirécidiviste et la dangerosité que représente pour les jeunes femmes la poursuite illégale de son activité.

La jeune et belle Vera Lindgren, sur le berceau de laquelle s'étaient penchées les fées, a payé de sa vie ces deux négligences impardonnables.

Faciliter l'inculpation des criminels et innocenter les victimes d'erreurs judiciaires : la recherche d'ADN devrait pouvoir remplir avec équité ces deux missions.

Créé en 1992 aux États-Unis, le projet *Innocence* a ainsi réussi à faire libérer deux cent seize détenus emprisonnés à tort, dont seize condamnés à mort. Ces résultats ont ébranlé l'opinion américaine, généralement favorable à la peine capitale. Car les Américains n'admettent plus les carences de leur système judiciaire, lorsque des preuves irréfutables sont présentées par la défense. Dans ce but, pour financer des tests ADN dans le cadre de la réouverture de nombreux procès, le ministère de la Justice vient de débloquer la somme de 7,8 millions de dollars.

À l'inverse, la tentation est forte pour les forces de l'ordre de recueillir du matériel biologique par la ruse. Voire à la limite de la légalité. À la recherche d'une trace de salive sur un mégot, de transpiration sur un col de chemise, de lèvres sur un verre, ou de mucosités dans un mouchoir, les enquêteurs rivalisent d'inventivité dans la collecte subreptice d'échantillons. Au suspect accusé de viol et ayant imprudemment craché dans la rue – crachat aussitôt récupéré par la police –, la cour d'appel du Massachusetts a précisé qu'« en la circonstance l'accusé expectorant n'était pas fondé de faire valoir le caractère privé de son crachat » !

Instruits des techniques de la police scientifique par les séries télévisées, des délinquants fumeurs veillent désormais à déchiqueter prudemment le filtre de leurs mégots de peur d'être trahis.

Robert Dorion, un célèbre expert canadien, exprime l'ambiguïté de l'utilisation systématique des empreintes génétiques : « L'ADN est le plus puissant outil de la criminalistique. Mais si je voulais fabriquer des preuves, je pourrais prélever un seul de vos cheveux sur votre peigne et le laisser tomber où bon me semble. Sur une scène de crime par exemple… »

Dix histoires courtes en guise de conclusion

Intrigué par une voiture abandonnée sur un parking, un Berlinois découvre avec horreur que le conducteur est écroulé sur le volant, la tête en sang. Aussitôt prévenu, Hans Grün, un officier de la police criminelle, se rend sur les lieux. Il constate que les portières du véhicule sont déverrouillées et qu'un pistolet est posé aux pieds du mort. La voiture est remorquée avec son occupant jusqu'au commissariat où des experts scientifiques se chargent de déterminer les causes du décès. Vraisemblablement un suicide.

En examinant le cadavre, le médecin légiste note cependant un détail troublant :

– C'est bizarre. Alors que la balle a dû être tirée à bout portant, nous n'avons pas de marque de sortie.

À la stupéfaction générale, la radiographie montre que trois projectiles se sont logés dans la boîte crânienne. Les balles ont emprunté le même orifice pour traverser la tempe. Comment imaginer que le désespéré ait pu presser la détente à plusieurs reprises ? C'est naturellement inconcevable.

– Sauf si son doigt s'est crispé sur la détente, hasarde Hans Grün.

Un armurier examine le pistolet.

– C'est un Steyr autrichien semi-automatique modèle 1934, calibre 7,65 mm. Il ne tire pas par rafales, mais au coup par coup. La thèse du suicide est donc à exclure.

Le médecin légiste trépane la victime, récupère les projectiles et les confie à un expert en balistique, qui les étudie à l'aide d'un microscope électronique.

– Pas de doute : le Steyr est l'arme du crime. Les balles portent les stries du canon et les douilles récupérées sur le tapis de sol de la voiture présentent les marques du percuteur.

Le pistolet a-t-il été modifié ? demande le légiste.

– Non.

– Il nous reste à déterminer qui a pressé la détente.

L'expert poursuit son investigation.

– L'ogive de la première balle est quasiment intacte. Celle de la seconde est aplatie. Tout comme l'embase de la troisième, alors que son ogive est écrasée. Les trois projectiles s'emboîtent parfaitement les uns dans les autres. Ce qui signifie qu'ils ont été tirés en une seule fois.

– Ce qui explique aussi que nous n'ayons trouvé qu'un seul orifice d'entrée de balle et aucun de sortie, confirme le légiste.

– Oui. Les cartouches étant anciennes et sans doute périmées, la charge des deux premières n'a pas été suffisante pour expulser les balles hors du canon. La troisième a fonctionné correctement et a chassé les précédentes, sans toutefois leur donner la force de traverser la boîte crânienne de part en part.

Le regard du médecin légiste s'attarde avec perplexité sur le visage du mort.

– Le désespéré a dû s'y reprendre à trois fois pour parvenir à ses fins.

– Oui, soupire Hans Grün, il était déterminé. Et je crois que rien n'aurait pu le faire revenir sur sa décision.

Il est 4 heures du matin lorsque, dès la première sonnerie, Eva Anderson, enquêtrice à la police criminelle de Stockholm, décroche le combiné.

– Venez vite ! Un homme vient d'être tué à côté de chez moi, clame une voix angoissée à l'autre bout du fil.

– Calmez-vous, nous arrivons. Veillez à ce que personne ne touche au corps.

Anderson note l'adresse, réveille le médecin légiste de garde et se rend sur les lieux, accompagnée de deux agents en uniforme. En cette veille de Noël 1999, des paquets de neige compacts débordent des trottoirs, et le thermomètre affiche –12° C.

Sur le perron d'une maisonnette, un homme gît dans une flaque de sang. Se tenant en retrait, frigorifiés, hébétés, une femme et deux adolescents semblent en état de choc. Des voisins tentent vainement de les réconforter. Tandis que le légiste se penche sur le cadavre, Anderson interroge une matrone qui se porte à sa rencontre.

– C'est vous qui avez appelé la police ?

– Oui.

– Qu'avez-vous vu exactement ?

– Il y a une heure environ, ma voisine, Christina Blumström, s'est disputée avec Dimitri, son amant. Je suis intervenue pour calmer le jeu.

– Que s'est-il passé ?

– Christina lui a ordonné de récupérer ses clés de voiture restées dans la maison et de disparaître de sa vie à jamais.

– Et ?

– Voyant qu'il obtempérait, je suis allée me recoucher. Un hurlement m'a réveillée quelques minutes plus tard. Je me suis à nouveau ruée à l'extérieur. Dimitri était affalé sur le perron, le crâne fendu.

Eva Anderson abandonne temporairement son témoin et s'approche de la suspecte

– Qu'avez-vous vu, madame Blumström ?

– Après le départ de ma voisine, Dimitri et moi nous nous sommes encore chamaillés dans la cuisine, bredouille Christina Blumström à travers ses larmes. Puis il est parti en me maudissant.

– Vos enfants ont-ils assisté à la scène ?

– Oui. Je sais, j'aurais dû leur épargner cette épreuve. Mais Dimitri pouvait se montrer violent et leur présence me rassurait. Plus tard, nous avons entendu un cri. Nous nous sommes précipités pour constater que Dimitri était mort. Je suis incapable de comprendre et d'expliquer ce qui a pu se passer.

Bien que Christina Blumström semble l'unique et principale suspecte, des questions viennent immédiatement à l'esprit de l'enquêtrice. Pourquoi a-t-elle tué son amant sur le seuil de sa maison, alors qu'elle aurait pu le faire à l'intérieur, à l'abri des regards ? Comment Christina a-t-elle perpétré le meurtre en présence de ses enfants ? Enfin, comment est-elle parvenue à dissimuler l'arme dont elle s'est servie, vraisemblablement un objet contondant ensanglanté ?

– En attendant l'arrivée de mes collègues du service scientifique, ne quittez pas votre chambre, notifie l'enquêtrice avant de regagner la scène de crime.

Après avoir photographié le corps, le médecin légiste s'apprête à le retourner.

– Attention où tu mets les pieds, Eva, lui dit-il. Il y a de la glace sur les marches. C'est très glissant.

L'aube pointe. L'inspectrice examine attentivement les morceaux de glace qui jonchent le sol. Puis elle lève machinalement la tête. À l'aplomb du cadavre, un trou est apparu sur le bord de la gouttière où sont alignées d'énormes stalactites. Un manque. Un vide. De toute évidence, un bloc de glace s'est détaché du toit. Est-ce l'arme du crime qui a fondu ? En claquant violemment la porte derrière lui, Dimitri a-t-il provoqué une vibration qui a descellé le stalactite qui, dans sa chute, lui a transpercé le crâne ?

En autopsiant le cadavre, le médecin légiste confirme cette hypothèse. Au terme d'une enquête criminelle qui n'aura duré que quelques heures, la policière disculpe Christina Blumström. Les rigueurs de l'hiver suédois étant seules responsables de la mort accidentelle de l'amant éconduit !

Dès qu'il constate que les pieds de la victime touchent le sol, l'agent spécial Nick Meyer téléphone à Victoria Villalonga, l'une des rares policières américaines spécialisée dans les nœuds, cordes et ficelles.

– Carly Shaw, une étudiante, s'est pendue dans sa chambre, sur le campus universitaire. J'aimerais que vous examiniez la scène avant que je décroche le corps

Si aux yeux d'un néophyte toutes les cordes se ressemblent, pour les experts du FBI elles fourmillent d'indications. Sont-elles tressées, torsadées ou entortillées ? Quel est leur diamètre de section transversale ? Quel est le type de tortillons ? Combien comptent-elles de boucles ou de tresses par centimètre ? Comportent-elles des filaments de couleur, un gainage, un traceur ? Les fibres sont-elles d'origine végétale, synthétique ou métallique ? La nomenclature des nœuds est, elle aussi, d'une effarante complexité : nœuds décoratifs, de marine, d'escalade, de pêche, de spéléologie ou de cravate... il n'existe pas moins de trois cent cinquante quatre manières de nouer ensemble deux bouts de corde ou de ficelle ! Pour faciliter la tâche de ses enquêteurs, le FBI a compilé l'ensemble de ces informations dans une base de données.

– La plupart des gens qui se pendent grimpent sur une chaise, qu'ils renversent du pied après s'être passé la corde au cou, explique Victoria Villalonga à son collègue. Les cas d'asphyxie où les victimes s'accordent la possibilité de revenir sur leur décision sont presque toujours associés à des pratiques érotiques, avec ou sans partenaire.

Villalonga s'approche du cadavre. Les boursouflures qui sont apparues autour de son cou cachent les ligatures.

– Je vais couper la corde loin des nœuds. Je veux savoir si la victime s'est attachée elle-même ou si quelqu'un d'autre s'en est chargé.

L'experte du FBI dessine dans le vide, au-dessus du corps, des gestes compliqués.

– La chiralité, c'est-à-dire la direction du mouvement qui a servi à faire le nœud, indique que la victime était droitière.

– On dirait que quelque chose vous chagrine, note Meyer.

– La ligature est élaborée. Carly a dû lever les mains derrière la tête pour la réaliser. Or, je ne constate pas d'égratignures ou d'éraflures sous la corde. Ce qui veut dire qu'elle n'a pas pu être nouée sur la gorge, avant d'être retournée sur la nuque.

– Conclusion ?

– Un meurtre n'est pas à exclure.

– D'autant que la victime n'a laissé aucune lettre d'adieu, enchérit l'autre. Je demanderai au légiste de faire des photographies à haute résolution de la corde et un prélèvement d'ADN

Victoria Villalonga inspecte ensuite la chambre, à la recherche d'objets comportant des nœuds. Elle en récolte trois, qu'elle dispose sur le bureau de l'étudiante.

– Nous avons là une paire de chaussures de sport : nœuds et boucles simples. Un cache-pot en macramé : nœud plat.

Le dernier objet est un « nœud d'amour » découvert sur un panneau d'affichage : deux boucles de cheveux d'une dizaine de centimètres chacune, nouées à l'une de leurs extrémités, tressées ensemble puis nouées à nouveau à l'autre bout.

– Intéressant, commente l'experte en l'observant de plus près. Très intéressant.

– Expliquez-vous.

– C'est un nœud de marine. Il coulisse et tient solidement en place quand on le tire vers l'extérieur, mais il se détache facilement quand on le tire en sens inverse. La corde de la pendue était nouée de cette façon.

Ce nœud d'amour suggère que Carly Shaw avait un petit ami. Or, après avoir interrogé professeurs et étudiants, Nick Meyer ne recense aucun amoureux dans l'entourage de la victime. En perquisitionnant, Villalonga parvient à identifier l'auteur du cache-pot en macramé. Il a été confectionné par Zelda Leyris, une copine d'étage, dont la chambre regorge d'œuvres similaires. Zelda éprouvait-elle de l'affection à l'égard de sa camarade ? Lui a-t-elle fait des avances qu'elle a repoussées ? S'est-elle vengée de son indifférence ? La sachant dépressive, l'a-t-elle aidée à organiser son suicide ?

Meyer interroge la suspecte sans parvenir à obtenir sa confession. Comme il n'y a pas de trace de lutte dans la chambre et qu'au moment du décès, Zelda Leyris se trouvait dans la bibliothèque du campus en compagnie d'une poignée d'étudiants, l'agent du FBI est dans l'impossibilité d'établir son implication. Faute de preuve, il se résigne à conclure à une mort accidentelle et à clore l'enquête.

– Je pense que Zelda a incité Carly à participer à un jeu macabre, spécule pour sa part Villalonga. Elle a noué la corde autour de son cou et a accroché l'autre extrémité au plafonnier. Puis elle s'est tranquillement confectionné un alibi, laissant son amie décider seule de son sort.

– C'est odieux ! s'exclame Meyer. Mais comment expliquez-vous que Carly ait pu se pendre, alors que ses pieds touchaient encore le sol ?

– Elle a dû replier les jambes sous elle le temps de perdre connaissance. Je ne vois pas d'autre explication.

– Donc, à votre avis, Carly s'est réellement donné la mort ?

– Oui. Mais avec l'aide active d'une femme jalouse et rancunière.

– Crime parfait ou suicide assisté, où est la différence ? demande, rêveur, le policier.

– Elle est dans nos textes de loi, Nick, réplique Victoria. Et parfois aussi dans notre impuissance à rassembler suffisamment de preuves matérielles pour étayer nos suspicions.

Embusqués dans une camionnette banalisée, deux inspecteurs de Scotland Yard observent l'étrange manigance à laquelle se livre Boris Petrov, un dealer de crack récidiviste. Comme un fauve guettant ses proies, le trafiquant émerge de l'ombre à l'approche des passants solitaires. Après avoir échangé quelques mots, il leur glisse un sachet entre les mains, empoche furtivement des billets et regagne son abri.

William Todd, l'un des policiers, tapote son appareil photo avec satisfaction.

– C'est bon, Ted. Je crois que cette fois, nous tenons notre homme.

Le lendemain matin, les photographies sont développées. Comme le visage du dealer apparaît nettement sur les images, Todd obtient un mandat d'amener. Petrov est interpellé et incarcéré dans l'attente d'un procès. Mais deux jours avant que ne s'ouvrent les audiences préliminaires, son avocat intervient auprès du juge.

– Mon client est victime d'une erreur judiciaire, Votre Honneur. Je détiens la preuve qu'au moment des faits qui lui sont reprochés, il assistait à une rave-party, dans un village situé à trente kilomètres de Londres. J'exige sa relaxe immédiate.

L'avocat soumet à l'appréciation du magistrat une liasse de photographies extraites d'une bande vidéo numérique.

– Regardez, le sweat-shirt dont est vêtu M. Petrov est d'une tout autre couleur que celui qu'il porte sur les clichés de la police. De plus, il est en compagnie de plusieurs personnes facilement reconnaissables, et qui sont prêtes à témoigner de sa présence à la fête.

Le juge convoque l'inspecteur de Scotland Yard et le somme de s'expliquer.

– Après avoir vendu des doses de crack près des quais de la Tamise, le suspect s'est effectivement rendu à la campagne, convient William Todd. Il a dû ensuite changer de vêtements au cours de la nuit.

Le juge pointe du doigt deux agrandissements photographiques.

– Dans ce cas, vous conviendrez qu'il a le don d'ubiquité !

– Que voulez-vous dire ?

– À l'arrière-plan de l'une de vos photos prises à Londres, l'horloge de Big Ben montre qu'il est 3 h 17 du matin. Sur une autre provenant de la rave-party, l'horloge de l'église du village indique 3 h 29. Comme il est impossible de parcourir trente kilomètres en douze minutes, même en moto, j'en déduis que Petrov se trouvait à deux endroits en même temps. Si vous ne résolvez pas cette énigme dans les vingt-quatre heures, j'ordonnerai la remise en liberté du prévenu.

De retour au commissariat, William Todd vérifie avec le technicien du laboratoire que ses photos ont été correctement développées et qu'au cours de leur tirage, les couleurs n'ont pas subi d'altération. Comme le processus semble s'être déroulé sans incident, l'inspecteur en conclut que les clichés présentés par l'avocat de la défense ont été trafiqués. Mais comment le prouver ?

À l'époque des faits, les techniques numériques sont encore mal connues des policiers. Doutant de ses capacités à détecter la supercherie en décortiquant les images de la copie vidéo, Todd obtient du juge une commission rogatoire pour saisir la caméra ayant servi à enregistrer la scène. Fonctionnant comme un ordinateur portable contenant un disque dur miniature, une caméra digitale enregistre la date et l'heure à chaque fois qu'un fichier est sauvegardé. Comparant méthodiquement les plans enregistrés dans la mémoire de l'appareil avec ceux de la bande vidéo, l'inspecteur finit par détecter une anomalie. Sur le disque dur, l'horloge de l'église du village indique 5 h 22, alors qu'elle signale 3 h 29 sur la copie et les photographies fournies par l'avocat. Puisqu'il n'y a pas de rupture visible dans le défilement du chronomètre électronique incrusté dans le disque dur, le policier en déduit que l'image de l'horloge a été remplacée par une autre sur la copie. Une habile substitution qui aurait pu fournit un alibi au dealer et le disculper.

– En se contentant de truquer la bande vidéo, sans se préoccuper de la caméra, les complices ont commis une erreur, explique le policier aux membres du jury lors du procès. Ce qui prouve que Petrov et le dealer de crack que j'ai photographié à Londres en flagrant délit sont bien une seule et même personne.

Un campeur entre en trombe dans un commissariat de Santa Fe, dans l'État du Nouveau-Mexique.

– C'est horrible ! Je viens de découvrir un pied nu qui émerge dans le désert.

Les policiers se rendent sur place. Avant de procéder à l'exhumation du corps, Paul Wilde, un spécialiste des empreintes, relève une trace imprimée sur le sable, et qui disparaît progressivement vingt mètres plus loin. Large de douze centimètres, elle présente un étrange poinçon qui se répète à intervalles réguliers.

– C'est curieux, d'habitude même les pneus lisses comportent de légères marques de sculpture, s'étonne le policier. Or, dans le cas présent, il n'y a aucun détail en relief.

À peine Wilde a-t-il terminé de prendre les moulages de l'empreinte qu'on déterre le cadavre avec mille précautions. C'est celui d'une femme partiellement momifiée.

– S'il s'agit d'un meurtre, il ne date pas d'hier, constate le coroner. L'absence relative d'insectes et de prédateurs, et la chaleur intense ont dû préserver le corps de la putréfaction.

– Pouvez-vous néanmoins dater le décès ? demande le lieutenant Monica Weiss.

– Que diriez-vous si je vous donnais une fourchette comprise entre trois ans et un siècle ?

– Je dirais que, pour une fois, votre diagnostic ne me serait d'aucune utilité, réplique en souriant l'enquêtrice.

L'autopsie et un prélèvement d'ADN ne fournissant aucune information sur l'identité de la morte, Paul Wilde approfondit l'analyse de l'empreinte insolite. Après s'être rendu dans un musée de la ville où sont exposés des objets datant de la ruée vers l'Ouest, il suppute que la trace qu'il a moulée est celle de la roue d'un chariot de pionnier du XIXe siècle. Partant de cette hypothèse, l'expert se rend ensuite à la bibliothèque municipale où il apprend qu'une importante vague de colons venus de l'est a traversé l'État du Nouveau-Mexique vers 1870, accompagnant la progression du chemin de fer. Sachant par ailleurs que le sable tout comme la neige se dépose par couches superposées, et que chaque couche est travaillée par les forces naturelles, vent, gel, pluies ou rayonnement solaire, Wilde consulte les archives météorologiques du comté. Il découvre qu'en 1876, une averse de pluie s'est abattue sur la région avec une intensité exceptionnelle. Suffisante du moins pour mériter d'être consignée dans les registres. Fort de ces différents éléments, l'expert est en mesure d'esquisser à l'intention de ses collègues le scénario probable de la mort de l'inconnue.

– Au printemps 1876, cette femme – appelons-la Jane –, âgée d'une trentaine d'années selon l'estimation du médecin légiste, traverse ce désert en compagnie d'un groupe de pionniers. Alors qu'une pluie diluvienne survient, Jane décède. De quelle manière ? Nous n'en savons rien et cela n'a plus d'importance aujourd'hui. Quoi qu'il en soit, ses compagnons l'enterrent à l'endroit où le convoi a été stoppé par les trombes d'eau. Le corps n'est pas enfoui très profondément, probablement parce que le sol est détrempé et que le temps presse. Durant les jours suivants, le thermomètre grimpe en flèche, au point de cuire le sol littéralement. Les empreintes du chariot se fixent comme dans du plâtre et le cadavre se dessèche sans se décomposer. Il y a quelques mois, soit cent trente ans après les faits, le vent et de nouvelles pluies torrentielles effacent les couches de sable superficielles et révèlent, en dessous, les empreintes solidifiées et un pied du cadavre. L'étrange marque de poinçon que j'ai constatée sur la trace lisse, et qui revenait à intervalles réguliers, correspond aux marques circulaires des chevilles et des pointes qui maintenaient le cerclage des roues du chariot.

Dès que Wilde a achevé son récit, Monica Weiss émet un sifflement admiratif.

– Bien joué, Paul. Je classe l'affaire. Et que Jane repose en paix !

Prévenus par téléphone satellitaire qu'une agression mortelle vient d'être commise dans une cabane isolée, deux enquêteurs de la police canadienne et un médecin légiste se rendent dans le nord du pays à bord d'un bimoteur équipé de skis. À peine sont-ils arrivés sur les lieux du drame qu'une femme inuit désespérée se précipite vers eux et jure que son mari a été tué par des esprits. Les policiers la réconfortent et constatent que la cabane est occupée par deux hommes. Le premier gît sur le sol, le crâne fracassé. Le second, désorienté et gravement blessé à la tête, a survécu miraculeusement à l'agression.

– Je m'appelle Iyukak, parvient-il à balbutier. Je suis trappeur. Hier soir, j'ai été surpris par une tempête de neige. Après avoir erré pendant des heures, j'ai fini par trouver refuge ici, dans la cabane de mon ami Aputik.

– Savez-vous qui vous a attaqués ? demande l'un des policiers.

– Non. J'ai repris conscience ce matin. Aputik était couché à mes côtés. Mort

L'enquêteur se tourne vers la femme :

– Où étiez-vous cette nuit ?

– J'étais bloquée au village par la tempête, à six kilomètres d'ici.

Le médecin légiste ausculte le cadavre et conclut qu'Aputik est mort à 4 heures du matin, au moment où les bourrasques étaient le plus violentes. Les policiers examinent ensuite les abords du cabanon. Hormis les traces de la motoneige de la femme, ils ne constatent aucune empreinte de pas dans la couche de neige fraîche. Après avoir passé l'intérieur du local au peigne fin sans trouver l'arme du crime, ils doivent se rendre à l'évidence : l'agression s'est déroulée dans un lieu clos, dans lequel personne n'est entré ni sorti.

Dans l'espoir de percer l'énigme, un enquêteur reprend sans succès l'interrogatoire du survivant.

– Compte tenu de la gravité de ses blessures, Iyukak souffre sans doute d'amnésie post-traumatique, explique le coroner. Vous n'en tirerez rien pour l'instant.

De guerre lasse, les policiers vérifient une dernière fois qu'ils n'ont négligé aucun indice à l'intérieur du cabanon. Lorsque l'un d'eux pose machinalement une main sur le poêle à bois, une idée lui vient aussitôt à l'esprit.

– C'est étrange, le poêle est encore tiède. Il aurait dû s'éteindre, puisque l'agression a eu lieu vers 4 heures du matin.

– À quoi penses-tu ? interroge l'autre.

– Avez-vous examiné attentivement la blessure de la victime ? demande l'enquêteur au médecin.

– Que devrais-je trouver ?

– Des échardes.

Le légiste s'exécute et trouve qu'effectivement, des éclats de bois se sont incrustés dans la plaie.

– Auscultez maintenant la tête du blessé.

– Elle est elle aussi couverte d'échardes. L'objet utilisé par l'agresseur est vraisemblablement une grosse pièce de bois.

– Oui, une bûche. Une de celles qui se trouvaient empilées dans cette pièce.

Le policier s'adresse maintenant au trappeur qui, imperceptiblement, s'est tassé sur sa chaise.

– Voilà comment je vois les choses. Pour une raison que j'ignore, une violente dispute a éclaté cette nuit entre vous et Aputik. J'ignore aussi s'il vous a frappé le premier ou si vous avez ouvert les hostilités. Peu importe pour l'instant. Lorsque vous avez constaté que votre ami était mort, vous avez brûlé les bûches ensanglantées avec lesquelles vous vous étiez battus. Vous avez fait disparaître dans le poêle l'arme du crime. Puis, vous avez feint d'être inconscient quand la femme est entrée dans la cabane.

– Aputik était ivre mort. Il m'a attaqué sans raison. Il voulait me tuer. Je n'ai fait que me défendre, gémit le trappeur en tendant les poignets vers la paire de menottes que lui présente le policier.

Du corps d'une femme assassinée dans l'Utah, il ne reste que vingt-six os, des cheveux, un tee-shirt et un collier fantaisie. David Amstrong, le shérif chargé de l'enquête, ne dispose pas d'indice lui permettant d'identifier la victime. D'autant qu'aucune disparition suspecte n'a été signalée dans cet État depuis des années. Pour sortir de l'impasse, le médecin légiste confie à deux chercheurs de l'université de Salt Lake City des échantillons de cheveux, recueillis sur un os du crâne de l'inconnue.

– Peut-être pouvez-vous m'aider ? leur dit-il. J'ai lu dans la presse que vous développiez une méthode révolutionnaire permettant de déterminer, à partir des cheveux, la région géographique dans laquelle a vécu un individu.

Les scientifiques, Fisher et Erhelinger, respectivement géologue et biologiste, acceptent de relever le défi. Au terme de plusieurs années d'étude, ils ont en effet mis au point un nouvel outil criminologique dont ils souhaitent tester l'efficacité. Son principe repose sur une double constatation. Tout d'abord les cheveux puisent dans l'eau de boisson, constituée d'oxygène et d'hydrogène, les éléments leur permettant de fabriquer kératine et protéines. Second constat : le taux des isotopes rares contenus dans l'eau et qui peuvent servir de marqueurs, comme l'oxygène 18 et l'hydrogène 2, varie d'un État à un autre, en fonction de la nature des pluies et des structures géologiques renfermant les nappes phréatiques. Conclusion des chercheurs : en analysant finement la texture d'un cheveu et en la comparant aux propriétés atomiques de l'eau consommée, il doit être possible de déterminer dans quelle région a vécu le sujet.

Pour établir une carte, les chercheurs ont collecté des cheveux dans les salons de coiffure de soixante-cinq villes de moins de cent mille habitants réparties dans dix-huit États du sud, du sud-ouest et du centre des États-Unis. Ils ont, par ailleurs, recueilli des échantillons d'eau du réseau municipal de quatre cent quatre-vingt-seize villes et villages de ces régions. En corrélant ces deux séries de données, Fisher et Erhelinger ont réalisé un programme informatique permettant de localiser la zone géographique à laquelle correspond le cheveu étudié. Et le résultat qu'ils obtiennent en analysant l'échantillon prélevé sur la victime inconnue est stupéfiant.

– Au cours des deux années qui ont précédé son assassinat, la femme a vécu entre l'Idaho, le Wyoming et le Montana, sont-ils bientôt en mesure d'affirmer à l'enquêteur de Salt Lake City.

Fort de cette information capitale, le policier contacte ses collègues des États concernés. Consultant leurs fichiers des personnes disparues, ils constatent qu'effectivement, une jeune femme a été portée disparue dans le Montana, six mois plus tôt. Le collier, retrouvé sur son cadavre, permet sa rapide identification. L'enquête criminelle peut dès lors suivre son cours. Le meurtrier est arrêté trois mois plus tard.

Après ce succès spectaculaire, qui oserait encore affirmer que les scientifiques, confinés dans leurs laboratoires, coupent parfois les cheveux en quatre ?

La haine qui oppose depuis un temps immémorial les frères Rossi est un inépuisable sujet de conversation pour les habitants d'un village du Val d'Aoste, en Italie. De quand date-t-elle ? Où prend-elle son origine ? Est-ce une affaire de femme et de jalousie ? Ou est-elle la conséquence d'un héritage inéquitable ? Quoi qu'il en soit, chacun dans le bourg redoute un épilogue dramatique. D'autant que les frères, Carlo et Marcelo, se sont violemment querellés la veille au soir dans un café, avant de regagner par des chemins différents la ferme familiale qu'ils sont contraints de partager. Le lendemain de la dispute, Carlo téléphone aux carabiniers.

– Mon frère s'est suicidé sous mes fenêtres. Venez chercher le corps.

Les représentants des forces de l'ordre se précipitent et découvrent un homme baignant dans son sang, un fusil de chasse à portée de main.

– Que s'est-il passé ?

– Je prenais mon petit déjeuner dans la cuisine quand j'ai entendu un coup de feu, explique Carlo. Je suis allé voir ce qui se passait dans la cour. Ce salaud de Marcelo était mort. Je pense qu'il venait m'assassiner, avant de changer d'avis et de retourner l'arme contre lui.

Un médecin légiste et un expert de la police scientifique se déplacent de la ville voisine pour examiner la scène. Constatant qu'une partie de la tête de la victime a été arrachée, ils en concluent que la décharge de chevrotine a été tirée à bout portant. L'expert recueille les indices, y compris les vêtements que portaient les frères, et tamponne leurs mains afin de déceler d'éventuels résidus de poudre. Avant même de connaître le résultat des analyses, le carabinier place Carlo en garde à vue, en dépit de ses protestations véhémentes. Il semble impossible, en effet, que Marcelo ait pu atteindre lui-même la détente compte tenu de la longueur de l'arme. Une surprise attend les enquêteurs.

Si les vêtements et les mains du suspect ne présentent pas de traces de poudre, en revanche, celles du défunt en sont imprégnées. Mais pas aux endroits où on s'attendrait à les trouver : le pouce, l'index et le dos de la main droite. Les résidus se sont localisés uniquement le long de son petit doigt. Tandis que le carabinier libère le prisonnier, l'expert en balistique émet une hypothèse :

– Ce matin, Marcelo Rossi a franchi le mur mitoyen de la ferme avec l'intention de tuer son frère pendant qu'il prenait son petit déjeuner. Parvenu sous ses fenêtres, il s'est pris les pieds dans une racine et il est tombé.

Avant de poursuivre, le policier exhibe une branchette de noisetier.

– Alors que Marcelo chutait lourdement sur le sol, cette branchette s'est coincée dans la détente du fusil et a fait partir le coup. La décharge lui a fracassé la tête. Conclusion : Carlo n'a pas tué son frère, et Marcelo ne s'est pas suicidé. C'est un accident.

Accourus après l'agression d'une jeune femme dans un quartier résidentiel de Sydney, en Australie, des policiers s'emploient à recueillir les témoignages des voisins qui ont essayé en vain de lui porter secours.

– J'ai vu le meurtrier, dit l'un d'eux. C'est un grand Noir avec des cheveux teints en blond.

– Non, c'est un Hispanique qui a fait le coup, affirme un autre. Il portait un bonnet de ski de couleur claire.

– Pas du tout, affirme un troisième. Le type était de taille et de corpulence moyennes, avec des cheveux châtains.

Enfin, une femme, qui prétend avoir assisté à la scène depuis la fenêtre de son salon, ajoute encore à la confusion :

– L'agresseur était blanc, j'en suis certaine. Ses cheveux, teints en bleu ou en vert, avaient des pointes fourchues.

Christopher Wilson, l'officier de police chargé de l'enquête, est naturellement dans l'incapacité d'exploiter ces informations contradictoires. Il n'ignore pas que, selon les statistiques établies par des équipes de psychologues, 75 % des témoignages oculaires sont erronés.

Ayant fait procéder à l'interpellation d'une vingtaine de suspects, Wilson maintient en garde à vue Alberto Franco Marquès, un homme d'origine hispanique dont les cheveux sont teints au henné dans les tons auburn. Exploitant les témoignages divergents et l'absence de preuves à charge, l'avocat de la défense exige la remise en liberté de son client.

Le lendemain, après avoir étudié les photos de la scène de crime, Wilson demande à Meryl Litteltown, la photographe de la brigade, de retourner à l'endroit où le meurtre a été commis afin d'y réaliser des prises de vue complémentaires.

– Sur quoi dois-je me focaliser ? demande Meryl.

– J'aimerais comprendre pourquoi les témoins oculaires ont décrit la couleur des cheveux du meurtrier de façon aussi différente, confesse l'inspecteur.

– Les récepteurs visuels – les bâtonnets et les cônes de la rétine – sont sollicités différemment en fonction de l'origine des sources lumineuses, explique la photographe. Or le crime s'est déroulé au crépuscule, à un moment où lumière du jour et lumière artificielle se mélangent.

– Cela peut-il altérer la perception de la couleur et expliquer les versions contradictoires de nos témoins ?

– Peut-être, je vais le vérifier.

Pour remplir sa mission, Meryl se fait accompagner d'un collègue qui ressemble vaguement à l'homme mis en garde à vue. Elle le photographie sur les lieux du drame en utilisant des films conçus pour les deux types de lumière. À travers le viseur de son appareil, elle ne tarde pas à constater que des lampadaires diffusent une lumière quasiment pourpre, tandis que les réverbères, installés dans un square à proximité, projettent une clarté aux reflets bleutés.

Ainsi, sur les tirages photographiques, les cheveux du modèle apparaissent-ils alternativement bleus, blonds ou châtains selon l'endroit où il se trouve. Et la couleur de sa peau, naturellement bistre, varie du sombre au blanc en fonction également de la nature des sources lumineuses.

– Tous les témoins avaient raison, conclut l'officier à la vue des photos. À cause des éclairages différents, le meurtrier n'est transformé à leurs yeux en caméléon.

– Que comptez-vous faire maintenant ? demande Litteltown.

– Dans le doute, je vais relâcher l'homme que je maintiens en garde à vue. Mais j'ignore si je rends justice à un innocent ou si je remets en liberté un assassin !

Un jeune homme vient de s'écraser au pied d'un immeuble new-yorkais. Aussitôt, Tom Olney, un inspecteur de police, un médecin légiste et des agents en uniforme se rendent sur les lieux. Olney fouille les poches de l'inconnu dans l'espoir d'y trouver une pièce d'identité. Outre un permis de conduire, il découvre une lettre dans laquelle la victime exprime clairement son intention de se donner la mort.

– Suicide ! lance-t-il à l'adresse du médecin penché sur le cadavre.

– Vous avez donc retrouvé l'arme dont l'homme s'est servi pour se tirer une balle dans le cœur ? demande le légiste.

– Que voulez-vous dire ? s'esclaffe Olney, l'air ahuri. Le type s'est jeté dans le vide, ça me semble évident. Il a d'ailleurs écrit une lettre d'adieu pour expliquer son geste.

– Il s'est incontestablement écrasé sur le sol, ricane le médecin. Mais une balle s'est néanmoins logée dans sa poitrine.

L'inspecteur appelle aussitôt des renforts et fait boucler l'immeuble dans le but d'interroger ses occupants. Parvenu au neuvième étage, un retraité, pistolet en main, lui ouvre la porte de son appartement. Face aux policiers, il jette l'arme à ses pieds et fournit des explications :

– Je viens de me disputer avec ma femme. Sous le coup de la colère, je l'ai menacée avec un pistolet. Puis, sans réfléchir, j'ai appuyé sur la détente, sachant qu'il n'est jamais chargé. À ma grande surprise, le coup est parti. Par chance, j'ai manqué mon épouse, et la balle a traversé la fenêtre.

– Auriez-vous atteint un homme par inadvertance ? demande Olney.

– Un homme ! Quel homme ?

– Un homme qui s'est jeté dans le vide et qui aurait pu passer devant votre fenêtre au moment où vous avez tiré ?

Paul et Mary Opus, le couple de retraités, échangent un regard stupéfait et secouent vivement la tête.

– Mais non, voyons, je n'ai tiré sur personne.

Pourtant, aussi extraordinaire que cela paraisse, l'étude balistique établit que la balle qui a touché le désespéré a été tirée par l'arme dont s'est servi le mari colérique. Et les coïncidences ne s'arrêtent pas là. Ronald Opus, la victime, n'est autre que le fils du couple ! L'enquête de Tom Olney permet peu à peu de mieux comprendre l'enchaînement incroyable des événements.

Quinze jours avant le drame, Mary avait cessé d'entretenir son fils, lui reprochant de ne faire aucun effort pour trouver du travail. Par vengeance, ce dernier avait chargé secrètement l'arme de son père, avant de grimper sur le toit de l'immeuble de ses parents pour se suicider.

Ce fait divers hors du commun a longtemps figuré au programme de formation des médecins légistes américains, qui combine cours de droit et de médecine. Car il soulève bien des questions. S'agit-il d'un homicide involontaire, d'un accident ou d'un suicide ? Ronald Opus était-il blessé ou mort avant de s'écraser sur le sol ? Le fait que le jeune homme ait consigné par écrit l'intention de se donner la mort atténue-t-il la responsabilité de son père ? L'avis des juristes est partagé. D'autant que le légiste qui a autopsié Ronald a ajouté un nouvel élément à cet imbroglio. Selon lui, le désespéré aurait sans doute déjà succombé à une crise cardiaque, juste après s'être précipité dans le vide. Donc avant d'être atteint par la balle tirée par son père et de s'écraser sur le sol. Le médecin a été incapable de le prouver avec certitude, les trois causes possibles de la mort s'étant enchaînées en l'espace de quelques secondes !

Table

Les Amants diaboliques

L'Empreinte de la bête
50 histoires où l'animal a le premier rôle

Je me vengerai
40 rancunes mortelles

Survivront-ils ?
45 suspenses où la vie se joue à pile ou face

Sans laisser d'adresse
Enquêtes sur des disparitions et des réapparitions extraordinaires

Destins sur ordonnance
40 histoires où la médecine va du meilleur au pire

Crimes dans la soie
30 histoires de milliardaires assassins

Ils ont osé
40 exploits incroyables

Complots
Quand ils s'entendent pour tuer

Mort ou vif
Les chasses à l'homme les plus extraordinaires

26 dossiers qui défient la raison

La Terrible Vérité
26 grandes énigmes de l'histoire enfin résolues

www.pierre-bellemare.com

Composition Nord Compo
Impression : CPI Firmin Didot, juillet 2009
Éditions Albin Michel
22, rue Huyghens, 75014 Paris
www.albin-michel.fr

ISBN 978-2-226-19004-8
N° d'édition : 18008/04 – N° d'impression : 96148
Dépôt légal : mai 2009
Imprimé en France